U0453127

- 国家社会科学基金重大委托项目《巴蜀全书》(10@zh005)系列成果
- 国家社会科学基金后期资助项目"魏了翁文集整理研究"（22FZXB018）阶段性成果
- 国家社会科学基金一般项目"朱熹著述历代序跋集成与研究"（22BZX055）阶段性成果
- 四川省重大文化工程《巴蜀全书》(川宣〔2012〕110号)系列成果
- 贵州省2020年度哲学社会科学规划国学单列重大课题《中国西部儒学史》（20GZGX02）系列成果
- 四川大学2035先导计划．文明互鉴与全球治理研究．儒释道思想融合创新与人类命运共同体构建系列成果
- 四川大学古籍整理与经典文献研究中心培育基地重点资助出版项目

蜀学文库

郭齐 著

蜀学与儒学

中国社会科学出版社

图书在版编目（CIP）数据

蜀学与儒学/郭齐著.—北京：中国社会科学出版社，2024.3
（蜀学文库）
ISBN 978-7-5227-3242-8

Ⅰ.①蜀… Ⅱ.①郭… Ⅲ.①巴蜀文化—研究②儒学—研究
Ⅳ.①K297.1②B222.05

中国国家版本馆 CIP 数据核字（2024）第 051756 号

出 版 人	赵剑英
责任编辑	郝玉明
责任校对	谢　静
责任印制	王　超

出　　版	中国社会科学出版社
社　　址	北京鼓楼西大街甲 158 号
邮　　编	100720
网　　址	http://www.csspw.cn
发 行 部	010-84083685
门 市 部	010-84029450
经　　销	新华书店及其他书店

印　　刷	北京明恒达印务有限公司
装　　订	廊坊市广阳区广增装订厂
版　　次	2024 年 3 月第 1 版
印　　次	2024 年 3 月第 1 次印刷

开　　本	710×1000　1/16
印　　张	22
字　　数	339 千字
定　　价	118.00 元

凡购买中国社会科学出版社图书，如有质量问题请与本社营销中心联系调换
电话：010-84083683
版权所有　侵权必究

《蜀学文库》编委会

学术顾问（按姓氏笔画排序）：

  王中江 朱汉民 刘学智 杜泽逊 李存山 李晨阳
  李景林 吴 光 张新民 陈 来 陈祖武 陈 静
  单 纯 郭齐勇 景海峰 廖名春

编 委 会（按姓氏笔画排序）：

  王小红 王智勇 王瑞来 尹 波 刘复生 杨世文
  吴洪泽 张茂泽 郭 齐 黄开国 彭 华 粟品孝
  舒大刚 蔡方鹿

主 编：舒大刚

总　序

　　岷山巍巍，上应井络；蜀学绵绵，下亲坤维。
　　蚕丛与鱼凫，开国何茫然？《山经》及《禹记》，叙事多奇幻。往事渺渺，缙绅先生难言；先哲谭谭，青衿后学乐道。班孟坚谓："巴蜀文章，冠于天下。"谢耆庵言："蜀之有学，先于中原。"言似夸诞，必有由焉。若乎三皇开运，神妙契乎天地人；五主继轨，悠久毗于夏商周。天皇地皇人皇，是谓三皇；青赤白黑黄帝，兹为五帝。三才合一，上契广都神坛；五行生克，下符《洪范》八政。
　　禹兴西羌，生于广柔，卑彼宫室，而尽力于沟洫；菲吾饮食，而致孝乎鬼神。顺天因地以定农本，报恩重始而兴孝道。复得河图演《连山》，三易因之肇始；又因洛书著《洪范》，九畴于焉成列。夏后世室，以奠明堂之制；禹会涂山，乃创一统之规。是故箕子陈治，首著崇伯；孔子述孝，无间大禹。
　　若乎三星神树，明寓十日秘历；金沙赤乌，已兆四时大法。苌弘碧珠，曾膺仲尼乐问；尸佼流放，尝启商君利源。及乎文翁化蜀，首立学校，建国君民，教学为先；治郡牧民，德礼莫后。蜀士鳞比，学于京藩；儒风浩荡，齐鲁比肩。七经律令，首先畅行蜀滇；六艺诗骚，同化播于巴黔。相如、子云，辉映汉家赋坛；车官、锦官，衣食住行居半。君平市隐，《老子指归》遂书；儒道兼融，道德仁义礼备。往圣述作，孔裁六艺经传；后贤续撰，雄制《太玄》《法言》。"伏牺之易，老子之无，孔子之元"，偕"扬雄之玄"以成四教；"志道据德，依仁由义，冠礼佩乐"，兼"形上形下"而铸五德。落下主《太初》之历，庄遵衍浑天之说。六略四部，不乏蜀人之文；八士四义，半膺国士之选。涣涣乎，文章冠冕天下；济济焉，人材充盈河汉。

　　自是厥后，蜀学统序不断，文脉渊源赓连。两汉鼎盛，可谓灵光鲁殿；魏晋弘宣，堪比稷下学园。隋唐五代，异军突起；天下诗人，胥皆入蜀。两宋呈高峰之状，三学数蜀洛及闽。蒙元兵燹，啼血西川；巴蜀学脉，续衍东南。明有升庵，足以振耻；清得张（问陶）李（调元），可堪不觍。洎乎晚清民国，文风丕振，教泽广宣。玉垒浮云，变幻古今星汉；锦江风雨，再续中西学缘。尊经存古，领袖群伦；中体西用，导引桅帆。于是乎诵经之声盈耳，文章之美绍先。蜀学七期三峰，无愧华章；蜀勒六经七传，播名国典。

　　蜀之人才不愧于殊方，蜀之文献称雄于震旦。言经艺则有"易学在蜀"之誉，言史册而有"莫隆于蜀"之称，言文章则赞其"冠于天下"，言术数则号曰"天数在蜀"。人才不世出，而曰"出则杰出"；名媛不常有，犹称"蜀出才妇"。至若文有相如、子瞻，诗有太白、船山，历有落下、思训，易有资中、梁山，史有承祚、心传，书有东坡、啬庵，画有文同、大千。博物君子，莫如李石、杨慎；义理哲思，当数子云、南轩。开新则有六译、槐轩，守文则如了翁、调元，宏通有若文通、君毅，讲学则如子休、正元。方技术数，必举慎微、九韶；道德文章，莫忘昌衡、张澜。才士尤数东坡、升庵，才女无愧文君、花蕊，世遂谓"无学不有蜀，无蜀不成学"矣！宋人所谓"蜀学之盛，冠天下而垂无穷"云云者，亦有以哉！

　　蜀之经籍无虑万千，蜀之成就充斥简编。石室、礼殿，立我精神家园；蜀刻石经，示彼经籍典范。三皇五帝，别中原自为一篇；道德仁义，合礼乐以裨五典。谈天究玄妙之道，淑世著实效之验。显微无间，体用一源。

　　至乎身毒偎人爱人，已见《山经》；佛法北道南道，并名《丹铅》。蜀士南航，求佛法于瀛寰；玄奘西来，受具足于慈殿。若夫蜀人一匹马，踏杀天下，禅门千家宗，于兹为大。开宝首雕，爰成大藏之经；圭峰破山，肇启独门之宗。菩萨在蜀，此说佛者不可不知也。

　　至若神农入川，本草于焉始备；黄帝问疾，岐伯推为医祖。涯涯水浜，云隐涪翁奇技；莽莽山峦，雾锁药王仙迹。经效产宝，首创始于昝殷；政和证类，卒收功乎时珍。峨眉女医，发明人工种痘；天回汉简，重见扁鹊遗篇。雷神火神，既各呈其神通；川药蜀医，遂称名乎海外矣。

又有客于此者，亦立不世之名，而得终身之缘。老子归隐青羊之肆，张陵学道鹤鸣之山；女皇降诞于广元，永叔复生乎左绵；司马砸缸以著少年之奇，濂溪识图而结先天之缘。横渠侍父于涪，少成民胞物与之性；蠋叟随亲诞蜀，得近尊道贵德之染。是皆学于蜀者大，人于蜀者远也。

系曰：巴山高兮蜀水远，蜀有学兮自渊源。肇开郡学兮启儒教，化育万世兮德音宣。我所思兮在古贤，欲往从之兮道阻艰。仰弥高兮钻弥坚，候人猗兮思绵绵。

舒大刚

目　　录

谯定易学探微 …………………………………………………（1）
张栻学术的几个特点 …………………………………………（10）
胡宏性本体论对张栻的影响 …………………………………（21）
魏了翁《周礼折衷》学术价值初探 …………………………（27）
文追古雅　学承汉风
　　——从《鹤山集》异文看魏了翁的学术特色 …………（41）
王珪《华阳集》札记二则 ……………………………………（57）
蜀人别集提要 …………………………………………………（61）
蜀人别集辑佚 …………………………………………………（95）
儒家道统说的产生和发展 ……………………………………（213）
儒家和谐思想及其现实意义 …………………………………（218）
从朱熹、陈亮王霸义利之辩看儒学的经世致用思想 ………（226）
经书"献"字新诠 ……………………………………………（232）
遗珠璀璨
　　——《大唐郊祀录》文献价值初探 ……………………（246）
儒学著述提要 …………………………………………………（266）
后　记 …………………………………………………………（342）

谯定易学探微*

谯定字天授，北宋涪陵（今重庆市涪陵区）人。尝从郭载、程颐治《易》，精于象数，有《谯氏易传》，是宋代巴蜀易学的重要人物，影响深远。其门人私淑有朱熹父师胡宪、刘勉之及冯时行、张行成、张浚等易学大家，所开创的"涪陵学派"成为洛学及蜀学的一大宗。据不完全统计，谯定的门人及二传、三传弟子达数百人之多，几达《宋元学案》立传者的三分之一。曾两次被征召入朝，授予要职，《宋史》为之立传。

20世纪末以来，有少数学者对谯定其人及其学术作了初步探讨。然而由于有关资料甚少，对其易学虽有涉及，但并未展开讨论，学术界至今对其了解不多。现根据一些新的材料对谯定易学进一步作些分析，同时对其生平事迹中尚未厘清的几个问题亦附考焉。

关于谯定易学的性质，一般认为属"两派六宗"中的象数派。因定尝言："易有象学数学，象学非自有所见不可得，非师所能得也。"① 其以《易》解诸葛亮八阵图，即本象数。靖康中，胡舜陟举荐定"尝受《易》于囊氏郭先生，究极象数，逆知人事"②，朱熹明言其"为象学"，程迥述其易学源流亦云："尝受《易》于羌夷中郭载，载告以见乃谓之象与拟议以成变化之义。郭本蜀人，其学传自严君平。"③ 然从现有材料来看，

---

* 本文原载《宋代文化研究》第23辑，四川大学出版社2016年版。

① （宋）朱熹著，黎靖德编，王星贤点校：《朱子语类》卷67，中华书局1980年版标点本，第5册，1677页。

② （宋）汪藻著，王智勇笺注：《靖康要录笺注》卷11，四川大学出版社2008年版，第2册，第1157页。

③ （宋）程迥：《周易章句外编》，《四库全书》本，上海古籍出版社1987年版，第12册，第17页b。

这一结论似值得商榷。

谯定易学最推崇的，莫过于"见乃谓之象"。当胡宪向他请教易学时，谯定告诉他首先要体会"见乃谓之象"一句。若能通此一句，则64卦、384爻皆通。① 可见此乃谯定易学纲领性要点。其重要性在于："象之在道，乃易之在太极。"② 这是什么意思呢？

"见乃谓之象"出自《周易·系辞上》，原文云："是故阖户谓之坤，辟户谓之乾。一阖一辟谓之变，往来不穷谓之通。见乃谓之象，形乃谓之器。制而用之谓之法，利用出入，民咸用之谓之神。"其"见乃谓之象，形乃谓之器"二句，王弼注云："兆见曰象，成形曰器。"孔颖达疏云："气渐积累，露见萌兆，乃谓之象，言物体尚微也。体质成器，是谓器物，故曰形乃谓之器，言其著也。"朱熹则解此二句云："见象形器者，生物之序也。"③ 答门人问云："其实见而未形、有无之间为象，形则为器也。"④ 可见所谓"象之在道"原来并无甚高深含义。而谯定以"象之在道"比附于"易之在太极"，则传达出了以下重要信息。

1. "象"不是谯定易学的最高范畴，最高范畴是"道"。"象"与"道"的关系，正如"易"与"太极"的关系一样。《系辞》说"易有太极"，朱熹释云："易者阴阳之变，太极者其理也。"⑤ "象"与"道"是决定和被决定的关系。

2. 《系辞》说"形而上者谓之道，形而下者谓之器"，"象"则介于已形未形、道器之间，是生生之谓易的中间环节。根据以上两点，则"见乃谓之象"既具有本体论的意义，也具有生成论的意义。

3. 理解本体和生成，可以从多处切入。谯定由"见乃谓之象"切入，可见其对象数的确非常重视，认为是治《易》的枢纽。

4. 而从"易有太极"的角度解释"见乃谓之象"，锁定了"象"的形下地位，又表明谯定并非象数至上论者，而融入了较多义理成分。

---

① 参见（宋）朱熹著，黎靖德编，王星贤点校《朱子语类》卷67，第5册，第1677页。
② （宋）朱熹著，黎靖德编，王星贤点校：《朱子语类》卷67，第5册，第1677页。
③ （宋）朱熹：《周易本义·周易系辞上传第五》，中国书店影印本1987年版，第21页b。
④ （宋）朱熹著，黎靖德编，王星贤点校：《朱子语类》卷67，第5册，第1677页。
⑤ （宋）朱熹：《周易本义·周易系辞上传第五》，第22页a。

因此，如果仅根据以上分析，我们实在看不出谯定的易学观与程朱易学有什么原则上的分歧。如果因为看重象数，就将其归入象数派，朱熹自己不也是极其重视卦爻，反对空谈义理，认为《周易》最初的性质是卜筮之书吗？然而朱熹却对谯定的易学提出了尖锐的批评。他要么说："如此教人，只好听耳。使某答之，必先教他将六十四卦自乾、坤起至《杂卦》且熟读，晓得源流，方可及此。""若做个说话，乍看似好。但学《易》功夫不是如此，不过熟读精思，自首至尾章章推究，字字玩索，以求圣人作《易》之意，庶几其可。一言半句，如何便了得他。"要么干脆说："此不可晓。""他自是一家说，能误人，其说未是。"① 其实谯定并没说悟得"见乃谓之象"一句，64卦、384爻皆可从略，不过是先立乎其大，纲举目张之意。这样的批评，实在有些冤枉。朱熹对谯定向来颇有成见，认为他不能列为程颐门人，因而对其说未能客观仔细地加以抽绎，以致其批评未得要领，甚至理解上也不免存在某些偏差。②

我们再来分析一下谯定的功夫论。王质说"涪陵谯先生初习佛，伊川授其学以《大学》《中庸》而指其法以敬。先生悦之，弃家破产，疲曳妻子以从之游"③，曾敏行也说"伊川教以《中庸》诸书，多有颖悟"④，可见谯定深得程门心性功夫之传。其后胡宪向谯定问《易》，久未有得，谯定告诉他："是固当然。盖心为物渍，故不能有见，唯学乃可明耳。"胡宪于是喟然叹曰："所谓学者，非克己工夫也邪？"自是一意下学，不

---

① （宋）朱熹著，黎靖德编，王星贤点校：《朱子语类》卷67，第5册，第1676—1677页。
② （宋）朱熹《与汪尚书》11云："渠说又云谯天授亦党事后门人。熹见胡刘二丈说亲见谯公，（中略）问以伊川易学，意似不以为然。至考其它言行，又颇杂于佛、老子之学者，恐未得以门人称也。以此一事及其所著象学文字推之，则恐其于程门亦有未纯师者。"［（宋）朱熹著，郭齐、尹波编注：《朱熹文集编年评注》卷30，福建人民出版社2019年版，第4册，第1471页］此见其有先入为主之见。朱熹云："谯先生说见乃谓之象有云，象之在道，乃易之在太极，其意想是说道念虑才动处便有个做主管底。然看得《系辞》本意只是说那动而未形、有无之间者几底意思。"［（宋）朱熹著，黎靖德编，王星贤点校：《朱子语类》卷67，第5册，第1677页］此见其对谯定原意理解不确，批评无的放矢。
③ （宋）王质：《涪陵谯先生祠记》，《雪山集》卷7，《四库全书》本，第1149册，第1页a。
④ （宋）曾敏行：《独醒杂志》卷7，《宋元笔记丛书》本，上海古籍出版社1986年版，第61页。

求人知。① 林之奇也说谯定："为之尽发所蕴，俾洞明格物致知之要。"② 当张浚向谯定问学时，谯定告诉他"但当熟读《论语》"，张浚"自是益潜心于圣人之微言"③。心为物渍，格物致知，学以明之，从熟读《论语》、日常躬行入手，这些主张，正是典型的程朱理学思想，一望可知。

谯定还专门作《牧牛图》，以发挥其心性功夫思想。四部丛刊本《百家诗话总龟后集》卷7载：

> 涪陵谯天授《牧牛图诗》，一章言其崇明礼法，目无邪视，可否昭判，拣辨无舛，依见见正，色尘不迷，故能非礼勿视。如牛双目变白，畏鞭棰，警视不易。设有他恶，不敢纵观矣。诗曰：喜见双眸白，通身黑尚全。整思南亩稼，还忌牧童鞭。妄色无轻学，非观已屡悛。回光惟圣道，此外竟何缘。二章言其外屏非闻，耳无邪听，入耳著心，但惟圣道，依闻审音，恶声不惑，故能非礼勿听。如牛角耳变白，耸耳低首，惟牧是聆，更无他念矣。诗曰：耳角冰霜洁，须知听不讹。法言缘理辨，邪说自心诃。响外聆微旨，音中味太和。淫荒无复入，非礼末之何。三章言其戒谨辞气，口无妄言，戏谕谗诬，不形声说，非先王之法言不敢道，依苦谨辞，修辞立诚，故能非礼勿言。如牛唇口变白，为牧所缠，不得妄鸣。惟渴饮饥食，始得解释矣。诗曰：白口缠圈索，言非驷莫追。心声休妄发，敬道复何疑。正信通神鉴，渊谈协初仪。能为天下则，诚自我无欺。四章言其遵守礼法，中主惟敬，心无妄动，举必循理，精诚外发，照破邪行，素履而往，往而无咎，故能非礼勿动。如牛四足变白，犹恐散失，未舍鼻索矣。诗曰：四足虽更白，犹宜鼻索拘。草田方缓执，禾径未相逾。步步无非履，心心向大途。见闻言动事，到此竟何殊。

---

① 参见（宋）朱熹《籍溪先生胡公行状》，载（宋）朱熹著，郭齐、尹波编注《朱熹文集编年评注》卷97，第11册，第4525页。

② （宋）林之奇：《秘书省正字胡宣教行状》，《拙斋文集》卷18，《四库全书》本，第1140册，第1页b。

③ （宋）朱熹：《少师保信军节度使魏国公致仕赠太保张公行状》，载（宋）朱熹著，郭齐、尹波编注《朱熹文集编年评注》卷95上，第11册，第4391页。

五章言其学习美成，礼法文质，内外自然，克己复礼，归于至诚，不假行将，动容周旋，皆中乎礼，盛德之至，居德之盛，尚可形容？故如牛首尾变白，牧者置鞭闲坐，不执鼻索，放旷无拘，顿绝所犯矣。诗曰：鼻索何劳执，长鞭已弃闲。大田随俯仰，古道任回环。义草餐清野，仁泉饮碧湾。德纯非用牧，危坐对层山。六章言其抑为不厌，好古敏求，积而至圣，思虑销陨，情识净静，犹金鉴焉，不迎不将，应而不伤，心体世通，超然绝疑，动静无意，但寓形于世而已。如牛全白，纯一不杂，人牛两息，灭意相拘矣。诗曰：一饱心休息，安眠百不知。有形随处寄，毋意复何疑。用舍非关念，优游绝所窥。相忘人世外，惟有牧童儿。七章言其逆顺难测，混同体用，随世态卷舒，例阴阳惨酢，损益盈虚，与时偕行，言不必信，行不必果，惟义所在，一切毋必，道合则从。犹如白牛虽带圈索，已无牧人矣。诗曰：圈索离牵执，从兹牧者亡。何心拘小节，平步蹈中常。饥饱随[口]过，行藏任运将。春山春草绿，逢处可充肠。八章言其仕止久速，咸契所宜，达节善变，出处无际，进退存亡，不失其正，独见几权，应世无固，不俟终日。犹如白牛随方运动，饮食无系矣。诗曰：日暖随方去，天寒隐有余。当行非俟牧，可止便安居。饮食和粗细，周旋契疾徐。权几虽应用，岂外是如如。九章言其无方无体，妙绝万物，不见有己，身心销复，与道混融，一切毋我，又何分别，随时应用，应物张机，无有本体，名言胡义，留为世训，警策后觉。犹如无牛可得，惟存鼻索，传示将来矣。诗曰：相尽云何牧，心融孰是牛。我人依妄立，学行假名修。不见当先迹，宁知有后由。鞭绳应到此，聊为且有留。

此图及诗今仅见于四部丛刊本《百家诗话总龟后集》卷7，影响很大，宋元诸大儒多有引用评论者。如朱熹曾举谯定《牧牛图序》云："学所以明心，礼所以行敬。明心则性斯见，行敬则诚斯至。"[①]

张栻言："涪人谯定从伊川学，以其所见作《牧牛图》，如非礼勿视

[①]（宋）朱熹著，黎靖德编，王星贤点校：《朱子语类》卷67，第5册，第1677页。

则牛眼白，非礼勿听则耳白，非礼勿言则口白，非礼勿动然后身白。籍溪得其图，以寄犹子大原，张之书室。一日，母翁夫人见之，指心曰：'只这里转了后，那得许多事。'"①

元明之际文学家张以宁尝作《闲极说》云："余观涪陵谯先生作《牧牛图》十，其始也绳以驭之，棰以惧之，手之目之，心之腹之，唯恐其纵逸而蹂躏也，夫安得须臾闲哉。及其久也，人牛熙熙，绳棰不施，其闲可知也。其极也浑沦一白，人牛无迹，闲又不足言矣。"②

《小学绀珠》卷3则云谯定另有"绝四"八图："四无：毋意，毋必，毋固，毋我。子绝四。毋，《史记》作无。程子曰，此毋字非禁止之辞，圣人绝此四者，何用禁止。慈湖杨先生有《绝四说》，谯定为八图。"

居敬涵养，明心见性，下学上达，此非正宗的程朱派心性功夫论而何？由此，我们认为朱熹关于谯定非程颐门人的结论应该翻案。谯定"弃家破产，疲曳妻子以从之游"，对程门之学总体上是笃信不疑、身体力行的。事实上，将谯定列为程颐大徒高弟者大有人在。明确指出谯定为党事后程颐门人的是郭雍，见前引朱熹《晦庵集》卷30《与汪尚书》。其他尚有《建炎杂记》甲集卷6、《两朝纲目备要》卷4、《鹤山集》卷42《简州四先生祠堂记》等。刘克庄曾将谯定作为笃守师说的典范，称刘弥邵："由朱程以求周孔，由周孔以求羲文，其笃守师说，虽谯天授、袁道洁无以加也。"③阳枋甚至将谯定与张载相提并论，云："二君子出处大略相似而趋向各不同，固未易较其优劣。然皆资禀高明，见道敏而用心刚，中行独复者也。"④ 明胡直则将其与二程、尹焞、张栻、魏了翁、薛瑄、蒋信等大儒并列⑤，可见谯定不辱师门是学者普遍认同的。

---

① （宋）真德秀：《西山读书记》卷3，《四库全书》本，第705册，第25页a；《孟子集编》卷11，《四库全书》本，第200册，第17页a。
② （明）张以宁：《闲极说》，《翠屏集》卷4，抄明成化刻本，第6页a。
③ （宋）刘克庄：《季父易稿》，载（宋）刘克庄著，刁忠民等点校《后村先生大全集》卷95，四川大学出版社2008年版，第5册，第2449页。
④ （宋）阳枋：《跋青城赵日休居士文》，《字溪集》卷8，《四库全书》本，第1183册，第14页b。
⑤ 参见（明）胡直《大益书院祭文》，《衡麓精舍藏稿》卷21，《四库全书》本，第1287册，第25页b。

细绎朱熹对谯定程氏门人身份的质疑，理由有二：一是"问以伊川易学，意似不以为然"，二是"至考其它言行，又颇杂于佛、老子之学者"。① 第一条理由，谯定对程颐易学不尽首肯，容或有之。因谯定治《易》，本自郭载象数而入，而程颐《易传》则纯说义理，故有不合。但从总体上讲，这并不足以说明谯定否认程氏易学，更不足以说明他不赞成程氏性理之学。如前所述，谯定易学融入了较多义理成分，这正是自程颐而来。吸收其师的义理思想，又充分重视象数的载体作用，以避免流于空疏，似无可厚非。朱熹自己不是也认为程颐《易传》固然精深，但不少地方是脱离了经文原意，另说一套道理吗？他自己治《易》，不正是以兼及象数、义理为特色吗？至于第二条理由，就更站不住脚了。在当时的时代思潮下，有几个学人不涉猎于二氏？程颐、朱熹本人皆曾"出入于释老几十年"，何独苛求于谯定呢？诚然，以朱熹学成后的尺度去衡量，谯氏言论容有驳杂之处。但言其大端，其笃信程氏之学则是可以肯定的。何况学术乃天下之公器，有不同的见解是应该允许的。

清人胡渭论及胡宪、刘勉之从学谯定时说："［胡、刘二人］所欲闻者义理也，而定本象数之学，不能有所益。定于伊川不纯师，二公于定亦未纯师也。（中略）昔严君平著《老子指归》，而郭曩氏始祖为其师。然则定所受者乃老子之《易》，其于圣人之道犹爝火之于日月也，何足选哉！何足选哉！"② 此论显然从朱熹而来，有失公允。

由谯定的功夫论反观其易学，我们认为将谯定易学的性质归入象数派的传统观点值得商榷。谯定治《易》固然从象数入手，对卦爻始终高度重视，但自见程颐，"尽弃其学而学焉"，"弃家破产，疲曳妻子以从之游"，其受义理易学的影响是巨大的。仅就现存有限的谯定论易论学资料而言，其对师门亦步亦趋，俨然程氏本体功夫。因此，谯氏易学似不应简单地归入象数派，而是兼具象数、义理，一如后来朱熹的取向。如此看待谯定易学的性质，似更为客观。

---

① （宋）朱熹：《与汪尚书》11，载（宋）朱熹著，郭齐、尹波编注《朱熹文集编年评注》卷30，第4册，第1471页。

② （清）胡渭：《论蜀隐者》，《易图明辨》卷10，《守山阁丛书》本，第13页b。

最后，对几个过去罕有涉及的谯定生平事迹的问题作些简单的讨论。

1. 谯定的字号，又有字天发，号达微、可翁之说。

字天发见于《方舆胜览》卷61涪州人物条、《蜀中广记》卷18。两书为宋明涉蜀要籍，其说可备参考。但字天发之说仅见此二例，且《方舆胜览》所述谯定事迹多误，故似宜取谨慎态度。

号达微见于宋阳枋《回巫山李宰札》①、《跋青城赵日休居士文》②，明刘芑《秋佩生作墓志铭》③。阳枋为南宋合州巴川（今重庆市铜梁区）人，刘芑为明重庆府涪州（今重庆市涪陵区）人，他们的记载应是可靠的。则今知谯定号达微，其遗诗一联，也可宝贵。

号可翁见《诗总闻》卷7《东门之池》解，云："过涪陵，见古寺题谯可翁三字，必谯定也。其详见《祠堂记》。"此书为宋王质著，质去过涪陵，从程颐的孙子那里得到不少第一手资料，自称知谯定本末出处甚悉④，所记应较为可信。

2. 谯定的籍贯，诸书有更具体的记载。如《方舆胜览》卷61、《氏族大全》卷6均言其为乐温县玉溪人。《蜀中广记》卷18"长寿县"引《乐温县志》云："玉溪里在县西八里，宋贤谯定天发、暨渊亚夫所居也。"乐温在宋代与涪陵同为涪州属县，而州治在涪陵，故统称谯定为涪陵人。实则该县已于至元二十年（1283）并入州治，即今重庆市长寿区，在涪陵区西北。

3. 关于谯定的师承，有一点值得注意。朱熹说"涪人谯定受学于二郭：载、子厚，为象学"⑤，"子厚"其人无考，学术界也无人提及。其

---

① 文云："某日薄崦嵫，问戍纳履，望巴山冬杪欲雪，亟思袖《易》编，倚岩熟读。涪陵使君得以北岩萦绊，（中略）谯达微先生有诗云：丹叶不劳题姓字，免随风月落人间。"《字溪集》卷6，《四库全书》本，第1183册，第14页a。

② 文云："谯达微早从业二氏，无所见，专意伊川之《易》。后于洛中超然遗世，为时尊敬。"《字溪集》卷8，《四库全书》本，第1183册，第14页b。

③ 文云："涪州旧有五贤祠，祀编置程伊川，别驾黄山谷，郡贤暨亚夫，地主谯达微。"（明）黄宗羲：《明文海》卷454，清涵芬楼抄本，第7页b。

④ 参见（宋）王质《涪陵谯先生祠记》，《雪山集》卷7，《四库全书》本，第1149册，第1页a。

⑤ （宋）朱熹著，黎靖德编，王星贤点校：《朱子语类》卷67，第5册，第1677页。

究系郭载之子名厚，抑或姓郭名子厚，或字子厚，因资料缺乏，难以臆断。不过其为谯定学术重要源头，却是可以肯定的。巧的是郭忠孝、郭雍父子也以治《易》名家，世称"二郭"。忠孝为程颐门人，雍字子和，也隐居不出。"子和"与"子厚"音近，不过尚看不出二人有什么联系。其"子厚"者尚待进一步考证。

4. 谯定崇祀之处，有钩深堂、四贤楼、景贤祠等。《方舆胜览》卷61载："钩深堂，绍圣丁丑，伊川谪居于涪，即普净院辟堂传《易》，阅再岁而成。元符庚辰，徙夷陵，会太史黄公自涪移戎，过其堂，因榜曰钩深堂。嘉定丁丑，范仲武请为北岩书院，正堂奉安伊川先生塑像，其左待制尹公祠，其右为直阁谯公祠，简池刘光祖为之记。"又云："四贤楼在北岩，谓程、黄、尹、谯也。"雍正《四川通志》卷28载，景贤祠在灌县文庙内，祀名宦"吕大防、宋珰、冯伉、刘综、刘随、马执中、张弘、王鹏，先儒范贤、李浩、宋汝为、谯定，乡贤李畋、代渊、张综、张愈、张须正"。

张栻学术的几个特点[*]

关于张栻学术的特点，研究者已从不同的角度有所涉及。我们认为，其主要特点有如下几个方面。

一　由五峰而直接周程

张栻的学术师承较为简单，一是家学，二是衡山胡氏之学。27岁前，主要随父张浚辗转贬所，穷经力学。张浚曾问道程颐门人谯定，与程门高足尹焞论学，深于经史，有洛学渊源。所著有《紫岩易传》《中兴备览》《张魏公集》等传世。绍兴二十九年（1159），张栻始通书胡宏问学。绍兴三十一年（1161）至衡山，正式拜胡宏为师，但当年胡宏即去世了。胡宏主要受学其父胡安国，又曾问学程门高弟杨时、侯仲良。而胡安国则交程颐之友朱长文、靳裁之，又从程门高弟杨时、游酢、谢良佐游。可见张栻所师承，不论是家学，还是胡氏之学，均与二程洛学有着千丝万缕的联系。

胡宏虽源出洛学，但以精思自得见长，并不墨守程氏窠臼。如心以成性，相为体用；性无善恶，心无死生；天理人欲，同体异用；先识仁体，然后敬有所施；先志于大，然后从事于小；本天道变化，为世俗酬酢，等等，皆与程门议论不尽相合，遂成为宋代理学中特色鲜明的一派。故朱熹尖锐地批评其"皆失圣贤本旨"①，"于大本处看不分晓"②，"却与

---

* 本文原载《巴蜀文献》第3辑，四川大学出版社2016年版。
① （宋）朱熹：《答刘子澄》4，载（宋）朱熹著，郭齐、尹波编注《朱熹文集编年评注》卷35，第4册，第1678页。
② （宋）朱熹著，黎靖德编，王星贤点校：《朱子语类》卷101，第7册，第2592页。

告子杨子释氏苏氏之言几无以异"①。

由于张栻从胡宏问学时间很短，只见过一两次面，故总体上所受影响不大。今存张栻著述中仅收《胡子知言序》《五峰集序》两篇与胡宏有关的文章，很少应用乃师的言论，没有保留与之往来论学的书信，甚至连祭文也没有。相反，对其师的观点表示异议的倒有数处，还参与了朱熹、吕祖谦对《知言》的讨论，并有成书。

张栻真正信仰的，是周程之学。他说："惟先生崛起于千载之后，独得微旨于残编断简之中，推本太极，以及乎阴阳五行之流布，人物之所以生化，于是知人之为至灵而性之为至善，万理有其宗，万物循其则。举而措之，则可见先王之所以为治者，皆非私知之所出，孔孟之意于以复明。至于二程先生，则又推而极之，凡圣人之所以教人与学者之所以用功，本末始终，精粗该备。于是五伯功利之习无以乱其正，异端空虚之说无以申其诬，求道者有其序而言治者有所本。其有功于圣门而流泽于后世，顾不大矣哉。"② 其中，周敦颐功在发端，而二程之学才是广大精微，真正达到了登峰造极。他多次感叹，"近来读诸先生说话，惟觉二程先生完全精粹，愈看愈无穷"③，"近看惟二先生说话完全精粹，比其它先生不干事"④。因此他自称："某也学乎程子之门者也。"⑤ 至于胡宏与二程的差距，他也毫不讳言："《知言》之说究极精微，固是要发明向上事，第恐未免有弊，不若程子之言为完全的确也。"⑥

张栻是认同"轲死不得其传"的道统论的。同程朱派理学家一样，

---

① （宋）朱熹：《答胡广仲》3，载（宋）朱熹著，郭齐、尹波编注《朱熹文集编年评注》卷42，第5册，第2022页。
② （宋）张栻：《南康军新立濂溪先生祠记》，载（宋）张栻著，杨世文、王蓉贵校点《张栻全集·南轩集》卷10，长春出版社1999年版，中册，第706页。
③ （宋）张栻：《寄吕伯恭》1，载（宋）张栻著，杨世文、王蓉贵校点《张栻全集·南轩集》卷25，下册，第891页。
④ （宋）张栻：《答乔德瞻》2，载（宋）张栻著，杨世文、王蓉贵校点《张栻全集·南轩集》卷27，下册，第931页。
⑤ （宋）张栻：《送曾裘父序》，载（宋）张栻著，杨世文、王蓉贵校点《张栻全集·南轩集》卷15，中册，第768页。
⑥ （宋）张栻：《答胡伯逢》，载（宋）张栻著，杨世文、王蓉贵校点《张栻全集·南轩集》卷25，下册，第899页。

他认为周程"续千载不传之绝学于遗编",使孔孟圣贤之学重新大明于天下,从而使世人走出了漫漫长夜,踏上了康庄坦途。周敦颐发端于前,二程造极于后,"几无余蕴",无人超越。这样,经由五峰,张栻最终确认了周程之学为终身服膺的学说。虽然在张栻的论说中也不能没有胡氏影响的痕迹,但五峰的确不过是张栻通往周程的桥梁。

二 笃守有余而发明不足

我们知道,本体论、生成论、心性论、功夫论是周程学说的几个基本命题。在这些"大本大原"的问题上,张栻始终忠实地遵循着周程的思想。

张栻眼中的世界首先是一个经验世界。他说:"天覆乎上,地载乎下,而万物在天地间,充满宇宙,此盈天地之间者唯万物也。"① 这个经验世界不是一成不变的,而是处于绝对的运动之中:"大而天地,散而万物,举皆囿于造化之道,而为其推迁者也。"② 世界的运动变化并非杂乱无章,而是无不遵循一定的法则规律,即"有物有则":"事事物物莫不有其道,盖所当然者,天之所为也。"③

那么这个运动着的世界是由什么质料、怎样构成的呢?是阴阳二气的氤氲交感、阳变阴合:"乾坤者,生成万物之体也。变化者,乃乾坤生化万物之用也。"④ 阴阳二气又从何而来,其交感为何所支配呢?是太极:"太极混沦,生化之根。阖辟二气,枢纽群动。"⑤ 又云:"易也者,生生

---

① (宋)张栻:《序卦》,载(宋)张栻著,杨世文、王蓉贵校点《张栻全集·南轩易说》卷3,上册,第53页。
② (宋)张栻著,杨世文、王蓉贵校点:《张栻全集·南轩易说》卷1,上册,第5页。
③ (宋)张栻:《卫灵公篇》,载(宋)张栻著,杨世文、王蓉贵校点《张栻全集·论语解》卷8,上册,第206页。
④ (宋)张栻著,杨世文、王蓉贵校点:《张栻全集·南轩易说》卷1,上册,第11页。
⑤ (宋)张栻:《括斋记》,载(宋)张栻著,杨世文、王蓉贵校点《张栻全集·南轩集》卷12,中册,第722页。

之妙也。太极者，所以生生者也。"① 此太极者又为何物呢？张栻说："无极而太极存焉，太极本无极也。"② 又进一步解释说："太极所以形性之妙也。性不能不动，太极所以明动静之蕴也。极乃枢极之义，圣人于《易》特名太极二字，盖示人以根柢，其义微矣。若只曰性而不曰太极，则只去未发上认之，不见功用。曰太极则性之妙都见矣。"③ 显然，太极就是"性"的别称，其性质属于形而上，即"上天之载，无声无臭"。在不同的场合，张栻也将其称为"道""理""天理""天德""天性""天""皇""故""则""天则""物则"，甚至"物"。宇宙本源的太极和一事一物自身的太极则统一在"理一分殊"关系中。太极是张栻哲学的最高范畴，正是这个太极产生了和支配着整个宇宙："太极动而二气形，二气形而万物化生，人与物俱本乎此者也。"④ 不难看出，以上这些表述与周程的本体论、生成论毫无二致，其生成论则完全是周敦颐《太极图说》的翻版。

由此出发，张栻也全盘接受了周程的心性论和功夫论。在心性论上，秉承二程"论性不论气不备，论气不论性不明，二之则不是"的观点，持"天命之性"与"气质之性"的二重性说，认为天命之性无有不善，而人先天气禀的缺陷如偏、浊、昏、塞等，以及后天的外物诱惑，屏蔽了本性之善而成为种种恶行的根源。本然之性是天理，违背本然之性的是人欲。人的最高任务，是存天理，灭人欲，变化气质，最终超凡入圣。只要做到了这样，由"内圣"而"外王"，由身修而家齐、国治、天下平，则不过举而措之尔："身修而家齐，家齐而国治，国治而天下平，其序固如此，未有身不修而可以齐家，家不齐而可以为国为天下者，盖无

---

① （宋）张栻：《答吴晦叔》5，载（宋）张栻著，杨世文、王蓉贵校点《张栻全集·南轩集》卷19，中册，第825页。
② （宋）张栻：《答彭子寿》2，载（宋）张栻著，杨世文、王蓉贵校点《张栻全集·南轩集》卷31，下册，第983页。
③ （宋）张栻：《答吴晦叔》1，载（宋）张栻著，杨世文、王蓉贵校点《张栻全集·南轩集》卷19，中册，第822页。
④ （宋）张栻：《存斋记》，载（宋）张栻著，杨世文、王蓉贵校点《张栻全集·南轩集》卷11，中册，第719页。

其本故也。然则其可不以修身为先乎？"①

要做到变化气质而身修，其途径是"学"，具体体现为一整套功夫。这套功夫的纲领就是二程的"涵养需用敬，进学则在致知"。此如车之两轮，鸟之两翼，相辅相成，缺一不可。张栻表述为"居敬穷理""居敬集义""致知力行""存养省察""持养体察""克己明理"等。在此纲领下，包含了诸如"升高自下，陟遐自迩"，下学上达，反对躐等，不忽卑近，不遗细微，博文约礼，欲速不达，先立志，重涵养本原，讲求诚、静，克己复礼，知行并重，趋实务本等一系列功夫要点和具体方法。显然，这些思想基本上也都是自二程而来。

但是，张栻对二程思想的继承主要是照搬成说，不仅很少有突破和创新，且缺少深入细密的创造性发挥。像朱熹对宇宙时空的探索和猜测，对理、气关系的入微分疏，对"天命之性"形成过程和细节的直观描述，对人性内容的全面剖析，对"尊德性"与"道问学"轻重比例的反复权衡，对功夫论各个环节的讨论批评，在张栻的论述中都很少看到。这使得其学术显得笃守有余而发明不足。这大约与张栻享年不永有关，以致大纲粗具，未及展开。同时应该也是张栻学术观点的必然：践履第一，讲学第二，存养为重，省察为轻。

三 略本体而详功夫

在知行关系上，张栻高度重视知的作用，甚至有"知常在先，固有知之而不能行者矣，未有不知而能行者也"② 之论。但他同时又认为："盖有由之而不知者，未有不由而能知之者也。"③ 格物致知，穷理集义，归根结底是要"实有诸己"，即落实到超凡入圣的一言一行中，否则讲论就会沦于空谈。这样，力行必然重于致知，而研究如何力行的功夫论也

---

① （宋）张栻著，杨世文、王蓉贵校点：《张栻全集·孟子说》卷4，中册，第349页。
② （宋）张栻：《寄周子充尚书》，载（宋）张栻著，杨世文、王蓉贵校点《张栻全集·南轩集》卷19，中册，第817页。
③ （宋）张栻：《泰伯篇》，载（宋）张栻著，杨世文、王蓉贵校点《张栻全集·论语解》卷4，上册，第131页。

必然重于性与天道的形而上学探讨。

在张栻的论著中，关于本体论、生成论的论述既少且略，多是以公理叙述的方式简单罗列，并不展开讨论。心性论因与功夫直接相关，则论述较多。而探讨最多的，则是关于"学"的内容，包括"学"的内涵和外延，"学"的目的、次序、途径、方式、方法等。简言之，即什么是"学"，为什么要学，怎样学。其中，大量的是专题论述和一事一义的解析，堪称巨细不遗，包罗万象。这种略本体而详功夫的治学门径，可以说是对孔子"文章可得而闻，性与天道不可得而闻"的继承与阐扬。

四 纯宋学而鄙汉唐

张栻的学术观，决定了他必然是以纯义理研究为主，而鄙视训诂章句之学。他说："汉世儒者号为穷经学古，不过求于训诂章句之间，其于文义不能无时有所益，然大本之不究，圣贤之心郁而不章。"[①] 批评士人："孰不读书？而昧其旨，章句是凿，文采是事"。[②] 认为"读书无妙解，数墨仍寻行。自云稽古功，此病真膏肓"。要"一洗汉儒陋，活法付诸郎"[③]。张栻讲学，很少纠缠于个别字句，而是着重阐释思想主旨。最鲜明地反映其宋学特色的，自然是他的经解，如《南轩易说》《论语解》《孟子说》等。这些著作的注解方式，几乎不涉字形、字音、字义，置语言障碍于不顾，而是通过串讲发挥，提挈经文大意，揣摩作者意旨。这就从根本上摆脱了汉唐诸儒支离破碎的弊端，上升到对经典思想内容的整体把握，把儒家经典的研究提高到全新的境界。但与此同时，张栻的义理解经也充分暴露出求之过深、曲为之解、添字解经、六经注我等宋学通病。试举几例如下。

---

① （宋）张栻：《道州重建濂溪先生祠堂记》，载（宋）张栻著，杨世文、王蓉贵校点《张栻全集·南轩集》卷10，中册，第699页。

② （宋）张栻：《读书楼铭》，载（宋）张栻著，杨世文、王蓉贵校点《张栻全集·南轩集》卷36，下册，第1064页。

③ （宋）张栻：《赋遗经阁》，载（宋）张栻著，杨世文、王蓉贵校点《张栻全集·南轩集》卷2，中册，第554页。

《论语·子罕》:"颜渊喟然叹曰:仰之弥高,钻之弥坚,瞻之在前,忽焉在后。"张栻解云:"仰之弥高,愈探而愈觉无穷也。钻之弥坚,愈进而愈觉难入也。瞻之在前,则若不及。忽焉在后,则又过之,盖得其中为难也。"① 颜渊所叹,不过孔子学问的高妙艰深,若忽前忽后,难于把握。下文"如有所立卓尔,虽欲从之,末由也已"大约也是此意。张栻别出心裁地解为过与不及,并言"卓尔者,其圣人之中欤?"则纯属个人的发挥,非本文之意。

《论语·宪问》:"子曰,君子上达,小人下达。"大意是说君子日日上进,小人每况愈下。而张栻则发挥为"达者,达尽其事理也。上达者反本,天理也。下达者趋末,人欲也"②。显然是要将孔子之言纳入自己的理学体系。

《论语·颜渊》:"季康子患盗,问于孔子。孔子对曰:苟子之不欲,虽赏之不窃。"季康子位高权重,逼于国君。孔子的本意是说执政者如果真不想让盗窃之风盛行,那下民一定不会去行窃,哪怕悬赏驱之,暗含讽谏之意。此与上下文季康子问政,孔子对以"子帅以正,孰敢不正","子欲善而民善矣。君子之德风,小人之德草,草上之风必偃"同意。而张栻却于诸家中专引张载的解释云:"假设以子不欲之物赏子使窃,子必不窃。故为政者先乎足民,使民无所不足,则不见可欲而盗心息矣。"又议论说:"盖盗生于欲之不足,使之足乎此,则不欲乎彼。此古人弭盗之原也。"③ 如此曲为之解,实无必要。且令人奇怪的是,此解全从利害出发,未言及义,与张栻"君子喻于义,小人喻于利","存天理,灭人欲"的一贯思想不合。

《论语·卫灵公》:"子曰,不曰如之何如之何者,吾末如之何也已矣。"此不过是说之所以不说怎么办怎么办,是因为还没有考虑成熟,暂时还拿它没有办法。而张栻于诸家中专引侯氏之说云:"天下之事,当防

---

① (宋)张栻:《子罕篇》,载(宋)张栻著,杨世文、王蓉贵校点《张栻全集·论语解》卷5,上册,第139页。
② (宋)张栻:《宪问篇》,载(宋)张栻著,杨世文、王蓉贵校点《张栻全集·论语解》卷7,上册,第189页。
③ (宋)张栻著,杨世文、王蓉贵校点:《张栻全集·论语解》卷6,上册,第170页。

微杜渐于未然之前,故不曰如之何。若至于已然,横流极炽,无可奈何之后,虽圣人亦无如之何矣。故曰:如之何者,吾末如之何也已矣。"①此解欲添入义理,显然较为牵强。

《孟子·尽心上》:"求则得之,舍则失之,是求有益于得也,求在我者也。求之有道,得之有命,是求无益于得也,求在外者也。"此不过言力能为之者当勉力为之,非力所能为者当安以俟之,无非尽人事、听天命之意。张栻则解为:"此章为警告未达者言也。言求在我者有益于得,所以扩其天理也。言求在外者无益于得,所以遏其人欲也。所谓求而得、舍而失者,心之谓也。求与舍,得失毫厘之分,然则可不勉于求欤?所谓求之有道、得之有命者,富贵利达之谓也。富贵利达,众人谓己有求之之道,然不知其有命焉。固有求而得之者矣,是亦有命,而非求之能有益也。盖亦有巧求之而不得者多矣,以此可见其无益于得也,然则亦可以已矣。"②所言未必不美,然引之过远,凿之过深,奈非本文原意何?

理学家解经,大抵以平实和缓为尚。然而基于其理学立场,往往名为解经,实则以经注我,远远偏离文本原意而不自知。在这方面,张栻亦表现得较为突出,这是应该注意的。

五 宽厚而少批评

张栻身为宰相之子,以"藐然少年"周旋于幕府,"内赞密谋,外参庶务",30余岁即为帝王之师,声名早闻,少年锐气,然于治学却全然不见圭角,温柔敦厚,有长者之风。

在张栻的著述中,很少有对他人的批评,更无声色俱厉的指斥。与同为"东南三贤"的朱熹相较,张栻显得更为宽厚。朱熹虽对周敦颐、二程及其师李侗推崇备至,然微词亦颇不少。张栻则对周程唯有服膺,从无一字褒贬。对其师胡宏的主张,张栻实际上有不少异同,但也只有几处委婉地提及,不像朱熹那样直言不讳。对于不同的学术见解,张栻

---

① (宋)张栻著,杨世文、王蓉贵校点:《张栻全集·论语解》卷8,上册,第200页。
② (宋)张栻著,杨世文、王蓉贵校点:《张栻全集·孟子说》卷7,中册,第466页。

也总是心平气和地阐明己见,从不形诸意气。像当时被朱熹称为海内学术之弊而大加挞伐的"江西顿悟,永康事功",张栻也很少鸣鼓攻之。

对于先贤,张栻首先抱着敬畏之心,从不过于苛求。如作《汉丞相诸葛忠武侯传》,对诸葛亮的评价首先推其本心,看其大节,略其小过,而总断之曰:"若侯者,体正大而学未至者也。"对其作了充分肯定,而不是像朱熹那样吹毛求疵。

对朱熹斥为异端的苏轼,张栻评论说:"坡公结字稳密,姿态横生,一字落纸,固可藏玩,而况平生大节如此哉。窃尝观公议论,不合于熙丰固宜。至元祐初诸老在朝,群贤汇征,及论役法与己意小异,亦未尝一语苟同,可见公之心惟义之比,初无适莫也。方贬黄州,无一毫挫折意,此在它人已为难能,然年尚壮也。至于投老炎荒,刚毅凛凛,略不少衰,此岂可及哉。范太史家藏公旧帖,其间虽有壮老之不同,然忠义之气未尝不蔚然见于笔墨间也,真可畏而仰哉。"① 敬畏之情溢于言表,与朱熹所说"东坡在湖州被逮时面无人色,两足俱软,几不能行"迥不相同②。

对于朱熹在《读两陈谏议遗墨》中长篇大论,摘其余瑕的陈了翁,张栻则备赞其"进学之心尤严于既老之际,徙义之勇不忽于卑者之言,其虚中克己,皆可为后世师法"③,何其委婉,与人为善也。其严于律己,宽以待人,在宋代理学大家中亦不多见,堪与大程子比美。

六 稳定而少变化

纵观张栻学术,不难发现,其思想理论框架比较稳定,在本体论、生成论、心性论、功夫论等大本大原问题上,从早年入门到成熟期总体变化不大。如其25岁时所作《悫斋铭》云:"士或志近,辩给智巧,学

---

① (宋)张栻:《跋东坡帖》,载(宋)张栻著,杨世文、王蓉贵校点《张栻全集·南轩集》卷35,下册,第1030页。
② (宋)朱熹:《答廖子晦》10,载(宋)朱熹著,郭齐、尹波编注《朱熹文集编年评注》卷45,第6册,第2209页。
③ (宋)张栻:《跋了翁责沈》,《张栻全集·南轩集》卷35,下册,第1034页。

之不知，其器则小。天下之理，惟实为贵，实不在外，当惩于己。不震不摇，物孰加之。以此操之，谁曰不宜？"① 即包含了远志大器、知学明理、求实重内、立诚操存等思想，言近而旨远。27岁作《希颜录》，以颜子致知力行，趋实务本，不忽于卑近，不遗于细微为功夫准的。14年后重编此书并作跋语，除个别取舍次序有所变动而外，其余则无以加焉。初从胡宏问学，即从功夫入手，"问以为仁之方"。这些思想贯彻了张栻一生。

之所以有这样的特点，一是张栻享年不永，48岁即去世，从事学术活动不过20余年，理论上未及进一步深入和充分展开，尚无暇做出大的建树。二是笃信周程，认为其发明圣贤之学已无余蕴，学者但当谨守用功，无须再于大本大原处致疑探讨。三是缘于张栻"先立乎其大者"的治学门径。29岁见胡宏，五峰即称其"左右胸中正矣大矣。大体既是，正好用功"，"左右方妙年，所见大体已是"。② 朱熹尝言自己之学乃铢积寸累而成，而张栻则如大本卓然，先有见者。又说："钦夫之学所以超脱自在，见得分明，不为言句所桎梏，只为合下入处亲切。今日说话虽未能绝无渗漏，终是本领是当，非吾辈所及。"③ 又言张栻"天姿明敏，从初不历阶级而得之"④。所谓"大体已是"，"大本卓然，先有见者"，"合下入处亲切"，"本领是当"，"不历阶级而得之"，皆言张栻治学先立纲领，再下功夫。功夫容有日进，而纲领一定，终身不易。不像"铢积寸累"的朱熹，在"尊德性""道问学""已发未发"等重大理论问题上反复徘徊，几起几落。此外，张栻也未曾涉猎二氏，非如朱熹甚至二程"出入于释老者几十年"而后归于儒之曲折，其学术自然体现出较大的稳定性。

---

① （宋）刘昌诗撰，张荣铮、秦呈瑞点校：《芦浦笔记》卷9，中华书局1986年版，第69页，署绍兴二十五年作。

② （宋）胡宏：《与张敬夫》，载（宋）胡宏著，吴仁华点校《胡宏集》，中华书局2012年版第3次印本，第133页。

③ （宋）朱熹：《答何叔京》11，载（宋）朱熹著，郭齐、尹波编注《朱熹文集编年评注》卷40，第5册，第1952页。

④ （宋）朱熹：《答石子重》5，载（宋）朱熹著，郭齐、尹波编注《朱熹文集编年评注》卷42，第5册，第2047页。

由于张栻是湖湘学派最重要的领军人物之一，其学术的鲜明特点即在很大程度上影响到了湘学的面貌，这是我们今天研究蜀、湘文化时应予充分关注的。

胡宏性本体论对张栻的影响[*]

胡宏虽然服膺二程，但在若干重大问题上多有自己的见解，并不亦步亦趋。这使得其学说特色鲜明，在宋代理学中独树一帜。作为其学术传承中最重要的一环，张栻虽然从胡宏问学时间只有短短三年，但所受影响仍不可小觑。其中，性本体论就是最重要的问题之一。

首先，我们对胡宏的性本体论作一个简单的梳理。

性是什么？性是形而上的宇宙本体，是世间万物的根据。胡宏说："形而在上者谓之性，形而在下者谓之物。"[①] "性外无物，物外无性。" "性，天下之大本也。"[②] "万物万事，性之质也。"[③] "大哉性乎，万理具焉，天地由此而立矣。" "万物皆性所有也。"[④]

性是从哪里来的？来自天。胡宏说："天命为性。" "性，天命也。"[⑤] 这里的"天"，当然不是指苍苍物质之天，而是指莫之为而为之，自然而然地产生出来，类似于老子"道法自然"的"自然"。性是自然而然存在的，其来自哪里和谁不可究诘，只能强名之曰天。

性的基本特性是什么？是中。胡宏说："中者性之道乎。"[⑥] 此即《中庸》之"喜怒哀乐之未发谓之中"。此时的性不偏不倚，无过不及。

---

[*] 本文原载《船山学刊》2014年第3期。
[①] （宋）胡宏：《释疑孟》，载（宋）胡宏著，吴仁华点校《胡宏集》，第319页。
[②] （宋）胡宏：《知言》卷1，载（宋）胡宏著，吴仁华点校《胡宏集》，第6页；《知言附录》1，《胡宏集》，第328页。
[③] （宋）胡宏：《知言》卷2，载（宋）胡宏著，吴仁华点校《胡宏集》，第14页。
[④] （宋）胡宏：《知言》卷4，载（宋）胡宏著，吴仁华点校《胡宏集》，第28页。
[⑤] （宋）胡宏：《知言》卷1，载（宋）胡宏著，吴仁华点校《胡宏集》，第4、6页。
[⑥] （宋）胡宏：《知言》卷1，载（宋）胡宏著，吴仁华点校《胡宏集》，第1页。

只不过胡宏所说的性乃万物之性，不限于人。

性的功用是什么呢？它是宇宙万物产生的根源，运动变化的主宰。胡宏说："万物生于性者也。"①"非性无物，非气无形。性，其气之本乎。""气之流行，性为之主。"②"水有源，故其流不穷。木有根，故其生不穷。气有性，故其运不穷。"③

由此可知，在胡宏那里，性是形而上的本体，它自然存在，莫或使之，以中为基本特征，是宇宙万物产生和运动变化的根源和主宰。

那么，性与"道""理""太极"等范畴的关系怎样呢？

胡宏对"道"有很多论述。"形形之谓物，不形形之谓道。"④"道不能无物而自道，物不能无道而自物。道之有物，犹风之有动，水之有流也，夫孰能间之？"⑤ 这是说形而上之道存在于事物之中，道、物不可分离。"道充乎身，塞乎天地"⑥，是说道无处不在。"道者体用之总名。"⑦"中者道之体，和者道之用。"⑧ 这是说道含体用，如仁体义用，性体心用等。"一阴一阳之谓道。有一则有三，自三而无穷矣。"⑨ "阳中有阴，阴中有阳，阳一阴，阴一阳，此太和之所以为道也。始万物而生之者，乾坤之元也。物正其性，万古不变，故孔子曰成之者性。"⑩ 这两条最为重要，明确指出道是事物运动变化的规律。阴阳的交互氤氲是事物产生和发展的根本驱动力，所谓"生生之谓易"。而道是一切运动变化所遵循的法则。这和性是不同的：规律和法则先天地具备于性中，由静而动时，在性的主宰下展示出来。性可言水源木本，道只是河床。胡宏说："子思子曰，率性之谓道。万物万事性之质也，因质以致用，人之道也。"⑪ 物

---

① （宋）胡宏：《皇王大纪序》，载（宋）胡宏著，吴仁华点校《胡宏集》，第165页。
② （宋）胡宏：《知言》卷3，载（宋）胡宏著，吴仁华点校《胡宏集》，第22页。
③ （宋）胡宏：《知言》卷2，载（宋）胡宏著，吴仁华点校《胡宏集》，第11页。
④ （宋）胡宏：《知言》卷3，载（宋）胡宏著，吴仁华点校《胡宏集》，第26页。
⑤ （宋）胡宏：《知言》卷1，载（宋）胡宏著，吴仁华点校《胡宏集》，第4页。
⑥ （宋）胡宏：《知言》卷1，载（宋）胡宏著，吴仁华点校《胡宏集》，第3页。
⑦ （宋）胡宏：《知言》卷1，载（宋）胡宏著，吴仁华点校《胡宏集》，第10页。
⑧ （宋）胡宏：《知言》卷2，载（宋）胡宏著，吴仁华点校《胡宏集》，第14页。
⑨ （宋）胡宏：《知言》卷1，载（宋）胡宏著，吴仁华点校《胡宏集》，第7页。
⑩ （宋）胡宏：《知言》卷4，载（宋）胡宏著，吴仁华点校《胡宏集》，第32页。
⑪ （宋）胡宏：《知言》卷2，载（宋）胡宏著，吴仁华点校《胡宏集》，第14页。

正其性，万古不变，遵循顺遂性才是道，这就是道与性二者的关系。胡宏又说："天者道之总名。"① 一事一物有一事一物之道，整个宇宙有整个宇宙之道。这些规律和法则皆莫或使之，天然存在，故总名之曰"天"。

在胡宏那里，"理"基本上与"道"同义，也是指事物运动变化的规律和法则，不过在具体应用的场合有细微的区别。如"物之生死理也，理者万物之贞也"②。"万物生于性者也，万事贯于理者也。"③ "大哉性乎，万理具焉，天地由此而立矣。世儒之言性者类指一理而言尔，未有见天命之全体者也。"④ 最后一条说明了理和性的关系，是理具于性中。在胡宏看来，言理不如言性，言理而不言性是不周延的，是以偏概全。

再看太极。胡宏说："一阴一阳之谓道。道谓何也？谓太极也。阴阳刚柔，显极之机，至善以微。"⑤ "天道保合而太极立，氤氲升降而二气分。"⑥ "阴阳常和而太极立，太极常存而天命行。"⑦ "太极具万象为神，神生象，象生器，器生数。"⑧ "太极函三为一，始动于子，参之于丑，得三。又参之于寅，得九。又参之于卯，得二十七。历十二辰，得十七万七千一百四十七，而天地之数备，阴阳保合，元气运行。"⑨ "若太极不立，则三才不备，人情横放，事不贯，物不成，变化不兴，而天命不几于息乎。"⑩ 细味以上论述，太极是气，是阴阳未分保合浑沦之气，阴阳常和，天道保合，太极方得以立。有时胡宏又称其为"太和"，如"太和涵动静之性，一动一静交，天地之道也。动则为阳，阳极则阴生。一阴一阳交，天之用也。静则为柔，柔极则刚生。一刚一柔交，地之用也"⑪，

---

① （宋）胡宏：《知言》卷5，载（宋）胡宏著，吴仁华点校《胡宏集》，第42页。
② （宋）胡宏：《知言》卷1，载（宋）胡宏著，吴仁华点校《胡宏集》，第8页。
③ （宋）胡宏：《皇王大纪序》，载（宋）胡宏著，吴仁华点校《胡宏集》，第165页。
④ （宋）胡宏：《知言》卷4，载（宋）胡宏著，吴仁华点校《胡宏集》，第28页。
⑤ （宋）胡宏：《知言》卷5，载（宋）胡宏著，吴仁华点校《胡宏集》，第41页。
⑥ （宋）胡宏：《皇王大纪序》，载（宋）胡宏著，吴仁华点校《胡宏集》，第163页。
⑦ （宋）胡宏：《皇王大纪》卷1《天皇氏》，《四库全书》本，第313册，第3页a。
⑧ （宋）胡宏：《皇王大纪》卷1《炎帝神农氏》，《四库全书》本，第313册，第19页b。
⑨ （宋）胡宏：《皇王大纪》卷2《黄帝轩辕氏》，《四库全书》本，第313册，第5页b。
⑩ （宋）胡宏：《皇王大纪序》，载（宋）胡宏著，吴仁华点校《胡宏集》，第165页。
⑪ （宋）胡宏：《皇王大纪》卷1《三皇纪·盘古氏》，《四库全书》本，第313册，第1页a。

其为气的性质就看得更清楚了。

太极虽然是宇宙万物产生的总根源，但只是生物之具，而不是生物之本。"性，其气之本乎。""气之流行，性为之主。"真正的宇宙本体是性，它是高于太极的范畴。若问宇宙万物从哪里来？是来自阴阳二气。阴阳二气从哪里来？乃自太极而分。而性，乃太极之本，太极被性决定。因此胡宏是从生成的角度而不是从本体的角度阐述太极的初始性的。

综上所述，胡宏通过对性、道、理、太极等范畴及其相互关系的论述，构成了他独特的性本体论，其逻辑结构自我完足。而他立论的依据，是《周易》的"乾道变化，各正性命，保合太和，乃利贞"，"易有太极，是生两仪"，《中庸》的"天命之谓性，率性之谓道"，以及周敦颐的《太极图说》，张载《正蒙》的"太和所谓道"，是他对儒家经典和前贤论说独立研究的结果。其对太极及与性关系的定位，正是朱熹所批判的"自无极而有太极"。

现在来看张栻的本体论。张栻眼中的世界首先是一个经验世界。他说："天覆乎上，地载乎下，而万物在天地间，充满宇宙，此盈天地之间者唯万物也。"① 这个经验世界不是一成不变的，而是处于绝对的运动之中："大而天地，散而万物，举皆囿于造化之道，而为其推迁者也。"② 世界的运动变化非杂乱无章，而是无不遵循一定的法则规律，即"有物有则"："事事物物莫不有其道，盖所当然者，天之所为也。"③

那么这个运动着的世界是由什么质料、怎样构成的呢？是阴阳二气的氤氲交感、阳变阴合："乾坤者，生成万物之体也。变化者，乃乾坤生化万物之用也。"④ 阴阳二气又从何而来，其交感为何所支配呢？是太极："太极混沦，生化之根。阖辟二气，枢纽群动。"⑤ 又云："易也者，生生

---

① （宋）张栻：《序卦》，载（宋）张栻著，杨世文、王蓉贵校点《张栻全集·南轩易说》卷3，上册，第53页。
② （宋）张栻著，杨世文、王蓉贵校点：《张栻全集·南轩易说》卷1，上册，第5页。
③ （宋）张栻：《卫灵公篇》，载（宋）张栻著，杨世文、王蓉贵校点《张栻全集·论语解》卷8，上册，第206页。
④ （宋）张栻著，杨世文、王蓉贵校点：《张栻全集·南轩易说》卷1，上册，第11页。
⑤ （宋）张栻：《括斋记》，载（宋）张栻著，杨世文、王蓉贵校点《张栻全集·南轩集》卷12，中册，第722页。

之妙也。太极者，所以生生者也。"① 此太极者又为何物呢？张栻说："无极而太极存焉，太极本无极也。"② 又进一步解释说："太极所以形性之妙也。性不能不动，太极所以明动静之蕴也。极乃枢极之义，圣人于《易》特名太极二字，盖示人以根柢，其义微矣。若只曰性而不曰太极，则只去未发上认之，不见功用。曰太极则性之妙都见矣。"③ 显然，太极就是"性"的别称，其性质属于形而上，即"上天之载，无声无臭"。太极是张栻哲学的最高范畴，正是这个太极产生了和支配着整个宇宙："太极动而二气形，二气形而万物化生，人与物俱本乎此者也。"④ 不难看出，以上这些表述与周程的本体论、生成论几无二致，其生成论则完全是周敦颐《太极图说》的翻版。

然而张栻又说："天命之谓性，万有根焉。""有是理则有是事，有是物。夫其有是理者性也。顺其理而不违，则天下之性得矣。"⑤"实然之理具诸其性。有是性，则备是形以生。"⑥"万物成于性者也。"⑦"赋是形以生者，盖以其具是性也。"⑧"有太极则有物，故性外无物。有物必有则，故物外无性。"⑨ 像程朱一样论至有理则有物还不够，还要追溯到性。这些关于性的论述无疑就是胡宏的性本体论。其"万有根焉"、理具诸性、物成于性、性外无物、物外无性简直差不多就是胡宏的原话。这充分反

---

① （宋）张栻：《答吴晦叔》5，载（宋）张栻著，杨世文、王蓉贵校点《张栻全集·南轩集》卷19，中册，第825页。

② （宋）张栻：《答彭子寿》2，载（宋）张栻著，杨世文、王蓉贵校点《张栻全集·南轩集》卷31，下册，第983页。

③ （宋）张栻：《答吴晦叔》1，载（宋）张栻著，杨世文、王蓉贵校点《张栻全集·南轩集》卷19，中册，第822页。

④ （宋）张栻：《存斋记》，载（宋）张栻著，杨世文、王蓉贵校点《张栻全集·南轩集》卷11，中册，第719页。

⑤ （宋）张栻著，杨世文、王蓉贵校点：《张栻全集·孟子说》卷4，中册，第349页。

⑥ （宋）张栻：《洁白堂记》，载（宋）张栻著，杨世文、王蓉贵校点《张栻全集·南轩集》卷13，中册，第738页。

⑦ （宋）张栻：《兼山中庸说序》，载（宋）王霆震辑《古文集成》卷5，《四库全书》本，第1359册，第12页b。

⑧ （宋）张栻：《思终堂记》，载（宋）张栻著，杨世文、王蓉贵校点《张栻全集·南轩集》卷13，中册，第739页。

⑨ （宋）张栻著，杨世文、王蓉贵校点：《张栻全集·论语解》卷6，上册，第432页。

映了胡宏性本体论对张栻的深刻影响。

然而张栻真正服膺的却是周程，胡宏只不过是通往周程的桥梁。这样，受胡宏影响形成的本体论必然有一个向周程靠拢的问题。

本体论要解决的是宇宙的本质和终极根源问题，"太极"无疑是较为合适的范畴。在二程那里，"理"才是本体，才是最高范畴，太极为理的别称。而胡宏的本体是性，太极则是气。张栻是怎样解决这一矛盾的呢？是对胡宏太极的改造，即太极状性之说。由上引可知，在张栻看来，太极就是"性"的别名，其性质属于形而上，即"上天之载，无声无臭"。正是这个太极产生了和支配着宇宙万物的运动变化。称太极而不称性，有助于弥补有静而无动、有体而无用的理论缺陷。经过这种改造，张栻就将胡宏从属地位的形而下的太极与二程本体地位的形而上的太极调和起来。这样，既吸收了胡宏性本体论中他认为合理的部分，又与二程的学说初无矛盾，在本体论这个大本大原问题上达到了理论上的圆融。

从张栻对胡宏性本体论的改造中，我们可以得出以下几点结论。（1）对胡宏的性本体论，张栻是基本认同的。对其中的理论缺陷，张栻采取了改良而不是摒弃的办法。这说明张栻从胡宏问学时间虽然不长，但所受影响不可小视。（2）张栻治学以周程为究竟，终身崇信而笃守之。在张栻看来，其师胡宏既然源出洛学，在大本大原问题上不应有原则上的差异，因此通过太极形性之说使胡宏的观点向二程靠拢。（3）对胡宏性本体论存在的问题，张栻主要是不满于将太极定性为形而下之气并置于从属地位，且称本体为性也有有静无动、有体无用之嫌，须加完善。在这里，我们看到了胡宏思想对张栻的深刻影响，以及张栻不固执一隅，唯善是从的治学态度。

魏了翁《周礼折衷》学术价值初探*

蜀人魏了翁有《周礼折衷》一书，由于是未成稿，历来未受到重视。其实，该书虽非完稿，但同朱熹《尚书注》一样，仍然反映了魏了翁学术的一些重要信息。因此，关于该书的一些基本情况，仍有进行深入梳理和探讨的必要。

《周礼折衷》一书，《直斋书录解题》《文献通考》《宋史·艺文志》等均有著录。《直斋书录解题》卷2云："《鹤山周礼折衷》二卷，枢密临邛魏了翁华父之门人税与权所录，条列经文，附以传注，鹤山或时有所发明。止于天官，余皆未及也。"可知此书为魏了翁口授，由税与权记录整理。

关于税与权的情况，《四库总目·易学启蒙小传提要》说："与权始末未详。据其自序，知为魏了翁门人。据书末史子翚跋，知其字曰巽甫。据《书录解题》载其《周礼折衷》一条，知为临邛人尔。"实则不只此，我们至少还能得到以下一些信息：据《全蜀艺文志》《经义考》《通志堂经解》《三传折诸》诸书，与权著述除记录《周礼折衷》《师友雅言》而外，尚有《易学启蒙小传》《周易古经》二书及序跋文6篇，今存；《春秋指掌图》一书，佚。据《可斋杂稿》，知与权尝为淮南幕僚三年。据《字溪集》，知其宝祐元年（1253）尚在世。据与权序跋，知其师从魏了翁20余年及其他详情。据《桂胜》，可了解其部分交游。至于与权籍贯，据现存文献，则当为巴郡人，即南宋泸州人。巴郡，泸州古称。《四库提要》所言临邛人，实乃误读《直斋书录解题》所致。

---

* 本文原载《湖湘文化与巴蜀文化》，湖南大学出版社2013年版。

与权《周礼折衷后序》云："右《周礼折衷》上下篇，本名《江阳周礼记闻》，会失其上篇，先生犹子高斯衙搜录以见归，二篇始完。间举似泉使考功郎王辰应氏，贻书云，郑诸说于是论定，宜以《鹤山周礼折衷》名之。"由此可知该书命名之由。江阳，指泸州。《舆地广记》卷31："泸州，春秋战国为巴地，秦属巴郡，二汉属犍为郡。蜀章武元年（221），立江阳郡。晋、宋、齐、梁因之。梁兼立泸州，后周因之。隋开皇初，郡废。大业初，州废为泸川郡。唐武德元年（618）曰泸州，天宝元年（742）曰泸川郡，皇朝因之。"《鹤山集》卷45题为《江阳集》，即了翁在泸州任上之作。书名《江阳周礼记闻》，可知乃与权在泸州所录。王辰应，魏了翁于绍定六年（1233）至端平元年（1234）知泸州时所荐士，见《鹤山集》卷24《荐三省元奏》、卷98《进士题名大成殿舍菜文》。《南宋馆阁续录》卷7载，辰应字子震，潼川府人。嘉定十三年（1220）刘渭榜进士出身，治《易》。嘉熙二年（1238）五月，由宗正丞兼权考功郎官，兼吴王、益王府教授，除秘书丞。

该书既为泸州所录，则其成书时日从可考知。魏了翁生平凡两知泸州，先看第一次。

《宋史·魏了翁传》云："［嘉定］十年，迁直秘阁，知泸州，主管潼川路安抚司公事。丁母忧。"缪荃孙《魏文靖公年谱》采用了这一说法。而魏了翁《四乞祠申省状》说："戊寅之春，除直秘阁，又以异数不当冒受，亦一控免。"其《辞免除直秘阁知泸州状》今载《鹤山集》卷23。《大理少卿赠集英殿修撰徐公墓志铭》又说："予自嘉定十一年被命帅东川，以心制乞身，徐公瑄来为代。"则了翁知泸州当在嘉定十一年（1218）。当以何者为准呢？了翁《辞免除直秘阁知泸州状》有一条线索，称："敢图异柬，忽误恩除，还十三年策府之旧游，畀四千石列城之新命。"考了翁尝于开禧元年（1205）除秘书省正字，次年迁校书郎。"还十三年策府之旧游"，即指13年后，得除直秘阁，重官秘府。然了翁开禧元（1205）、二（1206）两年皆官中秘，若从开禧元年下推13年，当为嘉定十年（1217）；从开禧二年下推13年，则当为嘉定十一年（1218），仍无法解决上面的问题。细查《鹤山集》相关诸文，了翁生母（了翁称叔母）生辰在春，而其卒在夏。嘉定十年（1217）春，了翁尚在运判兼摄守遂宁任上，有《权遂宁府劝农文》可证。其《周元公程纯公正公谥告序》亦云："臣自嘉定八年司臬剑东，兼摄漕事。厥明年春，上疏请下礼官，为周颐及程颢、程颐议所以易其名者。厥十年，臣自漕臣再申述前奏，并以横渠张载为请。"明言该年尚为漕臣。而其《叔母生日同官载酒用去年词韵》云："风雨移春醉梦中，忽然吹信息，堕泸戎。"可知了翁在泸州任所尝为其生母祝寿，则只能是嘉定十一年（1218）春间之事。再考其《申尚书省乞检会元奏赐横渠先生谥状》有"欲望朝廷特赐敷奏，检会某嘉定十一年内奏状，再下礼官，遵照近例，速与赐谥"之语，知嘉定十一年（1218）了翁尝上奏朝廷。此必为知泸州任上事。若前一年已守制去官，则居丧之人似不宜有此奏状。又据了翁所作同产长兄高载行状，了翁生母四月已病，然尚在世。随后高载闻讣，哀病交加，遂于同年七月九日去世。此也显然为嘉定十一年（1218）夏秋之事，因前述春间了翁寿母词还初无其母欠安之迹。由此可知，魏了翁第一次知泸州实在嘉定十一年（1218），至迟春间已到任。至夏生母卒，以心丧去官，而徐瑄来代，时间应在夏秋间，或更稍晚，在泸约半年。《宋史》称十年，盖以命下之时言之。

再看第二次。绍定五年（1232）八月，魏了翁除宝章阁待制、潼川府路安抚使、知泸州，有辞免状。而据了翁所作《中奉大夫知邛州李公骏墓志铭》，可确知其到泸州任在绍定六年（1233）五六月间。至于离任时间，也有确证。据《宋史·理宗纪》，端平元年（1234）五月乙卯，诏魏了翁赴阙。了翁两次辞免，方受命。十月，作《端平元年劳农文》，称："太守前年十月以古典劳农于郊，今年十月，当修故事，而太守以君命召，去官有日。"可知了翁离任赴召约在是年冬间。由绍定六年（1233）夏至端平元年（1234）冬，魏了翁第二次知泸州在任约一年半。

税与权嘉熙（1237—1240）中所作《鹤山师友雅言序》言："予登鹤山先生之门，盖历二纪。"二纪为24年，与权乃泸州人，则魏了翁第一次知泸州时已为门人可知。这样，《周礼折衷》于了翁两次知泸州时皆有成书可能。那么此书到底记录于何时呢？

《周礼折衷》"内饔"条录了翁之说有云："乡在靖州，人或告以屠所市豕肉不可食者。"又"甸师"条录其说有云："乡在靖州，见有菁茅甚多。"这两条记载都提到了靖州，按理说应将《周礼折衷》成书时间定为绍定六年（1233）夏至端平元年（1234）冬魏了翁第二次知泸州时。

然而对《周礼折衷》本身进行深入考察并将其与《九经要义》进行仔细比较，上述结论却存在着一些疑问。

《周礼折衷》的内容和体例，正如《直斋书录解题》所概括的那样："条列经文，附以传注，鹤山或时有所发明。止于天官，余皆未及也。""条列经文"，即首先将《周礼》本经大致按注疏单元逐条列出，作为阐释之目。"附以传注"，即注疏节要，按名氏将作者认为的精要内容罗列于相关经文之后，如"郑""贾""先郑""后郑""郑司农"等。"时有所发明"，即经文、注疏之后的魏了翁评析，以"鹤山先生云"冠之。"止于天官，余皆未及"，指其内容仅限于《周礼·天官》部分。这表明《周礼折衷》一书是《周礼》经注的节要点评本，但系未完之稿。

将《周礼折衷》与魏了翁《九经要义》两相比较，可以发现二者性质如出一辙，均是注疏节要，但在内容、体例上却有很大的不同。（1）前者依经文顺序，逐条解释全经；后者则有所选择，如《大学》一篇仅释4条。（2）前者每条以经文为目，后者则以各条主旨拟为标题，且有序号，各卷自为起讫，常不列经文。其题如"卦位上有末义，初有下义"，"阳爻称九，阴爻称六"，"辩诸儒以文籍不始于伏牺难孔"，"孔依壁内，郑依贾录，故篇次不同"，"士大夫诸侯天子加冠之年不同"，"宾与赞冠者戒而又宿，众宾不宿"，"释日月甲子之义"，"《左传》传授源流"，"檀弓六国时人"，"小功不税王郑义异"等。（3）前者罗列注疏，多冠以"郑""贾""先郑""后郑""郑司农"等名氏，后者则只称"注云""《正义》云""释曰"等，不出名氏。（4）前者除列注疏外，间也列当朝人如王安石、陈祥道等的注解，后者只列注疏。（5）前者多有作者评析，后者则全列注疏，几无一字评点。

这些差异说明了什么呢？它似乎提示我们《周礼折衷》的编纂有可能早于《九经要义》。因为如果旨在节取群经注疏精华，《九经要义》的编纂方式是合适的。作者的本意正是苦于注疏冗长，读者不得要领，漫无边际而删繁就简。像《周礼折衷》那样全经逐条解读，则工程浩大，既无可能，也不必要。《周礼折衷》的模式应该是作者早期想法的体现。尤其值得注意的是，其书末"内府"以下七职无一字评析，与《九经要义》一致。这或许是作者意识到逐条评析太繁，难以为继而有意放弃，只限于节略注疏吧。

《九经要义》成于宝庆二年（1226）至绍定四年（1231）谪居靖州期间，魏了翁曾多次谈到编纂的情形："某自迁渠阳，山深日永，自《易》与《诗》、《三礼》、《语》、《孟》重下顿工夫，名物度数、音训偏旁字字看过。"（《师友雅言》）"山中自课以圣贤之书，日有程限。诸经义疏重与疏剔一遍，帝王典则粗见端绪。《仪礼》一书幸而存者，以之参考诸经，尤为有功。"（《答许介之解元》）可见此期间治经的内容有二，一是研读经文，一是梳理注疏，而不是著书立说。

既然《周礼折衷》的编纂早于《九经要义》，又为税与权江阳所闻，则只可能编成于嘉定十一年（1218）魏了翁第一次知泸州时。相反，如果其成书于《九经要义》之后，则很难解释二者的上述差异。

我们还可以从另一个角度进行一些分析。《师友雅言》是税与权于端平元年（1234）至嘉熙元年（1237）所记录的魏了翁论学语，其中就有泸州所闻。如其中一条云："在江阳书院夜坐，与诸友云，某初起家赴镇时，过叙南诣学，教授合阳赵运臣者升讲堂说《周礼》。"与权《师友雅言序》也说："及先生返自南迁，起家镇泸，予执经从之。"那么《周礼折衷》是不是此时所闻呢？同样是存在疑问的。最难于解释的是，《师友雅言》也有数十条言及《周礼》，且有十余条与《周礼折衷》内容完全相同，其中一条一字不差。若《周礼折衷》闻于此时，了翁《周礼》之说何不全录于《师友雅言》中呢？

再细看内容相同的十余条，它们之间是存在细微差别的。试举几例。

1. 古者旗便是物，各以其物乃是字象形。所谓九旗之物，古人数物多用旗帜之类。（《周礼折衷》）

物字从牛，天地之数始于牵牛。《说文》物字却象旗，故《周礼》旗为物，射立处曰物。（《师友雅言》）

后一说既有字形结构分析，又有义理发挥，还有书证，显然较前一说更为周详。

  2. 诛止责让字，从言，六经皆然。自秦汉来，始以诛训杀。因举陵阳《三礼辨》云。(《周礼折衷》)
  《周礼》"以官刑诏冢宰而诛之"，诛对赏为责。孔安国注："流放窜殛皆诛。"圣人无杀之义，诛止是责。至秦以后，乃以诛为杀。(《师友雅言》)

前一说泛泛而论，且以当朝人李心传举证。后一说有引文，有义理分析，且举证为孔传，更为有力。

  3. 六官皆有事。大率扶持世界合有六官，一件少不得。冬官所谓事，此书惜乎不存。疑其尽是营国授田等事，必有容心去之者。荆公谓刑不能胜然后有事，此说未尽。(《周礼折衷》)
  《周礼》六官皆有事，做个世界，合有个六官，不是建一官了方建一官。王介甫穿凿，如冬官以为刑之不能胜然后有事，却未稳。冬官所谓事，窃疑是营国授田等事，惜书不存。《周官》舆司马、军司马、司禄等官多缺文，大率是班爵定赋、制军分田紧要处，(分)[方]信孟子所谓诸侯恶其害已而去其籍，诚有此理。如冬官非是偶然亡，必有去之者。(《师友雅言》)

前一说不仅不如后一说详尽具体，更重要的是，前说仅言六官一官不能少，后说在此基础上还强调了六官同时设置，而非逐官递建。前说仅言王安石之说未尽，后说则直斥其穿凿。

  4. 三代赋字只是颁其式，以任井地所出献于上，非计口出泉。唐陆贽犹以民间出泉为不便，况成周乎？郑氏以汉法解经，至熙宁而祸不可胜言，此九赋又其一也。
  此国服为息恐是刘歆傅会，康成误解，以致荆公祸天下。周公之制必不放债取利。《三礼辨》谓云云。

此一节言天子备物之享，第《诗》《书》皆无及此礼者。《周礼》一部可疑，此亦其一。王荆公专本此意，以人主当享备物。极至童贯、王黼，专创应奉司，以启人主侈心，祸至不可胜言。学术误国，原于康成，先儒未有发此义者。

荆公专以《周礼》为辞，谓人主可以兼百姓之奉，备万物之养，以足其燕私玩好之欲。此所以误天下而开后来丰亨豫大与享上之侈，卒启裔夷之祸，可不戒哉。(《周礼折衷》)

王介甫错看"膳夫"一义，以为王者受天下之奉。后王黼等专置应奉司，以为当受四海九州岛之奉。不知他经元无此义，独《周礼》膳夫一职有备享之事。介甫差处，只为大荒大札不举，今无此可以备享。解经如此，最关利害。政、宣之误，至于亡国，皆"膳夫"一句误之。古人只说恭俭菲饮食底事，此一职几乎开后世人主之心，释经者可不严哉。

周孔国服之法，郑康成直以王莽二分之息解之。此自康成传注穿凿误引，以祸天下，致得荆公坚守，以为成周之法。常时诸老虽攻荆公，但无敢自郑康成处说破。推原其罪，自郑康成始。以政事学术误天下后世，盖不可不监。

康成以汉制解经，以赋为口率出泉。三代安有口赋？王介甫用之，以误熙宁，皆郑注启之。传注之误，最系利害。又如国服为息，息字，则凡物之生歇处便生。王介甫引用王莽时事以证《周礼》为二厘取息之制。古人元不取民以钱，土地所产元无钱，误国甚矣。介甫错处，尽是郑康成错注处。王莽时岁什一之法，自康成引以注息字，介甫浑错看。可见欧苏以前未尝有人骂古注，想承其误以至此。(《师友雅言》)

"口率出泉""国服为息"是魏了翁批评《周礼》郑注最关利害的内容，曾多次反复拈出，以之为自己的一大建树。仔细比较上面所引二书相关内容，不难看出《师友雅言》所载更为深入具体。

以上数例是否表明《周礼折衷》《师友雅言》关于同一内容的论述往

往存在深化递进的情况,非一时所作呢?是否可作为前者应该成书于魏了翁嘉定十一年(1218)第一次知泸州时的旁证呢?正因为此次在泸时间较短,才仅及天官之一部。也正因为距后来刊刻时间较久,以至于其上篇曾一度亡失。如果二书为同时所成,又该怎样来解释上述的深化递进情况呢?

另外,还有一个相关的问题,《九经要义》中,现存者唯《周易要义》《尚书要义》《毛诗要义》《仪礼要义》《礼记要义》《春秋左传要义》,其余《周礼要义》以下皆佚。那么今存《周礼折衷》会不会就是《周礼要义》的残本呢?答案应该是否定的。因为《宋史·艺文志》并列有《周礼折衷》2卷、《周礼要义》30卷,《授经图义例》《经义考》诸书也是二书并列的。

这样,看似不成问题的《周礼折衷》成书时间,似乎又成了一个问题。从尊重文献的角度讲,在没有新的有力证据之前,应姑且断其为成于魏了翁第二次知泸州时。从情理分析的角度看,又的确存在着成书于《九经要义》之前,即魏了翁第一次知泸州时的可能。取第二说,目前尚无更有力的书证材料支持。取第一说,则需要面对上文举出的若干问题。

据前引税与权《周礼折衷后序》,此书录成后,初名《江阳周礼记闻》,后采用王辰应的意见,改名《周礼折衷》。与权《后序》未署撰作时间,但提及王辰应时为考功郎。据《南宋馆阁续录》卷7,王氏嘉熙二年(1238)为权考功郎,则与权《后序》当作于此后不久。是时尚无付梓之意。

最早将《周礼折衷》刻入《鹤山先生大全文集》的是成都府路提刑佚名者。据《鹤山先生大全文集》书末该佚名跋及吴潜后序,时间在淳祐十一年(1251)至开庆元年(1259),稿本的来源是制干何璟。最早著录此书单行本的是《直斋书录解题》。该书成于陈氏晚年,大约在淳祐至景定初陈氏去世之前。则陈氏所见单行之本也当面世于此期间。

单行本未见流传,今存者仅有同治年间(1862—1874)《鹤山文抄》本,亦系抄自文集。其书主要随了翁文集流传。

《周礼折衷》虽非完书,且成于早年,但仍具有一定的学术价值。

一 《九经要义》的参照

《九经要义》是魏了翁经学的代表作,而《周礼折衷》是在内容体例上具有显著差异的同类著述,因此有着重要的参照价值。如果其成书于《九经要义》之前,则更是小试牛刀,成为《九经要义》的滥觞和雏形。通过二者的比较研究,可以了解魏了翁经学演变的情况。这是静态研究《九经要义》所无法替代的。

二 《周礼要义》的剪影

《周礼要义》今已不存,我们只能借助《周礼折衷》部分地了解魏了翁对《周礼》的理解和对其注疏的看法,以及《周礼要义》的大致面貌。如果其成书于《周礼要义》之前,则无异于后者的蓝本。聊胜于无,从这一点来说,其重要性自不待言。

三 唯一的解经之作

魏了翁曾多次谈到他由最初的拟有著述转而从事纯粹的资料整理的缘由和过程。《师友雅言》云:"吾尝欲著《礼记》一部,专破汉儒穿凿以误后人之病。""因说《三礼》,谓某亦欲下工整顿《三礼》。"《答周监酒》云:"某向来多作《易》与《三礼》工夫,意欲似《读诗记》之类为一书。比来山间,温寻旧读,益觉今是昨非。安知数年后又不非今也?以此多惧,未暇轻有著述。"《答丁大监》云:"某十二三年来,本有合程邵为一书之意。入山以后,便欲逐旋抄记,因温寻诸经一遍,然后为之。既入诸经中重新整顿,则益觉向来涉猎疏卤,不惟义理愈抠愈深,而名物度数有一不讲,便是欠阙。缘此且更精读深思,未暇有所著述。"《答真侍郎》云:"某循环读经,亦以自明此心,未敢便有著述。"《师友雅言》云:"今未敢便有著述,且温旧读,以发新知。"正因为如此,魏了翁虽深于经学,但未完之稿的《周礼折衷》却成了他唯一的解经之作,其资料价值不言而喻。

四　学术全豹之斑

　　《周礼折衷》虽仅寥寥数卷，但仍然折射出魏了翁学术的一些信息。如对注疏的取舍，四库馆臣对《九经要义》在这方面所做的工作给予了极高评价。《周易要义》提要云："其大旨主于以象数求义理，折衷于汉学宋学之间，故是编所录虽主于注疏释文，而采掇谨严，别裁精审，可谓剪除枝蔓，独撷英华。"《尚书要义》提要云："了翁汰其冗文，使后人不病于芜杂，而一切考证之实学，已精华毕撷，是亦读注疏者之津梁矣。"《仪礼要义》提要云："了翁取而删剟之，分胪纲目，条理秩然，使品节度数之辨展卷即知，不复以词义缪辀为病。其梳爬剔抉，于学者最为有功。虽所采不及他家，而《仪礼》之训诂备于郑贾之所说，郑贾之精华备于此书之所取。后来诠解虽多，大抵以注疏为蓝本，则此书亦可云提其要矣。"《春秋左传要义》提要云："凡疏中日月名氏之曲说，烦重琐屑者多刊除不录，而名物度数之间，则削繁举要，本末灿然。了翁所辑，亦可谓得其要领矣。"虽有过誉之嫌，但《九经要义》在经学史上的影响颇为深远，却是不争的事实。在注疏的取舍方面，《周礼折衷》同样具备了这些优点，是治《周礼》者重要的参考资料。

　　对《周礼》经文的理解和阐释，对注疏的批评和补正，更是《周礼折衷》学术价值所在。各条经注之后的"鹤山先生云"，是了解魏了翁学术宝贵的直接资料。这在《九经要义》中是看不到的。

　　了翁解经，包罗万象，百科全书式地体现了他深厚的学术功底。如讲义理："极本无中义，只天下之理到中便不可过，不可过便是穷极。"这是沿用并发挥朱熹的说法。"荆公常以道揆自居，而元不晓道与法不可离。如舜为法于天下，可传于后世，以其有道也。法不本于道，何足以为法？道而不施于法，亦不见其为道。荆公以法不豫道揆，故其新法皆商君之法，而非帝王之道。所见一偏，为害不小。"道、法之论理学气息十足。"天地间莫非气，凡散皆阳，凡聚皆阴。然冬间阳气在内，亦有聚时。夏间阴气在内，亦有散时，又须分冬夏方说得。"这是继承发挥张载的思想。"《旅獒》以玩人丧德、玩物丧志为戒，且云'无有远迩，毕献方物，惟服食器用。'周公制礼，必不专立一条，以共王者玩好之用。"纯用义理解经，是典型的宋学方法。

讲制度："古制上下相联络亲比如此。窃意凡一人生死，闾胥便计其年月日时，有保有受。天地间人都有个数，沟洫道路自有条数，闾有门以讥出入，纵有盗贼，也来不得。"此对古制的憧憬颇有乌托邦的味道。"三年之丧自天子至于庶人，无贵贱一也，故谓之通丧。岂可谓贵者服轻，贱者服重？郑、贾说未然。""死而未葬无几筵，无荐羞，以其体魄在此。生者可以用几筵字，'或赐之筵，或授之几'是也。始死只说奠，有朝夕奠，朔月月半则谓之殷奠。奠亦无庶羞，羞却是祭，当在虞祔之后，不当言于始死之时。今人用庶羞之奠与几筵字尽错。且如孔子庙，只使得奠字，使不得祭字。今谓之丁祭亦非。释奠字只见于《礼记》，不见于他经。二汉以前，亦无释奠字，然却未至大误。非报功使祭字不得。"此条释丧祭之礼，明辨古今。"古无灌茅之义，所谓缩酒，只是醴有糟，故缩于茅以清之。若曰渗下去如神饮，此是郑大夫臆说。"按《左传·僖公四年》"尔贡包茅不入，王祭不共，无以缩酒，寡人是征"是人们耳熟能详的一段话，缩酒如神饮是许多今注还在普遍采用的说法。了翁对此制作了详解，批驳了这一说法。"古者天子有迎送诸侯之礼，如今之飨大宾，至则王乘金辂迓之。有大飨于庙之礼，燕于寝之礼，有戒有宿有速。谓之友邦冢君，乃是与诸侯共守天下，天子统天下而君之，诸侯统一国而君之，皆有君道，上下相维，相亲相敬。自秦罢侯置守，尊君卑臣，一人恣睢于上，极情纵欲而天下瓦解土崩。"

讲名物："交睫腥，郑以为肉有米似星。乡在靖州，人或告以屠所市豕肉不可食者，问其故，则云夜于星下饲豕，则肉上尽有星，如米状，此不可食。索而观之信然，乃知康成之言有所据。"按，此即所谓"米猪肉"，数十年前尚未绝迹，笔者就曾亲眼看到。了翁所引解释虽不科学，然其援生活经验入实证的方法是值得称许的。"鱼随阴阳而上下，冬在水底，春在水之半，夏在水上。冬腹腴在下，夏至腹腴在鳍。夏时下水，以后上水。""齐侯疥，遂痁，本是疥疾，后变而为痁。梁元帝改疥作痎，以为初是隔日疟，后来变痁，非是。此便是夏阳溢于肤革,至秋则痁。""奄是有此天奄之病者,非是后世刑余之人。春秋时,如二五耦皆奄。赵高元是病,非刑余。"按,了翁深于医学,其"疥,遂痁"一条一反对王安石的鄙薄,情不自禁地称道:"荆公此一节最好,常举以教医者。"

补书证、明避讳:"丧荒之币玉,郑、贾谓宾客所赗委之礼,不知何故不引宣王祷旱之诗云:'靡神不举,靡爱斯牲。圭璧既卒,宁莫我听'乎?""避光武讳,改秀为茂。""后来为避汉祖讳,传注多改邦字概称国。"

尤重视字义字形的解说,往往有所发明,试举例如下。"典从册从丌,自是一件物,不可以常训之。汉儒去古未远,然字义已不甚晓,故多失经意。""典只是国家旧章,上从册,下从丌。王荆公表内用尊阁字,乃是字书说典为尊阁之也。""从册在丌上,尊阁之也"乃《说文解字》的说法,"典,常也"乃《尔雅·释诂》的说法,了翁皆不从,可见其攻治之深之细,真是"音训偏旁字字看过"。

"古无豆之称,只称尗字。'于豆于登'乃是俎豆之豆。先后郑以尗为豆,疑此字自汉始。"《说文解字》:"豆,古食肉器也,从口象形。"又云:"尗,豆也,象尗豆生之形也。"了翁之说颇有依据。

"《周礼》有三个县字,畿内为天子之县,六遂上有县,四等上有县,故汉犹以天子为县官。字书无县字,即寰字。"《谷梁传·隐公元年》:"寰内诸侯,非有天子之命,不得出会诸侯。"《说文解字》"寰,畿内县",是了翁所本。了翁虽未深究"县""寰"二字之关系,但断言"县"即"寰"字,这就较《说文解字》的纯粹义训进了一步,含有打破字形束缚,因声求义的倾向。从语音上看,二字声同,韵近。

"儒之名见于后世。《周官》此一字元无归着,不知何所当。次第一乡一邦自各有有道之人表仪风俗,居乡谓之父师少师,亦谓之先生处士,亦谓之上老中老,此皆可以当儒,但《周官》不分晓说。"按《墨子》有《非儒》篇,《庄子·齐物论》有"故有儒、墨之是非"之语,故至迟战国时已有儒之名,此即了翁所谓"后世"。了翁试图上溯"儒"之初义,因文献不足征而只得存疑。

"贼字非从戎,毁则为贼,乃从刀从弋。"按"贼"字今天尚从

"戎"书写。《说文解字》:"贼,从戈,则声。"作形声解。了翁别出心裁,不取《说文解字》而作会意解。

"字书无弊字,只是敝。敝,断也,与一言以蔽之字同义。"按,了翁这里梳理了"敝""弊""蔽"三个字的关系,"敝""弊"古今字,二字与"蔽"又为通假字。

"宪疑训显字。《礼记》举'宪宪令德',则古字通用。"按《礼记正义》云:"案《诗》本文'宪宪'为'显显',与此不同者,齐、鲁、韩《诗》与毛《诗》不同故也。"了翁不仅擅长于造字分析,也很重视用字分析。但此例不从语音上去梳理而释以古字通用,似未得要领。

"荤本只是姜桂韭薤之类,今却以为荤腥。犹国有故则天子素服减膳,今却又有素食之说。"《说文解字》:"荤,臭菜也,从艸军声。"从偏旁可知臭菜是本义,荤腥为引申。了翁未及此。

"古注取包肉之义谓之庖,庖字从广,恐非包肉。盖火化始于宓牺氏,厥初茹毛饮血,宓牺始取物墐涂而炮之,所以谓之庖牺氏。牺亦取牛旁。"《说文解字》:"庖,厨也,从广,包声。"厨房应为"庖"字本义。按了翁之解,则是"墐涂而炮"之行为。

"亨字本作亯(音香音亨音烹只同一字),并同《楚茨》'挈尔牛羊,以往烝尝,或割或亨(作香字叶韵),或肆或将,祝祭于祊(音方)'。""只同一字",了翁之意实为"只同一词"。盖"亨"为"烹"的本字,而又有"享"音,用同"享"。

"凡疮惟阴阳所侵谓之疡,刀剑所伤谓之刅。创非本字,刅乃本字。"《说文解字》:"刅,造法刱业也,从丼,刅声,读若创。"而"创"乃"刄"字(从"刃"从"一")的异体,释曰:"伤也,或从刀仓声。"了翁所释与《说文解字》正好相反。

以上数例,可见了翁小学之一斑。其特点是尤重本义,又注意梳理源流,厘清一词一义的历时发展;既重视字形,又能打破文字束缚而直指语言;既注重造字,又兼及用字;既广采百家,又绝不盲从,充分显示了作者学贯汉宋的精神。

综上所述,《周礼折衷》的内容是十分丰富的,从中可以窥见魏了翁的经学见解和学术思想。就其特色而言,正如作者自己所说,既"义理愈抠愈深",也"名物度数、音训偏旁字字看过",实堪称"折衷于汉学宋学之间"。若将其与了翁文集、《师友雅言》、《九经要义》、《古今考》、《经外杂抄》、《正朔考》等其他著述一一对读,逐条梳理,深入发掘,将是一件很有意义的事情。作为魏了翁唯一的解经之作,《周礼折衷》理应倍加重视,值得深入研究。

文追古雅　学承汉风

——从《鹤山集》异文看魏了翁的学术特色[*]

今存世魏了翁文集版本凡 4 种，即宋开庆元年（1259）成都刻本（《四部丛刊》据之影印，并增补安国铜活字本）、明嘉靖初锡山安国铜活字本、嘉靖三十年（1551）邛州吴凤刊本和清乾隆间《四库全书》本。4 种版本均有残缺，而以《四部丛刊》本和《四库全书》本为通行本。其中，以完整性而言，安国本最全；以文字内容而言，宋本最精。吴凤本、四库本则恣意妄改，遗患无穷。

在整理《鹤山集》过程中，我们发现宋本与《四库全书》本存在大量异文，孰是孰非，颇需费一番判断功夫。而这些异文的存在，不仅见出了二本的优劣，更重要的是，还从一个侧面反映出了魏了翁的学术特色，值得加以梳理。总起来看，四库本的妄改大致可分为不谙古语、不明通假、不知古今、不懂引申、不辨字形、不晓通用、形近臆改等几种类型，而以前两类为大宗。以下举出一些实例，略加辨析，以供方家批评。所引例句以《四部丛刊》影印本为底本（上海商务印书馆 1929 年影印嘉业堂藏宋刊本《鹤山先生大全文集》，以下简称《文集》，并于注释中只注篇名、卷页），四库本（上海古籍出版社 1987 年版影印文渊阁《四库全书》，第 1172—1173 册）异文则用括弧标出。

---

[*] 本文原载《四川大学学报》（哲学社会科学版）2019 年第 2 期。

一

（一）不谙古语

卷14《赐洪咨夔辞免除吏部侍郎兼给事中不允诏》："卿首以忠清，蠲涤垢玩（污）。"按："垢玩"乃古语，《后汉书·崔骃传附崔实传》云"政令垢玩，上下怠懈"①，《新唐书·宦者下》田令孜传云"百度崩弛，内外垢玩"是其例②，此不当改甚明。改者见有一"垢"字，于是望文生义。

卷26《三辞乞以从官参赞军事从丞相行奏札》："前者立脱其责，后者兴（与）受其败。"四库本凡改三处。按："兴受其败"乃《尚书·微子》语，原文是："商今其有灾，我兴受其败。"孔传："灾灭在近，我起受其败，言宗室大臣义不忍去。"③ 兴者起也，有挺身而出之意。改者不谙古语，一字之别，深浅立见。

卷37《郑丞相》："蜀置自近岁多故，习成臬（怠）缓。"按："臬缓"盖有出处，馆臣浅薄，改"臬"为"怠"，适见其无知。《左传·哀公二十一年》，"鲁人之臬，数年不觉"，杜注："臬，缓也。言鲁人臬缓数年，不知答齐稽首。"④

卷38《资州新创贡院记》："校艺之馆，藩拔级夷（组绂委顿）。"按："藩拔级夷"乃韩文语。《韩昌黎文集校注·衢州徐偃王庙碑》，"藩拔级夷，庭木秃缺"，马其昶校注："《补注》：曾国藩云，藩篱撤，阶级平也。"⑤ 此无甚难懂，馆臣不知何苦改之。

卷40《眉州新修蟇颐堰记》："然则是堰也，昔人之经启（略）于斯为不少矣。"按："经启"乃古语，源远流长，历世沿用。《左传·襄公四

---

① （南朝宋）范晔：《后汉书》卷52，中华书局1982年版标点本，第1726页。
② （宋）欧阳修：《新唐书》卷208，中华书局1982年版标点本，第5885页。
③ （清）阮元校刻：《十三经注疏》上册，中华书局1991年版影印本，第178页。
④ （清）阮元校刻：《十三经注疏》下册，第2181页。
⑤ （唐）韩愈撰、马其昶校注：《韩昌黎文集校注》卷26，上海古籍出版社1986年版，第413页。

年》:"昔周辛甲之为大史也,命百官官箴王阙,于《虞人之箴》曰:芒芒禹迹,画为九州,经启九道。"杜注:"启开九州之道。"① 改者陋矣。

卷47《拙斋记》:"具(且)曰予圣,国事之日非而有不知也。"按:此亦古语。《诗经·正月》:"具曰予圣,谁知乌之雌雄。"毛传:"君臣俱自谓圣也。"② 若冷语僻字,尚情有可原。"具"字无甚难懂,不知何苦改之。

同卷《积善堂记》:"朝朝莫夕(朝益暮习),油油翼翼。"按:《周礼·夏官·道仆》:"道仆掌驭象路以朝夕燕出入,其法仪如齐车。"郑注:"朝夕,朝朝莫夕。"贾疏:"朝朝莫夕在正朝来往。"③ 则此语甚古,后代沿用,也非稀见。改者不明,添油加醋,遂与原意大相径庭。

卷50《耻斋记》:"虽君公师长载(在)高位,食厚禄。"按:"载高位"出《汉书·董仲舒传》:"身宠而载高位,家温而食厚禄。"颜师古注:"载亦乘也。"④ 馆臣不解擅改,实足贻笑。

卷51《程氏东坡诗谱序》:"非若唐人家花车斜之诗,竞为廋(瘦)辞险韵,以相胜为工也。"按:《国语·晋语》,"有秦客廋辞于朝",韦注:"廋,隐也,谓以隐伏谲诡之言问于朝也。"⑤ 作者此处正用其义。馆臣改为"瘦"字,失其本意矣。

卷53《彭山李肩吾从周字通序》:"思欲发明文字之本始,聊以乱(集)思丑类,为用力之端本。"按:"乱思"出赵岐《孟子注疏·题辞解》:"聊欲系志于翰墨,得以乱思遗老也。"⑥ 馆臣所改,文意既异,笔风亦别矣。

卷54《卫正叔礼记集说序》:"迨是古(自秦)挟书之令作而《礼》再厄。"按:"是古"者以古为是也。《汉书·刘歆传》:"陵夷至于暴秦,燔经书,杀儒士,设挟书之法,行是古之罪。"颜师古注:"以古事为是

---

① (清)阮元校刻:《十三经注疏》下册,第1933页。
② (清)阮元校刻:《十三经注疏》上册,第442页。
③ (清)阮元校刻:《十三经注疏》上册,第858页。
④ (汉)班固:《汉书》卷56,中华书局1975年版标点本,第2520页。
⑤ (春秋)左丘明:《国语》卷11,上海古籍出版社1982年版标点本,第401页。
⑥ (清)阮元校刻:《十三经注疏》下册,第2663页。

者即罪之。"① 作者正用此意,不知为何改之。

卷57《湘乡萧定夫师友堂铭》:"相酗(鷖)以文,相盐(蛊)以利。"按:酗,滥酒,引申为沉迷,此句并无甚难懂。"相盐以利"则自古语而来。《礼记·郊特牲》:"而流示之禽,而盐诸利,以观其不犯命也。"注:"流犹行也。行,行田也。盐读为艳,行田示之以禽,使欲艳之,观其用命不也。"② 宋黄仲元《莆阳黄仲元四如先生文稿》卷1《莆田县庙学圣像记》云:"颠冥富贵,相盐以利者勿入。"③ 改者不明,必以为"酗"为音近而误,"盐"为形近而误,因而擅改。

卷65《题杨慈湖所书韩贯道墓后》:"不平阙可乎(曰:然则可乎)。"按:所谓"平阙",乃古时敬称阙字的书写体式,如同避讳、抬写之类。《唐六典》卷4就规定:"凡上表疏笺启及判策文章如平阙之式。"④《续资治通鉴长编》卷71载:"癸卯,诏自今公私文字中有言及玉皇者并须平阙。"⑤ 了翁文集卷109《师友雅言》重出此条,讲得更为明白。云:"不平阙可乎?曰,魏晋以来文书不足法,谓之出跳。吾六经二《汉》为据。"自注:"出跳出《左氏》会于夷仪之岁注,襄二十五年出跳疏中。"改者不明"平阙"之义而擅改,致与原文风马牛不相及,文义不通,不知所云。

卷69《太孺人赐冠帔黎氏墓志铭》:"谓报则那(彰)?卒负其偿。"按:《左传·宣公二年》:"牛则有皮,犀兕尚多,弃甲则那?"杜注:"那犹何也。"⑥ 改者不解"那"字,又不肯存疑,只好胡改一字,致与上句"其报孔彰"重复,不问其义通与不通、其音谐与不谐。

---

① (汉)班固:《汉书》卷36,第1968页。
② (清)阮元校刻:《十三经注疏》下册,第1450页。
③ (宋)黄仲元:《莆阳黄仲元四如先生文稿》卷1,《四部丛刊》三编影印明嘉靖刻本,上海商务印书馆1935年版,第29页。
④ (唐)李林甫:《唐六典》卷4,明刻本,第5页a。
⑤ (宋)李焘:《续资治通鉴长编》卷71大中祥符二年四月癸卯条,中华书局1980年版标点本,第1604页。
⑥ (清)阮元校刻:《十三经注疏》下册,第1866页。

(二) 不明通假

卷4《送侯成甫归蜀》："前霄（宵）大江半归壑，来岁候虫已坏宅。"按："霄"通"宵"，不误，四库本妄改。《吕氏春秋校释·明理》："有昼盲，有霄见。"高诱注："霄，夜。见，明也。"①

卷14《赐李蘷再上章乞还故里不允不得再有陈请诏》："夫委质为臣，苟有以毕诚单（殚）虑，济登乃辟，如汉汲、萧，则宁复以居中为嫌？"按："单"乃"殚"的通假字，尽也，不当改甚明。《荀子简释·富国》："必至于资单国举然后已。"②杨倞注："单，尽也。"

卷18《应诏封事》："故士稍知廉耻者，决不肯箃（造）乎其间。"按："箃"通"萃"，比也，聚也。《六臣注文选》卷31江淹《颜特进侍宴》："中坐溢朱组，步櫚箃琼弁。"吕延济注："箃，比也。"③此属臆改。

卷20《奏乞将赵汝愚配飨宁宗庙廷第一札》："党（傥）犹以婴祸触讳为疑，暗不一言"；卷25《三乞祠》："党（傥）蒙圣慈检会累牍，速赐矜允施行"；卷28《奏和不可信常为寇至之备》："或者谓党（傥）可以稍纾目前，姑为一二年休养之计。"按："党"通"傥"，这几例均不当改。《荀子简释·天论》："怪星之党见，是无世而不常有之。"④

同卷《奏将帅漕馈送添犒诸军》："备忉（物）假宠，微臣之意不任感激。"按："忉"为"认"的通假字，此用法古已有之。《汉书·孟喜传》："后宾死，莫能持其说，喜因不肯忉。"⑤宋李刘《梅亭先生四六标准》卷38《回魏教谕》："谦抐委贽，备忉勤渠。"⑥备忉者，充分地感受到也。四库本不识通假，率尔改之。

卷35《答丁太监》："向来曾作邵子工夫，近亦重别寻驿（绎）。"

---

① 陈奇猷：《吕氏春秋校释》卷6，学林出版社1984年版，第358页。
② 梁启雄：《荀子简释》第10篇，中华书局1983年版标点本，第135页。
③ （梁）萧统编，（唐）李善等注：《六臣注文选》卷31，上海商务印书馆1929年《四部丛刊》影印宋刻本，第34页。
④ 梁启雄：《荀子简释》第17篇，第226页。
⑤ （汉）班固：《汉书》卷88，第3599页。
⑥ （宋）李刘：《梅亭先生四六标准》卷38，《四部丛刊》续编影印宋刻本，上海商务印书馆1934年版，第3页。

按："驿"通"绎"，不当改也。《汉书·王莽传》："及吏民以义入钱谷助作者骆驿道路。"颜师古注："骆驿，言不绝。"①

卷37《郑左相》："连日俟候取禀，不获詹（瞻）望。"按："詹"通"瞻"，古已有之，改字多余。《诗·鲁颂·閟宫》："泰山岩岩，鲁邦所詹。"②

卷38《永康军评事桥免夫役记》："既祥（详）颠末，谓不可无纪。"按："祥"通"详"，知悉也，改字多余。《尚书·吕刑》："有邦有土，告尔祥刑。"③

卷39《石泉军军学记》："凡而訾（资）用，率仰奉赐。"按："訾"通"资"，于古有征，不烦改也。《汉书·司马相如传》："更名相如，以訾为郎。"④

又："侯以书邸（抵）余曰。"按："邸"本通"抵"，至也，何烦改之？《史记·河渠书》："自中山西邸瓠口为渠。"⑤

卷44《绵竹县湖桥记》："度地飞凫门外，猪（潴）为湖，周广六十有五丈。"卷45《璧津楼记》："尽力于匽猪（潴），且为支流以泄其怒。"按："猪"通"潴"，水积聚也，亦不当改。《尚书·禹贡》："大野既猪。"⑥

卷66《成都签判到任谢刘制置启》："油莫（幕）风清，闲郾城之棋枰。"又《通谢尚书启》："迺复着从事衫以陪入莫（幕）之宾。"按："莫"通"幕"，改字多余。《史记·张释之冯唐列传》："上功莫府。"⑦

卷73《安德军节度使赠少保郡王赵公希锟神道碑》："以琴书诗酒自虞（娱）。"按："虞"通"娱"，改字多余。《汉书·魏相传》："臣闻明主在上，贤辅在下，则君安虞而民和睦。"⑧

---

① （汉）班固：《汉书》卷99下，第4161页。
② （清）阮元校刻：《十三经注疏》上册，第617页。
③ （清）阮元校刻：《十三经注疏》上册，第249页。
④ （汉）班固：《汉书》卷57上，第2529页。
⑤ （汉）司马迁：《史记》卷29，中华书局1975年版标点本，第1408页。
⑥ （清）阮元校刻：《十三经注疏》上册，第148页。
⑦ （汉）司马迁：《史记》卷102，第2759页。
⑧ （汉）班固：《汉书》卷74，第3137页。

（三）不知古今

卷25《辞免除资政殿学士知潭州札子》："庐山待命，江池杙（舣）舟。"按：《史记·项羽本纪》："于是项王乃欲东渡乌江，乌江亭长杙船待。"①"杙"早出而"舣"晚出，作者自有取舍，不必改亦不当改。

卷28《奏虏犯随信光黄等处事宜》："使吾竟（境）内尽空，国贫民寡。"按："竟""境"古今字，不当改甚明。《礼记·聘义》："君使士迎于竟。"②《管子》卷20《形势解》："主明而国治，竟内被其利泽。"③

卷37《郑丞相》："守之以攸（悠）久，谨终如始。"按："攸"同"悠"，作者从古，无烦改之。《广成集·飞龙唐裔仆射受正一箓词》："上愿龙图攸久，凤历延洪。"④

（四）不懂引申

卷28《除端明殿学士同签书枢密院事督视江淮京湖军马谢表》，"俾并边渴日（竭力）以经纶"，按：四库本盖不懂"渴日"之义而以为有误，因而擅改。其实"竭尽"只是"渴"字的一个引申义项，宋人岳珂对此早有专门考辨。《刊正九经三传沿革例》云："《书·泰誓》注：吉人渴日以为善，凶人亦渴日以为恶。疏以渴作竭。《释文》渴，苦曷反。泛而观之，疏则以其义为竭尽之竭，《释文》则音为饥渴之渴。然考之《周礼》'渴泽用鹿'，渴其列反，则渴字亦有竭音。《说文解字》：渴，丘葛反，尽也。则音饥渴之渴，其字亦有竭义。注所谓渴日，盖犹言尽日也，今只作渴。"⑤

（五）不辨字形

卷62《跋游景仁所藏裴绍业告》："'书'不从'者（曰）'，而其下

---

① （汉）司马迁：《史记》卷7，第336页。
② （清）阮元校刻：《十三经注疏》下册，第1692页。
③ （唐）房玄龄注：《管子》卷20，《四部丛刊》影印宋刊本，第4页a。
④ （五代）杜光庭：《广成集》卷4，《四部丛刊》影印明正统道藏本，第5页b。
⑤ （宋）岳珂：《刊正九经三传沿革例》，《知不足斋丛书》本，第25页a。

为'曰'。"按：此跋乃列举诰命中"东""都""书"等字与篆书字形不合，而《说文解字》"书"字从聿，者声，所据正为小篆字形。作者是说诰命中"书"字从"曰"乃后起写法，因而与从"者"之小篆不合。改者不懂字形沿革，足见浅薄。

（六）不晓通用

卷18《应诏封事》："抽索前后奏椟（牍），从公讨论。"按："椟""牍"通用，无须改之。黄震《黄氏日钞》卷93《除史馆检阅谢庙堂》："奏椟重来，点画睛而既就。"①

卷19《被召除礼部尚书内引奏事第一札》："且元祐之治仅四年而侵（浸）改，又四年而改绍圣者。"按："侵"本有"渐近"之义，如"侵晨""侵寻"，"侵""浸"通用，无烦改读。《史记·孝武本纪》："天子始巡郡县，侵寻于泰山矣。"②

卷36《答罗制干》："《元祐馆职》一书，前所未见，兹蒙辍示新刊五秩（帙），为况（要）典甚。"按："秩"同"帙"，无须改。《华阳陶隐居集·肘后百一方序》："方术之书，卷秩徒烦，拯济殊寡。"③ "况"则通"贶"，赐也。《礼记·聘义》："北面拜贶。"④ 改为"要"甚无谓也。

卷75《太常博士李君墓志铭》："而议者已曰事关奏审，必不可行，祗队（赘）言焉。"按："队"古同"坠"，《左传·庄公八年》："公惧，队于车。"⑤ "队言"即"坠言"，犹俗言"丢下话"。该书卷38《紫云山崇仙观记》，"然执事尝队言焉"，卷55《止止先生宇文公集序》，"既队言而卒"，固尝言"队言"矣，何苦改之？

卷104《周礼折衷》："康成以欧（驱）而内之于善训驭字，不知祭祀如何欧（驱）神以内于善。臣有大罪，没入而夺其家财，如何欧（驱）

---

① （宋）黄震：《黄氏日抄》卷93，元刻本，第10页b。
② （汉）司马迁：《史记》卷12，第461页。
③ （梁）陶弘景：《华阳陶隐居集》卷上，明《正统道藏》本，第22页。
④ （清）阮元校刻：《十三经注疏》下册，第1692页。
⑤ （清）阮元校刻：《十三经注疏》下册，第1765页。

贫者而内于善。"按："欧"古同"驱"，改之无谓。《管子·七法》："不明于决塞而欲欧众移民，犹使水逆流。"①

（七）形近臆改

卷7《次韵李参政壁见谢游龙鹤山诗二首》："北山尝乞草堂灵，娓娓高谈折（析）理精。"按：折，断也，判断裁决也。《尚书·吕刑》："非佞折狱，惟良折狱。"孔传："非口才可以断狱，惟平良可以断狱。"②折理即评判理之是非。《通典》卷69《养兄弟子为后后自生子议》云"尚书阁议言辞清允，折理精练"③，《嵇中散集》卷6《明胆论》云"折理贵约而尽情"④，是其例。"析理"虽也可通，但义有不同，无烦臆改。

卷57《存庵铭为张点咏之作》："汉存雅乐，周存奠（尊）彝。"按：《周礼·司尊彝》明言"大丧存奠彝"⑤，原文不误，改者望文生义，无乃太轻率乎。

又《太常博士李君墓志铭》："奕奕令姿，孰腬（媲）而予如。"按：腬，厚赐也。《诗·小雅·采菽》："福禄腬之。"毛传："厚也。"⑥改为"媲"字，文义亦不通矣。

二

从以上所举，不难看出四库本的望文生义，擅改原文，用表面的文从字顺掩盖着极端的不学无术，使本来不误的原始文献变得面目全非，实为斯文之罪人。有意思的是，在浅薄的四库本的反衬下，更加凸显了作者的用字行文风格，使我们得以通过这些异文窥见魏了翁的一些学术特点。

---

① （春秋）管仲著，袁昌峣校释：《管子校释》卷2，岳麓书社1996年版，第62页。
② （清）阮元校刻：《十三经注疏》上册，第250页。
③ （唐）杜佑：《通典》卷69，宋刻本，第25页b。
④ （魏）嵇康：《嵇中散集》卷6，《四部丛刊》影印明嘉靖本，第7页a。
⑤ （清）阮元校刻：《十三经注疏》上册，第774页。
⑥ （清）阮元校刻：《十三经注疏》上册，第490页。

（一）语从其朔，述而不作，追求古雅，体现出强烈的复古倾向

如上所举，不难看出魏了翁的行文风格：好用古字古语，尤喜用通假字。凡一古一今，必择其古；一俗一雅，必择其雅。如上文所举不用"垢污""与受""急缓""经略""朝益暮习""相蛊以利""在高位""集思""叙""境""悠"，而用"垢玩""兴受""皋缓""经启""朝朝莫夕""相盐以利""载高位""乱思""权""竟""攸"。一本字一借字，必用借字，如不用"宵""殚""造""倪""绎""瞻""详""资""抵""渚""娱""幕"，而用"霄""单""簉""党""驿""祥""訾""邸""猪""虞""莫"。正是最大限度地使用古字、雅字、借字，从而形成了魏了翁古雅的文风。之所以这样做，是由他的历史观、小学观所决定的。

同程朱学派一样，魏了翁持倒退的历史观，认为汉唐不如三代，今人不如古人。反映在小学领域，他认为总的发展趋势是今不如昔，每况愈下，体现出强烈的复古倾向。先看他对文字发展的看法：

> 自秦政灭学，经籍道熄。迨隶书之作，又举先王文字而并弃之，承讹袭舛，愈传愈失。蔡伯喈书石经有意正救之，旋亦焚荡。张序所见石经，又不知果为蔡本否。其所引石经文，多失字体。魏晋以来，则又厌朴拙嗜姿媚，随意迁改，义训混淆，漫不可考。重以避就名讳，如"操"之为"掺"，"昭"之为"佋"，此类不可胜举。况唐人统承西魏，尤为谬乱。陆德明、孔颖达同与登瀛之选，而《释文》与《正义》自多背驰。至开元新书五经，则又以俗字易旧文，如以"颇"为"陂"，以"平"为"便"之类，又不可胜举，而古书益邈。五季而后，镂版翻印，经籍之传虽广，而点画义训谬误自若。本朝胄监经史多仍周旧，今故家往往有之，而与俗本无大相远。南渡草创，则仅取版籍于江南诸州，与京师承平监本大有径庭，与潭抚闽蜀诸本互为异同，而监本之误为甚。①

---

① （宋）魏了翁：《毛义甫居正六经正误序》，《重校鹤山先生大全文集》卷53，《四部丛刊》影宋本，第19页a。

再看他对词义变迁的看法：

汉儒去古未远，然字义已不甚晓，故多失经意。①
五三六经之所传，如仁义中诚、性命天道、鬼神变化，此致知格物之要也。今往往善柔为仁，果敢为义，依违以为中，纯鲁以为诚，气质以为性，六物以为命，玄虚以为天道也，冥漠以为鬼神也，有无以为变化也，甚则以察为知，以荡为情，以贪为欲，以反经为权，以捷给为才，以谲诈为术。圣贤之言炳如日星，而师异指殊，其流弊乃尔。（中略）风气既降，名称亦讹，有一事而数说，一物而数名，学者亦莫之质也。②

他还专作《古今考》一书，辨古今名物制度异同，其中多有论及语言文字者，大抵以为昨是而今非。如辨"颜"字：

经传有颡有角，未有称颜者。曰额曰颜，亦后世之称。史册用字之讹如此类甚众，本不足辨，姑一及之，以见风气既降，称谓亦舛。③

又辨"皇帝""太公""吏""大夫""夫人""华表""碑"等，"今人用庶羞之奠与几筵字尽错"，"自春秋以后，名多混乱矣"，总之是后人今人错了。再看语音：

参诸《易》《诗》以后，东汉以前，则凡有韵之语，亦与孙炎、沈约以后必限以四声、拘以音切亦不可同日语。④

---

① （宋）魏了翁：《周礼折衷》上，《重校鹤山先生大全文集》卷104，第6页a。
② （宋）魏了翁：《洪氏天目山房记》，《重校鹤山先生大全文集》卷49，第5页b。
③ （宋）魏了翁撰，（元）方回续撰：《古今考》卷1，明刻本，第25页a。
④ （宋）魏了翁：《永嘉薛荣祖临予观亭记本而书衷和叔之语曰观外不如观内观民不如自观以求予一言》，《重校鹤山先生大全文集》卷63，第15页b。

> 韵书既作人趋便，未能书法穷根原，但以声韵求诸篇，形存声亡韵亦牵。①

基于这样的小学发展观，在阅读写作、研究讲论中，魏了翁对字形、字音、字义锱铢必较，而一以古为准。题字行文讲究"经雅"，即于古有征。

有时即使于古无征，根据自己的研究，魏了翁也以意类推，大胆用字，以形成独特的行文风格。

卷11《次韵虞退夫除夕七绝句》："长叹熙丰祐圣年，偏轻偏重几番（翻）舡。谁能装载亭匀了，多著男儿尽力牵。"

卷26《再辞执政恩数乞以参赞军事从丞相行奏札》："是以空历（控沥）愚衷，具陈前牍。"

以"番"代"翻"，以"空历"代"控沥"，皆属仅见，几同故意写错别字。作者想必是以"番""空历"为古字，"翻""控沥"为后起字，取古而弃今。

既然今不如昔，对于往古圣贤高山仰止，亦步亦趋，对于圣人经典涵泳吮吸，身体力行即可，何必著述？所以不论是治学还是行文，都应该尽量效法古人，述而不作。魏了翁思想精深，却不以建树名世；学殖深厚，却未留下一部厚重的专门著作，原因正在于此。他说：

> 既入诸经中重新整顿，则益觉向来涉猎疏卤，不惟义理愈挹愈深，而名物度数有一不讲，便是欠阙。缘此且更精读深思，未暇有所著述。②

> 某循环读经，亦以自明此心，未敢便有著述。③

> 今未敢便有所著，且温旧读，以发新知。④

---

① （宋）魏了翁：《抚州崇仁县玉清观道士黄石老工古篆以李公父书来问字》，《重校鹤山先生大全文集》卷5，第4页a。
② （宋）魏了翁：《答丁大监》，《重校鹤山先生大全文集》卷36，第13页b。
③ （宋）魏了翁：《答真侍郎》，《重校鹤山先生大全文集》卷36，第15页a。
④ （宋）魏了翁：《答丁大监》，《重校鹤山先生大全文集》卷34，第11页a。

这是复古取向的逻辑结果。

（二）无一字无来历，深厚的汉学功底

由上举可知，魏了翁凡用一字一语，皆有出处，于古有征，未可轻改。远自先秦两汉的《尚书》《诗经》《周礼》《礼记》《左传》《孟子》《荀子》《管子》《国语》《吕氏春秋》《史记》《汉书》《后汉书》《说文解字》，近自六朝唐宋的《嵇中散集》《唐六典》《通典》《文选》《昌黎先生文集》《新唐书》《广成集》《续资治通鉴长编》等，皆为了翁用字的经据。而对于原典中的一字一义，皆必深求其是，锱铢必较，务求准确理解和应用，体现了鲜明的汉学精神。

四库馆臣对魏了翁的汉学特色多所论及。《周易要义》提要云："其大旨主于以象数求义理，折衷于汉学宋学之间。"①《尚书要义》提要云："一切考证之实学，已精华毕撷，是亦读注疏者之津梁矣。"② 《仪礼要义》提要云："使品节度数之辨展卷即知，不复以词义缪辖为病。《仪礼》之训诂备于郑贾之所说，郑贾之精华备于此书之所取。"③

《要义》而外，他的《周礼折衷》同样也具有鲜明的汉学特色。或讲制度，或讲名物，或补书证、明避讳，皆不厌其烦，考证精审。

而更加体现魏了翁汉学特色的，是他在小学方面的造诣。在魏了翁的思想学术中，小学占有极为重要的地位。首先，对小学功能的认识，他虽和朱熹一脉相承，但重视程度则有过之而无不及。他说：

> 书有六体，或指其事，或象其形，或谐诸声，或会以意，或转注相受也，或假借相成也，凡以极天地万物之变，而与八卦九章并行于两间者也。④

能于此处知其端，事事物物谁非天。九章八卦莫不然，一毫人

---

① （清）永瑢：《四库全书总目提要》卷3，《四库全书》本，第1册，第90页。
② （清）永瑢：《四库全书总目提要》卷11，第265页。
③ （清）永瑢：《四库全书总目提要》卷20，第414页。
④ （宋）魏了翁：《彭山李肩吾字通序》，《重校鹤山先生大全文集》卷53，第1页a。

力无加焉。①

这就是说，语言文字同数学、卦象一样，是用来摹写描画天地万物的。这种描画是自然而然的，莫之为而为之，没有丝毫人为的因素。这一论述是异常深刻的，深入到了对语言文字本质及与客观世界关系的思考，超越了程朱派的简单工具论。正因为如此，小学功夫就是关系到能否穷尽天地万物之理的大事，绝不可等闲视之。在《答巴州郭通判》中，魏了翁说：

> 其不可忽者，音训声韵、偏旁点画，往往诸儒所未及，今骤然理会，人亦惊怪。不知要作穷理格物功夫，无三代以前规摹在胸次，只在汉晋诸儒脚迹下盘旋，终不济事。程邵张朱诸公亦皆由此而充者。②

将小学提到了是否能具有"三代以前规模"的高度。因此他认为"形体内事最是切近"③，需"自《易》《诗》《书》《三礼》《语》《孟》重下顿工夫，名物度数、音训偏旁字字看过"④。

小学之中，魏了翁尤重文字，认为它是接受间接知识的唯一媒介，舍此无以极天地万物之变，通经入圣。他深受《说文解字》的影响，认为造字的主要原则是表意，因此应当从分析字形入手，以把握造字之初的本义为基本目标。他说，"字之本乎偏旁"⑤，"偏旁点画各有其义"⑥，因此要"知有造书之意"，"力探本始而因声求形，因形得意"⑦，"发明

---

① （宋）魏了翁：《抚州崇仁县玉清观道士黄石老工古篆以李公父书来问字》，《重校鹤山先生大全文集》卷5，第4页b。
② （宋）魏了翁：《答巴州郭通判》，《重校鹤山先生大全文集》卷36，第2页b。
③ （宋）魏了翁：《回牟总干》，《重校鹤山先生大全文集》卷37，第11页a。
④ （宋）魏了翁：《答丁大监》，《重校鹤山先生大全文集》卷34，第11页a。
⑤ （宋）魏了翁：《答遂宁李侍郎》，《重校鹤山先生大全文集》卷34，第14页b。
⑥ （宋）魏了翁：《答刘提干》，《重校鹤山先生大全文集》卷34，第5页a。
⑦ （宋）魏了翁：《潘舍人集篆韵序》，《重校鹤山先生大全文集》卷53，第16页a。

文字之本始"①，"溯流寻源，以及于秦汉而上求古人所以正名之意"②。他本人对文字形义用功甚深，"每夜挟册子商量十字"③。在他看来，就是"颠张草圣、阿买八分"这样的著名书法家也可以说是不识字，因为他们都不能因形得意，发明文字之本始。

在魏了翁那里，文字发展的趋势每况愈下。自隶书始，文字的表意作用即开始丧失，"承讹袭舛，愈传愈失"。魏晋以后，更是"随意迁改，义训混淆，漫不可考"。唐代"尤为谬乱"，五代至宋，则"点画义训谬误自若"。他认为隶书出现之前存在一种"先王文字"，实际上就是小篆，加上钟鼎文、蝌蚪文、籀文、石鼓文、泰山石刻等古文。④ 而"钟鼎所篆，出入变化未尝不与小篆合"⑤。可见所谓先王文字，是指春秋战国至秦代的文字，而以小篆为代表。他说：

> 去圣既远，礼乐失传，射御与数亦罕有知者，惟六书之学犹见于篆籀仅存之余。⑥
>
> 今礼慝乐淫，射御数有其名无其义，六书之法惟小篆仅存。⑦

因此，魏了翁大肆力于小篆，进行了精深的研究，俨然名家，一时门庭若市，求其作字者络绎不绝。

本着因形得意的原则，魏了翁或自创新解，发前人所未发，或补充前人不足，纠正其错误，或据字形决定众说之是非取舍，或申说论证前贤之意，形成了内容丰富的文字形义学，俨然宋代"说文解字"一大家。一是对文字形义关系的理解和论述。魏了翁把表意作为造字的第一原则，

---

① （宋）魏了翁：《彭山李肩吾字通序》，《重校鹤山先生大全文集》卷53，第1页b。
② （宋）魏了翁：《题陈思书苑菁华》，《重校鹤山先生大全文集》卷65，第7页a。
③ （宋）魏了翁：《师友雅言》，《重校鹤山先生大全文集》卷109，第53页a。
④ 参见（宋）魏了翁，《次韵张太博得余所遗二程先生集辩二程戏邵子语》，《重校鹤山先生大全文集》卷3，第5页b；《抚州崇仁县玉清观道士黄石老工古篆以李公父书来问字》，《重校鹤山先生大全文集》卷5，第4页a；《答刘提干》，《重校鹤山先生大全文集》卷34，第5页a。
⑤ （宋）魏了翁：《答刘提干》，《重校鹤山先生大全文集》卷34，第5页a。
⑥ （宋）魏了翁：《潘舍人集篆韵序》，《重校鹤山先生大全文集》卷53，第16页a。
⑦ （宋）魏了翁：《洪氏天目山房记》，《重校鹤山先生大全文集》卷49，第5页a。

认为"偏旁点画各有其义",要"知有造书之意","发明文字之本始",将形义关系的重要性发挥到了极致。虽然有时推求过当,难免以偏概全,但毕竟继承了许慎以来说文解字的优良传统。二是对小篆字形的考订。要讲形义,就必须上溯到原初字形。魏了翁当然还看不到甲骨文和大量的金文,因此他认为原始的"先王文字"就是小篆。而隶书以下字体已经破坏了文字的表意功能,所以不足挂齿。要正确地解析字形,必须从小篆正字开始。在这方面,魏了翁堪称专门名家,上至东汉的许慎,下至唐代的李阳冰,本朝的二徐,他都能指出其错误,遑论其余了。三是"因形得意"方法的运用。通过分析字形,找到造字之初的本义,从而由源及流,达到对字义的准确理解,是行之有效的传统训诂方法之一,由来已久,源远流长。魏了翁有声语言的概念相对模糊,声训方法使用很少,"因形得意"就具有特殊的重要性,几乎成了字义训释的基本法则。虽然还谈不上对训诂方法论的贡献,但他对此方法娴熟的运用,在当时堪称首屈一指。关于这一点,魏了翁有很多论述,已见前述。四是以形求义的成果。如前所述,魏了翁运用形训法,取得了很多成果,或自创新解,或补正旧说,或取舍众家,或疏证前贤。凭借其深厚的文字学功底,他从不迷信权威,拾人牙慧,而是实事求是,纵横捭阖,从而成为宋代最重要的说文解字家之一。

形义分析而外,魏了翁对古今字、异体字、通假字、避讳字、多音字、多义字、音韵、检字法、小学史、方言俗语、词汇史、语用学及其他小学领域也进行了全面的探讨。他对小学的精深研究和造诣,在两宋学者中罕有其伦,完全可以和专门名家分庭抗礼。正是凭借这一点,使得他在宋学风气中鹤立鸡群。其深厚的汉学功底和取向,甚至比起号称学贯汉宋的朱熹也有过之而无不及。显然,魏了翁应是宋代理学中汉学一派的典型代表。

文追古雅,学承汉风——魏了翁这种鲜明的学术特色在《鹤山集》异文中得到了充分的体现。

王珪《华阳集》札记二则[*]

一

王珪《华阳集》早佚，四库馆臣从《永乐大典》辑为60卷。但由于辑录者的严重疏漏，其中多有误收他人之文。清人劳格最早发现这一问题，他在《读书杂识》中即列出29首误收他人之诗。其后今人李言、宋业春、栾贵明、陈伟庆等又陆续考得多篇集中误收之作，而尤以近年王传龙、王一方《王珪〈华阳集〉的误收、辑佚与流传》一文为集其大成。但该集的误收等错误显然远不只此，笔者最近就偶然发现了1篇，即《华阳集》卷8所载嘉祐三年（1058）三月所上《辞侍读学士札子》，文云：

> 臣准阁门告报，伏蒙圣恩，授臣兼侍读学士。臣伏见侍读之职，最为清近，自祖宗以来，尤所慎选，居其职者常不过一两人。今经筵之臣一十四人，而侍读十人，可谓多矣。臣愚谓厕翰林，又充史职、太常礼仪、秘阁秘书、尚书礼部、刊修《唐书》。然则在臣不谓无兼职，而经筵又不阙人，忽沐圣慈，特此除授。盖以近年学士相承多兼此职，朝廷以为成例，不惜推恩。比来外人议者，皆云讲筵侍从多无坐处矣。每见有除此职者，则云学士俸薄，朝廷与添请俸。官以人轻，一至于此！欲乞罢臣此命，不使圣朝慎选之清职，遂同例授之冗员。况臣材识浅薄，自少以来，粗习辞草，过蒙进擢，俾

---

[*] 本文原载《巴蜀文献》第5辑，四川大学出版社2019年版。

尘禁署，中年衰病，常忧废职。至于讲说经义，博闻强记，矧复非所长。今耆旧之臣、经术之士并侍讲读者，足以备顾问，承清光。欲望圣慈矜臣不才，俾免冒荣之诮。所有告敕，不敢祗受。取进止。

按，该文实为欧阳修作，见于《传家集》卷91。稍加查考，便知文中所述仕历与王珪不合。尤其是"刊修《唐书》"一句赫然在目，欧阳修编修《新唐书》尽人皆知，而与王珪无涉，足证此文为误收。

该篇作者的判断甚为简单，但奇怪的是近千年来竟无人指其错误。别集误收他人文，《华阳集》算是比较典型的例子。如果将全书逐篇仔细核对，相信还会有更多的发现。

二

北宋真宗朝发生过一件大冤案，即知贡举洪湛被诬告科场受贿，贬死广西，年仅41岁。《续资治通鉴长编》详载其事云：

> 先是，有河阴民常德方讼临津尉任懿纳贿登第事，下御史台，鞫得懿款云：咸平三年补太学生，寓僧仁雅舍。仁雅问懿就举有知识否，懿曰无。仁雅曰："我院内有长老僧惠秦者，多识朝贵，当为道达。"懿署纸，许银七铤。仁雅、惠秦私隐其二，易为五铤。惠秦素识王钦若，钦若时已在贡院，乃因钦若馆客宁文德、仆夫徐兴纳署纸钦若妻李氏。李氏密召家仆祁睿，书懿名于睿左臂，并口传许赂之数，入省告钦若。及懿过五场，睿复持汤饮至省。钦若遣睿语李氏，令取所许物。懿未即与，而懿预奏名，登科授官。未行，丁内艰还乡里。仁雅为文德、惠秦辈所迫，驰书河阴，形于诅詈。德方者卖卜县市，获仁雅书，以告昌言，且得其事白，请逮钦若属吏。先是，钦若为亳州判官，睿即其厅干。及代归，以睿从行。虽久事钦若，而未除州之役籍。贡举事毕，会州人张续还乡里持服，钦若托为睿解去名籍。至是，钦若自诉云睿休役之后，始佣于家，而惠秦未尝及门。钦若方被宠顾，上谓昌言曰："朕待钦若至厚，钦若欲

银，当就朕求之，何苦受举人赂耶？且钦若才登政府，岂可遽令下狱乎。"昌言争不能得，乃诏翰林侍读学士邢昺、内侍副都知阎承翰，并驿召知曹州工部郎中边肃、知许州虞部员外郎毋宾古就太常寺别鞫得懿款云：有妻兄张驾举进士，识湛，懿亦与驾同造湛门，尝以石榴二百枚、木炭百斤馈之。懿之输银也，但凭二僧达一主司，实不知谁何。至是，昺等缘懿识湛，以为湛纳其银。湛适使陕西，中途召还。时张驾已死，宁文德、徐兴悉遁去，钦若近参机务，门下仆使多新募置，不识惠秦，故无与为证。又钦若固执知举时未有祁睿，而懿款已具，遂以湛受银为实，议法当死，特贷之。懿杖脊，配隶忠靖军。惠秦坐受筒及隐银入己，以年七十余，当赎铜八斤，特杖一百，黥面，配商州坑冶。仁雅坐诅詈懿，杖脊，配隶郢州牢城。是狱也，仁雅虽坐诅詈懿索银，而不穷用银之端。初，王旦与钦若知举，出为同知枢密院事，以湛代之。湛之入贡院，懿已试第三场毕。及官收湛赃，家实无物。湛素与梁颢善，假颢白金器，乃取颢所假者输官。昌言等皆坐故入，并及于责。注："此段《实录》所书专为王钦若讳，今用司马光《记闻》及钦若新传修入。"

宋太祖、太宗、真宗三朝《实录》为李维、晏殊、宋绶、孙奭、陈尧佐等所修，成于仁宗天圣二年（1024）。今其书已佚，但"专为王钦若讳"，于相应的《会要》中尚可见一斑。《宋会要辑稿》职官六四云：

> 五年四月十四日，比部员外郎直史馆洪湛削籍流儋州，工部尚书兼御史中丞赵昌言、膳部郎中兼侍御史知杂事范正辞并削一任，昌言责安远军节度副使行军司马，正辞滁州团练副使推直官。殿中丞高鼎、主簿王化并削两任，鼎责蕲州别驾，化黄州参军。先是，孟州民常德方讼剑州临津县尉任懿咸平三年应学究举用贿登第，诏御史台鞫之。昌言因逼其友党，令引参知政事王钦若。帝察其不实，令翰林侍读学士邢昺、内侍都知阎承翰、工部郎中知曹州边肃、虞部员外郎知许州毋宾古覆按之。懿具言纳赂于湛得奏名，故窜出参，而昌言等以故入钦若罪，并有是言。

而司马光的记载则见于《涑水纪闻》卷7，注明是从苏颂那里得知的。李焘毅然取之，修为信史，使真相大白于天下。其后《宋史》《宋史新编》《续通志》等官私史书皆沿用其说。

现在我们来看看王珪对此事是怎样记载的。王珪作有《洪比部湛传》一文，今见于淳熙《新安志》卷6及《新安文献志》卷94，而以后者较详。在《新安志》中，是这样记载的：

> （上略）同知贡，又修起居注。坐知贡日受贿，除名流儋州，移惠州，道卒，年四十一。诏以子幼，给钱一万，官为护丧归，后以为例。注：《仁宗诸臣传》云，任懿以银二百五十两赂王钦若登第，后被告，上方顾钦若厚，懿更云湛。湛使陕西还而狱已具，官收湛赃，家无所有，乃以所假梁颢白金器输官，人多冤之。

《新安文献志》则云：

> 初，任懿以银二百五十两赂王钦若登第，后被告。上方顾钦若厚，懿更云湛，湛使陕西还而狱已具，坐流儋州。官收湛赃，家无所有。湛素与梁灏善，假灏白金器以输官。六年，会赦移惠州，至化州卒，年四十一。湛时一子偕行，甚幼，州以闻，特召（诏）赐钱二万，官为护丧还扬州。因召（诏）命官配流岭外而没者，悉给缗钱，听其归葬。如亲属幼稚者，所在遣牙校部送之。

对读一下，不难发现，前者直叙知贡举日受贿，等于认同了洪湛该项罪名，只是附加了一个注文，表明还另有一说。后者则进了一步，客观上肯定了王钦若受贿的事实，但又删去了"人多冤之"一句主观评论，显示出捉笔之际的踌躇。我们知道，王珪是一个谨小慎微、贪权固位的人，任近臣重臣多年，碌碌守成，无所建树，时人戏称为"三旨宰相"。既然专门为洪湛作传，理应对其所被奇冤大书特书，彻底澄清。而在真相已经大白、盖棺论定之时，仍然寥寥数语，一笔带过，瞻前顾后，患得患失，其人性格于此可见一斑。

蜀人别集提要*

蜀人自古尚文,其别集沧桑湮灭之余,今尚存一二百种,不可谓不富。《巴蜀全书》综罗其要,校勘标点,辑佚辨伪,爬剔编勒,期为学界提供最新之整理成果,以便读者。此特先摘数种蜀人别集提要予以发表,以就正于方家。还望时贤不吝赐教,是所愿望。

(汉)李尤《李尤集》

李尤,字伯仁,广汉雒(今四川广汉雒城)人,东汉文史学家。少以文章知名,贾逵荐其有司马相如、扬雄之风,召诣东观,受诏作赋、铭,拜兰台令史。和帝崩,作《哀册》。安帝时,为谏议大夫,诏与谒者仆射刘珍等共撰《东观汉记》。后帝废太子为济阴王,尤上书谏争。顺帝立,迁乐安相。卒,年83。著有文集5卷,佚。《后汉书》卷80上有传。

尤以文学显,然整体成就不高,后人多有批评。如挚虞《文章流别论》言其"自山河都邑至刀笔符契无不有铭,而文多秽病",《文心雕龙》评其赋铭"志慕鸿裁,而才力沈腽,垂翼不飞","李尤积篇,义俭辞碎",今人亦评价不高,至多列为二流作家。但也不可一概而论,其《函谷关赋》被誉为"关塞赋之祖",其大量的铭文创作实践,也为此体的发展作出了重要贡献,因此在后代仍然产生了不小的影响,被各种文献大量引用。刘孝威《谢敕赉画屏风启》云:"冯商莫能赋,李尤谁敢

---

* 本文部分内容原载《巴蜀文献》第7辑,巴蜀书社2022年版。

铭";《尚书令史八十》云:"傅武仲下笔不休,李伯仁文章见称";《文房四谱》卷5云:"铭著李尤,书投苏竟";《衹欠庵集》卷7《拟修漏刻进表》云:"县象著明,雕李尤之箴;维皇作极,铸陆倕之序";《虚白斋存稿》卷7《直庐续集·皇上肇建辟雍释奠讲学礼成恭纪五言长律十首谨序》云:"臣备员词馆,奉职书帏,惭作赋于李尤,慕授书于班固";《含经堂集》卷3《函谷汉关》云:"旧险移杨仆,新铭著李尤";《养素堂文集》卷1《三十辐共一毂赋》云:"仰法天效地之德,爰继李尤以著铭";《皇清文颖》卷30熊赐履《屏风铭》云:"立则端直,处必廉方,善哉李尤,其言孔彰",均可见后人之肯定推崇。

李尤文集久佚,其作品散见于群籍之中,以类书为大宗。《后汉书》本传称"所著诗、赋、铭、诔、颂、七叹、哀典,凡二十八篇",可见其作以韵文为主。梅鼎祚《东汉文纪》、张溥《汉魏六朝百三家集》、严可均《全上古三代秦汉三国六朝文》为李尤作品辑佚大家,而以严辑《全文》为最全。该书之《全后汉文》收录李尤赋6篇,铭86篇,凡92篇。今即以此为基础,再据程章灿《先唐赋辑补》增《果赋》1篇,据逯钦立《先秦汉魏晋南北朝诗》增《九曲歌》《武功歌》两首,广校群籍,并参考王彦龙未刊硕士学位论文《李尤研究及李尤集校注》,进行校点整理,以飨学者。由于今存李尤文大多为残篇,群籍或各录其片段,且文有异同。今辑众书所载,共成百衲,而于各篇之末标注较早的主要出处,以清眉目。文字则择善而从,择要出校,以避繁复。期以此存尤作于万一,读者谅之。

(宋)范祖禹《范太史集》

范祖禹(1041—1098),字淳甫,一字梦得,成都华阳(今四川成都)人。嘉祐八年(1063)登进士甲科,授试校书郎、知资州龙水县。熙宁三年(1070),司马光辟为同编修《资治通鉴》,在洛15年,不事进取,潜心著述,有唐三百年丛目及长编实掌之。元丰七年(1084)《通鉴》成,迁秘书省正字。历右正言、著作佐郎、实录院检讨官、著作郎兼侍讲。元祐四年(1089),迁右谏议大夫,依前兼侍讲,充实录院修撰，寻拜给事中。次年监修国史，进礼部侍郎。元祐七年（1092），为翰林学士、翰林侍讲学士。元祐八年（1093），又为翰林学士兼侍讲、知制诰、兼知国史院事。绍圣（1094—1097）初，哲宗亲政，复行新法，祖禹以"元祐旧党"，出知陕州，继逐于永州、贺州、宾州、化州等地安置。元符元年（1098）十月卒于化州，年58。祖禹久在经筵、史馆，与修《神宗实录》，著《唐鉴》《帝学》《古文孝经说》等多种，又有文集55卷存世。《宋史》卷337有传。

祖禹为北宋中期著名史学家，与范镇、范冲并称为"三范修史"。所著《唐鉴》尤为有名，时称"唐鉴公"。为人为官正直敢言，王安石、富弼皆深许之。司马光称其"智识明敏，而性行温良，如不能言；好学能文，而谦晦不伐，如无所有；操守坚正，而圭角不露，如不胜衣，君子人也"。《四库提要》言其"在迩英守经据正，号讲官第一。史臣称其开陈治道，区别邪正，辨释事宜，平易明白，洞见底蕴。集中章奏尤多，类皆湛深经术，练达事务，深有裨于献纳。其大端伉直，持论切当，要自无愧于醇儒。当时以贾谊、陆贽比之，说者不以为溢美"。

《范太史集》55卷，卷1—3为诗，卷4—6表状、札子；卷7—12表；卷13—26奏议；卷27进故事；卷28—33翰林词草；卷34启、状；卷35赋、论、策问；卷36记、序、铭、书、传；卷37青词、祭告文、谏文、哀词；卷38—55为墓志铭、神道碑、皇族墓志铭、皇族石记。此次整理，以影印文渊阁《四库全书》本《范太史集》为底本，参校魏锡曾校清抄本《太史范文公文集》（简称魏校本），另辑得佚文23篇，编为《补遗》1卷，附于本集之末。

（宋）苏易简《苏易简集》

苏易简（958—996），字太简，号乾庵，绵州盐泉（今四川绵阳东南）人。太平兴国五年（980）进士第一，授将作监丞，通判升州。太平兴国八年（983），以右拾遗知制诰，屡知贡举。雍熙三年（986），充翰林学士。淳化二年（991），迁中书舍人、翰林承旨。太宗飞白大书"玉堂之署"四字赐之，世以为荣。寻知审官院，改审刑院，掌吏部选。淳化四年（993），迁给事中、参知政事。至道元年（995），罢为礼部侍郎、出知邓州，移陈州。至道二年（996）十二月卒，年39，赠礼部尚书。太宗深为惋惜，亲赐挽词，有"时向玉堂寻旧迹，八花砖上日空长"之句。易简才思敏赡，雅善笔札，工书法，善笑谑，旁通释典。曾预修《文苑英华》，著有《文房四谱》4卷、《续翰林志》2卷、《淳化编敕》30卷、《圣贤事迹》30卷、《北砌语录》《文选双字类要》3卷、《文选抄》12卷、《文选菁英》24卷、《禁林宴会集》1卷、《西蜀贤良文类》20卷、《章表》10卷、《玉堂集》20卷等。然嗜酒，太宗屡劝不从，终至贬官，饮酒过度而英年早逝，世人惜之。《宋史》卷266有传。参《永乐大典》卷2401苏字韵引《潼川志》。

易简文集早佚，今遍查群籍，辑得诗文22篇及残句数则，聊以存其创作之毛角云。

（宋）苏舜元《苏舜元集》

苏舜元（1006—1054），字叔才，改字才翁，绵州盐泉（今四川绵阳东南）人，耆长子。外祖王旦奏授同学究出身，调兴平主簿，移新昌尉。天圣八年（1030）召试学士院，赐同进士出身，历扶沟主簿，知咸平、眉州，通判延州，入为三司勾当公事。复出为福建、京西、河东、两浙四路提点刑狱，京西转运使，以度支员外郎充三司度支判官。至和元年（1054）卒，年49。舜元为文不袭故陈，歌诗豪健，与弟舜钦齐名，尤善草隶。有《奏御集》10卷、《塞垣近事》2卷、奏议3卷、文集10卷。见蔡襄《苏才翁墓志铭》（《蔡忠惠集》卷35），《宋史》卷442《苏舜钦传》有附传。

舜元文集久佚，今从群书中辑得诗文19篇，聊以见其创作之万一。

（宋）王珪《华阳集》

王珪（1019—1085），字禹玉，成都华阳（今四川成都）人。庆历二年（1042）举进士甲科，授大理评事，通判扬州。召直集贤院，为盐铁判官、修起居注。为接伴契丹使、贺正旦使。进知制诰、知审官院，为翰林学士、知开封府。治平四年（1067），令兼端明殿学士，许以大用。神宗即位，迁学士承旨。自起居舍人四迁为给事中，进尚书礼部侍郎。熙宁三年（1070），拜参知政事。熙宁九年（1076），进同中书门下平章事、集贤殿大学士。元丰五年（1082），拜尚书左仆射兼门下侍郎。仁宗加号礼成，封郇国公。元丰八年（1085），与定策立太子，改封岐国公。是年五月，卒于位，年67。赠太师，谥文恭。绍圣（1094—1097）中，朝臣追论旧过，追贬万安军司户参军，削子籍。徽宗即位，还其官封。蔡京秉政，复夺赠谥，至政和（1111—1117）中复之。珪在相位无所建明，率阿谀奉承，时人戏称"三旨相公"。然以文学进，其文宏侈瑰丽，自成一家。典内外制18年，朝廷大典策，多出其手，词林称之。尝监修《两朝国史》《国朝会要》。有《华阳集》100卷。《宋史》卷312有传。

《华阳集》佚于明代，清乾隆中四库馆臣自《永乐大典》辑得诗文，厘为60卷。又搜采其遗闻逸事及后人评论，为附录10卷。其集卷1—6为诗，卷7、8为状札，卷9—40为制词，是为大宗，计此类十之七八已网罗其中。卷41—44为表，45为议，46为启，47为祭文，48以下为碑铭。

除《四库全书》本而外，现存此集尚有武英殿聚珍版书。该本除编序及个别篇目、文字与四库本有异而外，最大的不同是删削了青词、密词、道场文、斋文、乐语等"非文章正轨，不可为训"者，从而缩编为40卷，无附录。此外还有数种清刻本，皆承四库辑本而来。

作为诸本源头的四库辑本，由于馆臣不负责任，做得比较粗疏，从而使得该集存在较多的误收和漏辑。这方面清代以来学者已作过不少专题研究，如劳格在《读书杂识》中率先指出集中29首诗当删，4首诗当补；宋业春考出4首诗为张耒所作；陈伟庆指出1首诗为王安石所作；栾贵明《四库辑本别集拾遗》新辑得馆臣漏落者13篇诗文；《全宋文》新辑得佚文31篇；《全宋诗》新辑得佚诗12篇及若干残句；王传龙、王一方新辑得佚诗文9篇，吴洪泽《宋代蜀文辑存校补》新辑得佚文3篇等。而笔者在整理过程中，亦新发现诸家所未言及的误收文1篇。以上成果理应在新整理本中得到反映。

此次整理，以影印文渊阁《四库全书》本作底本，参校武英殿聚珍版书本（简称殿本）及他本。对于误收诗文的处理，鉴于有的还缺乏坚确证据，有的还存有争议，故采用先保留误收原文，暂不删除，以校记指出的方式，以示慎重。所辑得遗诗文亦采用同样原则，信而有征者编为《华阳集补遗》1卷，置于正集之后；尚需商榷者暂不补入，留待他日。读者详之。

（宋）鲜于侁《鲜于谏议集》

鲜于侁（1019—1087），字子骏，阆州（治今四川阆中）人。景祐五年（1038）进士及第，为江陵右司理参军。改著作佐郎，知河南府伊阙县事。庆历（1041—1048）中，调黟令，摄治婺源。通判绵州，历屯田、都官员外郎，通判保安军，签书永兴军判官厅公事。神宗时言事称旨，除利州路转运判官。反对王安石新法，以为不利于民，安石不能强，神宗纳之。寻擢副使，兼提举常平。熙宁十年（1077），移京东西路转运使。元丰元年（1078），徙知扬州。元丰四年（1081），复朝请大夫，管勾西京留守司御史台。元丰八年（1085），再除京东西路转运使，兼管莱芜、利国二监。元祐元年（1086）四月，召为太常少卿。七月，除大理卿。九月，拜左谏议大夫。在职三月，以疾求去，除集贤殿修撰、知陈州。元祐二年（1087）五月卒于任，年69。绍圣四年（1097），以入党籍追官。绍兴十一年（1141）特追复。

侁为官清正干练，为人诚直，能举荐贤良，所荐刘挚、苏轼、苏辙、范祖禹等人，皆智能有识之士。深于经学，为诗平淡渊粹，擅作楚辞。著有《诗传》60卷，《周易圣断》7卷，《典说》1卷，《治世谠言》7卷，《谏垣奏稿》2卷，《刀笔集》3卷，文集20卷。事见秦观《鲜于子骏行状》、范镇《鲜于谏议墓志铭》。《宋史》卷344有传。

侁集久佚，《永乐大典》《宋文鉴》《宋诗纪事补遗》《宋代蜀文辑存》等书录其诗50余首，文11篇。《全宋诗》收录其诗47首，《全宋文》收录其文30篇。今录现存侁诗文，新辑得侁诗文8则，并注明出处，按体裁编为2卷，以存其原集之一二。

（宋）吕陶《净德集》

吕陶（1028—1104），字元钧，号净德，先世自眉州彭山（今四川省眉山市彭州区）徙成都（今四川省成都市），遂为成都人。皇祐五年（1053）进士，授绵谷县主簿，调铜梁令。知寿阳县，为太原府签书判官。熙宁三年（1070）制举入等，言新法不便，仅通判蜀州，改知彭州。熙宁十年（1077），以言时弊，责监怀安商税。起知广安军，召为司门郎中。元祐元年（1086），擢殿中侍御史，迁左司谏。以涉党争，出为梓州运判，改淮南、成都府路转运副使。入为起居舍人，改中书舍人。使辽还，进给事中。绍圣初，出知陈州，移潞州、梓州。后夺职，贬库部员外郎分司，衡州居住。徽宗立，复集贤殿修撰、知梓州。崇宁元年（1102）致仕归。崇宁三年（1104）卒，年77，遗令不作碑志。陶秉性亢直，直言敢谏，人以刘安世、范祖禹、贾谊比之。然不容于世，数被责罚，被目为蜀党，入元祐党人碑。《宋史》卷346有传。

《宋史·艺文志》载陶有集60卷，久佚。今本38卷（文津阁本作36卷），乃四库馆臣从《永乐大典》中辑出，称陶集已十得七八。其中，文津阁《四库全书》本较文渊阁《四库全书》本多出文24篇，此次整理即以之为底本，校以文渊阁《四库全书》本（简称文渊阁本）、武英殿聚珍本（简称殿本）。另辑得佚诗文82篇，编为《补遗》7卷。原集卷32之《范才元参议求酒于延平使君邀予同赋谨次其韵》、卷36之《致政侍郎知郡学士赓和诗凡数篇谨用元韵寄呈知郡学士》、卷38之《次韵分司南京李诚之待制求酒二首》分别为张元干、彭汝砺、苏辙所作，馆臣误收（见王应《吕陶误收诗考》，《中国典籍与文化》2006年第3期），今删去不录。

（宋）张浚《张魏公集》

张浚（1097—1164），字德远，自号紫岩，汉州绵竹（今四川绵竹）人，南宋名臣、学者。政和八年（1118）进士，调山南府士曹参军。靖康（1126）初，为太常簿。高宗即位，驰赴应天府，授枢密院编修官。改虞部郎中，擢殿中侍御史，迁侍御史。任礼部侍郎，授御营使司参赞军事。建炎三年（1129）苗、刘之变，勤王复辟有功，除知枢密院事。建炎四年（1130），出为川陕宣抚处置使。绍兴四年（1134），复召为知枢密院事。绍兴五年（1135），除尚书右仆射、同中书门下平章事、兼知枢密院事，都督诸路军马。绍兴十二年（1142），封和国公。秦桧执政，贬徙在外10余年。绍兴三十一年（1161），金完颜亮率军南侵，复观文殿大学士、判潭州，改判健康府。孝宗登极，复枢密使。隆兴元年（1163），除少傅、江淮东西路宣抚使，节制建康镇江府池州江阴军屯驻军马，进封魏国公。隆兴二年（1164）罢相，八月卒，年68。累赠太师，谥忠献。著有《紫岩易传》10卷，《论语解》4卷，《春秋解》6卷，《中庸解》1卷，《诗》《书》《礼》解3卷，《建炎复辟平江实录》1卷，《丁巳潇湘录》，文集10卷，奏议20卷。事见朱熹《张公行状》（《晦庵先生朱文公文集》卷95、96），杨万里《张魏公传》（《诚斋集》卷115），《宋史》卷361有传。

浚挺身为国，肩负重任，以忠义称，然几起几伏，功过参半，人谓其志大才疏，卒无建树。身为重臣，不废学术，儒雅饰吏，深于经学。其子栻过庭面命，耳濡目染，终成一代大儒，亦有家学渊源矣。浚文集、奏议集均已亡佚，仅存《中兴备览》3卷，含奏议41篇。民国年间有黄尚毅辑本《张魏公集》1卷，民国十九年（1930）与《紫岩居士易传》合刊于绵竹，仅收文25篇，诗2首，疏漏无取。《全宋文》重辑其文351篇（王晓波整理），《全宋诗》辑其诗9篇（崔统华整理，其中1篇非张浚作，当删），《宋代蜀文辑存校补》（吴洪泽编）增辑文60篇。今以数书为基础，加整理者新辑得佚诗文69篇，统编为20卷，以略见其文章议论之一二。

（宋）李壁《雁湖集》

李壁（1159—1222），字季章，号雁湖居士，眉州丹稜（今四川丹稜）人，焘子。以父荫入官，登绍熙元年（1190）进士第，召试，为秘书省正字。宁宗即位，徙著作佐郎兼刑部郎，擢礼部侍郎，兼直学士院，进权礼部尚书。开禧二年（1206）七月，拜参知政事，与韩侂胄共谋伐金。宋军败，史弥远诛侂胄，璧实预闻，兼同知枢密院事。后谪居抚州，复提举宫观，起知遂宁府。嘉定十五年（1222）六月卒，年64，谥文懿。著述甚富，于典章制度尤综练。著有《雁湖集》100卷、《涓尘录》3卷、《中兴战功录》3卷、《中兴诸臣奏议》若干卷、内外制20卷、《援毫录》80卷、《临汝闲书》150卷，《王荆文公诗笺注》50卷。见真德秀《故资政殿学士李公神道碑》（《西山先生真文忠公文集》卷41）。《宋史》卷398有传。

《雁湖集》久佚，其诗文散见于《永乐大典》等群书之中。民国以来辑佚成果主要有傅增湘《宋代蜀文辑存》《全宋文》《全宋诗》及吴洪泽《宋代蜀文辑存校补》等。今综罗诸书，参校取舍，编为3卷，以存原集之万一。

（宋）李壁《李文肃集》

李壁（1161—1238），字季允，号悦斋，眉州丹棱（今四川丹棱）人，焘子。登绍熙元年（1190）进士第。任秘书省正字，除校书郎。历知江陵、潼川、常德、夔州。开禧（1205—1207）、嘉定（1208—1224）间历湖北、成都提刑。召为吏部郎官，兼国史院编修官，擢秘书少监、起居舍人，江东制置副使。绍定四年（1231）除四川制置使、知成都府。召赴阙，拜权刑部尚书。嘉熙元年（1237）为同知枢密院事、四川宣抚使、知成都。明年，为沿江制置副使，兼知鄂州。六月卒，谥文肃。著有《李文肃集》《皇宋十朝纲要》《续帝学》《赵鼎行状》《公侯守宰士庶通礼》等。见《鹤山集》卷64《跋静春先生刘子澄帖》《宋会要辑稿》蕃夷五之六九、方域一八之二七、《南宋馆阁续录》卷7、8、9，《宋史》卷39、41、42、203、204，《宋史翼》卷25，《南宋制抚年表》卷上、下。

《李文肃集》久佚，唯部分诗文散见于《宋会要辑稿》、诸文集及方志等。民国以来辑佚者主要有傅增湘《宋代蜀文辑存》《全宋文》《全宋诗》及吴洪泽《宋代蜀文辑存校补》数家。今综罗诸书，参校取舍，编为 2 卷，以存原集之万一。

（宋）李石《方舟集》

李石（1108—1181），本名知几，感梦兆改名石，而以知几为字。号方舟子，资州磐石（今四川省资中县北）人。9 岁举童子，绍兴二十一年（1151）登进士乙科。初任成都户曹掾，召入朝，任太学博士。自试院论罢，除成都学官，入主石室，就学者如云，闽越之士不远万里而来，刻石题诸生名几千人。后倅彭州，知黎州。乾道（1165—1173）中召为都官员外郎，复罢，出知合州，又知眉州。终成都府路转运判官，再遭论罢。石自幼好学，负才名。其诗文渊源于眉山苏氏，执政者又荐其文似黄庭坚而秀润过之。小词亦以风致称，醉吟之余，格调脱俗。长于经学，尤邃《易》《春秋》。为人耿介善谑，指言时弊，议论剀切，直情径行，不阿权贵，故仕途坎坷。淳熙八年（1181）卒。著有《方舟易学》《续博物志》《方舟集》《世系手纪》等。《宋史》不为立传，事迹见所撰《自叙》及《建炎以来朝野杂记》乙集卷 13、《宋史翼》卷 28 本传等。

《直斋书录解题》载《方舟集》50 卷、《后集》20 卷，《两宋名贤小集》亦称其集 70 卷，原书早佚。清四库馆臣自《永乐大典》辑录其诗文杂著，编为 24 卷。此次整理，以影印文渊阁《四库全书》本《方舟集》为底本，参校清乾隆翰林院抄本（简称清抄本）。复辑得佚文 38 篇，编为补遗 1 卷，附于全集之末。

（宋）员兴宗《九华集》

员兴宗（？—1170），字显道，号九华，陵州（治今四川仁寿）人。少屏居著书于郡之九华山，人莫见其面。绍兴二十七年（1157）进士，权差黎州教授。乾道（1165—1173）初召试禁林，赐诰第一，为太学教授者二年。擢校书郎、国史编修，晋著作郎、实录院检讨，与修四朝国史。国有大议，皆直言敢谏，遇事有不可，即指陈利害，如茹物于中，一吐为快。以忤权贵，夺官奉祠而去，侨居润州。乾道六年（1170）卒。

著有《辩言》《九华集》。事见本集《答程用之书》《上宰相书》《上四叔承事书》及卷首李心传序，附录王颐祭文，宝印祭文，《南宋馆阁录》卷7、8等。

兴宗为人长身而广额，神和而气舒，颇著气节。李心传序称其"居言语风议之官而正色不回，有殒无二"；《四库提要》称其"所上奏议大抵毅然抗论，指陈时弊，多引绳批根之言。其经济气节均有实事，非徒侈空谈者"，"盖亦独立自好之士"，可见其大节。《提要》又称其"多与张栻、陆九渊往复书简，盖亦讲学之家"，其论"皆有特识，多中理要"，而"考核源委，具见精博，学问淹雅，亦未易及"，足见亦富学术。为文追求甚高，李序称"其文传者众矣，高古简严，惟陈言之务去，极其所就，必欲至杜韩而后止，李柳而降，非所愿也"；赵汝愚祭文至以欧阳修、苏洵为比，倾倒甚至；《提要》言"虽其文力追韩柳，不无锤炼过甚之弊，然骨力峭劲，要无南渡以后冗长芜蔓之习，挺然一作者也"，要为公论。

据焦竑《国史经籍志》，原集50卷，乃宝庆三年（1227）其孙荣祖编，久佚。今本25卷，乃四库馆臣从《永乐大典》辑出。今以文渊阁《四库全书》本为底本，卷帙、附录仍旧。另辑得佚诗文28篇，以为《补遗》。

（宋）牟𪩘《陵阳先生集》

牟𪩘（1227—1311），字献之，一字献甫，学者称陵阳先生，隆州井研（今四川井研）人，徙湖州吴兴（今浙江省湖州市吴兴区）。以父荫入仕，复举进士，尝知武冈军，提点两浙东路刑狱公事。历大理正、侍右郎中，累官朝奉大夫、大理少卿，以忤贾似道去官。晚宋尝守越，元兵陷临安，即杜门不出，闭户穷经者36年。至大四年（1311）卒，年85。《元诗选》称其以先朝耆宿嶙然不缁，元贞、大德之间年在耄耋，岿然备一时文献，为后生之所矜式。𪩘学有所宗，与父子才、子应龙自为师友，讨论经学，以义理相切磨，于诸经皆有成说，其《六经音考》盛行于世。善为文，王士禛《居易录》称其诗有坡、谷门风，杂文皆典实详雅。有

《陵阳集》24 卷传世。见《宋史翼》卷 34 本传，《吴兴备志》卷 12，光绪《井研县志》卷 31，《元诗选》初集卷 8 及《四库全书总目》《陵阳集》提要。

此次整理，以民国吴兴刘氏嘉业堂所刊吴兴丛书本《陵阳先生集》为底本，参校乾隆十二年（1747）周永年刻《陵阳先生集》、文渊阁《四库全书》本（简称库本）、傅增湘校勘本（简称傅校本）及国家图书馆所藏清抄本（简称清抄本），仍原书为 24 卷。复辑得佚诗文 23 篇，附于书末，为补遗。

（宋）史尧弼《莲峰集》

史尧弼（1118—?），字唐英，世称莲峰先生，眉州（治今四川眉山）人。绍兴二年（1132），李焘 18 岁为眉州解魁，尧弼居第二，年仅 14。束书东游，张浚在潭州，乃以古乐府、《洪范》等论贽之。浚谓其大类东坡，留馆于潭，与子栻游，每开以正大之学。绍兴二十七年（1157），偕其弟尧夫登第。绍兴三十一年（1161），金兵渡淮，进至长江，张浚复起，尧弼策其"勿用兵乃可，不然必再败"，已而果然，人以为知言。乾道二年（1166）省斋作《莲峰集序》，有"天下学士欲拜下风而不得"之言，知尧弼必卒于绍兴末乾道初之数年间。事见《莲峰集》卷首省斋、任清全二序。

尧弼幼颖异，以文行称，而不仕以卒，时人惜之。据焦竑《国史经籍志》、孙能传《内阁藏书目录》，所著有《莲峰集》（或称《莲峰先生家集》）30 卷。宋人任清全称"绍兴中，史唐英之名满于搢绅间，天下知名士也"。张炜题其《莲峰集》后云："夺得莲峰秀，英名馥迩遐。文章腾气粉，句律炼鳌牙。一梗江湖客，三朝忠义家。欲评清绝处，雪月照梅花。"《四库提要》称其"天姿踔绝，其诗纵横排宕，摆脱恒蹊；其论策诸篇明白晓畅，澜翻不穷，亦有不可羁勒之气，大抵有其乡苏氏之遗风"，可以想见其为人。

原集久佚，四库馆臣从《永乐大典》中辑出诗文，编为 10 卷。今仍其旧，以文渊阁《四库全书》为底本，另辑得佚诗文 9 篇，以为

《补遗》。

（明）张佳胤《崌崃山房集》

张佳胤（1526—1588），避雍正帝讳又作佳印、佳允，字肖甫、肖夫，初号庐山，改号居来山人（又作崌崃山人），重庆府铜梁县（今重庆市铜梁区）人，明代大臣、文学家。嘉靖二十九年（1550）进士，授滑县令，升户部主事，改兵部职方、精膳主事。以不附严嵩父子，贬为陈州同知。嘉靖四十一年（1562），转守蒲州，寻调河南按察司佥事，兵备颍州。再调云南提学佥事。隆庆元年（1567），任广西布政司左参议，旋任大名兵备副使，分守甘州。迁山西按察使，升右佥都御史，巡抚应天10府，平定安庆兵变，击退来犯倭寇。万历三年（1575），起南京鸿胪卿，就转光禄卿，擢右副都御史，巡抚保定，丁忧归。服除，复巡抚保定、陕西、宣府，入为兵部右侍郎。杭州兵变，以少司马兼右佥都御史，署浙江巡抚。勘乱有功，诏嘉奖，赐飞鱼服，拜都察院右都御史，兼兵部左侍郎。万历十一年（1583），任兵部尚书，协理京营戎政。改兼左副都御史，总督蓟、辽、保定军务。遣部将李成梁屡破鞑靼插汉儿部，以功加太子少保、太保。旋召还，主持兵部事务，赐一品诰命。以得罪中贵，谢病归。万历十六年（1588）闰六月十六日卒，年62。追赠少保，谥"襄宪"，《明史》有传。著有《崌崃集》65卷，补《华阳国志》1卷，《奏议》22卷，主修嘉靖《滑县志》。吴文治编《明诗话全编》载有《张佳胤诗话》81则，上海古籍出版社《古代山水诗一百首》选录其《登函关城楼》1首。又曾刻《越绝书》《华阳国志》《奚囊蠹余》《天目先生集》等书多部，嘉惠学人。

佳胤文韬武略，既著政声，亦工诗文，为明文坛"嘉靖后五子"之一，与李攀龙、王世贞、宗臣、吴国伦唱和，深受复古主张影响，主格调，讲法度，大力摈斥当时文坛空浮主理之弊，强调文学尤其是诗歌创作中的真情贯注。研究者认为，"他先于公安三袁而标举性灵说，成为这一学说的首倡者"。其作品尤以五、七律及七言古诗最具代表性，内容丰富，感情真实，风格俊朗，有较高的艺术性。

于其卒也，王世贞哀叹"庙隳伟栋，国陨长城"。钱谦益赞其"镇雄边、定大变，入正枢席，以功名始终。才气纵横，高才贵仕兼而得之，近代所罕见也"。查继佐称其"乃独沉毅，藏用不露，非止诗人已也。料边故长，颇有成绩，定浙、闽不过反掌"。朱彝尊评其"诗律精严，高视千古。闳博纵肆，凌驾前人"，其事功文学为众贤所重如此。而《四库全书》仅列其集为存目，称"论者谓其诗文才气纵横而颇乏深致，盖雄心大略，不耐研思于字句间也"，评价不高。

《崌崃集》今存版本主要有明万历间刻 65 卷本，今藏国家图书馆。卷 1 为赋，卷 2—29 为诗，卷 30—64 为杂文，末一卷附录刘黄裳所撰《张公行状》、王世贞所撰《张公墓志铭》，又载同时诸人所作序、记等 11 篇。又有万历十五年（1587）张宗载刻《张居来集》35 卷，万历二十二年（1594）张叔尔刻《居来先生集》65 卷，《目录》6 卷，民国二十一年（1932）成都义学林排印《张居来集》66 卷，《目录》1 卷等。今以《四库全书存目丛书补编》影印明万历刻本为底本，校以其他各本及相关文献，卷目一仍其旧，精加标点，以便读者焉。

（明）先著《之溪老生集》

先著，字渭求、迁夫（甫），别字蠋斋、染庵，晚改号盇旦子、之溪老生，泸州纳溪（今四川省泸州市纳溪区）人，约生于明天启、崇祯间，卒于康熙末年，明末清初诗人。幼羸弱，饮酒不知节。读书撼华寻根，好为诗，从严元问作法，因自题诗集曰《严许》。亦尝有志问学，而 40 以外，颇为病废。张献忠之乱，离乡出游，侨寄大江南北。后寓金陵，遂为江宁人，居数十年，终老焉。平生不仕，而博览多闻，工诗文及乐府长短句，与顾友星、程丹问、周斯盛、石涛、李澄中、张惣、徐时盛、王廷享、李果、张弓、程京萼、洪嘉植、程梦星、梅文鼎辈交游相好，酬唱无虚日。康熙末卒，年几 90。著有《之溪老生集》8 卷（金鳌《待征录》作 18 卷），《劝影堂词》3 卷，《词林纪事》，又著《易微》《墨笥》《天阙》诸书，与程洪合选《词洁》6 卷。事见所撰《盇旦子传》、诗、词集及嘉庆《四川通志》卷 154 等。

关于著之身世，颇有异说。沈德潜《清诗别裁集》卷25云："迁夫自云先世泸州，或云托言蜀地，并托言姓先，犹明代之孙一元，不知果秦人否也。"《缘督庐日记抄》卷16也云："先为其姓，著字未详著述之著抑为其名，要之皆托名也。"嘉庆《四川通志》卷154引"泸州直隶州"辨云："按著系唐神童先汪之后，祖籍居蜀，竝非假托，《别裁集》所云乃传闻之误耳。"按先氏自撰之《盍旦子传》云，"姓先氏，世为蜀之泸州人，迁南京者复十世矣"，则本为蜀人无疑。乾隆《江都县志》卷26云："或言其为有明宗室，避朱姓为文者也。"不知何据。《缘督庐日记抄》又云："盍旦之鸟夜则呼旦，旦者明也，盖明之遗民耳。"既为遗民，则入清时当已成年，是著或生于天启、崇祯之间乎。而其于康熙五十一年（1712）尚作《劝影堂词》之序，康熙五十六年（1717）元日尚有《丙申除夕丁酉元旦和吴蓼园》诗，则当卒于康熙之末，年90上下。

《盍旦子传》自称"好学问而无所成，知为文章而力不逮。性卞急，耻随人，寡所谐和，又务分黑白，不能讳人之失，以是人多忌而毁之。别字蠲斋，欲自洁也。又字染庵，欲其容垢，能自广也。鸟有以盍旦名者，尝夜鸣而求旦。夏月毛生五色，则鸣曰凤凰不如我。至冬毛落如雏，则曰得过且过。鸟之高自拟而苟为全者如此，意谓小类之，故晚更号曰盍旦子。轻其人者以为天之赘民，而爱之者以为非今之士云"。《西斋集·西斋辛未诗·题先迁甫小影》云："以此妙年华，怀抱复孔卓。常恐离罗弋，骞飞入寥廓。秃管自经济，取求亦已薄。好书兼香醪，如人慕王爵。"《雪桥诗话余集》卷1程梦星《哭先丈诗》云："江表有先丈，避世勤读书。读书不为名，求志惟隐居。生长菰芦中，迹与朝市疏。沈冥甘弃置，那得兼熊鱼。所以守我节，无咎亦无誉。嗟夫此志士，秋云高卷舒。"乾隆《江都县志》卷26称其"贞夷粹温，同不依世，异不诡俗，人多爱慕之"，可见其为人矣。

著以诗词名，沈德潜称其"诗有生趣，不必以正声绳之"。《晚晴簃诗汇》卷33称其"诗多精警语，五言如'归樵望鸦巢，暮色失山影'，七言如'才已累身心未死，老难谐世自嫌真'，'落叶尽遮游客路，凝泉如照故人心'，皆名句也"。乾隆《江都县志》卷26称其"于诗古文辞皆能深造自得，文洁而品醇，非同时洪汪辈所及也"。嘉庆《四川通志》卷

187 引《全蜀诗汇》云:"渭求诗造句必新,遣词必雅,亦词坛中飞将也。"卷 200 又云其《病起绝句》"自写逸民身分,风格极高"。

于词除创作而外,兼擅词学,有词论及《词林纪事》《词洁》二书。其词论云:"词走腔,诗落韵,皆不得为善。岂惟诗词,虽古文亦必有音节。音节谐从,诵之始能感人。然凝习之久,大抵自得之,不待告语而知,实非茧丝牛毛之谓也。今之为词者规摹韵度,命意范辞,无失其为词可矣。若丝铢毫芒之违合,则孰从而辨之?而言谱者纷纷訾訾,起而相绳,亦安能质宋人于异代而信其必然也。盖宋人之词可以言音律,而今人之词祇可以言辞章。宋之词兼尚耳,而今之词惟寓目,似可不必过为抨击也。即宋人长短句用韵之出入,今亦不得其故。近人有以诗韵为词者,虽诗通用之韵亦不敢假借。此亦求其说而不得,自为之程或可耳。设取以律他人,则非也。"(《词苑萃编》卷 19)此论多招诟病,如《国朝词综》二集卷 5 云:"宜兴万氏专以四声论词,畏其严者多詆之,泸州先著尤甚,以为宋词宫调别有秘传,不在乎四声。"《莲子居词话》卷 4《次仲湘月词序》云:"然则宋词原未尝不以四声定宫调,而万氏之说初不与古戾也。先著《词洁》意在詆剥万氏,通融取便,其论在湘月之后,故次仲赋《湘月词》及之。"然亦不失为一家之言。至于二书,《清诗别裁集》卷 25 称前者"搜采甚博",《晚晴簃诗汇》卷 33 引《诗话》称其"为倚声家所重",民国《安徽通志艺文考稿》称后者与程洪同辑,"著、洪皆嗜词,暇日,发所藏诸家词集,参以近人之选,次为 6 卷,相与评论而录之。前有壬申四月著自序,道光、光绪通志皆未著录。词洁云者,恐词之或印于淫鄙秽杂,而因以见宋人之所为固自有真",亦有影响,以致今人也颇有专题研究者。

诗词而外,著也"善书画,花卉人物极有法度,书得晋人遗意"(《晚晴簃诗汇》卷 33,《国朝书人辑略》卷 1),足见其多能。

《之溪老生集》8 卷,《劝影堂词》3 卷,今存清康熙刻本,先后为《清代诗文集汇编》《四库未收书辑刊》等所影印,前者尚有旧抄本及民国十九年(1930)南汇陈氏排印本。今以《四库未收书辑刊》影印康熙刻本为底本,参校其他文献,标点整理。复辑得集外佚诗文 3 篇,附于卷末,以为补遗。有题无文诗文 3 篇,以为存目。原集冠以总目,各卷之首复有本卷目录，今从删削，以避繁复。

（明）李长祥《天问阁文集》

李长祥（1610—?），字研斋、子发，自号石井道士、夔子，夔州府达州（今四川省达州市）人，明末名臣。少而神采英毅，喜谈兵习武，尝聚集丁壮，训练乡勇，协助守城。崇祯六年（1633）举于乡，后10年成进士，选庶吉士。同里薛国观方为首辅，欲引为私人所用，拒之。国祚将移，吏部荐备督师之选。京城陷被掠，伺机南奔。明亡，与郑成功、张煌言等力图恢复，屡败不屈。福王立，改监察御史，巡浙盐。鲁王监国，加右佥都御史，督师西行。进兵部左侍郎，晋东阁大学士，兼兵部尚书，屡献抗清之策，众奉为盟主，为南明要员。舟山陷，为清军总督陈锦所俘，羁押于南京。事稍懈，与妻姚淑遁去，由吴门渡秦邮，走河北，遍历宣府、大同，复南下，依耿精忠。天下大定，方迁居毗陵，筑读易台，作文赋诗，以抒情怀。吴三桂称帝，加兵部尚书，差往岳州节制兵马。康熙中，客死广东之仁化。著有《天问阁文集》《杜诗编年》《易经参伍错综图》及诗集，与他人合选《自课堂文集》1卷、《诗集》1卷，编有《全唐诗蟠根集》《岚石山房丛书十三种》。事见全祖望《前侍郎达州李公研斋行状》（《鲒埼亭集外编》卷9）、《巡抚湖广等处兼提督军务张朝珍启》［康熙十三年（1674）八月十七日］、《清史稿·遗逸传》，今人周采泉编有《李长祥年谱》5卷，章继肃有《李长祥年谱简编》。

长祥以气节文章为世所知。治学宗孔、孟，卫道甚勇。毕生苦心治经，自以为于《易》《春秋》所得为多。于后儒之学贬程朱而尚陆、王，于考亭屡诋之。其《与方娄冈书》云"考亭之得力在晚年一转，使非有此一转，则终身语言文字之学，不成其为考亭矣"，则非小小末节指摘，并其大根本倾之矣，未免偏激。尤不喜释氏，有以三教并称者，即面唾之。善论诗文，尤善评文，多精彩独得之见。于古文自少即酷嗜之，数十年精研深造，自成一家。为文渊源六经百家，唐宋以下不论也。其文绝不蹈袭模仿，拾人牙慧，古朴峻峭，聱牙处至不可句，尤长于碑、传。

其《石井道士传下》云："于是谓韩愈起弊维衰，在今日则当言开辟。而开辟之人，非英资盖代，不能为功，盖以自道云。"足见其自视之高。赵之谦称其"以文墨书生处军旅中几十余载，间关万里，戎马倥偬，亦奇人也"。（《天问阁集跋》）傅增湘称其"智略绕魂，才带纵横，洵晚明之奇杰也"。"意识高奇，才气横溢，以身逢国变，戎马半生，故其为文骏利锋发，雄锐无前。于裁论军国、评骘人物时有偏激之病，然胜国遗闻言之翔实，可据为史乘之资。与友人论文诸书，深痛有明一代文章之病，锐以起衰扶弊为心，其执论尤多切挚，亦可谓豪杰之士矣。"（《藏园群书题记·天问阁文集跋》）清谢良琦《醉白堂文集》卷3《李研斋诗序》云："研斋钟天地磅礴郁积之气，其恢弘壮丽，卓尔不群者，于文已然，于诗无不然。"姚淑《海棠居初集·读太史诗》云："古诗竟如冰雪凉，近体看来似盛唐。"于书法善作大字，常为人题匾。

《天问阁文集》一名《天问阁明季杂稿》，收录李长祥顺治二年（1645）以后至康熙初年的作品。作为"甲申之变"的见证人，作者在书中留下了不少宝贵而翔实的历史记载，可资南明史研究参考。全祖望云："侍郎于文不称作家，然而旧闻佚事有足疏证史案者，此桑海诸公集所以可贵也。"（《前侍郎达州李公研斋行状》）该书对太平天国起义和辛亥革命均有一定影响，为梁启超所推崇。周采泉《李长祥〈天问阁集〉四跋》略举其数端："至旧闻佚事足证史案者，如袁崇焕之杀毛文龙，出于王宣之逸闻。陈新甲之被诛，出于周延儒贿其长班盗帝所赐议和秘敕，皆异词也。他如赵庚及周世臣两墓志，可以为清初两大狱之佐证。"足见其价值。同时又指出其"记事舛误亦不少，最谬者，《甲申内官传》误王承恩为王心之，忠佞莫辨"。文学方面，也为人所称道。王培荀《听雨楼随笔》卷7云："研斋古文自成一家。""研斋文恢奇古宕。"梁启超《饮冰室文集》卷77《书籍跋》评价也甚高："谢山谓其于文不称作家，然新乐侯一传，法度森然，生气远出，吾于明人之文，乃罕见其比。"刘行道《天问阁文集后序》云："研斋文气势奔放，其墙壁宽而峻，其音节清亮剽疾，其骨干柔脆而能自树立。"

是集大约成书于康熙中。全祖望《前侍郎达州李公研斋行状》云："研斋李公《天问阁集》4卷，皆丙戌以后之作也，杭人张君南漪得之吴估书肆。"这是对该书的最早记录。现存此书最早的版本为康熙刻本。孙殿起《贩书偶记续编》卷14《别集类》著录:"《天问阁文集》无卷数,清古夔李长祥撰。附《海棠居初集》1卷,清毘陵女史姚淑撰。无刻书年月,约康熙间刊,卷5以下之卷数尚未刻出。案其板心有刻卷18者,已有烂板,装订倒置,有序饵目,不得断定若干卷。"据此,该书原本至少应有18卷,同治《韶州府志》卷32也言其"著有《天问阁集》数十卷传于世"。而至康熙时,即只存4卷本矣,可知后来流传的3卷本、4卷本实皆为残本。孙氏所见本也很罕见,以至于专门介绍《天问阁文集》版本源流的《李长祥〈天问阁集〉四跋》(周采泉)、《李长祥的著作》(章继肃)等文皆只字未提。《中国古籍总目》著录此本馆藏仅三处:四川省图书馆、中国人民大学图书馆和南开大学图书馆。嘉庆间,李长祥的族孙李淑曾于达县刻《天问阁文集》,人称"达县本",后达县人刘行道又在李淑本基础上进行了整理,二本今皆已不传。光绪间,赵之谦《仰视千七百二十九鹤斋丛书》收录了《天问阁集》上、中、下3卷,附录1卷,仅收文13篇,残缺特甚,但有的篇目较他本完整,可资校勘。民国四年(1915),长祥族裔李子安会同族人据李、刘二本进行补辑,刊印面世,有张廷净、伍淡川二序,是为今存"达县本"或"李氏祠堂本"。今检四川省图书馆藏《天问阁文集》一种,扉页题"古夔达州李长祥研斋著,北门外牌楼宗祠藏板",无卷数,按文体分为六类,各有目录,全书页码基本连续完整,而内容多有残缺,又于"论"类第31页起首标有"天问阁文集卷十六"字样,刊刻年代不明,颇类孙氏所见之本。其书首虽刊有民国三年(1914)张廷净序,但字体与全书不同,显系后来补入;经理校对人又全无李子安名氏;伍淡川序又言全祖望所撰行状未编入,故应非民国初李子安本,当为更早的刻本。该本虽错漏仍多,但却收文最全,比通行的《求恕斋丛书》本多出10余篇,零章片段尚不在内,故也是重要的版本。民国十一年(1922),刘承干将此集刻入《求恕斋丛书》,即刘行道本,是为今所通行本。诸本皆有残缺错讹,取长补短,尚可见该集原貌之一斑。

数十年前,也有人对该集进行过整理,但均未正式出版。如戴名扬有《天问阁集校补》8卷,稿本未见。章继肃曾校点此集,1998年达州市方志办内部印刷过1000册。其他如1965年贵州省图书馆、1984年文物出版社、1998年北京出版社均出版过影印本，又为《丛书集成续编》《四库禁毁书丛刊》《明别集丛刊》等丛书收录。

此次整理，以《求恕斋丛书》本为底本，校以《仰视千七百二十九鹤斋丛书》本、李氏祠堂本及其他文献。复辑得佚诗文29篇（条），以为补遗。

（清）李调元《童山集》

李调元（1734—1802），乳名鹤，字羹堂，一字杭塘，号雨村，别号赞庵、鹤洲、醒园、卐斋、东湖、卧云山人、童山蠢翁、半峰、剪云、二桥，清绵州罗江（今四川省德阳市罗江区）人（按，其出生地为绵阳市安州区宝林镇大沙村，宝林镇20世纪50年代撤罗江县时划入安县，若按出生地则应为安州区人。现宝林镇已与塔水镇、清泉镇合并为新塔水镇，大沙村与乌龙村合并为童山村），清代著名学者、戏曲理论家、藏书家、诗人。与张问陶、彭端淑合称"清代蜀中三才子"，又与其从弟李鼎元、李骥元合称"绵州三李"。晚年与袁枚、赵翼、王文治齐名，人称"林下四老"。生于书香世家，自幼聪颖过人。其父管教严格，5岁即读"四书"、《尔雅》及史书，7岁即能属对作诗，号为神童。19岁应童子试，考第一，入县学。既冠，才气横溢，擅长诗文，尤工书画。受业于涪江书院，"州院试俱第一"。先后从施瞻山、俞醉六、陈沄、查梧岗学诗文，又受业于钱香树。乾隆二十四年（1759），就读于锦江书院，与何希颜、张鹤林、姜尔常、孟鹭洲、张云谷以文章著于时，时称"锦江六杰"。次年随父游京师，授恩科品级中书，补国子监学录，与毕秋帆、祝芷塘、王梦楼、赵瓯北、程鱼门诸名士诗文唱和。又从陆宙冲学画，精于水墨丹青，谐号"小李将军"。乾隆二十八年（1763）进士及第，入翰林院为庶吉士。散馆，由吏部考功司主事迁文选司员外郎，莅职刚正耿介，人称"铁员外"。出为广东学政，还徙直隶通永兵备道。因弹劾永平知府得罪权臣和珅下狱，遣戍伊犁。途中以母老赎归，发回原籍，削职为民，居家著述以终。后以子贵，赠朝议大夫。事见李调元《童山自记》

（道光李氏家刻本）、嘉庆《罗江县志》卷9自传、《清史列传》卷72、《国朝耆献类征初稿》卷212、杨懋修《李雨村先生年谱》、杨世明《李调元年谱略稿》等。

调元是继杨慎之后出现的又一位四川籍百科全书式大学者。他一生爱书成癖，读书、藏书、抄书、刻书、著书，与之结下不解之缘。自幼好读书，凡诸子百家、经史子集、诗词歌赋、天文地理，无所不览。利用在吏部任职的机会，饱读大内典籍、御库秘本，勤奋披阅，"公余之暇，犹手不释卷"。削职回籍后，更以读书为乐，每天"登楼校雠"，手不释卷，无一日之懈。尤喜求书藏书，凡遇前朝珍稀善本，不惜重金求购。其"所得俸，悉以购书"。罢官后，于家乡罗江建"万卷楼"，藏书10万卷，分经、史、子、集40橱，内多宋椠，抄本尤伙，时人称为"西川藏书第一家"。此楼可与浙江天一阁媲美，堪称巴蜀文化史上之丰碑，为中华文化作出了不朽的贡献。又有抄书之癖，凡家中所无之书，即借他人所藏抄写。在京任职时曾如饥似渴地广抄大内藏书，"御库抄本，无一不备"，"于是内府秘藏，几乎家有其书矣"。刻书是调元的另一大兴趣，22岁即刻了《李太白集》，以后刻书不断，其《函海》《续函海》《童山诗集》《童山文集》均有自刻本。

尤以著作宏富播在人口，蜀中著述之富，费密之后无与匹敌。晚年居家，唯"啸傲山水，以著述自娱"。据杨懋修《李雨村先生年谱》以来诸家统计，调元编、著、辑、校书凡160余种。

《李太白集》《蜀雅》30卷，《易传灯》4卷，《古文尚书》10卷，《程氏考古编》10卷，《敕文郑氏书说》1卷，《洪范统一》1卷，《孟子外书》4卷，《续孟子》2卷，附《伸蒙子》3卷，《大学旁注》1卷，《月令气候图说》1卷，《尚书古文考》1卷，《音辨》2卷，《左传事纬》4卷，《夏小正笺》1卷，《周礼摘笺》5卷，《仪礼古今考》2卷，《礼记补注》4卷，《易古文》2卷，《遗孟子》1卷，《十三经注疏锦字》4卷，《左传官名考》2卷，《春秋三传比》2卷，《蜀语》1卷，《蜀碑记》10卷，《中麓画品》1卷，《卍斋琐录》10卷，《博物要览》12卷，《补刻金石存》15卷，《通俗编》15卷，《六书分毫》2卷，《古音合》3卷，《尾蔗丛谈》卷5，《奇字名》12卷，《四家选辑》12卷，《制义科琐记》4

卷，《续制义科琐记》1卷，《方言藻》2卷，《堪户录》1卷，《醒园录》1卷，《唐史论断》3卷，《藏海诗话》1卷，《山水纯秀全集》1卷，《月波洞中记》1卷，《蜀梼杌》2卷，《翼元》12卷，《农书》3卷，《刍言》3卷，《常谈》1卷，《江南余载》2卷，《江淮异人录》2卷，《青溪弄兵录》1卷，《张氏可书》1卷，《珍席放谈》2卷，《鹤山笔录》1卷，《建炎笔录》3卷，《辩诬录》1卷，附《采石瓜洲记》1卷，《家训笔录》1卷，《旧闻正误》4卷，《建炎以来朝野杂记》上、下共40卷，《州县提纲》4卷，《诸蕃志》2卷，《省心杂言》1卷，《三国杂事》1卷，附《三国纪事》1卷，《五国故事》2卷，《东原录》1卷，《肯綮录》1卷，《燕魏杂记》1卷，《夹漈遗稿》3卷，《龙龛手鉴》3卷，《雪履斋笔记》1卷，《日闻录》1卷，《吴中旧事》1卷，《鸣鹤余音》1卷，《世说新语旧注》1卷，《山海经补注》1卷，《庄子阙误》1卷，《林伐山》20卷，《古隽》8卷，《谢华启秀》8卷，《哲匠金桴》5卷，《均藻》4卷，《谭苑醍醐》8卷，《转注古音略》5卷，附《古音后语、古音丛目》5卷，《古音猎要》5卷，《古音附录》1卷，《古音余》5卷，《奇字韵》5卷，《古音骈字》5卷，《古音复字》5卷，《希姓录》5卷，《墨池琐录》2卷，《法帖神品目》1卷，《金石古文》14卷，《古文韵语》1卷，《风雅逸篇》10卷，《古今风谣》1卷，《古今谚》1卷，《丽情》1卷，《然犀志》2卷，《异鱼图》6卷，《补刻全五代诗》100卷，《翼庄》1卷，《古今同姓名录》2卷，《素履子》2卷，《说文篆韵谱》5卷，《古算经》1卷，《主客图》1卷，《苏氏演义》2卷，《淡墨录》16卷，《出口程记》《西川李氏藏书簿》30卷，《万卷楼藏书目录》《赝书录》《诸家藏书簿》《诸家藏画簿》各10卷，《尚书古字辨异》2卷，《郑氏古尚书证误》12卷，《古文尚书考》1卷，《诗音辨》2卷，《春秋左传会要》4卷，《罗江县志》10卷，《井蛙杂记》10卷，《南越笔记》16卷，《粤东笔记》16卷，《东海小志》1卷，《童山自记》，《乐府侍儿小名》2卷，《字录》2卷，《汇音》2卷，《勦说》4卷，《通诂》2卷，《史说》6卷，《金石品》2卷，《杨升庵年谱》1卷，《雨村诗话》16卷，《雨村诗话补遗》4卷，《童山诗音说》4卷，民歌集《粤风》4卷，《童山诗选》5卷，《骨董志》12卷，《雠林冗笔》4卷，《客话》3卷，《官话》3卷，《梵言》1

卷,《释雅》10卷,《弄话》2卷,《唾余新拾》10卷,《续拾》6卷,《补拾》2卷,《战国春秋》《神谱》《陆诗选》《布衣集》《粤东观海集》10卷,《观海二集》1卷,《赋话》10卷,《诗话》2卷,《词话》4卷,《曲话》2卷,《剧话》2卷,《新搜神记》12卷,《榜样录》2卷,《韩客巾衍集》4卷,《岭南视学册》26卷,《粤东试牍》2卷,《游峨日行记》1卷,《冰心玉润集》1卷,《梓里旧闻》30卷,《西域图志》30卷,《万卷楼方》,《醒园花谱》2卷,《幼学草》1卷,《扈从集》1卷,戏曲《春秋配》《梅绛亵》《花田错》《苦节传》等。

以上著述,除对前人著述的整理而外,相当部分为调元多年苦心研究之成果,涉及经学、历史、考古、地理、文学、语言学、音韵学、金石学、书画、农学、姓氏学、民俗学等众多专门领域。尤其值得称道的是,调元以一人之力,耗费毕生精力完成了包括150余种著述在内的学术巨著丛书《函海》。该书与《汉魏丛书》《津逮秘书》《知不足斋丛书》齐名,为研究古代巴蜀文化提供了宝贵的史料,嘉惠后学,对四川文化复兴和清代学术繁荣起到了巨大的作用。

在地域文化研究传播方面,调元以"两父",即"川剧之父""川菜之父"知名。《函海》中,包括了大量关于川剧、川菜的记录。戏曲理论著作《曲话》《剧话》多摘引前人的戏曲评论,并发表自己的看法,提出"戏曲应该合乎人情","应该各自成体",强调创新精神,主张宗法元人朴素自然的风格,反对曲词宾白的骈俪堆砌时尚。他还对剧作本事进行考证,尤其难能可贵的是记载了当时勃兴的吹腔、秦腔、二黄腔、女儿腔的流布情况,对弋阳腔、高腔的发展脉络,进行了细致的探索,为后世戏曲史特别是剧种声腔史的研究提供了珍贵资料。他还把元人杂剧、明清传奇的剧本移植、改编成川剧,搬上舞台,且经常"自敲檀板课歌童",带着戏班到成都、绵州等地演出,对川剧的发展作出了巨大贡献,得到了世人的尊敬和肯定。

对于今天享誉全球的川菜,李调元亦功不可没。他将父亲李化楠在宦游江南时收集的很多江浙一带的烹饪资料手稿加以整理,加上自己在广东、京都等地了解到的烹饪方法,互为参考,写成专谈饮食文化的《醒园录》,凡记载菜肴39种、酿酒调味品24种、糕点小吃24种、腌渍食品 25 种及食品保藏方法 5 种。正因为他的系统梳理，川菜才得以逐渐形成完整的体系，而他也被后世尊为"川菜之父"。

除此之外，调元还是沉香研究专家、对联高手，对巴蜀文化、中华文化作出了全方位的贡献。他的历史功绩一直为后人所称道，在他的故乡罗江玉京山上，已建成德阳市市级文物保护单位李调元纪念馆，展出各地书、画名家为纪念李调元而创作的书、画佳品供游人观赏，并已被罗江中学定为爱国主义教育基地。在德阳"名人园"滨河公园内又立有"罗江四李"雕塑，以纪念李调元及其父兄。2020 年 6 月，四川历史名人文化传承创新工程领导小组经广泛征求意见和专家评审，正式确定李调元为第二批"四川历史名人"。

在历史上，对李调元也存在不同评价。如袁枚认为"蜀中三才子"中，李调元仅居其末。王昶在《蒲褐山房诗话》中说："近日绵州称三李，以墨庄（李鼎元）为最。"舒位《乾嘉诗坛点将录》《清史稿·文苑传》均未将其收入。今人罗忼烈批评"清人词话最浅陋空疏，又复强作解人，以致谬误百出者，莫过李调元之《雨村词话》"，认为其"可入笑林"。但不管怎样，李调元对中国文化的杰出贡献是不可磨灭的。

调元以学术文化见长，其诗文历来褒贬不一。如丁绍仪《听秋声馆词话》认为"其自著《童山诗文集》亦不甚警策，词则更非所长"。谢章铤《赌棋山庄词话》卷 3 云："罗江李雨村调元著《词话》四卷，其于词用功颇浅，所论率非探源，沾沾以校雠自喜。且时有剿说，更多错缪。"嘉庆《四川通志》卷 154《人物》认为"其自著诗文集，不足存也"。光绪《国朝全蜀诗钞》卷 14 评价其"少作多可存，晚年有率易之病"。然其所作无论内容还是形式亦并非一无可取，应区别对待，不宜一概抹杀。总而言之，其文学苏轼，诗宗李白、王维、孟浩然，多关注民间疾苦，也不乏好诗好文。袁枚评为才豪力猛，将其比之于白居易，肯定他为蜀中诗人之旗帜。（《奉和李雨村观察见寄原韵》）张怀溎称"求于近人诗家中，其能以书卷写其性灵，以神气露其天趣者，首推近日林下四老（袁枚、王文治、赵翼、李调元）诗。四老者，皆乾隆中进士，人称乾隆四子"。（《四家选集诗序》）王懿修、程晋芳、姜锡嘏、顾星桥等皆称许他为四川诗坛盟主。其诗传至朝鲜，使者之来皆能诵之。朝鲜副使徐浩修曾专门派柳琴登门求书，得其诗集而归。著名学者屈守元认为，"李调元的诗，比起当时袁枚、赵翼之流，有他自己的特色，写文章也不为桐城等宗派所囿"，"要讲民间文学、乡土文学，四川人在历史上必须重视李调元"。(《李调元诗注序》)

现存调元诗文，计有《童山诗集》42卷，《蠢翁词》2卷，《童山文集》20卷、《补遗》1卷，《童山续集》1卷，《看云楼集》22卷，《粤东皇华集》4卷，《五代花月》1卷，各集中之诗有部分重复。其流传情况，《童山诗集》《童山文集》《蠢翁词》主要有通行的嘉庆、道光等各版《函海》本。其中嘉庆本经调元晚年手自订正，道光本则纠正了若干文字错讹，并有补遗1卷。《看云楼集》为乾隆间刻本，十分稀见，仅藏于国家图书馆和中国科学院图书馆两处。《粤东皇华集》较早的版本是乾隆末刻嘉庆十六年（1811）补《续函海补遗》本，此外尚有道光补刻《函海》本、国家图书馆藏《童山全集九种》本等。《五代花月》有《香艳丛书》本等。此外尚有《听秋楼诗集》《走街吟》《出口小艸》《东巡扈从集》《大匏山房集》《考功集》《浣壁吟删稿》等，均已不存。对调元诗文的整理，仅有罗焕章等《李调元诗注》，巴蜀书社1993年出版。但该书范围仅限于《童山诗集》，未及其他，且"按照去粗取精的原则，剔除糟粕，吸取精华，对于李调元诗中不理解农民起义的《蜀乐府》、颂扬清统治者镇压少数民族反抗的《平定金川恭纪》和《平定西域恭纪》等诗，以及宣扬孝义节妇、缺乏诗味的作品，均删除，不入集。还芟夷了一些酬唱、谀寿、悼妾等庸俗之作"，因此只是对调元部分诗作的选注。四川人民出版社2001年出版的《李调元咏景诗选》，罗江文体广新局编、巴蜀书社2013年出版的《李调元著作选》也是同样的情况。这样，迄今为止李调元的个人别集尚未有完整的现代编集整理本。至于辑佚，近年也有零星发现，如韩东《李调元集外书札考释》，袁佳红《李调元及其殿试卷》，刘期文《罗真观发现李调元亲笔诗碑》，卢卫《安县发现李调元手书碑文》等。

此次整理，以乾隆末绵州李氏万卷楼刊、嘉庆十四年（1809）李鼎元重校印《函海》本《童山诗集》《童山文集》为底本，校以道光五年（1825）李朝夔增修《函海》本及《童山选集》等，增补道光本之《童山集补遗》1卷、《蠢翁词》2卷,编序一仍其旧。《五代花月》为《童山诗集》所未收,《看云楼集》《粤东皇华集》中《童山诗集》未收者近半,已收者除少数外,大多作了不同程度的修改,不少已面目全非,实同新作,对于了解作者诗歌创作和文学审美取向的流变有很大参考价值,故仍保留原貌。《游峨诗草》《童山选集》各含《童山诗集》未收诗27首、40首,也予补入。复辑得集外佚诗文220篇,于各篇末注明出处,通编为5卷,系于原集之末,以便读者焉。

(清)李鼎元《师竹斋集》

李鼎元(1750—1805),字和叔,一字味堂,号墨庄,又号景庄、宁庄,清绵州罗江(今四川省德阳市罗江区)人,化樟长子,调元从弟。生而颖异,好读书,淹贯经史,旁通诸子百家。乾隆三十五年(1770)恩科举于乡,乾隆四十三年(1778)成进士,改翰林院庶吉士。散馆,授检讨,兵部车驾司主事,马馆监督,改授内阁中书。嘉庆四年(1799)为册封琉球副史,钦赐正一品,麟蟒服,"宣布朝廷威德,训迪海邦士子,令皆兴起文教"。为使时"减除七宴,辞却赆金"。还朝,升宗人府主事。嘉庆十七年(1812)病卒于邗江友人署,年64。所著有《师竹斋文集》16卷,《师竹斋诗集》42卷,《南游记》4卷,《使琉球记》6卷,选著《球雅》。生平事迹见(光绪)《罗江县志》卷9李调元所作鼎元传,《清史列传》卷72本传,李桓《国朝耆献类征初编》卷147,(嘉庆)《四川通志》卷154等。

鼎元"襟怀洒落,崇尚风节","于权贵之门蔑如",天姿精敏,才气宏雅挺拔,为名辈推重。与弟骥元有"二难"之称,加从兄调元,先后在翰林,皆负文望,号"绵州三李"。而《蒲褐山房诗话》以为"近日绵州称三李,以墨庄为最"。其诗古文词尤挺拔有奇气,诗近苏黄,成就过从兄调元。王昶《湖海诗传》言其所作"意沉挚、辞警拔。筮仕后,索米不足,远游江海,所过名山大川,发其抑郁无聊之气,拔地倚天,三吴士大夫未能或之先也"。"天才奇伟,又佐以域外之观,海涵地负,当有骛心而怵目者"。孙桐生《国朝全蜀诗钞》称其"才笔谨严,风骨高峻","奉使诸作才气雄健豪迈,前无古人。即雨村诗老,亦当退舍,诚然为西蜀一大宗也"。(嘉庆)《四川通志》称其"《使琉球记》采摭宏富,可媲徐葆光《中山传信录》"。(同治)《直隶绵州志》称其"诗才雅近苏黄,书法亦极挺劲"。《晚晴簃诗汇》云:"和叔诗无所不仿,而于杜、苏为近。尝奉封册至琉球,纪其山川人物,蹊径一变,壮丽恢诡,尤擅胜场。"今德阳李调元纪念馆有其头像,名人园滨河公园有其雕塑。

鼎元诗文今仅存《师竹斋集》14卷,有嘉庆七年(1802)刻本、道光二十五年(1845)重刻本。前者收入《续修四库全书》第1475册,后者收入《清代诗文集汇编》第427册。二本无甚差异,而道光本多李德扬重刻序及《蒲褐山房诗话》评语。今以道光本为底本,参校嘉庆本。复辑得佚文16篇,以为补遗。

(清)李骥元《李中允诗集》

李骥元(1745—1799),初名继元,字其德,号凫塘、云栈,清绵州罗江(今四川省德阳市罗江区)人,清代学者、诗人。生不好弄,天性爱书,其父自课之。稍长,随从兄调元学举业。入庠,岁科屡试第一。乾隆四十二年(1777),中乡试第五名经魁。甲辰成进士,改翰林院庶吉士。散馆,授编修。丁父忧,服除,差充山东乡试副主考。旋升左春坊左中允,奉旨入上书房行走。嘉庆四年(1799)九月卒于官,年55。著有《云栈诗稿》《李中允集》《凫塘诗集》24卷。事见李调元撰《李骥元传》《清史列传》卷72本传、孙桐生《国朝全蜀诗钞》。

骥元天性孝友,兄弟和睦,同居无间。生平不问家人生产,性伉直,不习世故,不喜应酬,而持论严正,不少阿屈。驰名翰苑几20年,叠膺帝眷,当道重之。学务根柢,少有文名。作文简古似韩柳,尤工于诗,立意学苏。又工于小楷,每以赵子昂为法。王昶称其诗"有奇气,亦有逸气","皆能自铸伟辞,未经人道","与兄墨庄工力悉敌,激昂慷慨中有危苦萧飒之音"。法式善云:"近日蜀中诗人以李凫塘编修、张船山庶常为最。凫塘诗缜幽凿险,所著《云栈集》,王兰泉司寇谓费此度、彭乐斋所不逮。"称其诗"旷逸似太白,沈雄似少陵",然又"不求似于太白、少陵而凫塘之真出矣"。其苦吟"有薛道衡、陈后山之癖",其五律"天机清妙"。其"为文章欲企及于古人而不为古人所囿,发为议论,直抒胸臆,每出侪辈万万"。并以诗赞之云:"妙手工刻划,奇情善刳剔。老境造平淡,半生事幽险。"王培荀称其"在三李中不喜驰声华、广结纳,而薰习渐染,诗自可取"。杨芳灿称其诗"忠义激发,至性缠绵,忽悲忽喜,忽歌忽哭,生气跃跃,在笔墨畦径之外"。(光绪)《续修叙永永宁厅县合志》称其"雕镂刻画,穷极变态,郁律奇肆,卓然大家"。

骥元与兄鼎元素有"二难"之目,又与从兄调元并称"绵州三李"。今德阳市李调元纪念馆及"名人园"滨河公园并有其雕像存焉。

骥元之作今仅存《李中允诗集》6卷,有嘉庆十七年(1812)、道光二十五年(1845)刻本。今以嘉庆本为底本,校以道光本。复辑得佚诗文10篇,以补其遗。

(清)张问安《亥白诗草》

张问安(1757—1815),字悦祖,一字季门,号亥白,清潼川府蓬溪(今四川省遂宁市蓬溪县)人,清代诗人,书法家。据民国十三年(1924)刻本《遂宁张氏族谱》载,遂宁张氏系汉留侯张良后裔,世居湖北省麻城县孝感乡。明洪武二年(1369)迁蜀,卜居遂宁县黑柏沟(今四川省遂宁市蓬溪县金桥乡黑柏沟村两河口)。问安系张氏入川始祖张万第13世孙,清初贤相张鹏翮玄孙,大诗人张问陶之兄。乾隆五十三年(1788)举人,凡六应乡试,七应会试,例授教职不就。遂家居奉母,以图史自娱。不则遍游名山胜水,尝至岭南、苏杭、荆楚、齐鲁、中州、三秦、燕赵等地,足迹几半寰宇。晚年主讲蜀中华阳、温江书院,诱掖后进,多所成就。嘉庆二十年(1815)病卒,年59。著述甚富,有《小琅环诗集》4卷,《小琅环琐记》及《小琅环外集》7种,又与其妻陈慧殊倡和,有二人合集《画阁联吟集》《花间倡和集》,多未刊行,大多散佚。今存《亥白诗草》8卷,诗凡840余首。事见《清史稿》卷484《文苑》二、《清史列传》卷72《文苑传》三张问陶附传,嘉庆《四川通志》卷154、《益州书画录》《巴蜀艺文五种》《清诗鉴赏词典》《四川历代文化名人辞典》《巴蜀文化大典》、胡传淮《张问安诗选》、钱仲联《中国文学家大辞典》（清代卷）等。

与弟船山皆一时之杰，以诗名世，号称"二难"；又与其弟问陶、问彤合称"遂宁三张"，时人及后世对其评价颇高。清诗人、画家王学浩《亥白诗草序》云："但觉其语淡而味腴，节短而韵长，盖将于韦孟之外另辟一径，以与唐人争席也。"傅亦舟序云："亥白诗钞古藻纷披，遗音孤复，沉郁顿挫，卓有本源。"清代学者李星根《张亥白先生传》云："遂宁相国以经济显名于仁皇帝之朝，迄先生五世矣，而独昌其诗，兄弟竞爽，旗鼓相当。虽天才雄放、文采风流照应四国若稍稍逊乃弟一筹，至于抚山范水，刻画杜陵，唐突康乐，真力弥满，万象在旁，殆有过之，无不及焉。"《归田老人诗话》云："诗魄沉挚，如《剑门关》诗，少陵以后无敢作者。"船山《望崆峒山同亥白作》中赞其"前身原是杜陵翁，怪底诗名一世雄"。著名诗人王芑孙《张亥白孝廉问安船山检讨问陶》诗云："自古奇才必生蜀，船山在今麟一角。阿兄句法学老杜，五言海内亦有数。"范溶《论蜀诗绝句》谓其"昌谷苏门今不见，风怀澄淡更谁知？梧桐夜雨灯前读，道是韦郎五字诗"。《晚晴簃诗汇》称"其诗骨格遒上，声律安谐，而一出于雅正。张槎仙沅辑《蜀诗略》，谓亥白造诣在船山上，信然"。

兼工书画，《益州书画录》载有其事迹。《皇清书史》云："张船山前辈曰：吾兄亥白书逼真文清公手笔。"《四川通史》（四川大学出版社1993年版）将其列为清代四川最著名的20位画家之一，赞其"书法宗苏东坡、黄庭坚，工整严谨"。

《国朝全蜀诗钞》《清诗铎》《晚晴簃诗汇》《清诗纪事》《蓬溪诗存》皆录其诗，胡传淮有《张问安诗选》，又编《清诗人张问安年谱》《清代蜀中第一家：蓬溪黑柏沟张氏家族》，著《张问安研究》，可资参考。

《亥白诗草》现存嘉庆二十一年（1816）遂宁张氏刻本、道光刻《张氏三先生集》本、咸丰八年（1858）舞云楼刻本及光绪七年（1881）重刻玉燕堂藏本。今以嘉庆本为底本，参校其他各本，复辑得佚诗文5首，以为补遗。

（清）李惺《西沤全集》

李惺（1785—1864），字伯子，一字悟子，号西沤，自号拙修老人、洁褪老人、容川复知居士、玻江蓼花庵主人，垫江县（今重庆市垫江县）城南郊冯家湾人，清代学者、诗人、书法家。出身书香世家，幼承家训，聪颖好学。少随祖任井研，与邑士角文艺。14岁入垫江县凌云书院，精力强健，精思妙悟，人所难及。嘉庆十三年（1808）中举，嘉庆二十二年（1817）成进士，选翰林院庶吉士。散馆，授翰林院检讨、国史馆编修、文渊阁校理。迁詹事府左春坊左赞善，以忤当道，改国子监司业。道光十二年（1832），丁父忧归。服除，以祖母年老辞官，遂不复出。咸丰四年（1854），曾国藩奏请派其办捐济饷；复诏加五品卿衔，为四川督办团练大臣；四川都督骆秉章数嘱藩台刘蓉敦请，俱辞，中外交荐，坚卧不起。

返蜀后，主讲锦江书院几20年，去之四方，登山临水，洞庭潇湘，罗浮雁宕，闽山粤峤，无所不至。参禅悟道，超然物外。归寓眉山，主眉山书院，复先后主垫江、三台、叙永、剑阁、泸州书院七八年。去潼川，制府骆文忠聘修省志，未及，同治三年（1864）二月二十三日卒于成都寓所，年78，葬仁寿县。无子，门人为之立后治丧，祠之乡贤。光绪二十五年（1899），诏予五品衔知县，交国史馆立传。

著有《邴邠诗稿》《药言》《冰言》《药言眷稿》《冰言补》《拙修录》《老学究语》《试帖》《钢狍馆郯书》《郯书补》，后人编为《西沤全集》10卷、《西沤外集》8卷及《西沤遗集》；编有《清修宝鉴》《阆中志》《韵语通》等。事见黄彭年《西沤先生墓志铭》，宋宝械《西沤先生传》，《清史列传》卷73，民国《眉山县志》卷13《留寓》及《词林辑略》卷5、《增校清朝进士题名碑录》、《益州书画录》等。

惺器识宏远，恒以国家大计、天下安危、乡邦风教为怀，斯世斯民，无日不怒然于其胸，盹然于其口。身当内忧外患，民族将沦为半殖民地之时，痛愤于朝廷之腐败，皇帝之昏庸，只能仰天长叹"眼看红羊成大劫"，"是谁赞高庙，乃自坏长城。百战攻全废，偏安局已成。黄龙府何在，莽莽暮云横"。为人正直不阿，耻事权贵，故所入不合，动多龃龉。家固寒素，然廉洁自持，自奉简薄，不以有无介意。其归养也，祖母年90余，母年60余，惺亦将50，犹时率诸弟舁软舆，冀得祖母欢。推之兄弟，冠婚课诵，为之谋者无不至。推之朋友，则为故人罗文光养亲，为孝子巫志修立后，捐潼州馆谷归知府张志忠之丧于汉中，而同里萧秀棠奉田200亩以养，未尝受也。当时朝臣之冲静恬淡，可以仪型风俗者，推惺焉。一时士类仰若山斗，即农工商贾亦知其名。

平生以教育为己任，凡执教34年，蜀中士人半出其门下，清廉官吏、文武志士、社会贤达布满朝野，至有"天下翰林皆弟子，蜀中进士尽门生"之谣。其为教也，先德行后文艺，躬为之率。举凡训诂词章之末，功利智术之私，不以之教。教学上因才造就，不悱不发，主张"问即是学，好问即是好学，善问即是善学"，"学贵质疑，小疑则小进，大疑则大进。疑者觉悟之机也，一番觉悟，一番改进"的治学之道。

惺嗜古力学，博极群书，陶镕鼓铸而成一家言，在文学、性理、书法等方面造诣颇深，兼擅制艺试律之作。其格言警句"公生明，廉生威"，"见勤忘劳，习逸成惰"等至今流传。其诗多游历、感怀、赠答之作，指斥时弊，反映民间疾苦之作亦复不少，忧深思远，意切救时。宋宝械称其风格"清空高淡，一扫诗坛浓纤之习"。李芳谷称其"指画动关天下计，襟期大是古时人"。与宜宾诗人赵树吉齐名，张熙宇辑入《七家诗》，为世所传。又善论诗，其"黄陈"之评为时人所许。论文主推陈出新，一变庸腐之习。其书法行笔高雅，飘逸洒脱，苍劲有度，新都宝光寺、梁平双桂堂、资阳龙首山、大邑鹤鸣观、文昌宫皆有其遗墨。

现存同治七年（1868）刻本《西沤全集》10卷、《西沤外集》8卷，惺之著述基本囊括无余。此外尚有抄本《西沤遗集》不分卷，其试帖除《全集》本外，又有道光、同治、光绪多种单刻本。今以同治刻本《西沤全集》10卷、《西沤外集》8卷为底本，补以《西沤遗集》，参校试帖各单刻本。复辑得佚文若干篇，以为补遗。

（清）顾复初《顾复初集》

　　顾复初（1813—1894），又名旭，字幼耕（幼庚），又字乐余、子远，号道穆、晓峰、听雷居士、罗曼山人，晚号潜叟，清长洲元和（今江苏苏州）人，元熙子。自幼聪颖，6 岁丧父，勤学不辍。道光中拔贡，入国子监。屡试不第，遂弃去，游历四方。咸丰中，何绍基为四川学政，特邀襄校试卷。洪杨乱起，欲返江南不果，遂入四川布政使祥奎幕。完颜崇实为成都将军，应邀为掌笺奏，时复代笔，作诗撰联。同治元年（1862），入四川布政使刘蓉幕。同治五年（1866），纳资为贡井县丞，后改光禄寺署正。复先后为骆秉章、吴棠、李瀚章、丁宝桢、刘秉璋等任川督幕僚，礼遇优厚。光绪二十年（1894）病逝于成都，年82。至交雪堂和尚遵其遗嘱，葬复初于龙藏寺自建生圹，与亡妻菱波女史同穴。著有《罗曼山人诗文集》《乐静廉余斋文集》《梅影盦词集》等。事见民国《华阳县志》卷 22 本传，参蒋雪威硕士学位论文《清代文人顾复初及其诗歌研究》。

　　复初工诗、古文词，谭宗浚称"其为诗也，浚发襟灵，萌柢忠爱，神崖孤秀，天籁自鸣。桀然特出，邈焉自远。综其行迹，颇近玉溪。托词华岳之函，写恨渚宫之曲。松州雪岭，则有感成篇。沧海蓝田，则无题致慨。至于感遇同于张相，言情类于陶令，排比得浣花之神，模范仿康乐之作，盖又神锋千灌，美曲九成，撷彼菁华，发为鸿采，匪仅角温段之繁藻，开杨刘之别派也已"。叶昌炽称"顾幼庚诗清雄豪迈，自是近来作手。其倚声效稼轩，亦复不俗"。尤擅楹联，名胜之处多有题写。其成都杜甫草堂大门及工部祠之联云，"异代不同时，问如此江山，龙蜷虎卧几诗客；先生亦流寓，有长留天地，月白风清一草堂"，气势豪放，深沉勃郁，格调高逸而又含蓄典雅，分别为于立群、邵章补书，郭沫若、向楚题跋。又工书画，篆、隶、行、楷似邓琰，草书摹王羲之，被推为蜀中第一书家。画学唐人，时写小幅山水，干笔枯墨，自然苍古。

　　现存复初诗、文、词仅有同治六年（1867）至光绪四年（1878）成都刻本，《清代诗文集汇编》第 654 册据以影印，今即据此整理。此外尚有同治三年（1864）所刻《游华山诗》，亦予校录。复辑得佚诗文若干篇，以为补遗。

（清）李鸿裔《苏邻遗诗》

李鸿裔（1831—1885），字眉生，号香严、青城道士，晚号苏邻，清中江（今四川省德阳市中江县）人。生于四川眉山，自幼风姿玉立，神采惊人。数岁，父母双亡，家贫如洗，衣食或不继。然志向高远，穷深览博，发愤苦读。喜书法，勤学苦练，10岁时已名扬远近，老书家自叹不如。14岁应童子试，辄两冠其科。守、令、学使皆激赏之，至有亲为择师者。16岁入县学，逾年补廪生。19岁入拔贡。咸丰元年（1851）成举人，会试屡不第，遂捐资为兵部主事。暇则研读经史，摹仿碑帖，名宿耆老争与交往。鸿裔才具优渥，精明干练，为朝野所知。咸丰十年（1860），胡林翼遂礼聘为英山大营幕僚，多得其助。曾国藩帅兵平乱，特征其入幕，言听计从，人称为曾氏幕僚之冠。军务多所依重，曾委其审讯李秀成，得供词4万余字。江南平，署10府粮道。复从剿捻军，以功补徐海道。官终江苏按察使，加布政使衔，赏戴花翎。国藩卒，为搜辑遗作于知故之家，凡得诗4卷，文12卷。年未40，以耳鸣失聪，屡求告退，诏允退隐山林。因蜀远难归，就家苏州，购瞿氏网师园，有老树、怪石、池沼、亭馆之胜，积书数万卷，益蓄三代彝鼎、汉唐以来金石碑版、法书名画，杜门谢客，徜徉泉石之间。而平生交往尤厚者，潘祖荫、曾纪泽、李宗羲、钱应溥、潘曾玮、吴云、李榕、高心夔、莫友芝也。光绪十一年（1885）卒，年55。著有《苏邻遗诗》《苏邻遗诗续集》《林居杂稿》《李眉生尺牍》《赵之谦等书札》《苏邻日记》《靠苍阁日记》《李氏笔记》《苏邻随笔》《履坦园五杂俎》《怀新阁杂钞》《滥觞录》《金石书画杂记》《研谱》《益州书画录》《昭代尺牍小传续集》《瓯钵罗室书画过目考》，删定《陶堂遗稿》8卷等。事见《苏邻遗诗》所附黎庶昌《江苏按察使中江李君墓志铭》，俞樾《布政使衔江苏按察使李君墓志铭》，李赓猷《先君行述》，强汝询《苏邻遗诗序》。

鸿裔出身贫寒，晚年好佛，宅心仁厚。为人慷慨大方，居常济困扶危,凡恤贫济荒诸大善举,力所能为者无不为。直隶灾,捐棉衣至万件。山东、山西诸省历年水旱,自省口体之奉以助赈。不足,至捐写楹联以益之。

　　素有干才,无论事物丛杂,恒措置裕如。李鸿章尤器重之,称其"襟度轩豁,敏而能精","综核细密,才略明练","古之廉能,君之谓也"。曾纪泽赞其"识解超卓,友朋中殆无其匹。论交涉事,悉中肯綮,奇才也"。

　　才高学赡,富于收藏。深于经学,而诗古文窥古人堂奥。善书法,对金石文字亦颇有研究。与李榕、李士棻并称"四川三李"。曾国藩云:"观李眉生诗,爱其俊拔而有情韵,将来必为诗人。"杨宜治则称其"工行楷,体势神韵在晋帖隋石之间"。中举后名动一时,士大夫所用折扇如无鸿裔题字,则以为愧。

　　今存鸿裔诗文,除《苏邻遗诗》《苏邻遗诗续集》而外,尚有《林居杂稿》《李眉生尺牍》《赵之谦等书札》,均为稿本。其中《苏邻遗诗》《苏邻遗诗续集》光绪十四年(1888)遵义黎氏于日本使署所刻字体清秀,校刻精良,为少见之清末善本。此次整理,即以《清代诗文集汇编》影印该本为底本,校以民国七年(1918)成都昌福公司排印本及其他文献。《林居杂稿》《李眉生尺牍》《赵之谦等书札》分藏国家图书馆、南京图书馆,为海内孤本,即据之整理。各集编次一仍其旧,以存原貌。复辑得佚诗文8篇,以为补遗。

蜀人别集辑佚

（宋）苏易简《苏易简集》

潼川夜渡

清流深夜渡，候吏戴星迎。不辨荒城色，惟闻孤棹声。两行蜡炬尽，一叶彩舟轻。何处渔家火，遥遥隔岸明。①

越江吟

神仙神仙瑶池宴，片片，碧桃零落春风晚。翠云开处，隐隐金舆挽，玉麟背冷清风远。

一本云：非云非烟瑶池宴，片片，碧桃零落黄金殿。虾须半卷天香散，春云和，孤竹清婉，入霄汉。红颜醉态烂熳，金舆转，霓旌影乱，箫声远。②

请搜访赵邻几子遗稿奏

邻几有子柬之，亦好学，善属文。任北地邑佐，部送刍粟，死塞下。家睢阳，邻几平生多著文，家有遗稿。③

---

① 光绪《新修潼川府志》卷4，又见民国《三台县志》卷21，民国《中江县志》卷17。
② （宋）阮阅等：《诗话总龟》卷4，又见（宋）胡仔《苕溪渔隐丛话》前集卷16引《冷斋夜话》。
③ （宋）江少虞：《皇朝类苑》卷40。

初任京官未历州县不得拟知州通判奏

初任京官,未历州县,不得拟知州通判。①

进欹器戒

日中则昃,月满则亏。器盈则覆,物盛则衰。愿陛下持盈守成,念终如始,固万世之业,则幸甚。②

与时政书

上自潜跃以来,多详延故老,问以前代兴废之由,铭之于心,以为鉴戒。上来数事皆史传不载,秉笔之臣以记录焉。③

论清要之职

居是职者,人物之选亦已极矣,儒墨之荣亦已至矣。④

残句

三商而眠,高春而起。⑤

忆旧事

一夕寒甚,拥炉火,乘兴痛饮,大醉就寝。四鼓始醒,以重衾所拥,咽吻渴。时中庭月明,残雪中覆一齑盎,不暇呼童,披衣掬雪,以两手掬数缶,连沃渴咀齑数茎,粲若金脆。此时自谓上界仙厨、鸾脯鹭腊殆恐不及,欲作《冰壶先生传》以纪其事,因循未暇。⑥

---

① (宋)王栐:《燕翼贻谋录》卷1。
② (元)富大用:《事文类聚新集》卷20。
③ (宋)江少虞:《皇朝类苑》卷2,又见(宋)宋敏求《春明退朝录》。
④ (元)富大用:《事文类聚新集》卷20引《苏易简集》,又见(宋)谢维新《事类备要后集》卷22。
⑤ (明)焦竑:《焦氏笔乘续集》卷5引苏易简文。
⑥ (宋)杨伯嵒:《六帖补》卷16。

（宋）苏舜元《苏舜元集》

言锁厅应举不合格者责罚事奏

天圣初，锁应不合格罚铜十斤。先是，王钦若为相，妒善抑进，不合格者罚金，为私罪。①

嵩阳宫石柱题记

苏舜元才翁题。皇祐癸巳孟春，因之河南府也。②

石门洞磨崖

苏舜元才翁避暑于是。皇祐庚寅仲夏十九日。③

瀑布岩题名

苏舜元才翁皇祐庚寅仲夏题。④

（宋）鲜于侁《鲜于谏议集》

迷楼

富贵能几何？岿然见崇丘。故宫迷藏地，遗址隮层楼。大业全盛年，翠华事遨游。娥眉立殿脚，锦缆牵龙舟。宝构干青云，鹿人居上头。千龄谓长固，四帐日忘忧。倚伏祸有胎，舟中生寇仇。伤心雷塘土，蔓草自悲秋。崑岭西北趋，大江东南流。山河形胜在，尘迹使人愁。⑤

---

① 《宋会要辑稿》选举一四。
② （清）叶封：《嵩阳石刻集记》卷下。
③ 光绪《处州府志》卷26。
④ 民国《台州府志》卷86。
⑤ 康熙《扬州府志》卷18。

游灵岩

古寺山炯远，跻攀一径余。洞深留碧霭，溪急荡晴沙。殿接岩松影，堂邻野客家。谒僧询世事，无语指灯花。①

普门寺

江流屈曲林峦际，官路萦迂水石间。寺址划开青霭破，僧居长与白云闲。②

寄东坡

我怀元祐初，珪璋满清班。继时南隆老，奉使独未还。③

题灵溪寺

龙去难寻百潭水，地灵长对五峰山。④

和子由金山诗

一棹扁舟信所之。⑤

文台诗序

文台居万山中，郡宅高原。⑥

瀛洲亭记

千岩万壑，绮缟绣错，如拱如揖，顾接不暇。⑦

---

① 道光《重修略阳县志》卷4。
② 嘉庆《武阶备志》卷16，又见（宋）祝穆《方舆胜览》卷70。
③ （宋）王象之：《舆地纪胜》卷186。
④ （宋）王象之：《舆地纪胜》卷184。
⑤ （宋）陈与义著，胡稚笺注：《笺注简斋诗集》卷19，《和王东卿绝句四首》注引。
⑥ 嘉庆《武阶备志》卷16。
⑦ （宋）祝穆：《方舆胜览》卷63。

（宋）张浚《张魏公集》①

张浚文集早佚，民国黄尚毅辑《张魏公集》一卷，仅收文25篇，诗2首，疏漏无取。四川大学古籍整理研究所编纂《全宋文》，重辑其文351篇；北京大学古文献研究所编纂《全宋诗》，辑其诗9篇（其中1篇非张浚作，当删）；吴洪泽编著《宋代蜀文辑存校补》，增辑文60篇，然尚有未尽。笔者近年利用参与《巴蜀全书》之机，遍查各种文献，又新辑得张浚佚诗3首，佚文66篇，其中不乏弹劾岳飞、胡寅，处置曲珍，奏请车驾南渡以避金人，请宋高宗任天下兵马大元帅，与吕颐浩约起义兵等重要内容。粗加整理，公之于世，以供后续研究参考。其编排顺序先诗后文，文则一依《全宋文》，以文体为序，次以年代为序。凡上述三书已辑录者，不再收入。

牛头寺

暮宿牛头寺，朝离虎节门。东风知我意，送我过前村。②

独往亭

九州何日息烟尘，聊结新亭契我心。祇恐马头关陇去，却辜风月伴高吟。③

谒范文正公祠

拜公祠庙识公颜，神气如生晚不还。守土小生偏感仰，太平功业重如山。枢密副使绵州张浚顿首题。④

---

① 本部分内容原载《四川史志》2022年第1期。
② 弘治《八闽通志》卷76，又见万历《古田县志》卷14，乾隆《福州府志》卷16下，（清）张玉书等《佩文韵府》卷63之11。
③ 康熙《衢州府志》卷3，又见康熙《常山县志》卷15，雍正《常山县志》卷10下。
④ （清）彭遵泗：《蜀故》卷2、9，又见（清）王士禛《池北偶谈》卷13、《带经堂诗话》卷28。

劾胡珵奏　　建炎元年

胡珵笔削东书，欲使布衣挟进退大臣之权，几至召乱，遂以讽谕狂生，规摇国是。①

论车驾不可久驻维扬疏　　建炎二年

近日军民论议纷然，彼得借口为说者，盖二帝远在沙漠，而陛下乃与六宫端居于此，何怪人之窃议。愿明降睿旨，以车驾不为久驻维扬之计晓谕军民。仍乞朝廷早措置六宫定居之地，然后陛下以一身巡幸四方，规恢远图，上以慰九庙之心，下以副军民之望。②

宜且南渡以避敌锋奏　　建炎二年

敌势方张，宜且南渡。③

请以榷货赢余救一时之急奏　　建炎三年

民力尽矣，锱铢不可加。独榷货稍存赢余，可救一时之急。④

乞少留平江弹压奏　　建炎三年

今张俊人马乍回平江，人情震慑。若臣不少留弹压，恐致败事。⑤

睿圣皇帝当为天下兵马大元帅奏　　建炎三年

睿圣皇帝当为天下兵马大元帅。⑥

---

①（宋）戴埴：《鼠璞》，又见（清）厉鹗《宋诗纪事》卷43，（明）来集之《倘湖樵书》卷2，（明）王圻《稗史汇编》卷38。
②（宋）朱熹：《晦庵集》卷95上《张浚行状》，又见康熙《扬州府志》卷37，乾隆《江都县志》卷31，光绪《增修甘泉县志》卷19。
③（清）陈梦雷：《古今图书集成·明伦汇编·官常典》卷567。
④（明）吕维祺：《吕明德先生年谱》卷3。
⑤（清）毕沅：《续资治通鉴》卷104。
⑥（宋）王明清：《挥麈后录》卷9。

言事札子　　建炎四年十一月八日

臣据前祠部员外郎喻汝砺状云云。①

大食献珠玉事奏　　建炎四年

大食献珠玉,已至熙州。②

处置曲端奏　　绍兴元年

本司都统制曲端自闻吴玠马军倒那,坐拥重兵,更不遣兵策应,已责海州团练副使,万州安置。③

运米至荆南以治川口奏　　绍兴二年

已运米五万石至荆南,欲理川口,与行在相接。④

言韩逈之功奏　　绍兴二年

桑仲侵犯归州,逈捍御无虞,功绩显著。⑤

乞以刘子羽吴玠为判官奏　　绍兴三年

王庶、王似、卢法原威望素轻,乞命刘子羽、吴玠并为判官。⑥

论合力抗敌不当走避奏　　绍兴三年

伏惟陛下未审前者避兵,何处可安?验之在前,警之在后。今日只可命将提兵,分头抵杀,君臣协力,将士同心,方可免难。何又以走避为计?⑦

---

① (宋)李心传:《建炎以来系年要录》卷6。
② (宋)李心传:《建炎以来系年要录》卷32,又见(宋)佚名《中兴两朝圣政》卷7。
③ (宋)佚名:《中兴两朝圣政》卷9。
④ (宋)熊克:《宋中兴纪事本末》卷21。
⑤ 《宋会要辑稿》选举三四。
⑥ (清)陈梦雷:《古今图书集成·明伦汇编·皇极典》卷96。
⑦ (宋)熊大木:《大宋中兴通俗演义》卷4,又见(明)邹元标《武穆精忠传》卷4。

请以马扩为沿江制置使奏　绍兴四年十二月

以枢密副都承旨马扩为沿江制置使，军于镇江府，且令湖南制置大使席益拨统制官崔邦弼等军赴扩。①

乞制降香祝文奏　绍兴四年

四川自七月以来霖雨地震，盖名山大川久阙降香，乞制祝文付下。②

朝辞言退敌之策奏　绍兴四年

伏愿陛下星火差人去召岳飞领兵渡江入淮，会兵退虏。臣自往镇江，督召刘光世、韩世忠等与兀术决日交兵，陛下以大军出平江取齐。③

乞待湖湘寇平回朝状　绍兴五年五月

尚书右仆射、兼知枢密院事、都督诸路军马招讨使臣张浚谨状奏：五月初八日降到指挥，取臣回还行在，计议防秋之事。即今湖湘之寇未除，乞容臣到六月上旬收捕水贼④，方可回朝。今臣调岳飞人马前往鼎州计画殄除水寇去讫。臣欲遵命回朝，诚恐有失机会，谨具奏闻。绍兴五年五月初九日，张浚谨言。⑤

请遵以日易月之制成服奏　绍兴五年

太上皇帝既已崩矣，陛下虽当尝胆图报，请遵以日易月之制成服，得（预）以爰整干戈，驾征北漠矣。⑥

---

① （宋）徐自明：《宋宰辅编年录》卷15。
② （宋）佚名：《中兴两朝圣政》卷15，又见（宋）熊克《宋中兴纪事本末》卷28，（清）陈梦雷《古今图书集成·历象汇编·庶征典》卷118。
③ （宋）熊大木：《大宋中兴通俗演义》卷5。
④ 到：原作"副"，据又见改。
⑤ （宋）熊大木：《大宋中兴通俗演义》卷5，又见（明）邹元标《武穆精忠传》卷5。
⑥ （宋）熊大木：《大宋中兴通俗演义》卷5，又见（明）邹元标《武穆精忠传》卷5。

江上诸军精强奏 绍兴五年

江上诸军事艺精强,非前日之比。①

敌已渡淮北去奏 绍兴五年

敌人潜师引去,今已绝淮而北。见行措置招集淮南官吏还任,抚存归业人户等事。②

未可遽绝北使奏 绍兴五年

使事兵家机权,后将辟地复土,终归于和,未可遽绝。③

请以御前箭甲良弓分赐有功将士奏 绍兴六年二月四日

御前降西蕃宝剑十二,内库细甲二十,良弓五十,给赐有功将士,请分赐以为激劝。④

荐何俌为帅奏 绍兴五年

何俌前治黄,联保伍法,盗贼平息。今谋帅莫如何俌。⑤

乞加恩岳云表 绍兴六年七月

岳飞数年之间,复建康,讨曹成,平杨么,其子岳云之功实居第一,皆被其父隐而不录,实非朝廷大公至正、激劝人臣之道。伏乞圣明特赐加恩宠异,庶使边疆将士能奋厉建功,以自责效。取进止。绍兴六年七月日,臣张浚谨言。⑥

---

① (宋)佚名:《中兴两朝圣政》卷18,又见(宋)李幼武《宋名臣言行录别集》下卷4。
② (宋)佚名:《中兴两朝圣政》卷17。
③ (明)冯琦:《经济类编》卷69。
④ (宋)王应麟:《玉海》卷151,又见(明)吴琯《三才广志》卷1052,(清)萧智汉《月日纪古》卷2。
⑤ 成化《处州府志》卷13,又见万历《括苍汇纪》卷12,顺治《龙泉县志》卷6。
⑥ (明)邹元标:《武穆精忠传》卷5,又见(宋)熊大木《大宋中兴通俗演义》卷5。

论车驾进止利害贴黄　绍兴六年十一月

臣辄尽己见，仰尘圣览。区区臆说，未知当否。愿陛下因此闲暇更加圣思，斋戒沐浴，以告于宗庙，谋之鬼神。此大事也，臣岂敢固执一己之见？异日惟陛下详教而曲谕焉，庶几君臣之间得尽心腹，不贻万世之论。①

请改江淮屯田为营田奏　绍兴六年

改江淮屯田为营田。凡官田、逃田并拘籍，以五顷为一庄，募民承佃。其法五家为保，共佃一庄，以一人为长。每庄给牛五具，耒耜及种副之。别给十亩为蔬圃，贷钱七十千，分五年偿。②

言敌必皆刘豫兵奏　绍兴六年

虏数少奔命，决不复来，此必皆豫兵。③

请重官吏亲民之任奏　绍兴六年

亲民之官，治道所急。比年内重外轻，流落于外者终身不获用，经营于内者积岁得美官，又官于朝者多不历民事。请以郡守监司有治状者除郎曹，郎曹资浅者除监司郡守，馆职未历民事者除通判，仍乞降诏。④

请许岳飞便道面圣札子　绍兴六年

勘会岳飞议事已毕，令取道衢、信，去行在不远。欲一见天颜，少慰臣子瞻恋之心。欲望圣慈特令内殿引见，取进止。⑤

---

① （明）解缙等：《永乐大典》卷12929。
② （清）陈梦雷：《古今图书集成·经济汇编·戎政典》卷234，又见（明）朱健《古今治平略》卷5，（清）柴绍炳《省轩考古类编》卷11，（清）陈梦雷《古今图书集成·经济汇编·食货典》卷45，（清）张廷玉《骈字类编》卷80。
③ （宋）林駉：《新笺决科古今源流至论》卷8别集，又见（宋）熊克《宋中兴纪事本末》卷39。
④ （宋）熊克：《宋中兴纪事本末》卷39。
⑤ （宋）岳珂：《金佗续编》卷6。

雨旸以时奏　绍兴七年四月

雨既霑足，又即晴霁，庶于蚕麦无妨。①

劾岳飞跋扈奏　绍兴七年

岳飞积虑，专在并兵，奏牍求去，意在要君。②

退敌将官拟次第论功推恩奏　绍兴十一年五月十四日

金贼屯兵宿亳，本军官兵迎冒暑雨，奔涉长途，深入贼境。其统制官王德等虽蒙推赏，乞更赐优异推恩。王德欲升元侍卫亲军马军都虞候，马立欲除防御使，田师中欲除龙神卫四厢都指挥使，刘宝、李横欲各除正任观察使，张渊欲除正任团练使，唐汴欲与转武功大夫，王友欲与转右武大夫。③

呈张宪供词奏　绍兴十一年

张宪供通，为收岳飞处文字后谋反，行府已有供到文状。④

奏论内治　绍兴二十三年

窃读《易·家人》象辞，知致治之道必自内始。复考象辞，风自火出为《家人》。风之譬则化也，火之譬则礼也。礼修于身，化行于外，是为风自火出。⑤

乞坚守两淮奏　绍兴三十一年

不守两淮而守江干，是示虏以削弱之形，怠军民战守之气。⑥

---

① （宋）李心传：《建炎以来系年要录》卷110，又见（宋）佚名《中兴两朝圣政》卷21，（宋）周应合《景定建康志》卷14，（宋）马端临《文献通考》卷87，（元）佚名《宋史全文》卷20上，（清）陈梦雷《古今图书集成·经济汇编·食货典》卷25。

② （明）陈桱：《通鉴续编》卷15，又见（元）托托《宋史》卷28《高宗纪》，（明）陈邦瞻《宋史纪事本末》卷16，（清）陈梦雷《古今图书集成·明伦汇编·皇极典》卷97。

③ 《宋会要辑稿》兵一八。

④ （元）佚名：《宋史全文》卷21上。

⑤ （清）阎镇珩：《六典通考》卷31。

⑥ 嘉靖《维扬志》卷7。

金人已退两淮皆定奏 绍兴三十一年

金人已退,两淮皆定。①

论屯盱眙楚泗以扼涡颍奏 绍兴三十二年

三国以后,自北归南,未有不由清河、涡口两道以舟运粮。盖淮北广衍,粮舟不出于淮,则惧清野无所得,有坐困之势。于是东屯盱眙、楚泗,以扼涡颍,大兵进临,声势连接,人心毕归,精兵可集。②

劾都遇奏 绍兴三十二年

其性不疏通,凡本司行事,不即禀承,致归正人各生怨望。③

请两淮沿边清野马草札子 隆兴元年九月十四日

欲行下两淮县清野马草,唐、邓、信阳沿边一带依此措置。④

官兵因战致残许令子弟亲戚承袭奏 隆兴元年

官兵因战斗重伤废疾,不堪披带之人,望许令子弟亲戚承袭。⑤

宣抚司结局推恩有功官吏奏 隆兴元年

宣抚司结局,所有得力官吏,今作优平两等申奏,量与减磨勘推恩。⑥

乞贬张训通奏 隆兴元年

宿州之役初非战败,而统制官等无故引归。殿前司统制官张训通

---

① (宋)徐自明:《宋宰辅编年录》卷16。
② 光绪《盱眙县志稿》卷16。
③ 《宋会要辑稿》职官七一。
④ 《宋会要辑稿》兵二九,又见(明)解缙等《永乐大典》卷14464。
⑤ (元)佚名:《宋史全文》卷24上。
⑥ 《宋会要辑稿》兵一九。

系军马入城之际，先次一面引归。欲望酌情定罪，明赐贬降。①

乞招诱沿淮庄农耕作奏　　隆兴元年

楚州并涟水军接海州界，多有淮北及山东庄农将带老幼或牛具散在沿淮。欲从朝廷委自两淮帅臣行下所部州军，责令知县、县令多方措置，招诱耕作。若能招及三百户，知县、县令除到任任满赏外，与转一官，知通减半。若过此数，并与满赏。②

请察主和之人包藏祸心疏　　隆兴元年

自昔议和之臣始以怯懦误国，全身保家，其终不至于降，盖有草降表以待用而阴图其富贵者矣，不可不察。③

劾尹机奏　　隆兴元年

用意怀私，措置乖谬，大失士心，以致离散。④

言向子固之功奏　　隆兴元年

招降到莆察徒穆一行，兵屯扬州，子固弹压抚循，各有条理。⑤

论济大事以人心为本

济大事者以人心为本。人心不固，虽坚城百雉，不能守也。⑥

言帝王之学奏

臣闻帝王之学以治心修性为主。心本至静，因欲而动。欲不必邪欲，凡有外慕，皆欲也。性本至善，因习以成。欺伪既生，遂拂天理。是知

---

① （宋）洪适：《盘洲集》卷48。
② （元）佚名：《宋史全文》卷24上。
③ （元）佚名：《宋史全文》卷24上。
④ 《宋会要辑稿》职官七一。
⑤ 《宋会要辑稿》选举三四。
⑥ （明）程开祜：《筹辽硕画》卷23。

治乱在己，德成于上，化行于下。凡所施设，莫不感格天人，大治之效，其应必矣。帝王以天为宗，以礼为门，以敬为辅。心敬则畏天，如天之常在左右上下，诚自此立，治自此出，卓乎后世不可及也。①

寿春县升府札子

欲将寿春县改为寿春府，以淮北寿春府为下蔡县，仍隶焉。其安丰军却合改作县，使隶寿春府。

古寿春在淮南，自周世宗攻刘仁瞻于此，恶其险，遂徙寿州治于淮北下蔡。是安丰即古寿州地。②

巢湖为兵家之要论

武侯谓曹操四越巢湖不成者，巢湖之水南通大江③，濡须正扼其冲，东西两关又从而辅翼之，馈舟难通，故虽有十万之师，未能寇大江也。④

论鄂州为形势之要

鄂州城东通武昌樊口，昔孙权移（欲）都武昌，以拒魏师，（盖）渡江而西，接连川陕中原，声援络绎可通（耳）。⑤

诱刘豫手榜

刘豫本以书生，被遇太上皇帝，曾居言路。主上嗣极，擢守乡郡。当山东之要冲，任济南之委寄，眷礼殊厚，责望至深。俄闻率众以请降，旋乃失身而据位。谅亦迫于畏死，姑务偷生。如能诱致金人，使之疲弊，精兵健马，渐次消磨，兹诚报国之良图，亦尔为臣之后效。更须爱惜民

---

① （明）杨士奇等：《历代名臣奏议》卷8。
② （宋）祝穆：《方舆胜览》卷48。
③ （清）陈梦雷：《古今图书集成·方舆汇编·山川典》卷280作"巢湖之水上通焦湖"，雍正铜活字本，第2页b；（清）许鸿磐：《方舆考证》卷50作"巢河之水上通巢湖"，清济宁潘氏华鉴阁本，第11页a。
④ （清）顾祖禹：《读史方舆纪要》卷19，又见（清）陈梦雷《古今图书集成·方舆汇编·山川典》卷280、职方典卷826，嘉庆《庐州府志》卷22，（清）许鸿磐《方舆考证》卷50。
⑤ （宋）王应麟：《通鉴地理通释》卷12，又见（清）顾祖禹《读史方舆纪要》卷76。

力,勿使伤残。傥或永怀异心,自致显戮,岂惟皇天后土有所不容,抑恐义士忠臣终怀愤疾。①

与吕颐浩约起义兵书

天子幽禁②,望日为岁,正待命人来会。适获寓书见知,实皇上之洪福也。且阁下忠义素著,军民仰张③,若号令一出,苗、傅等不足戮矣。幸以此举为急,勿使内贼知风,得以从容行事也。谨依日期征进,不宣。④

与谢参政帖

浚再拜:曩以急于禄养,未及尽心于学。兹缘罢退,初欲托庇三衢,庶有承教之便。比又恭领处分,俾居福唐。失此依赖,殊用慊然。差人种种,悉荷留意,尤所感激。浚再拜。⑤

与刘共父书

某再启:辱问勤至,孜孜以远业为事,良欣叹也。请试道所闻。学以静入,惟静则明。行以礼始,由礼则正。二者对治法耳。古之君子未有不汲汲于此而于道有见也,公其勉之。异时诚一持久,道力内充,小而耳目声色之娱,大而死生利害之变皆不足以动吾志,然后能有所建立于天地间。此圣贤之心法也。某再启。⑥

与屏山刘公书

无他用心,惟静默体道,卒究圣人心法。⑦

---

① (宋)朱熹:《晦庵集》卷95下《张浚行状》,又见(宋)李心传《建炎以来系年要录》卷117,(宋)熊克《宋中兴纪事本末》卷42。
② 天:原作"在",据又见改。
③ 张:又见作"服"。
④ (宋)熊大木:《大宋中兴通俗演义》卷3,又见(明)邹元标《武穆精忠传》卷3,(明)于华玉《岳武穆尽忠报国传》卷3。
⑤ (宋)朱熹:《晦庵集》卷83《书张魏公与谢参政帖》。
⑥ (宋)刘应李:《新编事文类聚翰墨全书》卷2。
⑦ (宋)张浚:《紫岩易传》卷末张献之跋。

答淡庵胡公书

杜门亦惟圣贤之道是求。夫求而得之者，其在是矣。①

喻左言等蜡丸书

不得惊动三宫圣驾。②

留意圣学帖

留意圣贤之学，爱养精神，使清明在身，自然读书有见处。以之正身正家，而事业从此兴矣。③

题紫岩易传第二稿

此本改正处极多。绍兴戊寅四月六日，某书。④

御赐砚题记　绍兴五年二月一日

绍兴五年二月一日宣赐，臣张浚谨书。⑤

复辟记

二凶得臣手书，立具札子，乞诛臣以令天下，朱胜非力沮之。见其狂悖已甚，恐生他变，迟之七日，始有郴州之命。⑥

丁巳潇湘录

浚奉使川陕日奏，上曰："陕西士马彫弊，势非五年之后不可大举。"

---

① （宋）张浚：《紫岩易传》卷末张献之跋。
② （宋）佚名：《中兴两朝圣政》卷四，又见（元）佚名《宋史全文》卷17上，（明）陈仁锡《八编类纂》卷270。
③ （宋）魏了翁：《鹤山集》卷61《跋张魏公帖》，又见（明）黄宗羲等《宋元学案》卷44。
④ （宋）张浚：《紫岩易传》卷末张献之跋。
⑤ （明）祝允明：《怀星堂集》卷9。
⑥ （宋）熊克：《宋中兴纪事本末》卷8下。

既上往会稽,贼乘隙侵陵,海道之行危甚。后虽退师,而伪四太子者犹于淮西驻军。浚与参议刘子羽议曰:"今度虏势,必再犯江南。倪事有不意,为天下后世罪人矣。势当传檄举兵,以为牵制。"子羽曰:"相公不记临行天语乎?此兵非五年训练,安可轻用。"浚曰:"事有不可一拘者。假令万有一前日海道之行变生不测,吾侪奈何?虽欲复归陕西,号令诸将,其可得乎?"子羽之议遂塞。此事外人不及知,多诮浚轻举,且归罪子羽为多,天实鉴之也。①

枢密使解罢始末辨

仁庙欲用狄青作枢使,庞相云:"高若讷无罪,何可罢!"仁庙色颇厉云:"若讷除观文殿学士留经筵,即今行出!"乃召当制舍人就殿廊草词。此时枢使罢,已不宣麻。其后有宣麻者,自是旧相并带节相者耳。吕惠穆当时最号助王介甫者,《裕录》并介甫《日录》可考也。其罢政知太原,似是避文潞公之归耳。②

礼部集句

天边欲举,曾无俟于借资。③

四益铭

无益之言勿听,无益之事勿为,无益之文勿观,无益之友勿亲。④

(明)先著《之溪老生集》

张南村先生传

张南村名惚,字僧持。父兴公先生琪以名宿教授里中,多达材弟子。

---

① (宋)熊克:《宋中兴纪事本末》卷14。
② (宋)李焘:《续资治通鉴长编》卷213。
③ (明)程良孺:《茹古略集》卷8。
④ (清)陈梦雷:《古今图书集成·历象汇编·历法典》卷132,又见(清)宫梦仁《读书纪数略》卷24。

南村幼为诗，出语每不犹人。父友纪竺远一见其诗，称之曰气清，再则曰骨清，曰神清。已而目属之曰："子必将以诗名江左矣。"入应天学，用才名交游贤俊，治古文辞，专力于诗。家世奉佛，南村胎性不纳荤血。初犹食蟹，年八岁，父将携之见博山禅师，前一夕，南村方持蟹，父见之，警曰："儿将见博师，可食此乎？"南村闻言，即置不食，自是蟹胥悉断除。杖人在天界，南村亲近最久，东南古锥宿德，礼谒殆遍，以故生平多方外交，斋盂粥钵，宛然头陀，踪迹恒在僧寺中，或经年累月不返。少学《易》于中丞集生余公，余公戍武林，从之。武林西泠，其所熟游，故吴越往来尤数。而苕霅间故人闻其至，每争延之。癖好山水，不惮险远，必往游。其游有章程要领，或独游，或携一童子。涂遇樵人禅客，即为伴侣。穷幽造深，饮泉摘果，即忘饥渴。于五岳则陟嵩岱，犹以不能遍历衡华为恨。若武夷、匡庐、九子、黄山、天台、雁荡诸山，所至削木柿为记，采树叶题诗以为常。南村为人坦夷近情，不为矫激之言，不为崖异之行。取受从心，否塞任运，尤不以礼数恩义责望人。与人处，尤能寡怨忘隙。乍见或轻忽之，稍久，必亲而敬焉。有屋数椽，不蔽风雨，家人恒至乏食。垢衣敝幞游士大夫间，举止迂野可爱。形体短小，虽老，精神可敌壮夫。遇良宴会，能通夜不眠，啸咏达旦。不择地而处，不择食而食，不择榻而寝。投足之所，即甚湫隘嚣杂，他人扫除未竟，视南村已展卷矣。口腹之奉不过盐豉菽乳，就枕即熟睡，无辗转不寐之时。盖胸无机事，不以美恶撄心，能致然耳。尝远游，遇胠箧者再，中途几不能成归。人或怪其无恨色，曰："失者偿之，义也，又何问焉。"除夕自外返，去其家不远，止宿逆旅主人。次日日晡，始缓步而归，其性情安雅如此。群居未尝与人争，至论诗，辄相持不下。宋诗行，虽贵卿巨子前，亦厉词折之。其论诗，不逞才，不使事，不染叫号，不涉怨诽。其宗旨也，自以襄阳、摩诘为师，于古歌行换韵大篇暨古体千数百言铺陈开阖、局力宏富者，乃不谓善。自少至老，主此论不变。虽所见未尽然，亦可谓笃于自守者矣。南村称诗五十年，远近之人亦以诗归之。生乡名人王穆如、顾与治之后，与同时诸人并立可指数，终竟如纪叟之言。岁甲戌，年七十有六，夏得脾疾，治之寻愈。至冬复作，遂不起。子二，元子筠，正子淳。元子亦受诗，可不坠其声。予自僦居郭南，望衡密迩，相得甚欢。酒阑灯烬，每有知己之言，欲以身后为托。今不可作矣，世复安得和易素心、风雅不倦如斯人者乎。赞曰：策杖而去，裹粮而游。遇少倦而且休，至佳处而辄留。把酒而歌，执卷而吟。悠悠乎王孟之音，有形神而无古今。不忤于世，不剡于天，可独可群，亦儒亦禅。束身止一棺，而遗文乃有千数百篇。称之为诗人，奚愧焉！张山来曰：予慕南村久，一旦迁甫为介，得以把臂入林。今读此，不胜人琴之感。①

黄仪逋诗序

弃诸生，游山左，就所亲，赠以十数金，与一骑。归途任骑所之，不知问南北。道既左，乃思别就一人，遂游晋。至遽欲归，其人曰："吾廨旁故府昔时园阯存焉，启扉可入。"入则有楼五楹，椎落扃鐍，贮书数千卷，大喜曰："吾不归矣。"坐卧楼中者三年，尽读其书。值任解，始资之南归，且转属之泰州。时往来郡城，狂酒自豪，乘醉为诗，击节悲歌泣视，觉天地之狭而日月之促。平山崔莲生为太守，继为运使，招之，亦未尝往。海阳查二瞻鹭字于江都，善仪逋，多客其所。会查死，去游上海，病死濡须。朱端庄伯教授苏州，举其榇葬之半塘寺后。俞师岩诗有"独惜孟光坟墓远，隔江愁绿锁眉痕"之句。读其诗，胸中别有物在，非漫然之酒人词客也。仪逋名逵，山阴人。②

赠徐鸣九③

谁向词场追大雅，如今孺子人中杰。④

---

① （清）张潮：《虞初新志》卷16。
② 杨钟羲：《雪桥诗话三集》卷1。
③ 按，《志》云，"徐鹏字鸣九，癸未进士。性至孝，以母疾，精通医理。或劝之仕，母辄不乐，因绝意仕进，侍奉双亲，躬营菽水，终身不倦。工诗古文词，先迁甫曾赠句云"，第21页b。（清）夏荃：《退庵笔记》卷11云："黄逵字仪逋，浙之山阴人。（中略）没后常洲顾南原哀其遗诗，得百八十七首，厘为三卷。真州项淡斋读而爱之，梓以行世，泸州先著为之序。"清抄本，第205页。
④ 乾隆《江宁新志》卷17。

存目

江村唱和诗①

夕字唱和诗②

仪真高氏族谱序③

(明)李长祥《天问阁集》

秋怀

江上烽烟正暮秋，石城凉雨入高楼。金山云暗天方醉，沧海星飞水自流。白下露催园菊老，红桥风送井梧愁。老夫起舞恒通夕，不待荒鸡已白头。④

秋怀

寂寞悲风又送秋，每来枫叶到船头。巫山水落云应去，沧海星高月独流。处处黄催园菊老，家家绿坠井梧愁。徘徊江口衣裳湿，惆怅江蓠芳满洲。⑤

送陆无文归扬州

方遇娄水东，忽又维扬去。长江六月秋，孤舟凉何处。道里五百余，因风可迅至。嗟君空囊归，徒然劳行路。维扬繁华地，高人名不著。君应静者流，良朋几相晤。大雅久沦丧，吾应贵砥柱。烂漫如流星，大明何所与。维扬有平山，黄河如相御。到海自澄清，君去几行步。予曾交

---

① (清)张贞：《杞田集》卷2《江村唱和诗序》，《序》云："康熙丁丑，渔村游闽海归，道出维扬，遇故人周屺公、洪去芜、先迁甫，邀往江村，相与杯酒流连，歌吟互答，极倾倒之乐。群居数日，得诗若干首，(中略)渔村抵里，出其卷轴属余为序。"

② 乾隆《江南通志》卷194，题下注："江宁张樬、先著、徐时盛。"

③ (清)梅文鼎：《绩学堂诗文抄·文抄》卷3《仪真高氏族谱序》，《序》云"吾盖读仪真高氏之谱及泸州先迁甫之所为叙"云云。

④ (清)陈田：《明诗纪事·辛笺》卷19下。

⑤ 费经虞撰、费密补撰：《剑阁芳华集》。

同人，数载悲霜露。为言卷怀人，娄东日回顾。①

池

一水一方绿，时时况在前。已贪清到目，不觉旷于田。所见兼飞者，其荒则草边。蛟龙莫不有，云雨定从天。②

野池秋夜

积水连荒草，空明皓月悬。已知清似镜，不觉旷于田。哪有潜龙蛰，应无涸鲋怜。一方河汉影，永夜落尊前。③

风井

大道风寒忽觉秋，原来一井此深幽。别疑雷雨盘旋远，应有源头混沌留。破碎黄舆元气在，枯干泉水石龙游。停车几欲填平去，袖过丸泥且放休。④

赠杜于皇⑤

五言诗入圣⑥

上梁宗伯书评

昔人论太白诗不经意处景物俱在天外，吾于此才亦云。⑦

---

① 费经虞撰、费密补撰：《剑阁芳华集》。
② 费经虞撰、费密补撰：《剑阁芳华集》。
③ 民国《达县志》卷末《诗存》。
④ 道光《新化县志》卷32《艺文》。
⑤ （清）何絜：《晴江阁集》卷29《杂著·萧灵曦游二山诗跋》云："五言律今四方盖多称杜子于皇云，'李研斋赠言常有"五言诗入圣"之句。余读其游三山诸咏，清苍高削，足令三山增重。知言哉，研斋也。'"康熙刻增修本，第14页a。
⑥ （清）何絜：《晴江阁集》卷29《杂著·萧灵曦游二山诗跋》引。
⑦ （清）储方庆：《储遯庵文集》卷1。

诗家二集序评

小品每矜贵，可谓惜墨如金。①

与梁芝三书评

酸楚中不失地步。②

与张坦公书评

写遭遇艰苦，民物凋瘵后，折入创修文庙一事，不照应中大照应。非大作手，那能着笔？③

重修门东禅院疏评

至情不朽之文。④

昌谷诗注自序评

悲天悯人，千古诗人同此难言之隐，安得夔湖先生现恒河沙数，身为之评注也。读书苦心，爱才至诚，凡有识者俱当感泣下拜。⑤

又

古人著书作诗皆必有故，皆必有不得已之故，故曰诗须有为。自非后人不得其所为，不得其不得已之故而漫为评注，如隔靴搔痒，于人痛痒漠不相关。又如王方平见麻姑鸟爪，思其杷背，愈增养养。昌谷如幽泉咽石，鸣激不申。如秋螿凄寒，苦涩不畅。心知其有为，心知其有不得已之故，自不能言其所以然，今日乃搔着痒处。⑥

---

① （清）戴明说：《定园文集》。
② （清）戴明说：《定园文集》。
③ （清）戴明说：《定园文集》。
④ （清）戴明说：《定园文集》。
⑤ （清）姚文燮：《无异堂文集》卷1。
⑥ （清）姚文燮：《无异堂文集》卷1。

寿河南司李张韫嶙序评

经术似西汉，其论泽本于刚与明，尤为有关世道。①

武陵杨太傅公诗集序评

文字来得大，气色开霁，规模宏远。其叙事或入或出，或无端提起，或一意奔放，变变化化，尽法之妙。当今古文②，又有桐城一家矣。③

浴云溪草序评

纯以风味胜，读之如琴瑟之音，不能去心也。④

临安府重修尊经阁碑记评

此古文大题，王阳明先生有此文，后人谓朱程所欲为而不能者，余犹不满于此。值常州府阁成，余作记，似有微长。又作《六经论》，与阳明先生此题相发明。读此文又一作法，大约郑重如题也。⑤

开化府志序评

大文字。⑥

农具记评

文字有经有纬，虽极考核极典古，极长极奥，使人读之，自有线路可寻。

文字碎而愈朴。□鸣夏云，于琐屑处见奇古，于粗俗处见精详。是注《尔雅》之才，记《考工》之法。⑦

---

① （清）姚文燮：《无异堂文集》卷3。
② 今古：原作"古今"，据文意乙。
③ （清）姚文燮：《无异堂文集》卷5。
④ （清）姚文燮：《无异堂文集》卷5。
⑤ （清）姚文燮：《无异堂文集》卷7。
⑥ （清）姚文燮：《无异堂文集》卷9。
⑦ （清）陈玉璂：《农具记》。

民视民听论评

《民视民听论》极有法，又极纵，极纵，又极入，允难在江海之文，浩浩万里而不妨于清秋之澄霁也。

以司马长卿、贾长沙之文兼之宋儒之理，雄视一代，未易就也。①

辨萧何与尉陀匿韩信少子事

何与尉陀及尉陀使者俱不敢匿信少子。②

辨秦良玉之诬

陆逊之按诸营，良玉冠带，设佩刀出见。酒数巡，逊之与论兵事，误曳其袖，良玉引佩刀自断之，严肃若此。③

西湖梦寻序

甲申三月，一梦蹊跷。三十年来若魇若呓，未得即醒，旁人且将升屋唤之，犹恐魂之不返，何暇寻梦中所有，且寻昔日梦中所有哉。张陶庵见西湖残破，而思蘧榻于徐，惟旧梦是保，自谓计之得矣。吾谓陶庵惟知旧梦而不知新梦。论旧梦者曰，梦必有想，梦必有因。故无想无因，未尝梦乘车入鼠穴，捣齑啖铁杵。若新梦则不然，淳于芬梦入南柯，则身历蚁穴。幻人能吞刀吐火，则口燃钢锋。卫玠之论想论因，反落肤浅之见矣。昔王荆公与东坡论扬子云投阁为史臣之妄，《剧秦美新》之作亦为后人所诬。东坡曰："轼亦疑一事。"荆公曰："何事？"东坡曰："不知东汉果有子云否？"余见陶庵所说之西湖与近日所见之西湖毫无足据，亦谓明季时果有西湖否？且谓明季时西湖中果有张陶庵否？识得明季时未必有西湖，方可与寻西湖。识得明季时西湖中未必有陶庵，方可与读陶庵西湖之梦寻。古夔旧史李长祥书。④

---

① （清）程康庄：《自课堂集》。
② （清）董以宁：《正谊堂诗文集·文集·韩嗣辨》引。
③ （清）汪师韩：《韩门缀学》卷5《秦良玉》。
④ （明）张岱：《西湖梦寻》卷首。

鲁游草序

李供奉蜀人也，蜀山水之奇，供奉诗不及焉。杜工部在蜀，亦惟瞿唐、剑阁有诗耳。以峨眉之奇而工部不及焉，供奉则有峨眉诗，然仅一绝句。其游山东也，有泰山诗五首，而孔庙不及焉，工部则俱及。其在任城，止《望岳》一首耳。古之人于诗，其思力之所至则为之。其不为者，想亦其思力有所未至也。尔止先生游山东，尽览泰山孔庙之胜，无不有诗。予访之哺雏轩，出以示予。予怀归，得读竟日，大抵爽爽朗朗，不烦钩索，自然工妙。然则其思与力殆有过于古之人者耶？楚人杜于皇与予言诗最洽，因并读尔止诗，各为之序。盖天下之知尔止者以诗，知尔止之诗者不止于此，而读此诗者亦可以知尔止矣。①

无异堂文集序

近世海内古文名家钱虞山以外，则归德侯朝宗，南昌王于一，粤西谢石臞，长洲汪苕文，与毗陵四家：董文友、龚介眉、周讦士、陈赓明。虞山之文余不敢言之，归德当荆棘之日，忽有萌芽。粤西则绝林之干，盖以才胜者与，故余乐与言文。自是南昌、长洲、毗陵遂得各见面目。朝宗既没，于一、石臞、文友、讦士又相继死，海内惟苕文、介眉、赓明三子耳。苕文自顾显者，赓明亦成进士去，其与余言文者，一介眉耳。余出吴，介眉孤立，余亦无羽翼。今桐城姚经三以古文一册授余，余读之，曰，是亦以才胜者与。粤西之后，又有此哉。古文之著者在西汉，西汉文之著在太史公，太史公文之著在《史记》。王弇洲曰，使太史公在今日，亦不能成《史记》矣。盖以今之日，其取材之不及往古也。他惟《汉书》。《汉书》取材只本朝五世，《史记》自黄帝始，讫于汉武帝，司马贞谓先据《左氏》《国语》《系本》《战国策》《楚汉春秋》诸子之书，宋中郎裴骃亦谓太史公涉猎者广博，贯穿经传，驰骋古今，上下数千载，成一家言。乃其书不过百三十卷，《汉书》则数十百倍于司马之多，岂上下数千载之材不及汉兴之五世？盖司马善简，班固善繁，其才异也。无司马之才，不能于上下数千载之间简之而成《史记》。无班固之才，不能

---

① （明）方文《嵞山集·续集·鲁游草》卷首。

于汉五世之间繁之而成《汉书》。而无上下数千载之材，虽以司马迁之才不能成《史记》。无汉五世之材，虽以班固之才不能成《汉书》。故近世之论文者谓太史公为古今大织手，班固为古今大染色。何以织之？有以织之矣。何以染之？有以染之矣。明乎才与学之相待也。故余常谓作者之不得以其才傲学，亦不得以其学傲才，则作者之当然也。若唐若宋，若前朝一代之材俱在，西汉以前六经之文、诸子百家之文又俱在，况世积之文，其书日多，九塞九渊九薮以内，六木八殣，八泽八弦，天地之变出奇，莫可闭，而人事错磨，君相鼓新，其材之为文人之取之者正无穷也。不则在才人能变化之，使瓦缶之器等于宝玉，然难已。故余惜粤西早死，而未竟其才与学也。今乃见经三，读其文凭空虚涌出，如几千里之鹏徙于南溟者九万里，其视他家，不啻蜩莺鸠蟪蛄斥鷃，不足以语于怒飞之翼，是以才傲也。然其《南诏》诸文文彩彬彬，自能不没，所谓变化之，使瓦缶之器等于宝玉者，是以学用才也。夫对学者当言才，以才用学即以才见学。对才人当言学，以学用才即以学见才。经三之在诸家，不又以才学兼胜者也。故吾于奔洲、司马贞、裴骃之言信太史公之文，而于上下数千载、汉五世之间信司马迁、班固之所以文。吾今之得与言文者，今又在桐城与。①

贺毛凤彩寿序

公之治华阳，以牧民之官为横戈之士。其最奇者，以民兵两著之绩为祸福倚伏之门也。盖华阳为成都附郭，成都为吾蜀会城。公于会城六载，俱当流贼窥伺之年，节钺公或秦关，或楚隘，或要害失守，退保会城，亦复启纛于外，而会城内之当锋受敌者，公必身任之，群公亦必推重于公。公因县令兼风纪，风纪兼将帅，几自忘其为县令。而会城内之厚恃者，亦但知有县令，不复知有风纪，不更知有将帅也。任事最奇，立功亦最奇，发忌最奇，取祸亦最奇，公于是殆矣。孔子曰："斯民也，三代之直道而行者也。"夫使群公尽如斯民之直，亦何致以任事发忌，以立功求祸，致吾蜀之不得利赖于公乎？今公居林下有年，酒杯书卷，骥

---

① （清）姚文燮：《无异堂文集》卷首。

子麟孙，目见耳闻，几不复知有变乱也，兹非其福欤？①

记石

笔墨之华不如草木，心思之变不及云霞。然守之须臾，凋落涣散，耳目之所有，无复故时矣。其质之无有也若此。岂特质之云，又坚焉。惟坚也故朴，惟朴故其文之所以然，如元气之含于胎息，毛发之理无遗而完固不泄。然精灵之聚混于土泥，非有以特识之，则圬者袭之，儿童弹焉，又不如云霞之变，草木之华，贵之一时之为快矣。②

夏老姑传③

夏氏老姑，州人也。父子霄，万历间明经生。姑夏氏远祖江南英山人，元末因避乱之蜀。其后或在璧山，或在江津，或在涪，而涪为盛，世世以科名显，为涪望族。涪之人思结婚姻，必曰夏氏。子霄生三女，姑幼。及年十五，议娶妇者数求姑，子霄正为姑卜，姑忽忆女子以貌事人者也，人之情何限，貌不终善，其意中道而变之者多矣。吾不幸为女子，女子必事人，吾不愿也。于是屏膏沐，反缔丝为布，一身无所饰。父母大惊异，姑前告之以其故，则曲与劝止。姑志已定，无可如何，各流涕痛怜，随之矣。久之，年渐长，家之人无所呼，呼为老姑。姑好读书，与诸兄辨析古今，有卓识，诸兄多逊服。而性严峻，常绳上下以礼，家之人皆惮之。或群聚僻处燕笑，影见姑，亟曰："老姑来矣！"皆散去。有喜女者，不知其何姓氏，姑婢也，与姑少长等。夏氏世世科名贵显，诸兄又有贵者，家婢左右侍立。姑皆不役，独役喜女，以喜女坚忍，能附姑者也。役之久，亦不欲妻人，竟与姑愿终寡。姑亦深任之，卒与姑终寡以死。姑以女子守三十年死，喜女亦竟以女子与姑守。姑死，喜女哭三年自尽。涪之人至今称述其事，父老犹歔欷出涕，以为老姑之役喜女也，识喜女也，故卒得喜女也，能终始也。喜女之终始老姑也，识老

---

① 民国《寿昌县志》卷1。
② （清）纪映钟：《石谱·序》引。
③ 康熙《重庆府涪州志》卷3《烈女》云："夏子霄女，自幼不字，喜读书，屏膏泽，家人呼为老姑。年40卒，李长祥为之列传。今有墓碑记在韩市。"康熙五十四年刻本，第10页a。

姑也，其役于老姑也，不苟役也①。日常出汲，老姑盖不仆役，故喜女出汲。一日出汲，将抵家，有男子噪渴奔来，乍吸其水。饮讫，喜女倾之。其人曰："何为然？"曰："吾此水以供吾老姑者也。公男子，吸之，吾不忍以余供姑也。"其人愧谢，过见之者莫不相顾叹息不已。喜女于是复往水处汲之返焉。

李长祥曰：先老姑之世，有女夏氏适张氏子庠生诩。诩早死，夏氏年二十，无子。或劝之再归，夏氏不言，但默告之诩神主，家人不识其何故。亡何，引刀断其左耳矣。夏氏解学画，以诩故欲得其形貌，画成追思，仿佛画之似，即毁去笔墨，不复画。自是饮食坐寝必在诩影前，器必双。葬诩时，即估双茔。如是者二十年，死遂同穴。考之则老姑之姑也。姑之去世旋踵耳，又老姑出焉，夏氏之女子何不幸哉！何幸哉！呜呼悲夫！②

袁孝子骏母传

母之节有华于其言，人多乐为之，诚有若然矣。③

（清）张问安《亥白诗草》

抵成都

眼明城郭枕江开，嘉树青葱绝点埃。小市人家饶水竹，长桥灯火见楼台。山从井络云中尽，人自蛟龙窟里来。谁信半生诗酒客，船窗两月罢衔杯。

参天峡石郁崒嵬，盛夏滩流逐渐过。直与波涛争性命，可堪岁月老关河。艰难涉世身何补，辛苦还家鬓已皤。从此稻花香影里，未妨高枕卧烟萝。④

---

① 苟：原作"敬"，据乾隆《涪州志》艺文志卷11改。
② 康熙《重庆府涪州志》卷4，又见乾隆《涪州志》艺文志卷11。
③ （清）何絜：《晴江阁集》卷18《霜哺篇目录序》引。
④ 嘉庆《成都县志》卷4，又见（清）王培荀《听雨楼随笔》卷2，同治《重修成都县志》卷10。

朝天关

我行忽永久，日暮倦行李。履险苦已烦，望舍恋休止。昨闻嘉陵江，烟棹犹可理。风便益昌郭，百里芹帆耳。连天走飞龙，雨气暗江泛。万壑想奔腾，汍澜去何已。登舆破清晓，复此青山里。沉沉阴霾重，磴磴烟云委。盘盘到高巅，朗朗关门启。峡壁斗阴森，狭隘仅容苇。俯视一线江，蜿蜒行地底。短垣护马足，栈石补倾圮。缪公昔司臬，于此辟荆杞。作使万夫众，治险平如砥。浩荡指巴渠，极目穷万里。慷慨一登楼，叠叠云山起。①

梓州草堂春晚杂吟

竹西邻古寺，屋角枕潼江。春静人来少，庭闲鸟下双。好花都贴石，高树恰当窗。可惜无清兴，深吟拨玉缸。边笥何妨唾，侯芭问字回。轻衫浓翠染，一巷晚风开。各抱凌云志，须成吐凤才。邻钟微动后，灯影隔池来。②

《堁象图》跋

此《堁象图》也。予考元处士吴云溪集中有此图，尺度一一悉合，并云有徽宗"希世有"印，则是其集所载者无疑矣。况又有云溪老人之朱文印，尤可证也。且楮墨若近千载，古光盎然，运笔如空际游丝，缥缈若仙神，致使人有不能学而至者如此，非僧繇奚能为？未审卷内危太朴与东皋退叟之跋尚不及细考徽宗"希世有"印，遂以舜举一印，即指为钱进士之笔，盖失考矣。卷内有徽宗真印及宋人印，安得元画而有宋宣庙鉴赏哉。则舜举一印是其鉴赏者耳，非所画也。予幸得观《云溪集》，以证其误，并考僧繇之有举据，何快如之！嘉庆丙辰九月十三日，为寿民先生题。亥白张问安。③

---

① 道光《保宁府志》卷61。
② 民国《三台县志》卷23、26。
③ （清）端方：《壬寅销夏录》，又见（清）方浚颐《梦园书画录》卷1。

题王浩《泷州》诗

王畦学浩游粤诗极富，直入古人堂奥。余最喜其《泷州》一诗云："牧童撑船竹一根，隔江沽酒清篱门。水流篙软不得拄，失手流去谁家村。"真天籁也。①

（清）李调元《童山集》②

李调元晚年曾亲手将其诗文编定为《童山诗集》42卷，《童山文集》20卷，但这远不是他的全部作品，尚有《蠢翁词》2卷，《童山文集补遗》1卷，《童山续集》1卷，《看云楼集》22卷，《粤东皇华集》4卷，《五代花月》1卷，《游峨诗草》1卷，《童山选集》12卷，以及《听秋楼诗集》③、《走街吟》、《出口小艹》、《东巡扈从集》、《大饱山房集》、《考功集》、《浣壁吟删稿》等。④ 除最后的7种外，其他尚存。其中《蠢翁词》、《童山文集补遗》、《五代花月》（含诗23首）均为《童山诗集》《童山文集》所未收，《看云楼集》《粤东皇华集》《游峨诗草》《童山选集》中二集所未收之诗分别为420、105、27、40首。除了这些结集的作品外，尚有不少集外诗文散见于群籍中，如《雨村诗话》《清脾录》《出口程记》《东华笔话集》《韩客巾衍集》《燕行录全集》《粤东古学观海集》《函海》所刻各书序跋及各种方志等，迄今未作过系统搜集整理。兹将近年遍查群书、广罗所得公之于世，以供李调元研究者、爱好者参考。凡已结集刊行而《童山诗集》《童山文集》所未收者将另行整理，不在此列。需要说明的是，部分诗文原无标题，笔者据内容拟加，以便载录。

---

① （清）法式善：《梧门诗话》卷7。
② 本部分内容原载《蜀学》第20辑，巴蜀书社2022年版。
③ （清）汤大奎：《炙砚琐谈》卷下云："罗江李羹堂调元观察诗才敏赡，著有《听秋楼诗集》，纵横跌宕，见赏于钱香树尚书。"乾隆五十七年赵怀玉亦有生斋刻本，第19页a。
④ 韩东：《李调元集外书札考释》引李调元与柳琴书，《宁波大学学报》（人文科学版）2016年第1期。

宿元圣宫

寺当火后花仍放，山入春来草自荣。惟有大椿枯卧后，更无消息望重生。①

题禅堂山水画

细雨勾留驻此间，禅堂心与白云闲。兴州中外朝阳洞，试问何如画春山。②

题朝阳洞

怪石嶙峋下，朝阳洞共传。门高常见日，树密不遮天。卧佛须眉古，飞仙羽扇还。年深人罕到，时有声声圆。③

毛金大岭

曲折峰头下，浓云拨不开。却从平地看，始觉自天来。花满千山雪，泉奔万壑雷。非言同叱驭，马首正东回。④

赠别柳琴

有客飞来过海车，玄谈天外乍逢初。自言不学张津老，绛帕蒙头读道书。⑤

长衫广袖九街喧，避慵多蒙暂驻轩。他日寄书传小阮，有诗付雁与吾看。

天寒风劲扑窗纱，住客论心细煮茶。日暮旼怀留不得，惟将明月托天涯。⑥

---

① （清）李调元：《出口程记》，美国国会图书馆藏乾隆四十九年刊《函海》第20集。
② （清）李调元：《出口程记》，美国国会图书馆藏乾隆四十九年刊《函海》第20集。
③ （清）李调元：《出口程记》，美国国会图书馆藏乾隆四十九年刊《函海》第20集。
④ （清）李调元：《出口程记》，美国国会图书馆藏乾隆四十九年刊《函海》第20集。
⑤ 几何主人，公自号也。喜天文勾股之学，故云耳。
⑥ （朝鲜）李德懋：《清脾录》卷2《李雨村》。

黄鹤楼

徒闻帝子骑黄鹄,不见仙人跨白羊。①

汉口远眺

祢衡才子当衰崔颢词,汉人压盛唐。②

奉和芷塘

乾坤老客花光里,今古来人柳影中。
蚁垤种菰棚滴翠,蜂粮捣药杵扬尘。
献书莫似妄男子,作赋便同无是公。③

辛卯北上题河南清化镇壁

人家团芦色,客路尽芦声。④

和胡尚书访张三丰

屡宿祥符缘有定,误书成化过谁分?⑤

红蓼小集即席分韵得三字

怀人冬正孟,爱客径开三。有婿玉初琢,诸君青出蓝。傲霜吾即菊,唤雾尔怀柑。各出惊人句,平生此最耽。⑥

哭程文恭相国

星陨台阶月又朦,老成一去满朝空。存心宽恕王丞相,秉性威严魏

---

① (朝鲜)李德懋:《清脾录》卷2《李雨村》。
② (朝鲜)李德懋:《清脾录》卷2《李雨村》。
③ (朝鲜)李德懋:《清脾录》卷2《李雨村》。
④ (清)李调元著,詹杭伦校正:《雨村诗话校正》16卷本卷1,巴蜀书社2006年版,第53页。
⑤ (清)李调元著,詹杭伦校正:《雨村诗话校正》16卷本卷3,第106页。
⑥ (清)李调元著,詹杭伦校正:《雨村诗话校正》16卷本卷4,第111页。

弱翁。独掌权衡将十载，佐襄燮理比三公。如何湛露方浓日，遽驾云旗飐朔风。

玉堂珥笔侍枫宸，掞藻群推格律新。五岳谈经多折角，九重几谏少批鳞。并无袒护分朋党，只有孤忠谅鬼神。主眷始终公第一，丹青千古炳麒麟。

忆昔初除吏属官，几曾风月敢私干。却因谢朓惊人句，便把阿蒙刮目看。恩荷三熏方拂拭，心惊六法入纠弹。累公争救终无益，感到怜才欲报难。

幸有恩光出自天，戴盆回忆尚潸然。雀巢空绕日三匝，莺谷旋邀岁九迁。灵雨只今归故里，慈云何日哭新阡。只悲言行空千古，羊傅无儿失载编。①

题卫真人元嵩墓

跨鸾乘鹤总无凭，鸡犬纷纷想上腾。毕竟仙家都有墓，谁言白日尽飞升。②

赠僧玉池

诗僧久不见，零句哀成编。贾岛何曾没，参寥不独传。活人囊有药，救世橐无钱。谁似婆心好，长斋寿佛前。③

戏赠月上人

释戒从来不娶婆，梅花妻子菊花娥。昨宵独抱焦桐卧，梅菊明朝醋意多。④

---

① （清）李调元著，詹杭伦校正：《雨村诗话校正》16卷本卷4，第114页。
② （清）李调元著，詹杭伦校正：《雨村诗话校正》16卷本卷5，第138页，又见嘉庆《什邡县志》卷48之2。
③ （清）李调元著，詹杭伦校正：《雨村诗话校正》16卷本卷6，第155页。
④ （清）李调元著，詹杭伦校正：《雨村诗话校正》16卷本卷6，第156页。

题赠月上人

跛僧见客不袈裟,伸纸要余写《法华》。借问书成将哪赠,僧人亦复有亲家。①

西湖

画船日泊断桥湾,偷得春光也学闲。几度笙歌人散后,夕阳依旧满前山。②

与诸人登楼集韵诗

登楼怜岁晚,闭户老江村。蜂去花无朵,萤飞草有根。雷声喧瀑响,月影淡梅魂。谁访长斋叟,酣谈伴暮昏。③

赠路生

白鹤先生乌角巾,欠伸惊见异乡宾。谁知乌帽高褰客,即是红绫啖饼人。④

哭袁清恪公

清德名门柱石材,一朝星陨共嗟哀。举朝尽讶长城坏,故吏尤悲泰岳隤。曾荐祢衡云汉上,能教李白夜郎回。从今不作燃灰梦,世更何人解爱才。⑤

赠祝芷塘马

我有川驹子,银针世未闻。同心蒙见顾,回首惜离群。鼻嘎三冬雪,蹄轻万丈云。知君无所换,空自谢殷勤。⑥

---

① (清)李调元著,詹杭伦校正:《雨村诗话校正》16卷本卷6,第156页。
② (清)李调元著,詹杭伦校正:《雨村诗话校正》16卷本卷6,第156页。
③ (清)李调元著,詹杭伦校正:《雨村诗话校正》16卷本卷6,第158页。
④ (清)李调元著,詹杭伦校正:《雨村诗话校正》16卷本卷8,第194页。
⑤ (清)李调元著,詹杭伦校正:《雨村诗话校正》16卷本卷9,第211页。
⑥ (清)李调元著,詹杭伦校正:《雨村诗话校正》16卷本卷9,第217页。

题美人乳子玩猫图

何处一佳人,开怀乳其子。忽闻猫一声,春心知动矣。①

山僧浇牡丹

老而耽咏终成癖,僧解浇花亦近淫。②

月夜听兆祥笛

长安年少客,生长本天津。牛字谱初按,三声翻更新。最宜深院里,却忆倚楼人。无限梨园客,俱推技绝伦。③

咏影戏

绘革全凭两手能,一人高唱众人应。人生总是风中烛,何必争光一盏灯。④

哭婿

文能寿世空邀荐,才可匡时未设施。⑤

迎孙补山先生

闻道卿云再降川,也随竹杖拜舆前。路旁望见霜髯戟,尽是忧民百虑煎。⑥

彭术士馈咸鱼

盛意谁能及老彭,术同胶鬲馈余烹。老来妄想真堪笑,尚捧干鱼尝

---

① (清)李调元著,詹杭伦校正:《雨村诗话校正》16卷本卷9,第225页。
② (清)李调元著,詹杭伦校正:《雨村诗话校正》16卷本卷9,第227页。
③ (清)李调元著,詹杭伦校正:《雨村诗话校正》16卷本卷9,第227页。
④ (清)李调元著,詹杭伦校正:《雨村诗话校正》16卷本卷10,第241页。
⑤ (清)李调元著,詹杭伦校正:《雨村诗话校正》16卷本卷10,第244页。
⑥ (清)李调元著,詹杭伦校正:《雨村诗话校正》16卷本卷10,第248页。

放生。①

戏题寇解元事

五千科举竟无名，四望求援绝救兵。穷措误攀官妇轿，武衙直达考文棚。岂知榜上头名客，便是舆前目送卿。年少解元谁及汝，珠帘锦帐拜门生。②

戏题芗圃婢

哀向吼声求柳氏，可容瘙痒倩麻姑。③

谢王心斋赠花盆

六个宣窑送到门，衰年长怕受人恩。只愁老树生来丑，不惯瓷盆惯瓦盆。④

以字相生体作

少水沙即露，是土堤方成。⑤

题通志

但闻瓜芋可分甘，不弃藤尝已属憨。若使畴区俱并食，地皮卷尽不为贪。⑥

题粤东古学观海集

蚌胎蛇握总难求，铁网珊瑚岂尽收。却喜文澜都壮阔，还期学海纳群流。云涛翻处龙纹动，星宿探时贝影浮。解道鲛人珠是泣，然犀深戒

---

① （清）李调元著，詹杭伦校正：《雨村诗话校正》16卷本卷13，第300页。
② （清）李调元著，詹杭伦校正：《雨村诗话校正》16卷本卷14，第321页。
③ （清）李调元著，詹杭伦校正：《雨村诗话校正》16卷本卷15，第336页。
④ （清）李调元著，詹杭伦校正：《雨村诗话校正》16卷本卷15，第336页。
⑤ （清）李调元著，詹杭伦校正：《雨村诗话校正》16卷本卷15，第339页。
⑥ （清）李调元著，詹杭伦校正：《雨村诗话校正》16卷本卷15，第353页。

照潜幽。督学使者偶笔。①

几何再访

笔谈字字沁人心,鸭绿江无此意深。别后故人如见忆,雁书应有自鸡林。②

怀几何子

三韩虽异国,四海本同家。相遇非雍齿,知音是伯牙。③

宿罗真观

洞台司命府,公远静修庐。刺史观之后,元宗度月初。隐身衣角见,跣足只鞋余。墨水逢中使,丹山寄素书。当归宜转驾,芝草俟回车。分碍形殊矣,开馆意怪欤。自缘明主弃,不是故人疏。旧本神仙窟,今为佛子居。灵瓜心沁入,银杏指真如。接引非雕琢,观音费绮疏。奇花犹蓓蕾,古木半邱墟。叹息僧牢落,斋无儋石储。④

重宿罗真观

又拂衣尘到霍山,冬冬晚鼓叩禅关。置身五色云峰上,要看龙车夜往还。但过名山便可禅,何须面壁苦熬煎。山巅盘石今犹在,笑我公然佛顶眠。

大清乾隆五十五年岁次庚戌十二月二十一日,赐进士出身、诰授中宪大夫、钦命提督广东学政、吏部员外郎兼翰林院编修、分巡直隶通永道本

---

① (清)李调元:《粤东古学观海集》卷首。
② [朝鲜]柳德恭:《并世集》卷1,见林中基编《燕行录全集》第60册,第82页,转引自孙卫国《朝鲜〈韩客巾衍集〉之西传清朝及其影响》,北京大学韩国学研究中心《韩国学论文集》2007年第1期。
③ [朝鲜]柳德恭:《并世集》卷1,见林中基编《燕行录全集》第60册,第82页,转引自孙卫国《朝鲜〈韩客巾衍集〉之西传清朝及其影响》,北京大学韩国学研究中心《韩国学论文集》2007年第1期。
④ 四川省德阳市北罗真观殿壁所刻,转引自刘期文《罗真观发现李调元亲笔诗碑》,《四川文物》1987年第3期。

州人李调元题。同行寂慧、住持智堂、徒侄禅悦立。刻工河南沈晴。①

即席口占

四月含桃熟，依依怅别筵。江南莼菜长，燕北柳条牵。旧仰飞凫舄，新投饮马钱。县名真不忝，清德有谁先。②

游观音岩

何年霹雳击铁壁，混沌乾坤忽中裂。风雨号呼山为摇，普陀飞赐一灵石。从此文运吾家开，联翩三凤齐飞来。天荒毕竟须天破，五丁终不如五雷。③

游古潺亭

不尽双江水，潺潺日夜流。地遗王霸迹，天入古今愁。两过喧鱼嘴，云开见鹿头。倚栏无限意，灯火起城楼。

科第争龙脉，英雄笑凤坡。山高长落石，江转聚成沱。月上松翻鹤，秋闲笼养鹅。羽衣何处去，竟夕自婆娑。④

宿云龙寺

天气初寒不可支，云龙深处与谁期。梅窗茗熟僧归后，松磴棋残客去时。一盏孤灯迟月上，千山落木见星稀。夜来更觉禅林静，细读王维一卷诗。⑤

醒园

虽设柴门总未开，畏人相过损莓苔。蚕因除草篱边诉，鸟解看花竹

---

① 四川省德阳市北罗真观殿壁所刻，转引自刘期文《罗真观发现李调元亲笔诗碑》，《四川文物》1987年第3期。
② （清）汤大奎：《炙砚琐谈》卷下。
③ 嘉庆《罗江县志》卷36。
④ 嘉庆《罗江县志》卷36。
⑤ 嘉庆《罗江县志》卷36。

里来。但使此心空万象，不嫌低首吸千杯。只愁大厦支难稳，木坏多由泰岳颓。

大观台向翠微开，半亩新塘长碧苔。汲水带云归屋内，隔山送雨过江来。原无恶客妨诗兴，任有愁怀付酒杯。万古虚名竟何益，年光莫使日摧颓。

怀抱时时亦暂开，静中生意是苍苔。栟榈叶战风声至，荳蔻梢低雨点来。尽日思移陶侃甓，何年能醉葛洪杯。逍遥物外非难事，但恐家声渐就颓。①

初秋宿醒园二首

高台接空翠，暑气入新秋。涨落石初出，山高泉自流。几床山鸟污，纸笔野猿偷。为问趋朝客，何如此地游。

路转千峰上，亭临万木低。看花随蝶远，穿竹听禽迷。地已人天隔，年来物我齐。不知业渔者，何羡武陵溪。②

和祝芷塘宿醒园十首韵

忆昨金山驿，销魂似灞桥。独归听夜雨，相望隔云霄。仍对乌犍侣，难为白鹤招。今宵灯送喜，万里素书遥。

开缄鲸掉尾，瘦字逼波清。已列班中鹭，犹思谷口莺。交宁甘似醴，诗却和于羹。此夕浑忘寐，持吟彻晓行。

疴抱年来久，逢迎总强支。原非扬子宅，谁问习家池。锄草怜虫诉，移花许蝶知。自经君染翰，景色竞纷披。

三秋才谢菊，二月又飞花。忽漫逢江雁，因嗟赴壑蛇。十诗宁易得，千盏不难赊。天意怜孤寂，风吹过我家。

人到晨星后，天教积雾开。诸昆非轼辙，座主是欧梅。一夕成佳话，千秋此偶来。但看携手处，三径未生苔。

留客斟清圣，烹茶泻碧泉。更长眠未稳，语短意殊绵。香渍云垂纸，

---

① 嘉庆《罗江县志》卷36。
② 嘉庆《罗江县志》卷36。

灯明夜博钱。颠狂声不细，一日遍三川。

高轩来过处，草木有清香。衣带巴江晕，床分楚簟凉。诗缘听雨作，书借看云藏。尚喜颜皆旧，毋须叹老苍。

吾家潺水曲，柴屋正临池。天使回旌节，主人方撰鬋。拥门窥野客，送椠遣诸儿。却悔分张日，车尘失计随。

并马送君去，清江水蹙云。山川供别赋，风雨助论文。栈阁程空望，绵州路早分。当时肠最断，归绪泪纷纷。

写罢鸾笺寄，茫茫奈若何。剑南鸿字少，辇下故人多。难忘青灯伴，惭赓《白雪歌》。至今明月夜，犹梦使星过。①

题赠道童来遂

道家好清净，扫地实无瑕。童子能烹茗，山人爱瀹茶。来锄岩上草，去摘水边花。遂使诸花备，一担带回家。②

大安山九峰精舍

名山真足镇安州，古刹嵯峨最上头。一径松杉当户拥，九峰烟蔼极天浮。茫如行脚随僧定，细有幽泉绕砌流。好事主人能醉客，篮舆欲返又迟留。③

谒留侯庙

仙风昨夜至，吹我入云影。扶摇散林木，缥缈上青冥。手摘诸星碎，怀纳明月炯。翻身出丛谷，遂下万丈岭。高台俯澄潭，未堕真一幸。古洞不可测，顽石压人顶。昔有黄石公，于此习清景。留侯亦明哲，急流退何猛。遂令武陵源，大道任驰骋。我欲从赤松，却嫌未幽静。

闻紫柏山顶有峨嵋老衲，独坐丈室数十年，蛇虎皆驯，今九十有六矣。惜不得其名字，乃作颂古十绝句，属凤令寄之。丙子岁四月七日，

---

① 嘉庆《罗江县志》卷36，又见光绪《罗江县志》卷7。
② 嘉庆《安县志》卷31，又见民国《安县志》卷59。
③ 民国《安县志》卷59。

栈中留坝驿灯下成。①

题高白云先生树畔堂诗卷

正始久微缺，骚人起哀怨。我蜀扬马流，卓为风雅冠。青莲映千春，眉山极万变。继自虞杨还，渐先古文宪。大江日东之，岷山自天半。秀色倘不磨，定有人餐咽。吾师起金堂，雄才近罕见。早岁属承明，气压金闺彦。秋旻罗象星，万汇赴烹炼。道大识者希，遂使讥鹏鷃。锦江开石室，贱子侍讲案。独使登后堂，投经喜肉串。窃从删述余，颇许参也贯。迩来事鞅掌，颠发嗟已半。风尘疲茧丝，笔力愈遒健。仍复还冰厅，时闻盈耳乱。夜阑犹击钵，旁及丝竹按。大雅接古音，谁谓前贤远。反覆味太羹，吁嗟莫能赞。②

大木戍

晓投大木戍，陂陀何骫骳。藤萝胸老树，山骨带石子。人行云气中，马嘶深涧底。风声壑走雷，雪落峰载曩。参错出层岚，渐露小村市。回望剑门关，且冥古车轨。③

游窦团山踵先大夫韵

岌立三峰云际开，天桥不必数天台。人间尽有坦平路，谁向灵山顶上来。

三朵芙蓉开向天，钟声风送白云边。平生不学希夷卧，只借高僧榻暂眠。④

太白祠

绳床寂坐非求佛，仕路奔驰不为贫。疑是前生多夙契，与君相见又

---

① 道光《留坝厅志·留坝厅足征录》卷2。
② 嘉庆《金堂县志》卷2。
③ 道光《保宁府志》卷57。
④ 道光《龙安府志·龙安府舆地志目录》，又见光绪《江油县志》卷24。

相亲。①

振衣亭

粤东半皆热，何须热水池。独我来春仲，宜人盛夏时。二巾疑火洸，一室似炉炊。浴罢披襟去，循墙觅小诗。

振衣亭上望，物色荟僧家。地结丹铅气，天横紫翠霞。煤凝山外石，锦剪苑中花。何以酬清兴，吟消一碗茶。②

宿新津访叶丹丛上舍

薄暮行装问宿来，隔篱初访授经台。人从玉垒曾相见，天教新津此重廻。煮茗清谈神不倦，挑灯对坐意无猜。更闻仙地花红好，明岁还期觅种栽。③

谒县署韩文公祠小憩两松亭

公昔宰此县，风流称至今。读书定何处，空传松桂林。我欲访其迹，山雨来飘侵。衙斋有祠庙，展拜令人钦。当年手植树，今日皆峭槮。亭空鸟雀散，时复闻鸣琴。何必登高山，即此清人心。雅怀继高躅，逸韵惭微吟。白云自千古，可望不可寻。④

石钟岩二首

石洞别有天，幽邃人不到。不因火炬灭，恐有虬龙照。

古洞清泠泠，钟乳垂至地。莫敲石钟声，恐有飞仙至。⑤

甲辰修学纪事

颒壁绕流泉，林峦拱百雉。岿然夫子堂，在昔曾构此。数为淮涨浸，

---

① 同治《彰明县志》卷57，又见光绪《江油县志》卷24。
② 道光《重修电白县志》卷16，又见光绪《高州府志》卷11，光绪《重修电白县志》卷25。
③ 道光《新津县志》卷39。
④ 民国《阳山县志》卷2。
⑤ 民国《阳山县志》卷17。

更丁烽烟毁。坎离互为灾,吉卜河朔徙。建未经百春,而为风雨圮。遥溯甲辰年,亦复迁于是。甲辰今再逢,狂澜畴与砥。扶厦振人文,伟哉曹夫子。讲道来须江,一席分僮水。睹兹黍离离,徘徊急欲理。集腋未成裘,瘝瘝曷能已。大手藉循良,费不累厥里。频支月俸钱,朝夕劳鸠庀。几经冒暑寒,省视罔停晷。废者于焉兴,创者于焉始。画栋势峥嵘,雕甍斗牛指。虚檐映朝暾,宏丽增霞绮。旧宫顿改观,新亭壮仰止。鳌街通圣域,往来履青紫。俎豆列辉煌,百务称备美。鲁侯德明明,鸾声哕止喜。春风霭绛帐,化雨滋桃李。吾人自得师,大道不终否。应见兆三鳣,匪但同伯起。直与蜀文翁,奕世留青史。①

罗汉洞

饱闻此洞深无底,入夜何辞秉烛游。钟乳倒悬如可斲,直须割取载千牛。②

送别蜀州何愚庐

与君赍酒话蹉跎,把手旗亭共醉歌。天下已嗟知己少,人间只见别离多。江帆细雨过沧海,水驿斜风泊运河。霜鬓老亲如会面,问今白发更如何。家君作宦沧州道所必经③

龙口山

诸水如龙游,曲折赴龙口。雷霆争荡微,涛声怒相吼。人从脊上行,手皆鳞鬣舞。残碑镇其项,垂杨自终古。时有采樵人,长歌入林薮。④

红头岭

仙灶于今不让人。⑤

---

① 民国《重修沭阳县志》卷14。
② 民国《绵竹县志·礼乐志》。
③ 民国《崇庆县志·江原文征》。
④ 民国《崇宁县志》卷4。
⑤ 民国《石城县志》卷2。

赠际微上人

书法得怀素一体，吟髭多长公二分。①

寄魏山人精泉诗

信是山居白乐天，坡间明月石间泉。雪花夜满蟾光活，玉乳朝吞道气全。尚有亭台惭魏野，喜迎诗句学青莲。近来忘却西湖小，佳话同归县乘传。②

再游浮山

浮山名胜地，一月两停鞭。庵内僧头白，庭中客讲玄。喜无村汉气，尚不老婆禅。昭觉传衣在，抃将醉眼穿。③

与人乞梨树

庭前柏木绿成阴，缺买哀家果满林。最喜门生偏解事，论园相赠不须金。④

赠玉池和尚

蜀中从未见诗僧，临济宗支得上乘。一自玉池来蜀后，燃藜佳句遍川称。⑤

留赠僧玉池

殿阁崔巍荧惑西，□栏藻棁映榱题。自携瓶钵来衡岳，独结茅庐傍蜀溪。⑥

---

① 民国《简阳县志》卷5。
② 民国《绵阳县志》卷1。
③ 民国《安县志》卷59。
④ 嘉庆《罗江县志》卷35。
⑤ 道光《龙安府志·人物志目录》，又见光绪《江油县志》卷23。
⑥ 光绪《江油县志》卷23。

与柳琴书一

天若然,在公除以前之可谋会私寓,但谈之不畅。可拟以十日后初八日一会,不知贵驾当在京否?弟斋宿在吏部署中,同在内城内,不谒见每为怅之。而以余今日犹在宅者,皆偶一归食也。大半虽每日午间必在宅,不敢他往。若十日之约负约,则明日一早尊处先遣贵奴子在外,愚当使小奴来约一日,或本日,或另日也。再,有敝友姓铁者,人甚道,名士也,之欲见先生,不知可否?舍弟已为其老师祝公请去作西席教其子弟,不在宅矣,来字当使知之。并候晚安,不宣。李调元拜状。①

与柳琴书二

离绝以来,恍若有失,盖君去而仆之魂也陡之去矣。怅矣心飞,宵则发梦,神一夕而九飞,肠一日而九回,是诚楚巫之所不能禳,妻奴力言所不能劝也。回思春正宴语串服,敷衽论心,曾几何时,而梧桐一叶落矣。自分一海之隔,长此阻绝。不聘函书远辱,仅间三月,捧之又不能狂喜望外也。今日起居若何?善为调摄。书中所言乃俱一一遵教,足下自可放心。忽得四君子手书及诗,坐令一室之中如与四人谈笑高论,煮茗论文,岂千古一快事耶。然非足下之羽翼士林不至此,此皆足下赤诚待人,故四君子者信足下之深,而兼以信仆。罣罣之思,信非□□,此诚赤情之照验也。仆与令侄书所以有"非异地之友之难,而友之至诚为难"也。思足下而不见,见桂同如见足下,如见足下在敝宅相聚之时。此一日之别于岁月,此恨何时止也。秋阳太剧,此时纳凉,能对者何人?每一思之,神又入梦矣。舍弟墨庄在祝编修处教其子,祝公已往福建典试之去矣,明公刻板之事俱俟缓办。祈祺两照,不宣。七月初四,李调元。②

---

① 《东华笔话集》,转引自韩东《李调元集外书札考释》,《宁波大学学报》(人文科学版) 2016 年第 1 期。

② 《东华笔话集》,转引自韩东《李调元集外书札考释》,《宁波大学学报》(人文科学版) 2016 年第 1 期。

与柳琴书三

再,东诗文有历代选本或诸帖,当乞赐惠一二为嘱。明春又有使来,伫望手教及诸君子之诗也。外有奉怀足下古诗一首,乞赐和,明岁人来,当赐一书为盼。

再,仆诗集除《看云楼集》二十二卷已刻外,尚有《走街吟》《出口小艹》《东巡扈从集》《大匏山房集》《考功集》俱寄他处俟刻,箧中尚有《浣壁吟删稿》,今寄之。中多涂乙,然尚可观。与懋官、楚亭、惠风、洛瑞同看,乞为批削。此书余选辑者,近已发刻,共计二十卷。此先刻成之二卷寄来,送令侄冷庵先生一阅。徐俟刻成全部,再寄可也。并请诸君一评骘之。小女元卿丙申十月二十九日生。①

答朴齐家书

刻诗之举,已与弹素言之,弹素兢兢以见怪为惧,而足下来书有云,"不知者虽使之见,亦不见也。"此言似较弹素更进一解。②

韩客巾衍集序

今年春正,偶以心疾,闭门摄静,谢绝来客,不窥户外者十有五日,又懒不作诗,遂无一事,每日暮卧,闻轹轹之车声,人语喧阗,大都皆都人士女踏歌闹哦,争看火桥星树来也,愈思避之。偶有剥啄声,启之,则一秀士丰神朗润,眉如长松,眼烂烂若岩下电,头戴笠子,衣道衣,不似中国人。问之,则目瞪然,不解一语。因以笔代言,始知为朝鲜来中国贺圣天子元朝副使礼曹判书徐浩修所差幕官,来求诗集,姓柳名琴,字弹素,而别号几何主人者也。为言向于书肆中见余《皇华集》,窃慕著述当不止此,故以来。余骤闻之惊,既而喜。惊则以其衣冠言貌迥异中华,若不可近;喜则喜我圣天子文教远被,虽属国亦好文词,而窃叹箕畴麦秀之遗风犹有存也。所愧者鄙人懒不读书,虽间有所著,亦如蝉鸣

---

① 《东华笔话集》,转引自韩东《李调元集外书札考释》,《宁波大学学报》(人文科学版) 2016 年第 1 期。

② (朝鲜)朴齐家:《贞蕤集》卷4,转引自金柄珉《〈韩客巾衍集〉与清代文人李调元潘庭筠的文学批评》,《外国文学》2001 年第 6 期。

虫咽，应时序耳。然亦过而不留，不知何以获播于东国诸君子之耳也。延谈之余，因探怀出其《巾衍集》，则为李懋官、柳泠斋、朴芝亭、李姜山四家之诗，而为弹素所选订者，乞余批定。余既细阅之，而乃益叹诗学之未亡也。夫诗之失古久矣。唐人之作，其声中正和平，去汉魏未远。迨宋元而降，而粗厉噍杀之音起，好滥者淫，芜女者溺，趋数者烦，敖辟者乔。由是被之声，高者硜，下者肆，陂者散而险者敛，侈者笪而窀者杳，均未可以道古也。有明诸人自言不读秦以后书，稍稍振起矣，而优孟之诮所不免焉。今观四家之诗沈雄者其才，铿锵者其节，浑浩者其气，郑重者其词，有一类乎前之所讥者乎？弹素好奇之士也，酷嗜琴书，尤精于天文句股之学，其于诗应鄙而不为。而观其所选订如此，其学文之宏深，有非可管窥而蠡测者矣。因以向之所著《看云楼集》付之，以不辜其求，而并评骘四家之诗，以重其请，亦春正来破烦闷疗心疾之一佳话也。然则此序即以为自序亦可。乾隆四十二年岁在丁酉元夕后一日，赐进士出身、吏部考功司员外郎、前翰林院庶吉士、甲午科广东副主考西蜀李调元雨村书。①

姜山集跋

《姜山集》诸体皆工，而尤娴五古，原本陶谢，而时汛艭于储孟之间，诗品为最高矣。"落日不逢人，长歇白石涧"，此人此品，安得旦暮遇之。剑南李调元半峰评。②

歆商楼集跋

《歆商楼集》才气纵横，富于书卷，如入五都之市，珍奇海错，无物不有。加以天姿胜人，缎练成奇，故足令观者眩目。此真东国之凤也。

---

① （朝鲜）柳琴编：《韩客巾衍集》卷首，朝鲜旧抄本，载周斌主编《朝鲜汉诗文全集》第2辑，四川大学出版社2015年版，第5册，第583页。
② （朝鲜）柳琴编：《韩客巾衍集·姜山集》卷末，朝鲜旧抄本，载周斌主编《朝鲜汉诗文全集》第2辑，第5册，第622页。

罗江李调元剪云评。①

青庄馆集跋

《青庄馆集》造句坚老，立格浑成，随意排铺而无俗艳，在四家中尚推老手。西蜀李调元雨村评。②

明农初稿跋

《明农初稿》工于七律，梦得香山其鼻祖也，而嶔崎历落之气则似过之，无不及焉。剑南李调元二桥评。③

粤东古学观海集序

古之人有能而为大夫，必曰登高能赋。赋者，古诗之流也。孙卿子孔子门徒，而始以瑰丽之体演理窟之奥。屈宋承雅颂之遗音，蔓衍其词，即以代讽谏，夫岂谓诗赋乃辞章末技，仅以敷陈其事，毕乃事乎。唐世重进士科，而拔萃之士莫不以善诗赋鸣。然则诗赋之作，岂俭腹而不达道者之所能为？夫唯宏览博物而词源乃得沛然而不竭，亦唯学有端委而后不至曲终而奏雅。我朝馆选，必试以诗赋，此物此志也。予于岁科两试试先经古，其厚望诸生，岂仅时艺擅长已哉。至于诸经解义，久有颁行者，藏在黉序，尤非曲台虎观之讲授所可拟。诸生晨暮诵习，果其通于经，自能邃于古，道固无已致矣。韩子云，"人不通古今，马牛而襟裾"。诸生其各奋力焉可。今随先后所得，各判数首，为诸生式。其曰《观海》者，盖深嘉粤文日盛之意云尔。乾隆四十三年又六月，督学使者罗江李调元雨村书。④

---

① （朝鲜）柳琴编：《韩客巾衍集·歚商楼集》卷末，朝鲜旧抄本，载周斌主编《朝鲜汉诗文全集》第2辑，第5册，第603页。
② （朝鲜）柳琴编《韩客巾衍集·青庄馆集》卷末，朝鲜旧抄本，载周斌主编《朝鲜汉诗文全集》第2辑，第5册，第594页。
③ （朝鲜）柳琴编《韩客巾衍集·明农初稿》卷末，朝鲜旧抄本，载周斌主编《朝鲜汉诗文全集》第2辑，第5册，第612页。
④ （清）李调元：《粤东古学观海集》卷首。

袁子才诗选序

《诗》之为教，达政事，使四方，似非优游林下者所从事。然竟有朝移及久著，印绶不久佩，而啸傲一生，独以"诗员外"鸣如袁君者。袁君杭人也，少年便督巍科，入词馆，出宰名邑，合计之不十年，即筑室于江南之随园以居，若营菟裘而老焉者。人望之，飘飘若神仙中人。袁君性佚宕，不受羁束，其所居又六朝金粉之余，芸窗插架万卷，商周鼎彝，唐宋书画，骈罗几榻，任其采英而咀华。故其为诗纤绵奇丽，慨慷抑扬，不可以一格限其才思。嗟乎！以袁君之才之富，乃不使之达于（政事），使于四方，而仅见之于诗，其造物者之专爱其诗而故使之穷而后工耶？虽然，袁君不穷，诗亦能工，而何为至是？岂天之爱之，故使优游林下，抒写其怀抱耶？是天也，予不得而知之。忆予幼年随先大夫宦游两浙，便嗜其声律之妙，迄今犹移我情。予东西南北之人也，行笈所贮无多，始择其旧日所咏叹者汇成一编，雕以梨枣，不敢矜闷，愿与天下之爱袁君之诗者共赏之。乾隆庚子春正，粤东督学使者巴西李调元撰并书。①

唐尧春诗集序

学西崑体，《落花》云："满目苍凉起暮烟，闲庭空阔倍凄然。珠围翠绕无多日，粉碎香消又一年。梦断梨云惊幻蝶，魂归蕙露怨啼鹃。枝头枉结同心约，撩乱春情总凤缘。""萧条风雨恼黄昏，斜卷珠帘独掩门。玉笛吹伤迁客意，骊歌惊散美人魂。香辞纸帐心初冷，影谢铜瓶胆不温。夜月溶溶愁更绝，阑干倚遍懒开尊。"《初夏道中》："牛背横吹短笛风，山阴流翠雨空蒙。围棋赌墅狂何剧，涉约寻花兴不穷。细路秧侵新涨绿，疎篱茧赛暮灯红。田家止客娱鸡黍，一笑仙源咫尺通。"《牛头山》："何处碾山雷怒集，银涛喷薄酣战急。深林奇鬼瞰行人，古树杈枒当道立。萧萧落木卷地来，肠断元猿清昼泣。骄马踌躇惨不前，朔风吹雨山城湿。"《朝天关》："门听奔雷百折滩，崚嶒峭阁俯江干。戍旗落日关山回，铃铎西风草树寒。烟外帆樯通广汉，云中宫阙望长安。题诗莫漫愁孤绝，

---

① （清）张怀淮：《四家选集·小仓选集》卷首。

千古魂消蜀道难。"《宁羌州雨雪》:"回首家山望不真,潇潇风雨伴行人。青骢苦耐闲金勒,红友相邀踏玉尘。剑阁云沉迷旅雁,嘉陵水浅冻文鳞。惊开古驿梅花好,谁折寒香寄早春。"瑰丽雄奇,不徒以色泽争艳也。①

古音复字序

考简绍芳《年谱序》,升庵年三十七谪戍滇南,诸所撰述,计晚年为多,然而单骑万里,笥簏荡如,枵腹白战,疑其无能为役。今观所撰《古音复字》五卷,指呼六籍,镕液百家,在前人韵书中别树一帜,虽獭祭者无以逾其博也,先生殆可谓奇字师乎。昔扬雄识奇字,而不能识一忠字,宋人尝用是讥之。先生议大礼,受廷杖,毙而复苏者再矣。而白首滇云,怡情著述,没世无所于悔,视子云所守孰愈?顾第即其所著书论之,亦可谓后世之子云矣。童山李调元序。②

谭苑醍醐后序

余求升庵书至急,乃命人于近代丛书中遍迹之,从姚安陶珽所纂《说郛》之第八十卷中得《谭苑醍醐》一册,所纪杂论仅九条,书叶三四番而止,余固决知其非全书,故心逾快快焉。越数日,余弟墨庄检讨从京邸缄寄一册,其封袤然。开视之,则《谭苑醍醐》也。中分卷九,所纪不下数十百条,视《说郛》所载,悉翅十倍过之。卷首有先生手书序文,虽纸墨黯然,似百余年物,而篇幅完整,乃如手未触者。亟令书人并日钞就,逐加校阅,见其中有杂出于《丹铅杂录》《艺林伐山》及《经说》、《诗品》所已载者,凡若干条。窃思《艺林伐山》与《经说》《诗品》为孙居相、焦竑等所校刊,或者博采见闻,裒辑成编,择之不精,遂令与本书相复,此无足异。独怪《丹铅杂录》系先生手订之书,在余家藏弆且数十年,而其文互见若是,岂果先生当时随笔撰述,卷帙繁多,遂彼此不复记忆欤?余欲尽存之,则嫌有重出之虞;欲竟去之,则又恐挂漏缺略,致使后人疑非全书。熟筹至再,乃举重出者汰其文而

---

① (清)王培荀:《听雨楼随笔》卷2。
② (明)杨慎:《古音复字》卷首,美国国会图书馆藏乾隆四十九年刊《函海》第十四集。

仍存其目，下注"已见某书"等字，以便翻阅者举手得之，卷数一因其旧。如此庶于原书本来面目纤悉毕具，洵善本，亦足本也。书成，因述所以得此书与所以校之书者如此，以见表章古人之难，盖亦特具苦衷云。童山李调元谨识。①

古今同姓名录序

马端临《文献通考》述晁氏云：《古今同姓名录》，梁元帝撰，纂类历代同姓名人成书一卷，唐陆善经续增广之。齐梁间，士大夫之俗喜征事，以为其学浅深之候，梁武帝与沈约征栗事是也。类书之起，当在此时，故以此录为首。考陈氏《直斋书录解题》及焦氏《经籍志》、《千顷堂书目》皆不载，盖其佚久矣。今从书仓得足本，并元叶森之补合为一卷，其征事也博而宏，其纂事也简而该，故应首为艺林之珍赏云尔。罗江李调元童山序。②

心要经序

《心要经》者，诸佛真言神咒也。《楞严》云，佛与佛自相解了，非是余圣所能通达。但诵持之，能灭大过，速登圣位。又云，神咒是诸佛密印，佛佛相传，不通他解。贤首《般若疏》云，咒是诸佛秘密之法，非因位所解。但当诵持，不须强释。又远公《涅槃疏》云，真言未必专是天竺人语，翻译者不解，是以不翻。唐释《心要经》一卷，又名《密圆通心要》，金河寺沙门道㕭所译，语多不解。然切于众生解难除病，故从释藏刊以行世。李调元雨村序。③

刍言序

宋崔子敦礼《刍言》三卷，上卷言政，中卷言行，下卷言学，盖皆

---

① （明）杨慎：《谭苑醍醐》卷首，美国国会图书馆藏乾隆四十九年刊《函海》第十三集，又见（清）周中孚《郑堂读书记》卷55。

② （梁）萧绎：《古今同姓名录》卷首，美国国会图书馆藏乾隆四十九年刊《函海》第一集，又见（清）耿文光《万卷精华楼藏书记》卷98上。

③ （唐）释道㕭译：《心要经》卷首。

平生阅历世务，确有心得之言，与李邦献《省心杂言》皆学人座右之铭所必需，子书中之儒家也。世鲜刊本，因校行之。其曰《刍言》者，先生自序云言语简朴，不知缘饰，其荛之谓乎，故以名书。罗江李调元雨村撰。①

珍席放谈序

凡小说家之书之足补史文之阙者，如宋高晦叟《珍席放谈》是也。晦叟名贯无所考，然所记上自太祖，下止哲宗，则崇宁以后人也。此书《宋史·艺文志》不载，惟《文渊阁书目》有一册，世无传本。间尝读之，于朝廷典章制度、沿革损益及士大夫言行可为法鉴者随所闻见，分条载录，如王旦之友悌，吕夷简之识度，富弼之避嫌，皆本传所未详。虽于安石多为回护，是非轩轾，往往不能持平，然一代掌故，藉以考核，固史家之日用勃阑也，故曰足补史文之阙。罗江李调元。②

山水纯全集序

《山水纯全集》，宋韩拙撰，原本一篇，今佚其一。拙本宣和间画院中人，其所论多主于格律，不以点染为工，逸情适性，超然笔墨之外者概未之及，所谓自成一家言也。罗江李调元雨村撰。③

常谈序

《常谈》一书，大抵皆评骘史事，而间及于考证，宋新安吴箕所作也。箕字嗣之，乾道五年进士，授仁和县主簿，历知当涂县，为赵汝愚所重。《宋史》不为立传，仅见于《徽州志》，称箕在临，与陆九渊游，相与讲明义理，盖深有得于金溪之学。间尝以此书与九渊文集互勘，如论汉高讨项羽之新城老人及曹参之用黄老术旨，往往相合。观尤袤与箕同时，而所辑《遂初堂书目》已列《常谈》之名，则当时即珍重其书可

---

① （宋）崔敦礼：《刍言》卷首，美国国会图书馆藏乾隆四十九年刊《函海》第五集。
② （宋）高晦叟：《珍席放谈》卷首，美国国会图书馆藏乾隆四十九年刊《函海》第六集。
③ （宋）韩拙：《山水纯全集》卷首，美国国会图书馆藏乾隆四十九年刊《函海》第四集。

知矣。《宋史·艺文志》载《常谈》一卷,久佚不传。今书一百余条,完本也。箕所著见《徽志》尚有《听词类稿》十二册,亦佚,为可惜云。罗江李调元撰。①

建炎笔录序

朱胜非《秀水间居录》云,赵鼎起于白屋,有鄙朴之状。一旦得志,骤为骄侈,以临安相府为不可居,别置大堂,环植花竹,日爇煴香数十斤,使烟篆四合,谓之香云。李心传引之《旧闻证误》中,不一置辨,固疑其有浙词。是以不旋踵而怨谤丛集,幸以身免,辨诬之录,遑足恤乎。然考史,鼎尝与修《哲宗实录》,其间辨宣仁之冤诬,正裕陵之配享,忠心直笔,识者韪之。且即是编所纪,当乘舆播迁之余,诸所疏议,动合事机。其奏释张浚等事,委曲开导,有古大臣风烈,正未可以胜非一人之议而少之也。童山李调元雨村识。②

诸蕃志序

宋赵汝适为福建提举市舶时,撰《诸蕃志》一卷,杂纪蕃国名物,疏释最详,与今世所见闻无小异。赵盖从目睹之余得其名状,不徒作纸上谈也。予视学岭海,尝携此卷,逐加勘订,叹其历历不爽。此足见古人著作之精,而后之游目其间者,亦不无多识之助云。童山李调元雨村序。③

古音附录序

余从曹习庵侍讲借得升庵《古音附录》一卷,的系先生在滇时弟子董难、李元阳等所校刊,其为手订之书无疑也。中间脱简一,知原装时已遗失之,故阙页以俟补录。中如"太"之通作"闼","虀"之得为"几","州"之音作"尻",其说已见于《菽林伐山》中,兹亦不更指出。盖彼则杂记见闻,此则专于取韵,体例攸殊,无不可并行不悖耳。

---

① (宋)吴箕:《常谈》卷首,美国国会图书馆藏乾隆四十九年刊《函海》第五集。
② (宋)赵鼎:《建炎笔录》卷下,又见(清)耿文光《万卷精华楼藏书记》卷94。
③ (宋)赵汝适:《诸蕃志》卷下,美国国会图书馆藏乾隆四十九年刊《函海》第九集。

童山李调元书。①

古音骈字序

昌黎有言，作文必先识字，予谓识字之难甚于文也。蝌蚪变为篆隶，篆隶变为俗书，愈趋愈简，取便临文，至有不识古字为何物者，往往以古今通用之字稍自博雅者出之。后人目不经见，遂乃色然而骇，少所见必多所怪也。先生有慨于此，博采群书，旁及钟鼎铭识，于其字之相通而互用者，作为《古音骈字》四卷，以补《说文》《玉篇》之阙。推类求之，有功后学不浅。昔先生补注《山海经》，于"雕山"条下注云："雕古字，后人改刻作鹊，此等古字宜存之。"甚矣，今人之妄也。《骈字》之作，殆即所以存之者乎。童山李调元序。②

古音略例序

天地有自然之文章，即有自然之声韵。故六经中多韵语，不独《诗》为然也。第古今风土异宜，出语发声，有迟速清浊轻重之差，是以古韵容有不合于今者。自沈约创为《四声韵谱》，后人率改古韵以就沈韵。如《诗》与《楚词》，韵之祖也。反以沈韵而改《诗》与《楚词》，尊今卑古，谬妄孰甚？升庵力排众论，而恐其说之无征，因摘取经子志书韵语，分为举略、辨误、变例、正误、叶音诸目，名之曰《古音韵略》。偶有辨驳，皆足慑服前人。循是以求，则可以探古人声韵之元，而不为后起之说所愚者，未必不由于此云。童山李调元序。③

旧闻证误序

宋代史学，自司马君实而外，吾蜀李氏最称杰出。李焘仁父撰《续

---

① （明）杨慎：《古音附录》卷首，美国国会图书馆藏乾隆四十九年刊《函海》第14集，又见道光《新都县志》卷16。
② （明）杨慎：《古音骈字》卷一，美国国会图书馆藏乾隆四十九年刊《函海》第14集，又见（清）耿文光《万卷精华楼藏书记》卷19，道光《新都县志》卷16。
③ （明）杨慎：《古音略例》卷首，美国国会图书馆藏乾隆四十九年刊《函海》第十四集，又见（清）耿文光《万卷精华楼藏书记》卷19，道光《新都县志》卷16。

通鉴长编》五百二十卷，《举要》六十卷，李心传微之作《建炎以来系年要录》二百卷，陈振孙称其与巽岩《长编》相续。余皆有家藏写本，以卷帙浩繁，无力营办，故尚未付梓。兹刻其《旧闻证误》四卷，在微之撰述中，不过沙界微尘，而辨驳详明，根据凿凿。如苏叔党赴倅真定，抗贼以死，非卷中表出，如将无知之者。朱胜非《秀水闲居录》载李纲私藏过于国帑，自奉泰侈，及以私货赆张浚之行，非具知人论世之识，逐加辨正，遂令贤者蒙垢不浅。欲不谓之良史才，得乎？盖其渊源有自，而又兼才、学、识之长，故所作过人如此耳。童山李调元序。①

建炎以来朝野杂记序

吾蜀之以史学擅长于宋者首推二李，一丹棱李文简公焘，字子真，号巽岩，官至敷文阁直学士，撰《续资治通鉴长编》者也。一井研李心传，字伯微，一字微之，号秀岩，官至礼部侍郎，撰《建炎以来系年要录》及《朝野杂记》者也。二公俱谙悉朝章典故，顾《长编》《要录》皆史家编年体，卷帙浩繁，而《朝野杂记》一书取南渡以后事迹，分门编类，尤为详核。卷共四十，甲集二十卷，分上德、郊庙、典礼、制作、朝事、时事、故事、杂事、官制、取士、财赋、兵马、边防十三门，乙集二十卷，少郊庙门，而末卷别出边事，亦十三门。每门各分子目，虽以传记为名，其体例实同《会要》，盖与《系年要录》互相经纬者也。甲集成于嘉泰二年，乙集成于嘉定九年。书前各自有序，序作书颠末，其用心可谓勤苦矣。《论语》云贤者识其大者，不贤者识其小者。是书于高、孝、光、宁四朝礼乐刑政之大以及职官科举之繁无不该具，首尾完赡，多有马端临《文献通考》、章俊卿《山堂考索》所未载者，故《通考》称为南渡以来野史之最详。王士禛《居易录》亦谓大纲细目粲然悉备，为史家之巨擘，良非虚也。有此书，而凡纪南宋诸小说家视之若培塿矣。文献赖以征，佚事赖以存，可不谓贤者乎。此本得之五柳居陶贾，乃钱塘吴城校本，考证颇细。亦间有失检，以愚见补之，居然善本矣。考是书在宋有成都辛氏刊本，并冠以《国史》本传，今惟写本仅存。又张端义《贵耳三

---

① （宋）李心传：《旧闻证误》卷首，美国国会图书馆藏乾隆四十九年刊《函海》第六集。

集序》称心传告以《朝野杂记》丁、戊二集将成,则是书尚不止甲、乙二集,而《书录解题》及《宋史》本传均未之及,殆以晚年所辑,书虽成而未出,故世不得见乎。观其初心,即以天干纪卷数,亦可谓勇于著述者矣。绵州罗江李调元赞庵甫撰。①

州县提纲序

州县为亲民之官,所谓知州、知县者,欲其周知一州一县之事,视四境如一家,视百姓如一体,勤求吏治,念念与民生休戚相关,责綦重也。若或藉忝专城,恣行威福,快意遂志,为所欲为,则岂朝廷所以建官牧民之至意哉。余随先大夫宦辙,在直有年,闾阎利病,颇能周悉。今蒙天子特达知遇,监司此土,夙夜竞惕,首以洁己奉公、察吏安民为务。犹恐积久生玩,弗事讲求,因亟取箧中所藏宋人《州县提纲》四卷付之剞劂,实堪与《洗冤录》《未信编》共垂不朽者,而世或未之见焉。虽古今事势未必尽同,而于防奸摘弊之道言之颇为详备。首卷推本省身正己数十事,尤为知要,诚良有司座右之一助也。有州县责者公余手此一卷,悉心体察,以无负国家委寄之重,异日共登循良之绩,区区之心所愿与诸君子共勉之焉。至吴澄序此书,谓是前修所著而不系其名,杨士奇等编《文渊书目》,定以为宋陈襄作,始息聚讼之讹。且乌知所谓前修者非即陈襄之字也哉,予故定以为襄作云尔。赐进士出身、中宪大夫、直隶分巡通永道李调元鹤洲序。②

鹤山笔录序

按《唐宋丛书》曾刻了翁《经外杂钞》二卷,此才十分之三,大段相类而互有异同。古人于说部往往历年成书各种而后并归一,此当是初本也。雨村李调元序。③

---

① (宋)李心传:《建炎以来朝野杂记》卷首,美国国会图书馆藏乾隆四十九年刊《函海》第7集。
② (宋)陈襄:《州县提纲》卷首,美国国会图书馆藏乾隆四十九年刊《函海》第6集。
③ (宋)魏了翁:《鹤山笔录》卷首,美国国会图书馆藏乾隆四十九年刊《函海》第6集。

乐府侍儿小名录序

洪少蓬有《侍儿小名录》一卷，王匡有《补侍儿小名录》一卷，温豫有《续补侍儿小名录》一卷，张邦基有《侍儿小名录拾遗》一卷，而散见于乐府诸名家词中，古人独未收拾。思裁月镂云，翠红刻羽，柳腰樱口，皆出自换羽移宫之场，此中不少玉环玉奴，略而不采，诚阙恨事也。因暇日阅词，检点诸家《小名录》所未有者备录之，共得一百四人，名曰《乐府侍儿小名录》，亦发幽之一端也，是为序。罗江李调元雨村甫撰。①

骨董志序

以书生鲜见而愿游百宝之市，与富商大贾矜赏鉴之精，势必不能。然而书册所载，可考而知，则或有富商大贾所不能尽者。古人以博物归儒者，洵非诬也。余素无金玉之玩，徒以久宦京都，再至岭海，足迹半天下，凡夫珠玉犀象，可珍可玩之物，得之耳闻者固多，目见者亦复不少。居恒无事，即为之纪其名称，考其出产。既又参之谷应泰《博物要览》中，采辑成卷，予说与谷半焉。书成，无以名也。每尝闻人之称宝器者必曰骨董，恐其臆说无稽。一日，读韩驹诗有云"莫言老衲篮无底，胜取江南骨董归"，又昔人以鱼肉诸物和羹而食，谓之骨董羹，然后知二字之典而确也，因即是以名之。雨村李调元序。②

史说序

《史说》者，余读《史记》及《汉书》而纂其大要，考其异同，录之以便观览者也。间亦泛滥诸史，而《史记》为本，《汉书》次之。间尝以《麟经》之后，《史记》便为鼻祖。以与《汉书》皆去古未远，事俱可征，有典有则，足为史家之例，非如后世诸史，既非一人之手，则所见异，所闻异，未足为一字不易也。故曰《史说》云尔。罗江李调元秫

---

① （清）李调元：《乐府侍儿小名录》卷首，美国国会图书馆藏乾隆四十九年刊《函海》第20集。

② （清）李调元：《骨董志》卷首，美国国会图书馆藏乾隆四十九年刊《函海》第19集，又见（清）谷应泰《博物要览》卷1。

塘甫撰。①

奇字名序

扬雄多识奇字，好事者咸载酒问焉。嗣是升庵又有《奇字韵》之纂，蜀人好奇，其性然与。然余谓升庵主于辑韵，则凡有韵者皆在所收，其取径博而成书易，非奇之奇者也。予尝严立程限，博稽载籍，自天文地理、鸟兽虫鱼以及草木花果之属，凡其字之奇而名之不恒经见者，依类录之，以著于篇，得卷十二，分门八十有三，亦可谓光怪陆离，无奇不搜矣。昔人云开卷有益，掩卷茫然。若兹之所辑，率皆经生家目所未睹，将毋开卷而亦茫然乎。至其音义有无，一仍原书之旧，不加臆说，以听好奇者之自为考辨焉。童山李调元序。②

奇字名又序

天地之间，一物必有一名。名者日用之常，不必其奇也。自苍颉作字，天为雨粟而奇生焉。扬雄识奇字，而好事者载酒以问，故名有奇者，不可不考也。间尝博览字书，择其名之奇者，按天文、地志、人物分十二门，略加考证，使好奇字者便于翻阅，亦嗜古者之资粮也。若谓步趋子云，则醉翁之意不在酒。罗江李调元雨村撰。③

然犀志序

水族之适用惟鱼，而鱼之类不一。江淮河汉之鱼尚可约指，而海中之鱼之众，则尤琐屑而难名。余视学粤东，遍至其地，如广、惠、潮、高、雷、廉、琼，半皆滨海，以故供食馔者惟鱼为先。而其中奇奇怪怪，令人瞠目而不下箸者指不胜屈。以是博采方言，按诸山海地志，一一精细备载。每得一物，即志其形状，考其出处。即非鱼类，如介虫之属，亦附于鱼之族。日久所得，裒然成编。以其皆鳞介之物，故以"然犀"

---

① （清）李调元：《史说》卷首，美国国会图书馆藏乾隆四十九年刊《函海》第19集。
② （清）李调元：《奇字名》卷首，美国国会图书馆藏乾隆四十九年刊《函海》第18集。
③ （清）李调元：《奇字名》卷首，美国国会图书馆藏乾隆四十九年刊《函海》第18集。

名之，聊以遮挂一漏万之讥，非如温峤之必欲照见幽潜也。余曾有《南越笔记》，靡不收入，而又别为此编者，以粤中之鱼较多他处也云尔。已亥冬十月，罗江李调元雨村撰。①

左传官名考序

《春秋经》理大物博，《左氏传》之义蕴不见其有加，而类例之多，又有积千百人寻绎之不尽者。是以作《左传》地名录者，严彭祖、裴秀、杜预、杨湜、张洽、郑樵、杜瑛、杨慎诸人是也。作《左传》名臣传者，姚咨是也。作《左氏》人名考者，刘城是也。而考焦氏《经籍志》，又有《春秋宗族名氏谱》《春秋名字异同录》等书。窃疑春秋职官其名称之见于《左传》者不一而足，虽当诸侯去籍之余，而去古犹近，或不无千百什一之存焉。历稽书目，未之前闻，则尝叹用心之密，亦不能无所遗焉。遂于公余之暇，取《左氏传》温习一过，凡遇各国官名，分别书之，并附载注疏之说于下。与《周官》参校之，略可见侯国之参错焉。其有国异而官同者两存之，以仍各国之旧云。卍斋李调元序。②

方言藻序

《方言藻》者，古今诗词中所用之方言也。方言不可以言文，而文非方言，则又不能曲折以尽意，故不知方言者不可以言文也。然而人之有文也，又非必求方言以实之也，往往有无声之韵，至俗之词，自然流露于吐属之间，若有字，若无字，若可解，若不可解，文与义两有所不居，而未尝不曲折以尽其意，天籁自鸣，人所共晓。如是者谓之方言也可，即谓之文言也亦可。予少读唐宋人诗，间有一二字索解不得者，执义理以求之，则愈固而不通。及沉潜而玩其意，反覆而熟其词，又若必得此一二字而后快，且欲稍更易焉而不得者。其足以发欲言之故而写难解之情，盖莫妙于此，此所谓自然流露于吐属之外者乎。夫乃知善为文者无

---

① （清）李调元：《然犀志》卷首，美国国会图书馆藏乾隆四十九年刊《函海》第18集。
② （清）李调元：《左传官名考》卷首，美国国会图书馆藏乾隆四十九年刊《函海》第17集。

不可达之意，无不可尽之言也。扬子《方言》炳于世矣，而兹复从诗词中求所谓方言藻者，何也？方者鄙俗之谓，方言而适于文之用，则谓之藻也固宜。因于暇日摘而汇之，使人知昔人词章虽杂之里巷鄙俚之言，亦未尝无所本也。至若白乐天之老妪皆解，元裕之所谓语言通眷属者，则其功力纯至，妙合自然，又非可执一二方言求之也。童山李调元序。①

春秋三传比序

说《春秋》者类以《左氏》为之证，而参以《公》《谷》二家。彼其因事以属词，缘词以命例，事同则词同，词同则命例宜无不同。然而正变相错，权衡互异。若继弑一也，或书即位，或不书即位。纪元一也，或书王正月，或不书王正月，或单书春王而不书正月。伐国一也，或名，或不名，或爵，或不爵。专将帅师一也，或去其公子，或不去公子。乃三家各就其词而为之说，求之《春秋》之本文，皆无有也。考班固《艺文志》云，仲尼伤杞宋之亡征，以鲁周公之国，礼文备物，与左邱明共观《史记》而作《春秋》。信斯言也，则传与经有辅车之倚，其事与词无不可信，而何有于《公》《谷》二家乎？乃汉初鼎列于学宫，而《左》犹后出，后人又有浮夸之议焉，则亦不得崇《左》而黜《公》《谷》矣。今其文中互异之处班班可比，而去圣既远，靡所适从，则惟有摘录于篇，不加论断，以自附于阙疑之后而已。童山李调元序。②

金石存序

金石何为而仿也？古人于丰功伟绩、嘉言懿行托诸竹帛，犹谓未足，于是选吉金择乐石，而勒之，而铸之。然则世之嗜好夫金石者莫先于是矣。继有风雅之士濡纸揩墨，撷其文字而读之，而摹之。有金石而有嗜好，嗜好随金石而起，又未有或之先者矣。予读欧阳公《集古录》，赵明诚《金石录》暨近时《金石文字记》诸书，手一编不忍去。遇摩崖猎碣，

---

① （清）李调元：《方言藻》卷首，美国国会图书馆藏乾隆四十九年刊《函海》第20集。
② （清）李调元：《春秋三传比》卷首，美国国会图书馆藏乾隆四十九年刊《函海》第17集。

钟鼎铭款墟墓间物，无不殚心竭力，拾得片楮只字以为快。邠阳人来，不惜倾囊而购，甚而索之僧寮道院，乞诸友朋之笥箧。予之嗜好金石诚不让古人，而予之癖金石之名亦藉藉腾好事之口矣。丁酉，予在京都琉璃厂书肆买得抄本一册，不录书名，亦无编书人姓名，亟校行之。乙巳年归田后，陕西皋王兰泉先生讳昶者始以书来告曰，此书名《金石存》，乃吾乡博学宏词赵公讳撝所著，钝根老人其别号也。因亟以书名归之，而余之癖亦可借以少慰也夫。绵州李调元东湖撰。①

谢华启秀序

陆士衡《文赋》云"谢朝华于已披，启夕秀于未振"，以示作者选言于宏富之路，含咀英华，不落剿腐，即韩退之所云"惟陈言之务去"也。然非读书万卷，取精用宏，乌足以语于此哉。升庵先生杂采经子中语，加之镕冶陶铸成文，著为二字三字以及八字之目，名曰《谢华启秀》，洵考古者之宝山也。考《浙采遗书总目》云，国朝高士奇于内库废籍中得隋杜公瞻所著《编珠》一卷，叹为奇逸，因急取唐杜鄂之《岁华纪丽》及先生此书并镌以行于世，夫亦可谓欣赏之至矣。高本余未及见，今所刊者焦竑校本也，或较为完善云。童山李调元雨村序。②

升庵词品序

词者诗之余，宋元诗人无不工词者，明初亦然。李献吉谭诗，倡为新论，谓唐以后书可勿读，唐以后事可勿使，学者群焉信之，束宋元诗弗观，而词亦在所不道。焦氏编《经籍志》，二氏百家采辑靡遗，独置乐府不录，宜工者之寥寥也。升庵先生逸才绝代，绘古雕今，以风人之笔写才子之思，倚声按拍，必能与宋元人争胜。而传本绝少，岂风气使然与？抑以工词者必害诗而顾弃捐弗顾与？今观其所著《词品》五卷，辨晰源流，搜罗散佚，凡曲名所由始，流品所自分，罔不了然大备，一

---

① （清）赵撝：《金石存》卷首，美国国会图书馆藏乾隆四十九年刊《函海》第23集。
② （明）杨慎：《谢华启秀》卷首，美国国会图书馆藏乾隆四十九年刊《函海》第12集，又见道光《新都县志》卷16。

洗《花荌》《草堂》之剿习。此非工于词者而能之乎？即其诗集中所载《沅江》《罗甸》诸曲，虽未可以词名，而含宫咀商，骎骎乎大小弦迭奏而不失其伦焉。于此见先生手著之书其佚而不传者更多也。童山李调元序。①

墨池琐录题识

按《浙采遗书总目》载宋正字朱长文撰《墨池编》，分字学、笔法、杂议等八门。杨慎著《墨池琐录》，杂论书帖所录成说与己说各半，若以此少先生者。今朱书不见于世，未知其所谓成说者即朱正字之云乎，亦别有所本乎。先生著述等身，未尝拾人牙慧。即其论定之书，如《书画神品》《法帖神品目》《书品》三种，余现镌《法帖神品》入集中，不问古人有是作也。其二种虽尚未购得，然尝以先生自序《书品》之文考之，所云"钟嵘作《诗品》品以三，虞肩吾作《书品》品以九"，夫已有所作而不嫌与古人同名，知必有以异乎古所云矣。假其偶有蹈袭，则岂肯大书其目，以俟后人之明征其短乎。遗书之云，断不足信。予惧今之狎视此书也，故力为之辨。童山李调元雨村识。②

墨池琐录序

余尝于新都赵氏获睹升庵在滇寄杨夫人家书，不知真伪，其字体半仿子昂而近弱。今读《墨池琐录》所论书法具抑颜鲁公、米芾而推赵孟頫为得晋人法，则其景行可知矣。盖学焉而得其性之所近，未可以是为诟病也。向在同年汪鹿园家见原本四卷，今二卷，盖焦竑所并云。罗江李调元雨村撰。③

---

① （明）杨慎：《升庵词品》卷首，美国国会图书馆藏乾隆四十九年刊《函海》第15集，又见道光《新都县志》卷16。

② （清）李调元：《墨池琐录》卷首，美国国会图书馆藏乾隆四十九年刊《函海》第16集。

③ （清）李调元：《墨池琐录》卷首，美国国会图书馆藏乾隆四十九年刊《函海》第16集，又见道光《新都县志》卷16。

书画神品目序

李嗣真论右军书《太史箴》《乐毅论》其体正直,有忠臣烈士之象。《告誓文》《曹娥碑》其容憔翠,有孝子顺孙之象。《逍遥篇》《孤雁赋》有抱素拔俗之象,皆见义以成字,非一得以独妍,所谓品也。夫以一指一笔之用而随时变易,虽作者不自知其所以然,得不谓之神品可乎?退之尝目右军为俗书,右军且然,况在汉秦以上者哉。先生之作为此者,以见夫人诣力所至,不可强为,并非徒神奇其说以炫人也。童山李调元序。①

名画神品目序

人物本不相习,而精能之至,遂造神奇。僚之丸,秋之奕,养由基之矢皆是也。画亦何独不然?人有窃顾恺之画者,完其厨以示之。恺之自云,此画通神,飞去矣。是虽虎头痴语,亦有理趣可味。盖物有形必有神,古今画者皆曰传神。画至神,尽乎技矣。黄休复《益州名画记》以逸品居神、妙、能之上,宋徽宗则以神、逸、妙、能为次,以神足以兼逸,逸或不能尽神也。然则先生论画,举神品而独遗逸、妙、能,其亦不无见与。童山李调元序。②

金石古文跋

杨用修《金石古文》十四卷,刻于明嘉靖年,有永嘉省庵孙昭序。按升庵是编释《禹碑》《石鼓》及秦汉诸刻,收罗最富。然其中有因讹传误,不可不为订正者。如以《史晨碑》之"夫子冢"为"大子冢","鲁公冢"为"鲁公家",此承洪适《隶释》之讹也。以《张迁碑》之筹策为萧何,承都穆之讹也。今碑刻具在,可验。又如《韩敕碑阴》升庵颇讥《隶释》之误,今考汉碑文,与《隶释》所载本相合,而碑之两侧尚有题名,适固失载,升庵偶未之考也。至于五凤坟坛居摄诸刻皆存夫子

---

① (明)杨慎:《书画神品目》卷首,美国国会图书馆藏乾隆四十九年刊《函海》第16集,又见道光《新都县志》卷16。

② (明)杨慎:《名画神品目》卷首,美国国会图书馆藏乾隆四十九年刊《函海》第16集,又见道光《新都县志》卷16。

庙，系汉碑之近古者，俱不录，则又不无遗漏。调生虽晚，不敢以胡应麟辈为戒而遂附之，一辞莫赞也。罗江李调元童山跋。①

古文韵语序

升庵杂采古占繇铭识赞祝之词，为《古文韵语》一卷，引证博而音释详，好古者争先快睹。于以见昔人重文，而用韵之书，自六经而外，亦时见于他说也。然其间亦有不可强通者，则当略韵而取其文焉。或曰韵风度也，韵语与雅言训同，亦通。童山李调元雨村序。②

古今谚序

《古今谚》及《古今风谣》，乃升庵先生在滇采集诸书谚语以嬉目遣怀，非著书也。其孙刻之，焦氏因之，遂有单行本。其书本始于黄帝，考其首三条，则焦氏所附录先生论谚语而后人添入压卷者也，今仍之。按贾子引黄帝语，乃《巾几铭》《孔甲盘盂》书也，不可谓之谚。意者先生谓谚语所由起，故以之弁首乎。罗江李调元雨村撰。③

古今风谣序

人感于心而有言，犹风动物而有声。故《诗》曰"风诗，所以存鉴戒备观省也"。又曰"风，风也，上以风化下，下以风刺上，主文而谲谏，有讽劝之义焉，故亦曰风"。然则谣亦古诗之流亚与，若有为而发，又若无为而言，休咎之征，事后毕验。惜其多出自妇孺之口，词不雅驯，且其谈袄祥太悉，少温柔敦厚之意，故不曰诗而曰谣。然其感于风，则一也。先生之作为此者，盖以见正祥妖孽之兴，其由有自，而昔人所谓

---

① （明）杨慎：《金石古文》卷末，美国国会图书馆藏乾隆四十九年刊《函海》第 16 集，又见道光《新都县志》卷 16。

② （明）杨慎：《古文韵语》卷首，美国国会图书馆藏乾隆四十九年刊《函海》第 16 集，又见道光《新都县志》卷 16。

③ （明）杨慎：《古今谚》卷首，美国国会图书馆藏乾隆四十九年刊《函海》第 16 集，又见道光《新都县志》卷 16。

诗谶之说，其亦有所本云。童山李调元序。①

俗言序

有声则有字，有字则有形，有形则可措之而成语，书之而成文。雅俗虽殊，其中于六书之用一也。先生博取传载中通俗之言，无他意义可稽而为人之所习，不加察者，一一诠释，俾览者怡然解而涣然释，是可谓读书得间者乎。或曰，既以为俗言矣，而今人率不之道者，何也？曰，言语之用，视风土为转移。以南北人之殊，而语音遂至有不可晓者，况古今之辽远哉。余近亦有《方言藻》之作，杂取诗人习用之语编缀成篇。虽犹先生之志乎，而疏注之精，引据之博，视先生觉瞠乎后矣。童山李调元雨村序。②

俗言跋

《俗言》一卷，乃考订俗语之原本经传者，又记各书所载方言，注其出处。而《浙采遗书目录》云未详撰人姓氏。今按焦竑所刻《升庵外集》有《俗言》相同，因附刻于后。《俗言》一本作《俗语》，未详孰是。罗江李调元童山书。③

丽情集又序

《丽情集》一卷，《㾕集》一卷，皆升庵采取古之名媛故事，间加考证而成者也。以缘情而靡丽，故名之。按此书世无传本，得之丁小山。疑古今丽人尚多，所纂必不止此。然别无他本可校，姑存之，以备一种。罗江李调元雨村撰。④

---

① （明）杨慎：《古今风谣》卷首，美国国会图书馆藏乾隆四十九年刊《函海》第 16 集。
② （明）杨慎：《俗言》卷首，美国国会图书馆藏乾隆四十九年刊《函海》第 16 集。
③ （明）杨慎：《俗言》卷末，美国国会图书馆藏乾隆四十九年刊《函海》第 16 集，又见道光《新都县志》卷 16。
④ （明）杨慎：《丽情集》卷首，美国国会图书馆藏乾隆四十九年刊《函海》第 16 集，又见道光《新都县志》卷 16。

丽情集序

宋晁昭德《郡斋读书志》，宋张君房唐英编古今情感事，为《丽情集》二十卷。今其书不传，惟升庵有《丽情集》及《疢集》各一卷，意即补张唐之所未备者，散见于先生各说部诗话中。今合并梓行，庶可以归当日之全面目云。罗江李调元雨村序。①

墐户录序

《墐户录》，《千顷堂书目》及《经籍志》俱作一卷，而《说郛》所载才三叶。今于丁小山处得写本一卷，较向所见几五倍矣，足本也。是书所载多名物训诂诗词杂事，足资考证，因校行之。墐户者，取《诗》"塞向墐户"，盖记其著书之岁月也。罗江李调元赞庵撰。②

云南山川志序

《九邱》者，九州之志也。他如周处之《九州风土记》，宗懔之《荆楚岁时记》，随所闻见，编缀成书，俾后之览者得以详焉。先生谪居滇南，徜徉自适，随所登涉，作为《云南山川志》一卷，金马碧鸡，了如指掌矣。按先生在滇，著有《滇程记》《滇候记》二书，今皆失传。盖其沦落于荒凉毒疠之区，无可聊赖，寄情文研以自娱其志，亦可悲矣。然其书之存者，将令人脍炙于勿衰，则又未必非不幸中之幸也。童山李调元雨村序。③

丹铅杂录序

吴郡顾其志作《揽苣微言》，具载升庵以"丹铅"名录之义，谓中古犯罪者以丹书其罪，魏律缘坐为工乐杂户者，皆用赤纸为籍，以铅为卷轴。升庵名在赤籍，故寄意于此。然则是书之作，其在先生入滇以后乎。

---

① （明）杨慎：《丽情集》卷首，美国国会图书馆藏乾隆四十九年刊《函海》第16集。
② （明）杨慎：《墐户录》卷首，美国国会图书馆藏乾隆四十九年刊《函海》第16集，又见道光《新都县志》卷16。
③ （明）杨慎：《云南山川志》卷首，美国国会图书馆藏乾隆四十九年刊《函海》第16集，又见道光《新都县志》卷17。

观其名可想其志矣。考先生著书目录中以"丹铅"命名者凡十种,有《丹铅录》《总录》《要录》《摘录》《闰录》《余录》《续录》《别录》《赘录》等名,而《丹铅杂录》人多未之见。所见《说郛》则寥寥数页而已。余家旧有《杂录》十卷,其书不名一体,大率皆记注文字,笔之于篇,故曰杂也。独恨焦竑《升庵外集》之刻意在表章升庵而择之不精,遂至以《杂录》之半阑入《字学》中。不知所谓《字学》者,皆升庵韵书,如《转注》《古音》之类,非可以《杂录》混之也。余故取家藏本急刊之,以正焦氏之讹,而并撖"丹铅"命名之意于简端。童山李调元序。①

玉名诂序

古"玉"字无点,秦人作隶,谓与帝王字易混,故加点以别之。至写作偏旁,则仍去点而从王,从其朔也。郭忠恕云,今人作字,飞禽便当着鸟,水族即应安鱼,讥夫不明字义而专任偏旁者也。夫飞禽之从鸟,水族之从鱼,类也,而鱼为何鱼,鸟为何鸟,制字者各有名义所在。而概以鱼鸟统之,则曷不举羽虫三百六十而统名曰鸟,鳞虫三百六十而统名曰鱼?古人岂若此之陋耶。知王之为玉,而不辨其名称,不悉其器用,其与安鱼而知为水族,着鸟而知为飞禽者何以异耶。升庵先生有慨于此,而作《玉名诂》以示,意曰字必有物,物必有义。凡夫有名可称,有文可纪者,皆可作如是观也。至其引征博而记注详,则自读书考古中来,非可袭而取也。雨村李调元序。②

玉名诂跋

《玉名诂》一卷,见于元陶九成《说郛》,每条并列。考《升庵集》,则贯而成文,非另一书也。因陶氏已刻入《说郛》,故附刻,另为一种。

---

① (明)杨慎:《丹铅杂录》卷首,美国国会图书馆藏乾隆四十九年刊《函海》第12集,又见道光《新都县志》卷17。

② (明)杨慎:《玉名诂》集首,美国国会图书馆藏乾隆四十九年刊《函海》第16集,又见道光《新都县志》卷17。

童山李调元书。①

梓里旧闻序

　　罗江县旧无志，乾隆九年，邑令秀水沈公潜延余先君石亭公纂修。时兵燹初定，并无书籍可考，急于卒役，不及细访前代名家著述。今百余年来，本朝文教光昌，大开《四库全书》，重修《永乐大典》，于是内府秘藏几乎家有其书矣，此县志之所宜亟亟也。调元自归田以来，杜门读书，念日月之已逝，恐文献之无征，若不继前志而补前缺，恐一旦填沟壑，咎将谁归？爰取先君所纂旧志，遍加考订。又复于登山临水之余，坐小舆，携胥吏，由本州五邑，山巅水涯，凡有半碣残碑，自明以上者，莫不手自摹揭。家故有万卷楼，又复獭祭渔猎，夜以继日，互相校雠。并取州邑旧志，去其无征，摘其可据。历三寒暑，以成此书。其每条俱载原书之名，用朱竹垞《日下旧闻》例也。其所采金石文，具照式绘图于旁。其门则分沿革、城池、县署、名宦、各署、城内、东乡、南乡、西乡、北乡、人物、节孝、道释、技术、土产，共十五门，独不编艺文一门，俱附见于名胜古迹之后，以便查阅，皆低一格。其拙作诗文，亦间录于后。至调元偶有考证，则低三格附按焉。共十卷，名曰《梓里旧闻》，俟后之贤大夫他年纂修古绵总志，备刍荛之一采也。光绪本：此书原名《梓里旧闻》，因裁县改州，不言县志。今因复设罗江，故仍曰县志。其但言稿而不言撰者，盖欲俟诸贤大夫他年纂修古绵总志，备刍荛之一采也。嘉庆七年九月重阳前一日，雨村老人李调元。时年七十。②

反离骚序

　　《反离骚》一卷，汉扬雄所作。《离骚》一经，发于忠正，为百代词章之祖。淮南王安始为之传，班固、贾逵、王逸又为之章句。厥后晁昭德《读书志》所载吏部公又有《续离骚》《变离骚》诸书。独扬雄以奇逸之才因时发愤，作《反离骚》，其英辩藻思，闳丽演迤，直与《离骚》

---

① （明）杨慎：《玉名诂》集首，美国国会图书馆藏乾隆四十九年刊《函海》第16集。
② 嘉庆《罗江县志》卷首，又见（清）耿文光《万卷精华楼藏书记》卷47。

经并传不朽。自朱子附入《离骚》，而后世罕见单行刊本。因急为付梓，以广其传云。罗江李调元雨村序。①

翼庄序

晋郭象注《庄子》，人言郭注得庄妙处，果然，若文如海之疏、尹吉甫、王元泽之注远不逮矣。而世又谓向秀所为，象窃取之，或未必然。然要足以羽翼《庄子》，故曹元叔择其玄而又玄者为八十一章，名曰《翼庄》。惜世无善本，因力为雠校，以付梓焉。童山李调元鹤洲序。②

缉古算经跋

按《唐书·选举志》，制科之目，明算居一，其定制云：凡算学，《孙子》《五曹》共限一岁，《九章》《海岛》共三岁，《张邱建》《夏侯阳》各一岁，《周髀》《五经算》共一岁，《缀术》四岁，《缉古》三岁，《记遗》《三等数》皆兼习之。窃惟数学为六艺之一，唐以取士，共十经。《周髀》旧有刊本，余则世有不能举其名者。调半生求之，近得唐太史丞王孝通所著《缉古算经》一卷，系元丰七年秘书省刊板，字书端楷，雕镂精工，真稀世之宝也。每卷后有秘书省官衔姓名一幅，又一幅宰辅大臣，自司马相公而下，俱列名于后，用见当时郑重若此。因欲刊以公世，但焉得《海岛》《五经算》《缀术》三种，竟成完璧，并刻流布，俾数学不绝于世，所深愿也。绵州李调元雨村谨识。③

主客图序

唐张为撰《诗人主客图》一卷，所谓主者，白居易、孟云卿、李益、鲍溶、孟郊、武元衡皆有标目，余有升堂、入室、及门之殊，皆所谓客也。宋人诗派之说实本于此。求之前代，亦如梁参军钟嵘分古今作者为三品，名曰《诗品》，上品十一人，中品三十九人，下品六十九人

---

① （汉）扬雄：《反离骚》卷首，美国国会图书馆藏乾隆四十九年刊《函海》第1集。
② （晋）郭象：《翼庄》卷首，美国国会图书馆藏乾隆四十九年刊《函海》第1集。
③ （唐）王孝通：《缉古算经》卷末，美国国会图书馆藏乾隆四十九年刊《函海》第2集。

之例。然彼捃拾闳富，论者称其精当无遗。兹则落落，仅此数人，于唐代诗人中未及十分之三四。即所引诗人之诗，亦非其集中之杰出者。或第就其耳目所及而次第之，故不繁称博引也。余喜其名之旧，前人有引以入诗歌者，且是本与陈振孙《书录解题》所记符合，故刻以公世之闻其名而未见其书者。童山李调元序。①

续孟子题识

《续孟子》三卷，唐林慎思撰。慎思字虔中，自号伸蒙子，咸通中人。以《孟子》七篇非轲自著，而弟子共记其言，不能尽轲意，因传其说，演而续之。其书互见于《新唐书·艺文志》、郑樵《通志》、马端临《经籍志》《宋史·艺文志》《崇文书目》、陈振孙《直斋书录解题》、王应麟《玉海》、焦竑《经籍志》、胡应麟《少室山房笔丛》。宋咸淳中，裔孙元复曾为校梓，莆田刘希仁序。朱彝尊《经义考》拟经十二，今存。是书得之太史周永年书仓家，首尾完善，足本也。按黄虞稷《周在浚征刻唐宋秘本书目》云，慎思闽之长乐人，唐水部郎中。黄巢寇长安，不受伪命，死之，惜新旧《唐书》俱不为立传云。绵州李调元雨村识。②

伸蒙子跋

《伸蒙子》三卷，唐水部郎中长乐林慎思虔中撰。上卷《槐里辩》三篇，中卷《泽国记》三篇，下卷《时喻》二篇。书成，筮得《蒙》之《观》，因以名，有咸通六年自序。其书互见于《新唐书·艺文志》、郑夹漈《通志》、陈振孙《直斋书录解题》。今从周书仓借书园抄得之。其书中有䍩㠜洢湉䃅䂿䂿柳穏甋甀等字，各有解说，谓不忘山水，方事弓甲，起家于耒，自隐于陶之意，有《通鉴考注》可证云。绵州李调元赞庵识。③

---

① （唐）张为：《主客图》卷首，美国国会图书馆藏乾隆四十九年刊《函海》第2集。
② （唐）林慎思：《续孟子》卷首，美国国会图书馆藏乾隆四十九年刊《函海》第2集。
③ （唐）林慎思：《伸蒙子》卷末，美国国会图书馆藏乾隆四十九年刊《函海》第2集。

易传灯跋

《易传灯》四卷，从《四库书录》得副本，弁首有宝祐丁巳徐子东序，但称先君宝庆间作《周易大义》，继作《衍义》《续心传灯》。而遍考陈振孙《直斋书录解题》及朱竹垞《经义考》、《千顷堂书目》，既称富矣，俱未著录，信乎古人著作之多佚也。珠光剑气，不肯久沉，得之不啻卿星卿云，急梓以公同好。但称徐氏，仿阙文之例云。绵州李调元跋。①

敷文郑氏书说题识

《书》自孔子刊定，所存仅百篇，帝王之规范悉备。不幸火于秦，传注于汉，而尧、舜、禹、汤、文、武传授之奥旨与夫皋、益、伊、傅、周、召警戒之微机，虽老师宿儒皓首穷经，枝词蔓说汗牛充栋，曾不能仿佛其万一而无所考证。至于今千有余岁，然心本同然，理不终泯。自伊洛诸先生力寻坠绪，远绍正学，而敷文郑公得其传焉，探圣贤之心于千载之下，识孔子之意于百篇之中。虽不章解句释，而抽关启钥，发精微之蕴，深功极至，要皆诸儒议论之所未及，亦可谓深于《书》者欤。学者于此优游玩味之，则思过半矣。绵州李调元识。②

古文尚书证讹序

《尚书》古今文之说聚讼纷纷，王文宪作《书疑》，章如愚作《书辨》，若于古今文两有所不居者。晦翁传注几遍六经，独谓《尚书》多错简脱文，难可强通，是以命门人蔡沈注之，取便经生而已。夫古文自安国作传，以巫蛊事不得上闻，故未尝列于学官。至唐孝明时，不喜古文，改从今文，而古文遂绝。惟梅赜分《舜典》于《尧典》之中，其篇名固可考而知耳。今文出伏羲口授，大司农北海郑康成为之作注，说者谓是其徒欧阳、张生之徒杂记所闻，未必即当时本书。而郑注固其最初者也。

---

① （宋）徐氏：《易传灯》卷首，美国国会图书馆藏乾隆四十九年刊《函海》第3集。
② （宋）郑伯雄：《敷文郑氏书说》卷首，美国国会图书馆藏乾隆四十九年刊《函海》第3集。

前人以书文出之口授，不无讹舛，其说最为切当。然载籍征引，可考而知。即郑注亦多有与他书异同之处，因加案以析之，窃附校书之末。至其义蕴闳深，则有不敢强为置喙者。敢谂高明详加论辨。童山李调元序。①

苏氏演义序

苏鹗字德祥，秦之武功人。唐光烈二年进士，作《苏氏演义》一编，陈振孙称其考究书传，正订名物，辨讹正误，有益见闻，尤梁溪以家藏本刻之。今尤本传布绝少，予数求之不得。忽从友人处借得钞本，因急为梓行。童山李调元序。②

程氏考古编序

《考古编》者，宋程大昌所杂论经义异同及记传谬误而作也。大昌字泰之，休宁人，绍兴二十一年进士，历官权吏部尚书，出知泉州，以龙图阁直学士致仕，卒谥文简，事载《宋史》本传。大昌深于经术，学问湛深，于诸经皆有论说，于易学尤精。所著有《易原》一书，苦思力索，四年而成，其学力可知矣。此书于各经皆反覆推阐，务明大义。如论刑官之象魏，张掖之鲜水，以及《荀子》子弓之非馯背，汉章怀太子之注段颎，皆确有典据，非泛为摭拾，与郑樵辈之横议相去不知几何。其于洪迈之《容斋随笔》固不相亚也。大昌所著尚有《演繁露》十六卷，《续》六卷，已有刊本。惟是本互相传写，故先校行云。罗江李调元雨村撰。③

乌台诗案序

《乌台诗案》一册，宋陈振孙《直斋书录解题》作《乌台诗话》十

---

① （清）李调元：《古文尚书证讹》卷首，美国国会图书馆藏乾隆四十九年刊《函海》第3集。
② （唐）苏鹗：《苏氏演义》卷首，美国国会图书馆藏乾隆四十九年刊《函海》第3集。
③ （宋）程大昌：《程式考古编》卷首，美国国会图书馆藏乾隆四十九年刊《函海》第3集。

二卷，蜀人朋九万录东坡下御史狱公案，附以初举发章疏及谪官后表章书启诗词等而成之者。今所得宋本合为一册，不分卷次。案《百川书志》载《乌台诗案》一卷，云宋祠部员外郎、直史馆、知湖州遭时群小构成诗祸拘禁之卷案也。据此，则是书流传有二本。此本遇"朝旨"等字俱下抬头，其为宋人足本无疑。谪官后文乃后人附益之耳。盖此为《百川书志》所见之本，非《直斋书录解题》所见之本也。绵州李调元雨村识。①

藏海诗话序

诗尽于唐，而唐人无所谓诗话之目也。历考书目，有"诗格""诗式""诗评"等名。自宋欧阳氏作《诗话》一卷，司马光有《续诗话》一卷，其自序云："欧公文章声名虽不可及，然纪事一也，故续之。"此外苏轼、刘攽、陈师道、叶梦得俱有传本，洵属度人津筏。其书世多有之，余从友人处借得宋人吴可《藏海诗话》一卷，诸所论列皆唐宋人诗而不及汉魏，且多近体而鲜及乐府、歌行，固于此道中仅涉藩篱者。然其所言皆中窾会，初非若茫无所见之徒夸擶拾也。因为序而刊之，以附欧、马诸贤之后。童山李调元序。②

月波洞中记跋

按以上九篇，原序称老子题于太白月波洞壁，唐任逍遥得之，因以为名，其说荒诞不足辨。然其论相人之术颇精，词亦近古，且九篇之末有"宋政和九年潘时竦校正"题跋一行，则此书在宋以前只此一卷。今所得写本分二卷，以此九篇为上卷，而下卷词多冗杂鄙俚，其为后之术家所附益无疑，殊为乱古。故只录为一卷，余俟有力时再续刊为附录可也。原序赤乌，吴孙权年号也。雨村李调元跋。③

---

① （宋）朋九万：《乌台诗案》卷首，美国国会图书馆藏乾隆四十九年刊《函海》第4集。
② （宋）吴可：《藏海诗话》卷首，美国国会图书馆藏乾隆四十九年刊《函海》第4集。
③ （吴）张仲远：《月波洞中记》卷末，美国国会图书馆藏乾隆四十九年刊《函海》第4集。

颅囟经序

《颅囟经》二卷，考之历代史志，自《唐书·艺文志》以上皆无此名。至《宋·艺文志》始有《师巫颅囟经》二卷著于录。今检此书前有序文一篇，称王母金文黄帝得之升天秘藏金匮，名曰《内经》，百姓莫可见之。后穆王贤士师巫于崆峒山得而释之云云。其所言师巫与《宋志》合，当即此本。王砅《素问注》第七卷内有"师氏藏之"一语可证。其名"颅囟"者，按首骨曰颅，灵盖曰囟，殆因小儿初生，颅囟未合，证治各别，故取以名其书。首论脉候至数之法，小儿与大人不同。次论受病之本与治疗之术，皆极中肯綮，要言不繁。次论火丹证治，分别十五名目，皆他书所未尝见。其论杂症，亦多秘方，非后世俗医所可及。盖必别有师承，故能精晰如此。《宋史·方技传》载乙妃以《颅囟经》著名，至京师视长公主疾，授翰林医学。钱乙小儿科冠绝一代，而其源实出于此，亦可知其由来者远矣。旧目厘为二卷，今梓以行，俾不至无传于后焉。雨村李调元序。①

翼玄跋

宋张行成所著《翼玄》十二卷明扬子云《太玄》之学，今恭避庙讳，作《翼元》。李心传云，临邛张子饶名行成，乾道间为兵部郎中，盖以字行也。先生精于《易》，而尤妙于《玄》。了翁所称七书不尽传者，予家有其五，而《翼玄》世尤未见。今先刊行，以广惠士林云。绵州李调元跋。②

江淮异人录题识

录中载道流侠客术士之类凡二十五人，与陈振孙《书录解题》所纪小异。虽其迹涉不经，儒者或不之道，而理之所无，事或有之。且其纪载质直，能以文言道俗事，亦足窥作者一斑云。雨村李调元识。③

---

① （汉）佚名：《颅囟经》卷首，美国国会图书馆藏乾隆四十九年刊《函海》第4集。
② （宋）张行成：《翼玄》卷首，美国国会图书馆藏乾隆四十九年刊《函海》第5集。
③ （宋）吴淑：《江淮异人录》卷首，美国国会图书馆藏乾隆四十九年刊《函海》第6集。

青溪弄兵录序

青溪者，今浙江淳安县也。宋属睦州，字当作"青"，作"清"者误也。书纪宣和中方腊寇睦州事，为宋王弥大所辑，分前后二篇，前篇采之方勺《泊宅编》，彼编采之《续会要》第二百文十三卷《出师门》中，自识称"嘉泰元年夏在金陵时，命表侄陈知新摘录，以备参考"，盖裒合旧文，非自撰也。弥大字约父，爵里未详。曹溶《学海类编》又摘勺《宅编》方腊事，改题《青溪寇轨》，则踵弥大之故智，不足观矣。罗江李调元。①

省心杂言跋

《省心杂言》一卷，宋直敷文阁怀州李邦献撰。邦献为太宰邦彦之弟，南渡后历位通显，而史阙其传。是书在宋有临安刊本，题为林逋著，或又以为尹焞所撰。至宋濂跋其书，则谓逋固未尝著书，焞亦因和靖之号偶同而误，皆非其实。而王佖所编《朱子语录续类》内有《省心录》，乃沈道原作之文，必有所据，当定为沈本。陶氏刊《说郛》一书，所存者仅寥寥数条，亦署林和靖作，众说纷纭，迄莫能定。今全本共二百余条，盖依宋时椠本录入。前有祁年宽、郑望之、沈浚、汪应辰、王大宝五序，后有马藻、项安世、乐章三跋，并有邦献孙岐冈及四世孙景初跋三首，皆谓此书邦献所作。岐冈且言曾见手藁，而辨世所称林逋之非。其言出于李氏子孙，自属不诬。而王安礼为沈道原作墓志，具列所著《诗传》《论语解》等书，并无《省心杂言》之名。宋濂遽因《朱子语录》而定为沈作，盖亦考之未审也。其书切近要质，而能该于范世励俗之道，颇有发明。谨厘正舛误，定为李氏之书，而考证其异同如此。李调元雨村跋。②

燕魏杂记序

昔人尝论说部书唐不如汉，宋不如唐。后人视宋犹视汉唐也，盖非

---

① （宋）王弥大：《青溪弄兵录》卷首，美国国会图书馆藏乾隆四十九年刊《函海》第6集。

② （宋）李邦献：《省心杂言》卷首。

徒计较文字之工拙，亦以去古近而纪注必真，故其传可久耳。吕忠穆颐浩当建炎复辟之时，贤劳尽瘁，载在史乘。左宣教郎臧梓为撰《勤王记》一卷行世，忠穆亦尝著有《答客问》等书，鲜有传本。余独得其《燕魏杂纪》一卷，所论皆燕魏间事，或者当时驰驱王事，马足所经，随笔纪录，如余嵘之《使燕录》，范成大之《揽辔录》之类。亦间有谈及王安石诸人事者，俱关事实，固凿然可传也矣。童山李调元序。①

龙洲集序

《龙洲集》非《斜川集》也。客曰：如是，则序《龙洲》足矣。而又言《斜川》，何也？曰：一以正书贾之伪本，一以存叔党之集名也。《斜川集》十卷，见《文献考》，世无传本。王渔洋《香祖笔记》称，康熙乙酉，有书贾来益都之颜神镇，携《斜川集》，仅二册，价至二百金有奇。惜未得见之，今不可知。此本染纸作古色，补镌乌丝，假镌虞山汲古阁毛晋印章，世皆信为《斜川》真集久矣，不辨其伪矣。考晁说之作《苏过墓志》，过卒于宣和五年。此集中所称乃嘉泰、开禧年号，且周必大、姜尧章、韩侂胄俱南渡后人，过何从见之？其乖剌不辨而知也。客曰：然则何人集也？曰：此宋刘过改之集也。书贾因过同名，冒题为《斜川》以渔利也。然则何以不竟题《龙洲》而言《斜川》，何也？曰：余蜀人也，所以辨《斜川》之集名。且皆宋人文集也，读者只作《龙洲集》读之足矣。余于是有深感也。文忠之裔，至求其真集而不得，所谓"虽无老成人，尚有典型"也。故附录王明清《挥麈后录》于左，以见宣和五年卒之真，而并校天下之刊本、抄本，其皆伪本云。罗江李调元。②

日闻录序

元李翀《日闻录》一卷，杂纪闻见，多所正定。其书不专一时一事而言，盖亦随笔纪载者，故曰日闻也。第其名不见于志目录书中，岂以卷帙之少而遗之与？余于书肆中购得明人写本，因为校刊之，期不没前

---

① （宋）吕颐浩：《燕魏杂纪》卷首，美国国会图书馆藏乾隆四十九年刊《函海》第9集。
② （宋）刘过：《龙洲集》卷首，美国国会图书馆藏乾隆四十九年刊《函海》第9集。

人之用心焉尔。卍斋李调元序。①

吴中旧事序

《吴中旧事》一卷，元陆友仁撰。友仁字辅之，吴郡人。此书盖纪其乡之佚闻旧迹，以补地志之阙者，其体例则小说家流也。其中如辨吴会、吴下之名及陆贽墓、张籍宅、和令坊、高彪碑之类，皆足以资考证。又如纪陈长方、潘兑事，纪朱勔事，亦足以资法戒。其他如范纯佑、慕容岩卿事，颇为不经，李璋事亦颇猥琐。然古人杂记之书类多如是，不足为友仁訾也。惟所载《鹿苑台铭记》云"永和七年，陆玑建碑，王羲之书"，则二人时代邈不相及，殊失之于不考耳。友仁尝著《研北杂志》一书，久行于世，惟此书传本绝稀。自序称参记旧闻一百余事，今所存祇九十三条，且字句时有讹脱，谨于其可考者各校正之，存备说部之一种，固愈于他小说之荒唐悠谬，不轨于理者焉。绵州童山李调元雨村识。②

升庵经说题识

按：《升庵经说》，《千顷堂书目》作八卷，注云："一本作六卷。"今焦竑刊本作十四卷，多至倍余，盖皆后人抄逸，而此独完善，洵足本也。先生雄才博雅，精于考证，为有明一代之冠。余刻诸说郛书，遇蜀人尤加意搜罗，梓而行之，使读者得以畅睹其全，知胡应麟辈之《正杨》为蚍蜉之撼大树也。童山李调元雨村识。③

均藻序

先生韵书，予所梓行凡数种，《哲匠金桴》《古音骈字》《古音复字》各五卷，博奥淹雅，不相假借而自成一书，观海者固已望洋叹矣。乃复有《均藻》四卷，奇文绮语沓至纷来，如读人间未见之书。而其引征宏富，焜耀心目，又如入宝山者之应接不暇也。此才可斗石计耶？故并镌

---

① （元）李翀：《日闻录》卷首，美国国会图书馆藏乾隆四十九年刊《函海》第10集。
② （元）陆友仁：《吴中旧事》卷首，美国国会图书馆藏乾隆四十九年刊《函海》第9集。
③ （明）杨慎：《升庵经说》卷首，美国国会图书馆藏乾隆四十九年刊《函海》第11集。又见道光《新都县志》卷16。

之，以见先生之才之大。童山李调元序。①

哲匠金桴序

《哲匠金桴》抉艳词林，搜奇笔海，上溯《邱》《索》纬书，旁及释老小说，凡可入韵语者，靡不罗括殆尽。在先生著述中虽沙界之一沤，实泛诗涛者之仙槎也。向有焦竑刊本，原序谓得自先生手录，复加厘正，最称善本。惜传布不广，学者恨之。予从周书仓太史斋头获见焦本，因亟借刊之，以广其传。童山李调元序。②

希姓录序

予读朱竹垞《翰林年谱》，见翰林十六七岁时，王廷宰鹿柴历举数十古人名属之对，对皆工整。王曰："此人必以诗名世，取材博矣。"盖读书记事迹较易，记姓名较难。尝见人谈往事始终胪列，独至不能举其姓名为恨。所谓博闻强记者，安在也。兹阅先生《希姓录》一编，姓率隐僻，人亦不少概见，非如昔人所云暗中摸索而自知者。惜不令好古者与上下其议论，其服膺又当何如也。童山李调元序。③

升庵诗话序

昔人于书非徒诵说之而已，将必以心之所欲言、口之所能达者笔之于册，流连览观，以示弗谖，久之而所得蔼然焉，取精用宏，直此之故。明自正、嘉以来，言诗者一本严羽、杨士宏、高棅之说，以唐为宗，以初盛为正始正音，中晚为步武，遗响斤斤，权格调之高低，必一于唐而后快。甚或取诗之先后乎唐者，皆庋阁勿观。呜乎！亦思唐人果读何书，使何事，而遂以成一代之作者已乎。升庵先生作诗不名一体，言诗不专一代，兼收并蓄，待用无遗，而说者或以繁缛靡丽少之。韩退之不云乎，"惟古于文必己出，降而不能乃剽贼。"试观先生之诗，有不自己出者乎？

---

① （明）杨慎：《均藻》卷首，美国国会图书馆藏乾隆四十九年刊《函海》第 13 集。
② （明）杨慎：《哲匠金桴》卷首，美国国会图书馆藏乾隆四十九年刊《函海》第 13 集。
③ （明）杨慎：《希姓录》卷首，美国国会图书馆藏乾隆四十九年刊《函海》第 14 集。

先生之论诗，有不自己出者乎？知其自己出而犹以是讥之，是犹责衣之文绣者曰"尔何不为袒褐之不完"也，责食之膏粱者曰"尔何不为藜藿之不充"也，其亦惑之甚矣。按何宇度《益部谈资》载先生《诗话》四卷，《补遗》二卷。予得焦竑足本十卷，盖皆先生心之所欲白而口之所能言也。读者谓先生言人之诗也可，即谓先生自言其诗也亦可。童山李调元序。①

升庵诗话补遗跋

考千顷堂《升庵诗话》四卷，《补遗》二卷，前得焦竑刊本，共十二卷，系合先生《诗话》汇刻以便观览，故为足本。后得《诗话补遗》二卷，乃先生自订本，所校者门生曹命、杨达是，其中多有焦氏所遗漏，因急补刻。其为焦氏所并入者，则因次标注于下，庶前后两集本来面目皆见。绵州李调元跋。②

异鱼图赞序

范正叔《遯斋闲览》云："海中异物不知名者，人大抵以状名之。"此升庵《异鱼图赞》所由作也。先生博学多闻，山经地志，无书不窥。故其赞异鱼也，怪怪奇奇，一收之宏深肃括之笔，可谓富矣。然观卷首一条，引元儒南充范无隐说："《庄子》云'北溟有鱼，其名鲲'，此寓言也。以至小为至大，便是滑稽之开端。后人不得其言诠，郭象之玄奥沉思亦误，况司马彪辈乎？后世禅宗衲子却得其意，故有'龟毛兔角，石女怀胎'，'一口汲尽西江水，新罗日午打三更'之偈，亦可信以为实耶？余尝谓天地乃一大戏场，尧、舜为古今大净。千载而下，不得其解者，皆矮人观场也。"据此，则所谓异鱼亦非尽实矣。然则此书其殆先生有感而作乎。明末安县胡世安有《异鱼图赞补》三卷，《闰集》一卷，复有《笺》四卷，采注可谓博矣，余为之刊行。噫！如世安者，不得解而

---

① （明）杨慎：《升庵诗话》卷首，美国国会图书馆藏乾隆四十九年刊《函海》第15集。
② （明）杨慎：《升庵诗话补遗》卷首，美国国会图书馆藏乾隆四十九年刊《函海》第15集。

必求解，亦可谓矮人观场矣。罗江李调元雨村撰。①

易古文序

东京荀、刘、马、郑皆传费氏易学，王弼最后出，亦祖费氏。乃欧公见王氏易学，遂谓孔子古经已亡。试思刘向以中古文《易经》校施、孟、梁邱经，或脱"无咎悔亡"四字，惟费氏经与古文同，然则古经何尝亡哉。按唐郭京撰《周易举正》，称京家藏王弼手抄《周易》本及石经，校正一百三十五处、二百七十三字。如《涣》之繇"利涉大川"以下有"利贞"字，而象词无之，则增入；《渐》之繇"如女贞吉"下无"也"字，而象词有之，遂削去。彼盖以繇与象相证，有阙漏处，可推而知，故托言如此耳，实非别有确证也。余从讲《易》之余，多集古本，互相考质，其有文字异同之处，随时笔记，久且裒然，因刊之，以与博古君子共焉。童山李调元序。②

醒园录跋

升庵之刻，实先大夫意也。先大夫石亭公每为调言，蜀之以博学闻者无过新都，著书之富，独有千古。惜多散佚，除世所传文集及《丹铅总录》而外，无一见者。壬申官浙，曾向天一阁借抄数本，今亦缺略。戊寅归蜀，买书一船，而新都集尚未得其全。此后簿书鞅掌，恨不能搜其全集，俟有力时为之一刊，诚快事也。汝曹志之。调受命唯谨。自通籍后，得以遍交江浙翰苑名流，因时加访求，得四十七种如左，先刊以行，所以竟先大夫未竟之绪也。殚心竭力，虽未尽获全搜，亦可见豹一斑矣。余发如此种种，回忆趋庭诗礼，毫无一得，所云善继善述者安在乎。然耄而好学，古人所称。行将归老醒园，时携一箧以自益，亦收桑榆之一策也。以意始于先大夫，因以先大夫手著《醒园录》二卷附刻于升庵四十种之后。非敢云并传不朽也，亦借以存手泽云尔。醒园者，先

---

① （明）杨慎：《异鱼图赞》卷首，美国国会图书馆藏乾隆四十九年刊《函海》第16集。
② （清）李调元：《易古文》卷首，美国国会图书馆藏乾隆四十九年刊《函海》第17集。

大夫之别业也。男调元恭跋。①

尚书古字辨异序

余家有日本山井鼎讲官物观所著《七经孟子考》写本，文中有《尚书古字》一册，大抵见采之金石隶篆各书有关于《尚书》者，纂而集之，分篇摘录，并注今文于下，诚异本也。余复据各书互相校订，庶以补各字书之未备云。罗江李调元。②

童山诗音说序

《诗》之音韵，自汉许氏《说文》而外，魏晋以来有之。陆氏《释文》，穷经者所不能外也。其于诸传注之外，博采前人音义，殆无遗剩。如《诗》则毛、郑既或异读，又兼取申、王、韩诸家以及徐邈、沈重之音，可谓精备。故后来为字韵者莫不本之，如《集韵》《韵会》等书是也。尝曰古人韵缓，不须改字，诚读《诗》之要旨也。舍此而更为异读，不知何本矣。朱子遵毛、郑之旧而不用《释文》，何哉？夫三百篇，今人诗词之祖也。经内有习见字而传、注别解者，《释文》音切及吴棫《韵补》可考也。尝读《诗》音切以及叶韵，有心不安者，未敢附会，辄不揣固陋，摘其音读之误，每篇略举数端。至于俗字相沿，经史互异，亦概及焉。曰《诗音说》，以其要于《诗》之音韵为多也。罗江李调元。③

春秋左传会要序

《左传》，传也，而列于经，故汉儒专治之。自汉以来，人手一卷，亦既自谓握灵蛇珠矣，然而鲜有能尽其蕴者。杜元凯号称"《左》癖"，亦不过句梳而字栉之，俾读者晓然易解。而其中义蕴之闳、包含之富，则亦不能无遗焉。余于是书原未尝有所窥测，第自束发受书，即已肄业

---

① （清）李化楠：《醒园录》卷末，美国国会图书馆藏乾隆四十九年刊《函海》第17集。

② （清）李调元：《尚书古字辨异》卷首，美国国会图书馆藏乾隆四十九年刊《函海》第17集。

③ （清）李调元：《童山诗音说》卷首，美国国会图书馆藏乾隆四十九年刊《函海》第17集。

及之，止欲借以为帖括助。而习熟既久，偶能综贯，随以己见书之于册。比从书簏中检得马氏《事纬》，适协余心，因再加厘订而别为一书焉。若谓余有所会心而居然得其要领也，则岂敢。雨村李调元序。①

周礼摘笺序

郑康成注《周礼》一书，最为典核，而凡注中于经文□本□□□字，则注未之详。盖先生之意实以某字当从某字□。今□□其经文互异字，摘加笺注，有志于古者所宜尽心也。罗江李调元雨村撰。②

《周礼》，古《周官》底簿也，汉武帝时始出。贾氏以为始皇严加禁绝，故其出独后者，非也。北宫锜问周室班爵禄之制，孟子谓诸侯恶其害己，而皆去其籍。是战国时《周礼》已不传于世矣。孟子且不见，汉世焉得而有之乎。自河间献王得之，遂入秘府，犹未甚显。至成帝时，刘歆始著于《录略》，于是马融作《周官传注》以授郑玄，玄复网罗众家为之注，于是《周礼》盛行，其注详矣。顾其经文中互异之字，则未之兼注也。窃以古本相沿，必有取义，或从古，或从今。当就其义之长以折衷于一，庶乎周公治太平之遗意不至陨坠。余尝作《周礼笺》十卷，简明详说，不但便于诵读，而《周官》之制大纲节目皆备焉。善读之，亦可晓然于朱子"运用天理烂熟"之言矣。复以其余摘取注中经文互异之字而笺之，以折衷于一，盖亦有志于古者之所必考也。夫《周官》虽去其籍，而出自汉儒，去古未远，又安知郑之所网罗众家之注之无战国以前之人乎？余故曰：《周礼》者，古《周官》底簿也。罗江李调元童山撰。③

月令气候图说序

《月令》载于《吕览》，大都纪候之书，不过《周官》中一事耳。然

---

① （清）李调元：《春秋左传会要》卷首，美国国会图书馆藏乾隆四十九年刊《函海》第17集。

② （清）李调元：《周礼摘笺》卷首，美国国会图书馆藏乾隆四十九年刊《函海》第17集。

③ （清）李调元：《周礼摘笺》卷首，清乾隆绵州李氏万卷楼刻，道光五年李朝夔校补本《函海》第25函。

千百年民咸用之，诚不以人废言也。唐李林甫讥吕氏纂辑旧仪，以孟春日在营室，有拘恒检，无适变通，乃更定节候，乱其篇次，增益其文。顾以天气上腾、地气下降为一候，闭塞而成冬为一候，此固弄獐杖杜之故智，不足当通人之一笑者。窃以巢居知风，穴居知雨，将雨而鱼唫，将风而鹊下，鸡知将旦，鹳知夜半。微物何知，尚关占候，况乎天时之寒暖，民事之先后，与夫鸟兽草木之凋荣，尤大彰明较著，虽农夫野老类能言之而能知之者乎。自唐以后，言《月令》者无虑数十百家，卒皆驳李氏而从不韦之旧，亦间有发抒己见，有所广益者。予暇即会萃其意，删繁薙芜，衷以鄙见而为之说，并冠《中星气候图》于首。则凡阴阳消长，景物移易，星辰出入，无不可按图而知之，或于是书之旧不无小补云。又按钱氏轵著《月令说》，谓《月令》于刘向《别录》属《明堂阴阳记》，则是篇本古明堂遗制，吕氏从而录之。而蔡邕、王肃、张华皆言是周公作，或必有据云。童山李调元序。①

官话序

官何以话也？曰，话居官之事也。其事有三，一曰等威之事，同一阶级而称谓之间有昔大而今小，昔小而今大者。二曰刀笔之事，同一批饬而文移之例有宜上而不宜下，宜下而不宜上者。三曰法令之事，同一条例而刑名之烦，有有其名而无其实，有其实而无其名者。盖今之官所有之事皆昔之官所有之事也，援古证今，穷源溯流，故曰《官话》，非越人秦言，齐人楚咻之谓也。士人服古入官，岂入官而反不知服古欤？《论语》云，仕而优则学，学而优则仕。为官者苟能奉此一编，触目警心，随时体察，则即以为居官之指南亦无不可。蜀李调元童山撰。②

东海小志序

余备员通永，与盛京接壤之山海关即海之东海也，每因干至其地，

---

① （清）李调元：《月令气候图说》卷首，美国国会图书馆藏乾隆四十九年刊《函海》第17集。

② （清）李调元：《官话》卷首，美国国会图书馆藏乾隆四十九年刊《函海》第19集。

见物产饶裕，多关内所不数数觏者，因略志数种，以备博物之君子采择焉。非海物也，而冠之海，海壤之交也。罗江李调元。①

出口程记序

乾隆四十六年辛丑四月初三日酉刻，接制军檄，委热审热河所属之承德府七州县本年秋谳，即蠛被于初四日黎明自通州启行。窃惟热河旗民交处，地方辽阔，周环二千五百余里，向未设有州县，惟置理事同知通判管辖。乾隆四十三年，奉旨改六厅为六州县，改热河同知为承德府知府以统之。其六厅，一曰喀喇河屯，今改滦平县；一曰八沟，今改平泉州；一曰塔子沟，今改建昌县；一曰三座塔，今改朝阳县；一曰乌兰哈达，今改赤峰县；一曰四旗厅，即土城子，今改丰宁县。向例，各道秋谳，俱解省审勘。热河所属以途远，解囚为难，每年由臬司详请邻近口北道亲诣各州县审录。已委永观察保，以避嫌，委霸昌祥观察翢。又以护送兵差，改委通永道代之。秋审大典，覆勘者，所以重慎重民命，恐有冤抑。而六州县山川风俗向所未经，非因公不易至其地。用是夙夜匪懈，不遑安息。秋谳之余，所有道里风土，随日记载，亦观俗之一端也。以在古北口外，故曰《出口程记》。乾隆四十六年四月二十四日，雨村记。②

南越笔记序

举□□□以谈天，语辨而失于诬；指塂剽沙堨以言地，辞强而背于理。载笔者间收之水经国志，聊存一时应对之捷，其去多识之学水火也。夫自虞帝明庶物，孔门讲格致，而后之儒者遂不厌详悉，举凡峙流夭乔、翾飞喙息之俦，无不欲各尽其情实而自成一家言。如嵇含之《南方草木状》、范成大之《桂海虞衡志》，以暨《岭表录异》等篇，大抵皆足补《禹贡》厥包实竹笋之名，《职方》其畜为鸟兽之异。其为五岭九

---

① （清）李调元：《东海小志》卷首，美国国会图书馆藏乾隆四十九年刊《函海》第19集。

② （清）李调元：《出口程记》卷首，美国国会图书馆藏乾隆四十九年刊《函海》第20集。

溪，搜奇矜异，洵哉不少遗漏。远游者夸奥博，土著者务精核，后之人纵有闻见，又何加焉。虽然，时有古今，则物亦有显晦。今即以东粤论，如瓯逻巴之入市献琛，前古所无；南越王之桂蠧火树，于今未有。即此以推，固不可以泥于前古，或志或不志矣。予自甲午典试粤东，惜所游览仅五羊城而止，虽欲征之前贤所记而未逮也。岁次丁酉之冬，复来视学，此古太史辀轩采访之职也，遂得遍历全省诸郡县，可以测北极之出地以占时变，可以乘破浪之长风以穷海隅，可以审扶荔之不宜于北土，可以征灵羽之独钟于丹穴。幽渺而至五行符瑞所不及载，载而莫阐其理者，亦可以征信而核实。畴见昔人著述，诧为怪怪奇奇、惊心眩目者，至是又不觉知其或失则诬，或当于理，而因为之弃取焉，且因为之上下草木鸟兽，各纵其类焉。书成，计一十有六卷。敢曰《尔雅》注鱼虫，壮夫不为也，亦聊以广箧中之见闻尔。绵州李调元雨村撰。①

通俗编序

予前在南海，曾辑《制义科琐记》刊行。制义科者，今之乡会两闱也。我朝于科举最重，得人最盛，场屋佳话，士林每津津乐道之。因于獭祭之下，采其稍涉新异者，汇为前编，以资麈谈。而于制义设官取名沿革之制，尚未详备也。因备检案牍，续为此编。举汉唐以来，损益废兴，画如列眉。于俚俗之言，亦历历稽之载籍而不爽，后之博雅者知所考焉。夫制义之设也，所以代先圣立言，非以取士也。而士之所以进身，非制义科无由焉。诚使身列儒林者循其名必核其实，则由士希贤，由贤希圣，庶几不负乎设科之美意也夫。绵州李调元童山甫撰。②

雨村诗话序

古人诗话类多摘句，以备采取。唐宋而降，指不胜屈矣。余非敢然也，但自念生平于诗有酷嗜，而以日以月，总觉前此之非。古人云："医

---

① （清）李调元：《南越笔记》卷首，美国国会图书馆藏乾隆四十九年刊《函海》第22集。

② （清）李调元：《通俗编》卷首，清乾隆绵州李氏万卷楼刻，道光五年李朝夔校补本《函海》第28函上。

三折肱为良医。"不知于此道究何如也。积习未忘，尝以为诗法不出乎诸大家，每于同人多谆谆论辨。今择摘可以为法者，略举一二以课儿，与俗殊酸咸，在所不计也。因所论皆诗，故亦曰《诗话》云。罗江李调元鹤洲识。①

唾余新拾序

世有尧僮灶妾所常及而学士大夫或未肄业及之者，所谓方言也。扬子之方言，又非今之方言矣。五方风土各异，古今谣谚不同。而欲以扬子之方言一今之方言，譬之欲陆亦用舟而水亦用车也，相悬不啻霄壤矣。予家多先人藏书，罢官以来，寂无一事，乃就目前常言所及，一一征之载籍，虽一字一句，必博采广搜，溯厥由来，引用书目几及千卷，每条各用按语以识之。因采缀既多，所拾尧僮灶妾之方言又皆旧书之所常及而未备者，而予复拾而论之，故名曰《唾余新拾》，使学士大夫披览及之，亦可以省其宿读而恍然矣，不亦方言之一大注疏乎。宋严沧浪答吴景先书云："仆之诗话是自家凿破此片田地，非拾人涕唾得来者。"予之成此书也，知不免沧浪之诮也。绵州李调元童山撰。②

唾余总拾序

天下之事物无穷，而理则一理也者，所以一天下之万事万物也。古今之书汗牛充栋，而天下之事物莫不备其中。今之人读书而不得其要，每遇一事一物，瞪然而不知其原，岂非朱子所谓儒者之耻乎。夫今人之事皆古人所已有之事也，今人之言皆古人所已有之言也。特非躁心人所能钻故纸而得解耳。余居山有日，躁心化矣。家有亿书楼，多江浙大老家写本，牙签插架，不啻万万卷，皆余游宦以来所辇载而归者。置之楼中，每于风雨晦明之余，焚香坐拥，随以手触，遇有半解，辄以笔录加之考证，遂成卷帙，于以有《新拾》《续拾》《补拾》诸名。细阅之，皆

---

① （清）李调元：《雨村诗话》卷首，美国国会图书馆藏乾隆四十九年刊《函海》第20集。

② （清）李调元：《唾余新拾》卷首，美国国会图书馆藏乾隆四十九年刊《函海》第20集。

唾余也。分之虽各为一编，合之即共成一编，故又名曰《唾余总拾》云。罗江李调元雨村撰。①

唾余续拾序

扬子云曰："观书者譬如观山及水，升东岳而知众山之峛崺也，况介邱乎。浮沧海而知江河之恶沱也，况枯泽乎。弃常珍而嗜乎异馔者，恶睹其识味也。委大圣而好乎诸子者，恶睹其识道也。"信哉斯言也，然独不言多闻则守之以约，多见则守之以卓乎？寡闻则无约也，寡见则无卓也。故曰君子之道有四，易简而易用也，要而易守也，约而易见也，法而易言也。夫所谓易用易守，易见易言者，人生日用常行之道也。事不越目前，言常在唇间，而白首穷经，或有不能举其名、求其本者矣。不尝异馔，安知常珍之美也。不探诸子，安知大圣之道也。夫古人之言皆古人之唾余也，而十三经二十二史诸子百家之书，则若碗若盂若壶若瓮若盎也。唾涕无尽，一器盛焉。万卷无尽，一理包焉。理非他，道也。道也者，不可须臾离也。欲知道所在，不外格物。物格而天下之道在矣。此余唾余之所由拾也。事不越目前，言常在唇间，而搜列众书，有如獭祭，每启一缄，必尝其味。日事咀嚼，而后知常珍之多在散寄也。日事校雠，而后知大道之多在眉睫也。约分门类而不列其目，以其续于《新拾》，故曰《续》。夫奇山僻水，马迁或有未游矣。河源星海，张骞或有未到矣。譬如指山一篑，指井一泉，而曰天下之道在是，岂理也哉。余犹愿夫藏书者之锡我百朋，以饱鄙人之欲也。韩退之云"宝唾拾未尽"，是则余之所最歉然者乎。蜀罗江李调元童山撰。②

唾余补拾序

予家有补过亭，先大夫之庐也。前有双桂，当年手植。每八月之交，馥馥生香，微风一动，金粟满地。归田以来，闭户读书其中，獭祭之余，

---

① （清）李调元：《唾余新拾》卷首，美国国会图书馆藏乾隆四十九年刊《函海》第20集。

② （清）李调元：《唾余续拾》卷首，美国国会图书馆藏乾隆四十九年刊《函海》第20集。

每有所得,以笔记之,皆辑家庭间事,亦唾余也。故于《新拾》《续拾》之后,继以《补拾》。补之云者,以亭名补过而得也。岁月如流,回思髫年诗礼趋庭时,忽忽若前日,而仍一事无成,恫恫乎深虑坠先人之绪也。气质未化,见识未周,五十年来,动辄得咎。老而好学,或可补其万一乎。昔人云进思尽忠,退思补过,补之时义大矣哉。罗江李调元雨村撰。①

诸家藏画簿序

张彦远云,识书人多识画。自古蓄聚宝玩之家多矣。非其人,则近代亦朽蠹;得其地,则远古亦完全。夫金生于山,珠产于泉,取之不已,为天下用。图画既久,耗佚将尽,名人艺士,不复更生,顾不惜哉。如前所云,古今同慨。予尝论古来论画之书甚伙,如《绘图宝鉴》、《唐贤画谱》、《宣和画谱》、《图画见闻录》、《益州名画记》及《画史》诸书,率皆言鉴识,言阅玩,言装褫,暨作者之名氏,品流之高低,而于收藏家卷轴之繁富,或未暇以详焉。阅岁更久,缣素无存,将有欲考其名目不得者。予间从卞永誉《式古堂画汇考》中摘取公私藏本目录,汇为十卷,不加论列,颜之曰《诸家藏画簿》云。昔之好事者有言,每获一卷、遇一幅,则孜孜缀葺,虽贷衣减食,为之不厌。妻子僮仆咸笑之,以谓作为无益。夫断缣片纸皆古人精神所寄,其嗜之也宜也。若予,并非有断缣片纸之介乎其前,而鳃鳃焉较量于存佚不可知之数,惟恐卷轴之舛误,纪载之失实,宵分爇烛,拥书不倦,好事孰甚焉。虽然,天下将必有谅予心者,虽人之笑之奚辞。童山李调元序。②

卍斋琐录序

卍字不入经传,惟释藏中有之。释家谓佛再世生,胸前隐起卍字文,后人始识此字。宣城梅氏不入《字汇》,自钱塘吴任臣作《元音统韵》,

---

① (清)李调元:《唾余补拾》卷首,美国国会图书馆藏乾隆四十九年刊《函海》第20集。

② (清)李调元:《诸家藏画簿》卷首,美国国会图书馆藏乾隆四十九年刊《函海》第19集。

末卷始行补入，然后人临文用之者绝鲜。五代和凝始人诗云："卍字阑干菊半开"，而苑咸诗亦有"莲花卍字总由天"句。近见朝鲜人《村居》诗有"卍字柴门宛古文"之语，心喜之，每作书斋，辄作卍字窗棂，障以碧纱，为其宛似古文而因以名斋也。夫古文之失真也久矣，自蝌蚪、篆、籀递变而为隶、草、行、楷，去古逾远，字学日离，俗书赝笔，渐有鲁豕鱼亥之舛。而《切韵》自见、溪、群、疑、端、透、定、泥字母而下，又复纷纷聚讼，各执一家，究之于古文之道未有定论也。夫古人虽远，而古人之字书、韵书具在，可考而知也。三代而后，汉许氏《说文》最为近古。余于稽籍之余，每有疑字，辄本《说文》各书以订近时之舛，随得随录，札记辨论，庶使古文可复，俗字可正。此余所为居卍字窗棂，所不禁望古而兴叹也。昔苍颉造字，自一而十，而百，而千，而万，多至不可纪极。今据愚论，但以卍名，不免挂漏。然事始于一而成于卍，以卍统古，所以补《匡缪正俗》之未备也。故以卍之名吾斋者名吾书。童山李调元序。①

字录序

吾蜀最博者有二人焉，前则汉之扬子云，后则明之杨升庵，千载相望，固已鸿文炳日月矣。而余独爱其小学训诂尤精，故言字学者不极之扬不奇，言韵学者不极之杨不典。二人著书非一，《方言》其瀚海也，《转注》其津梁也。后有作者，蔑以加矣。但有必须考证者，则千虑一得，前人所不訾也。余论字说，向有《杨字录》一卷，已问世矣。兹复有《扬字录》一卷，门人陈如璐录，合而行之，遂允其请，并名曰《字录》。言字不言韵者，言字而韵在其中也。按扬、杨本两姓，子云自序云扬别为一族，周宣王子尚父封扬侯，因氏。升庵亦谓杨出宏农天水，故冠以杨杨云。罗江李调元雨村撰。②

---

① （清）李调元：《卍斋琐录》卷首，美国国会图书馆藏乾隆四十九年刊《函海》第 18 集。

② （清）李调元：《字录》卷首，美国国会图书馆藏乾隆四十九年刊《函海》第 18 集。

淡墨录序

《淡墨录》者,所纪皆本朝甲乙两榜诸名臣之言行也。余旧有《人物总志》百卷,篇帙浩繁,故先摘其要者以问世。大抵皆翰苑之名言,科场之条例,兼征佚事,并述奇闻。自国初起,每科俱按题名碑录,科分前后。而康熙己未、乾隆丙辰两举博学鸿词,得人尤盛,亦并逐一搜罗,详为考释。编成,共得十六卷。《礼曰》:"史载笔,士载言。"余非敢然也。圣人有言,贤者识其大者,不贤者识其小者。遭逢圣世,贤良辈出,多千载罕见之旷典,未有之奇逢,不有纪录,何由窥其原委,悉其广大?夫是故老将至而犹不忘记载也。夫述而不作,虽圣人且然,况下焉者乎。故此编钦遵纶书,谨依功令,抽中秘之书,采故老之传,不但备词林典故,聊以续《玉堂嘉话》云尔。则阅者以此为言行录也可,以此为则例编也可。至淡墨书榜,不知始自何时。或云,唐李程应举时遇天榜吏,问登第人姓,则有李和,无李程。仓皇求之,乃用淡墨笔添"王"字于"和"字之下,果得第。后遂相因,凡榜书人名,俱用淡墨,遂成故事。又《贾公谈录》,唐李绅侍郎知贡举,夜放榜,书未毕,书吏忽得暴疾,因更呼一善书吏代。吏方醉,磨墨卤莽,一榜字或浓或淡,反致其妍。二者未知孰是云。乾隆乙卯初冬上浣,绵州雨村居士李调元撰。①

井蛙杂纪序

《井蛙杂纪》者,蜀中历代琐事佚文,李子辑之而别为此书也。蜀自献贼之乱,书籍残毁,青羊一劫,衣冠涂地。承平之后,虽缀拾遗文,纂修省志,赖有当代诸公,而搜觅珊瑚,铁网难尽。又或传闻互错,不免溷淆。因不揣固陋,思拾遗而补缀之,而苦无载籍可考。自癸酉余省视大人于浙东,一舸南下,始获遍游名山大壑,身所经历,凡有古迹牌版,无不手摹而录之。既而先人以薄俸购书万卷,载以归来,又从而一一考核。继复奔驰南北,一官京师,又数十年。每逢明窗獭祭之下,未尝不手自抄写,今裦然成帙矣。其间或得之旧志,或得之新闻,或得之

---

① (清)李调元:《淡墨录》卷首,清乾隆绵州李氏万卷楼刻,道光五年李朝夔校补本《函海》第32函。

山经石室，或得之小说神官，要皆有关于华阳之典故，文献之考征，事多为正史所不载，以及案头所未数数见者，辄为一集，不分鸿荒而上，耳目之前，玉屑金沙，奇奇怪怪，皆入野史丛编。因随时纪录，故无次第。非敢谓赅悉无遗，足以订前人之阙也，亦聊以供麈尾之闲谭而已。其曰《井蛙》云者，恐渺见寡闻，妄自著述，以蹈子阳井底之诮耳。乾隆三十四年岁次己丑孟冬月，罗江李调元雨村撰。①

尾蔗丛谈序

世有怪乎，吾不得而知也。世无怪乎，吾亦不得而知也。但自《齐谐》志怪而后，好异者每津津乐道之，因而《搜神》《广异》之书纷纷错出。至《太平广记》，而牛鬼蛇神千形亿貌，可谓幻中之幻矣。近世山左蒲生又有《聊斋志异》书，以惊奇绝艳之笔写迷杂惝恍之神，词清而意远，事骇而文新，几乎淹贯百家，前无古人矣。然皆凿空造意，无实可征，考古者所弗贵焉。予生平宦游所历，足迹几遍天下，所至之处辄访问山川、风土、人物，采其事之异乎常谈并近在耳目之前，为古人所未志者，辄随笔记载，以为麈谈之资。其始自何人，出自何地，要取其有据，不取其无稽。即以此为续《齐谐》之书，亦无不可乎。昔人谓蔗自尾倒尝，渐入佳境，读此书者亦可知其味矣。罗江李调元雨村序。②

雒林冗笔序

经史而外，百家著述门分户别，或言天文术数，纵横名法，兵家杂技，遂有儒家、墨家、道家之目，名类至赜，号称诸子。梁庾仲容作《子钞》三十卷，唐马氏总本其意，省作三卷。以庾氏之书与当世所传多未合，故概从裁汰。今从邵太史得旧本，细加雠校，随笔记载，袤然成集，名之曰《雠林冗笔》。日事丹铅，烦神费墨，颇亦自笑其冗。然习气未除，乐此不疲，亦或见谅于他日。至于辨学术之醇杂，考授受之源流，

---

① （清）李调元：《井蛙杂纪》卷首，美国国会图书馆藏乾隆四十九年刊《函海》第21集。

② （清）李调元：《尾蔗丛谈》卷首，美国国会图书馆藏乾隆四十九年刊《函海》第18集。

及章句之纰谬舛错，务使览者了然，则又居然考古筌蹄也。韩退之不云乎，荀与杨也，择焉而不精，语焉而不详。夫荀与杨，子氏之最初者，而退之之言如是，况其下焉者乎。绵州童山李调元序。①

粤风序

百粤轸翼楚分，虽僻处南陲，然而江山所钟，流风所激，多有仿屈宋遗风，拾其芳华者焉。第战国以前弗与中国通，秦始皇并百粤之地，以为桂林象郡，其时仅编户之民耳。而雕题凿齿之伦，负固者犹故也。浔州介两粤之间，其居民之外，惟猺人服化最早。至獞人之出，自元至正始也。狼人之戍，自明宏治始也。当其闭迹巉岩，老死与民不相往来，似尚不知有秦者。其不化于今之流俗可知也。歌始刘三妹，见于孙桂芳传，其事颇诞，存而不论可也。余尝两至粤矣，浔江俗尚摸鱼歌，闻而绎之，曰此《风》之余也。适友人以吴淇伯所辑《粤歌》四种见投，其词奥而古，益信深山穷谷之中抱瑾握瑜之余波犹在也。遂总勒四卷，解释其词，颜曰《粤风》。古人云，骚者楚《风》之余也。粤近于楚，而楚无《风》。《风》者，所以备三百篇之遗乎。绵州李调元书。②

汇音序

《记》有之，字，孳也，言其孳息无穷也。天地之生，形立而声随之，故六书之本在象形，而其用在谐声。自假借之法行，而音韵相生，其道乃弥出而不匮矣。经术兴，小学废，缙绅先生有不误蹲鸱而解读雌霓者，曾有几人？字一也，音则随所用而为之变。若执此字以读彼音，则音义俱失，甚且误以押韵而不觉者，虽在通人不免焉。余暇日辄取韵书之一字而音韵相借者，分别录之。久而成卷，非止供拈吟之用，亦使初学者知所考焉。雨村李调元序。③

---

① （清）李调元：《雠林冗笔》卷首，美国国会图书馆藏乾隆四十九年刊《函海》第18集。
② （清）李调元：《粤风》卷首，美国国会图书馆藏乾隆四十九年刊《函海》第18集。
③ （清）李调元：《汇音》卷首，美国国会图书馆藏乾隆四十九年刊《函海》第23集。

六书分毫序

六书之中，象形居其一。窃以所谓形者，即字之点画形象，昭然于楮墨之间，不必深求古人象物制字之源也。自字变而楷，古体已失，而钟王等以善楷名家者，又各逞笔资，任意增减。沿习既久，笔画多讹，遂至弄獐伏猎，贻笑士林，未必非俗书阶厉之也。唐颜元孙作《干禄字书》，令其侄真卿书之，勒石吴兴，为世所宝。蜀中亦尝摹刻一本，藏今潼川府学文庙中。搨者既多，渐以漶漫。分辨正、通、俗三体，以《干禄》名者，以其取便临文，为应举者所资也。惜其文不广，中多缺漏。余庚寅间以丧家居，家之弟子咸来问字，余教以欲作文必先识字。因时摘其舛误，为之辨正，遂推类以及其余，作《六书分毫》一册。亦分三等，止便家塾，未尝以示人也。兹因有《函海》之刻，附著于编，以谂幼学。雨村李调元序。①

通诘序

书何以《通诘》名？诘《史通》所难通之语也。史以括纪传，通以包编年，例仿《尔雅》，义取《释名》。立言必简而该，随手便阅。疏注必雅而典，触目不烦。好学者或偶而失之，善忘者可俯而拾也。篇分二十，卷厘上下，虽小学要必归于适用，汇大成正不在乎冗繁。摘之正史之中，几于散钱无串；广之别乘之外，实已毫发无余。易晓者略焉，原非罣一漏万；艰涩者尽矣，何妨举一反三。是为序。绵州李调元李山馔。②

蜀雅序

今之论人文者，皆以为取材必于邓林，视鸟必于数泽，固已。然而阆风玄圃不借高于丘垤，悬黎结绿不假观于琼珉。何者？拘井谷之隘，不知辰极之高也。澄秋毫之视，不见寥天之阔也。吾蜀诗亦然。自汉唐

---

① （清）李调元：《六书分毫》卷首，美国国会图书馆藏乾隆四十九年刊《函海》第23集。

② （清）李调元：《通诘》卷首，美国国会图书馆藏乾隆四十九年刊《函海》第23集。

以来，百家腾跃，指不胜屈。最著者如汉司马相如、扬雄，唐李白、陈子昂，宋苏洵父子，元虞集，明杨慎，作为文章，类皆沉博绝丽，雄视百代，构深玮之风，立骚坛之表，洵古今来文雅之渊薮也。残膏余馥，不知沾丐后人几许。而贱目贵耳者顾谓今不如古，方隅之别也，岂不悖乎。慨自明末献贼之乱，衣冠文物半委青羊。我朝定鼎休息，百余年来，英才蔚起，而岷峨之气又磅礴而郁积之，故往往轹古切今，不少鸿章巨制，轩翥奋飞，和声以鸣。太平之盛，而以巴为嫚，多不入采风之听，则是钟期亡而伯牙之弦绝，獿人殁而匠氏之斤辍，非作之难，知之难也。若不为之网罗而表张之，有不泯于荒烟蔓草者几何。余束发授书来，即矢此志，广搜远采，靡不收录，披沙拣金，阅有岁时，汇为一册，统名曰《蜀雅》。大半理不空绮，清丽居宗，句不贾奇，浑润为上。登大雅而刊淫哇，此中具费苦心也。虽丹帏接荫，丑姿可翳，朱漆错涂，枯木或隐，然而出汙泥者要皆宝光剑气，譬之止水之修鳞必现，名之美者实必归也。司马、扬雄之徒去今未远，风雅之道岂遂坠乎。若夫览此篇者存町畛之分，索吹毛之垢，则所谓播尘埃于白珪，生疵疠于玉肌者，亦听之而已，吾安能以人人之性情为我之性情哉。是为序。乾隆四十六年岁次辛丑孟冬月，罗江李调元雨村。

尚有所辑《全蜀诗话》，分代编纂，此书亦间采之，嗣出就正。①

东原录序

《东原录》，宋龚鼎臣所撰也，多考论训诂，亦兼及杂事。其说经多出新意，如谓《书》本无百篇，孔子存《甘誓》，欲以见父子相传之义；存《盘庚》，欲以为迁都之戒，颇不可训。然如解《易》之鼎金铉即《仪礼》之鼎扃，解《礼记》"升中于天"为《左传》"民受天地之中以生"之"中"。其余引证各子史注之误，皆确有考据。惟所称邵元学士家作三代木主不更画影，盖非古礼，甚谬。以上下文义推之，当作"盖用古礼"，传写之误，必非旧文也。鼎臣字辅之，郓州须城人，景祐元年进士，历官谏议大夫，京东东路安抚使，知青州，改大中大夫，提举亳州

---

① （清）李调元：《蜀雅》卷首，美国国会图书馆藏乾隆四十九年刊《函海》第21集。

大清宫，以政议大夫致仕，事迹具《宋史》。罗江李调元雨村撰。①

黑水辨

按古今地舆诸书，惟顾氏《读史方舆纪要》最为荒谬无征。如引黑水在罗江西北，自安县南流入，下流会于汉州之绵水，而以五代时董璋破西川兵事为证。不知绵水与雒水并趋而下，合为渝水，即巴水也，何曾回到汉州，再往下流？又不知汉州何处飞来黑水，此非大谬乎？夫《禹贡》所谓"华阳黑水惟梁州"，所包甚大，以在华山之阳，华山属雍州，古者封域合梁于雍是也。黑水出漳腊潘州界，今属夷地，是为岷江之始水，自汶山下过，犹河水之绕崑仑也。又一派入滇而出金沙江，流入马湖江，与汶水合。今之叙泸界，泸即黑也。诸葛亮所云"五月渡泸"即此也。所谓四川者，即岷、泸、雒、巴四水也。岷水自绵州而下，泸水自雅州而下，雒水自汉州而下，巴水自重庆而下。是黑水与四水久已各入四支，趋入于海矣，安得在罗江小邑之间尚徘徊来往穿插哉。顾氏又引叠溪营城西北有黑水，即古翼水，源出梁州生番东，亦南由茂至安入罗。盖见水黑，即称黑水，皆黑水之小者也。水黑约有四，一《汉志》，符县有水出犍为南广县符关山，北入江，此符县黑水也。又黑水出汉中南郑县北山，诸葛亮笺云"朝发南郑，暮宿黑水"，此南郑黑水也。三黑水出羌中南。《通典》，扶州尚安县有黑水，此尚安黑水也。四崇庆州西北有黑水。《元一统志》云源出常乐山，石皆黑，此崇庆黑水也，皆非梁州黑水。《行水金鉴》：韩汝节谓梁州别自有黑水，从夷地分流，千古卓识。而顾氏区区指其一为梁州黑水，误矣。②

旧志删误

按旧志，西山观设有罗隐木牌，不知始于何人。盖罗隐曾有《魏城逢故人》诗，疑其亦游于罗，故祀之。又因查不出搢绅以罗江为雒城始

---

① （宋）龚鼎臣：《东原录》卷首，美国国会图书馆藏乾隆四十九年刊《函海》第9集。
② 嘉庆《罗江县志》卷34，又见嘉庆《四川通志》卷20，同治《直隶绵州志》卷55，光绪《罗江县志》卷5，同治《直隶绵州志》卷6。

于何代，遂引《罗江东集》中有《雒城作》一首，其诗云："大卤旌旗出洛滨，此中烟月似埃尘。更无楼阁寻行处，只有山川识旧人。早得铸金夸范蠡，旋闻垂钓哭平津。旧游难得时难遇，回首空城百草春。"观其词意，盖客寓洛阳作也。古洛、雒通用，故曰洛滨，与罗江蕞尔小县全不相合。且此时五代分争，十国各霸，前后两蜀为王、孟所据，吴越王独守正朔，终身称王，故江东暂依之，何曾有脚迹入蜀中来？罗人殆如杨公周冕欲修金雁桥，而先与汉州争雒城也。善乎，刘甲《人物志序》曰："唐以前，凡称涪城，即今绵州也。凡称雒城，即今汉州也。"如使雒城为罗江，则朱子《纲目》于建安十七年冬十二月大书曰刘备进据涪城，不应又于十八年夏五月复书曰进围雒城矣。罗江去雒城七十里，白马关庞靖侯之墓，安知非中流矢后归葬于此乎。罗江为涪分邑之地，当时不过村镇驿站往来之所，并未立有主名。自改设罗江县后，遂无古名可称。搢绅出于京都琉璃厂书贾多系妄为，全不足据，遂强安"雒城"二字，以至仕宦者俱遵用之。此误之又误者也，故不可不删。又大霍山乃罗瑱隐居之所，今人多误为罗公远，则又走入唐明皇月宫去矣。然仙家事本属荒诞，可以不辨。至此事，则读书人明而易见者也，不得不全删之，以免贻误后人，冒认雒城为罗江之号，而并不必引罗江东诗人以为我罗江光宠也。然则罗江古名当何称乎？曰，潺亭、万安皆可称也，何必区区与汉州争雒城也。①

文昌帝君辨

帝君庙在梓州梓潼县，本梓潼神也。旧记云，神本张亚子，仕晋战死而庙存。唐明皇狩蜀，神迎于驷马桥，追命左丞相。僖宗播迁亦有助，封济须王。咸平中，益卒为乱，王师讨之。忽有人踩曰："梓潼神遣我来。"九月二十日城陷，果克。四年，州以状闻，故命追封英显王，俱见《事物纪原》。宋理宗景定五年三月二十九日，封神父圣武孝德忠仁王。宋度宗咸淳五年月日，加封神父显庆慈佑仁裕令德王，神母昭德积庆慈淑恭慧妃。《清河内传》元累封辅元开化文昌司禄宏仁帝君。万历《总志》

---

① 嘉庆《罗江县志》卷34，又见光绪《罗江县志》卷10。

左司独孤氏七月十五日生，因斩邛州屬功，累封八字王。今掌文昌左班，封广佑嘉应昌泽孚惠王。右司李斌八月十五日生，以破荷坚功，累朝加封八字王。今掌文昌右班，加封英惠忠烈翼济正佑王。《清河内传》梓潼文昌君从者曰天聋地哑，盖不欲人之聪明用尽，故假聋哑以寓意。夫天地岂可以聋哑哉。王逵《蠡海录》元仁宗延祐三年七月日，加封辅元开化文昌司禄宏仁帝君主者施行敕曰："上天眷命皇帝圣旨：维明有礼乐，惟幽有鬼神，妙显微之一贯；在天为星辰，在地为河岳，形功用于两间。矧能阴骘于大猷，必有对扬之懋典。蜀七曲山文昌梓潼帝君光分张宿，友咏周诗。相予泰运，则以忠孝而左右乎斯民；柄我坤文，则以科名而选造乎多士。每御救于灾患，彰感召于劝惩。贡举之令再颁，考察之籍先定。赍饰虽加于涣汗，徽称未究于朕心。于戏！予欲人才辈出，尔丕炳江汉之灵；予欲文治昭宣，尔浚发奎壁之府。庶臻嘉贶，以答宠光。"道经云，二月初三，是日文昌帝君诞。《翰墨大全》原无名氏二月初三帝君生辰疏云："北极建卯，方新三月之杓；西蜀生辰，诞应五云之瑞。瑶池启宴，宝阙腾欢。恭惟帝君名震梓潼，职严桂籍。银钩铁画，尽入神出圣之能；玉句金章，致泣鬼惊人之妙。辅佐元天之主，阐扬《周易》之灵。某仰献咒觥，俯陈燕贺。亿千万绵延之寿，劫劫长存；九十四变化之身，如如不动。"按唐孙樵有《祭梓潼文》，李商隐有《张亚子庙》诗，莫或言其主文。按仁和翟灏《通俗编》云，《北梦琐言》，梓潼县张蛊子神乃五丁拔蛇之所也，或云嶲州张生所养之蛇，因而立祠，时人谓为亚子，其神甚灵。《十国春秋·伪蜀纪》：梓潼县祠蛇神，曰张恶子，世子元膺被诛之夕，司祝者忽梦为恶子所责，言我久淹成都，今始方归，何祠宇荒秽若是，由是蜀人传元膺为庙蛇之精。依其说，则其神不足轻重可知。后人不知，乃援《诗》"张仲孝友"为张亚转世，以为十世为大夫，鄙诞至此。愚谓文昌非张亚，亦非张仲，盖蜀文翁也。蜀治，文翁遣相如东授七经，于是蜀俗比于齐鲁，宜立祠堂云云。调元按图志，神姓张，讳亚子，其先越嶲人，因报母仇，徙居剑州之七曲山。仕晋战没，人为立庙。姚苌伐蜀，至梓潼岭，见一神人，谓之曰："君早还秦，秦无主，其在君乎。"苌请其姓名，曰张亚子也。后苌据秦称帝，因立张相公庙，嗣代显圣，故由济顺王加封至英显王。至元顺宗延祐三年七月，乃加封辅元开化文昌司禄宏仁帝君。文昌本天上六星，在北斗魁前，为天之六府，其六曰司禄，道家谓上帝命梓潼神掌文昌府事及人间禄籍，故以文昌司禄封之，而天下学校亦皆立祠以奉之。此时诰册爵号非谓即祠文昌星也。因元仁宗加封文昌司禄，人遂以文昌称之，而京都及天下俱额曰文昌宫，其实即晋之张亚子也。十七世张仲转世，自属后人附会。睹历代封号并无张仲名可知。而翟灏不详考正书神自后秦建张相公庙及历代封爵，但就因文昌文字，遂妄臆为文翁，可谓辟空杜撰，游谈无根矣。至引蛇精事，特不知古恶虺二字通用，因《尔雅》䖵虺为蛇，江淮人为虺子，遂疑为蛇，尤为妄诞不经，不得不为之辨。①

城隍祭祀考

城隍之祀，宋以来遍天下，或赐庙额，或颁封爵，或迁就附会，随指一人以为神之姓名。如都城隍为萧何，镇江、庆元、宁国、太平、华亭、芜湖等郡邑皆以为纪信龙，且赣、兖、瑞、吉、建昌、临江、南康皆以为灌婴是也。城隍有京都城隍，各处府州县城隍，都城隍庙在元为佑圣王灵应庙，刑部街。按《元史》，天历二年，加封为护国保宁王，夫人为护国保宁王妃。至于生辰，《玉匣记》言五月十一日为都城隍圣诞。按元刘应李《翰墨大全·神祠门·庆贺疏语》于各神俱言生辰，而于城隍直云五月二十八日庆贺，并不言生辰，亦非十一日，岂与都城隍异日乎？抑二十八为俗沿庆贺之期乎？其二十八日庆贺疏语云："日余二日，即更建午之书；云灿五云，喜遇生申之旦。欢声载路，和气满城。恭惟城隍土主乃武乃文，作威作神。呼吸须臾之雨露，叱咤俄顷之雷霆。佐汉有功，四百载绵延社稷；配天无极，亿万年带砺山河。赫赫厥灵，洋洋如在。某等素喜蒙恩之久，幸逢震夙之初，寿永基图，愿借椿灵而为寿；封褒忠惠，更看芝检之增封。"绎其词，亦皆祝嘏寿之意也。所云佐汉者，亦或沿俗傅萧相国欤。本朝《会典》，顺治八年八月二十七日祭城隍之神，是亦未言及生辰也。今民间以五月二十八日为生辰，殆习俗之相沿也。考明洪武元年加各城隍以封爵，兴王之地封为王，其余府为鉴

---

① 嘉庆《梁山县志》卷3，又见光绪《梁山县志》卷3。

察司民威灵公，秩正二品。州为鉴察司民灵佑侯，秩正三品。县为鉴察司民显佑伯，秩正四品。造木主塑像，其章服府封公者九旒九章，各州县封伯者七旒七章，命翰林撰制文颁之，制词有"神司淑慝，为天降祥，亦必受天之命"之语。三年正祀典，诏各处府州县城隍称某府某州某县城隍之神，以祭山川之明日致祭，礼同社稷。十四年，制以城隍合祭于山川之坛，盖以五岳四镇、四渎四海一例也。祭与山川同坛，而祀则崇之貌庙者，事以人道也。嘉靖九年，罢山川从祀，以仲秋祭旗纛日祭之。国朝仍以城隍全合祭于山川坛，祀毕置神主于庙。凡府州县官涖任，必先齐宿城隍庙，谓之宿，三朔望行香，祈祷水旱，必先牒告于庙而后祷于坛。①

评杨爽诗

杨爽，山东济南名士也，有《春愁》云："世无知尔方为贵，地有容吾不算贫。书带新生窗外草，瓶花自护雨中春。长将晓露论前事，祇作风镫看此身。好客孟公思往昔，爱山灵运竟何人。"读之想见胸无一事，笔有千卷，今《高士传》中人也。②

观音岩重修大殿记

观音岩本名白石岩，在北县三十里之康家坝，前此未有观音之名也。乾隆辛酉秋，骤雨淋漓，山崩石裂，雷轰电击，忽从霹雳光中而观音石像出焉。是月，先君石亭公即中乡试三十六名。附近居邻皆以为神，遂以名岩。远近祷者有求辄应，以是通都大邑辐辏而来。而每逢二月十九日为观音诞辰，乞灵报赛者毕聚，此日为之酬神演剧，其会之大，几与二月初三七曲山梓潼会等，盖绵州之第一禅林也。顾岩逼巨石，硝壁插天，建殿不易。从前开山和尚祥喜嵌岩建置大殿，添设东廊。阅既久，飞瓦堕落，殿颇损坏。今年七月，天雨连绵，山水陡发，岩为崩裂，遂将大殿压倒两间，而东廊亦倾圮其半。道姑赵复坤念无以妥神居也，为

---

① 嘉庆《梁山县志》卷3，又见光绪《梁山县志》卷3。
② 民国《续修历城县志》卷53。

之恻然，思重修之，再建五皇楼于三层之上，而力薄不逮，不无望于天下之施主，为之请序于余以倡之。余思观音之神起于南海，显于西蜀，化七十又二之身，无不普照，遍三千有奇之国，共荷慈悲。而独显灵于吾土，此尤居民之太幸也。求福者神无不报之矣，而顾使神居不妥，可乎？乾隆五十二年冬月上浣记。①

石钟岩题记

乾隆戊戌夏六月，督学使者巴西李调元偕友人丁傅、王金铬、弟谭元舣舟游龙岩之胜，日暮乃去。长子朝础侍行。②

张献忠降生记

李祖惠言，延安府肤施县有林生者，县之柳树涧人，家贫苦读，试辄不利，舌耕于金明驿之东土桥，遗妻守舍，纺绩自给。塾去家两舍，一日归省，未至家，天已昏黑，愁云密布。少顷，大雨如绳，遂避雨于道旁古庙中。庙三楹，墙垣倒坏，无住持。中有神像一座，金衣剥落。神前有破香案，亦欹斜将圮。意待雨少霁即行，而飞霖愈猛，雷电交作。遥望村火，点点檐外，泥深三尺，跬步难行。无如何，遂坐于香案下假寐。忽见两廊人夫喧阗，驺子奔驰，洒扫阶道。旁有大厨，豕羊罗列，宰夫数十百人，鸾刀缕切。堂上灯烛辉煌，龙文凤绮，供设甚盛。中一人绯衣，平天冠，似王者规模，指点手下安排几卓，结彩张筵。旁列鼓乐，似人间地方官伺应上司状。探马卒络绎不绝，闹扰之声、爆火之光彻内彻外。少焉，忽有飞报者云煞星下界矣。绯衣人即踉跄趋出门外，祗候甚恭。林生亦从稠人中遥望见云端冉冉一簇人马拥乘舆飞奔而下，两旁皆仙娥嫚婥，环夹左右，笙箫缥缈，响遏行云。渐渐前导至前，绯衣人又疾趋数武，至道旁拱立，貌益恭。乘舆忽堕庙外喝驻，舆中走出一人，赤发蓝面，目齿獠牙，狰狞甚。即大步入，绯衣者谨随后。至大听，赤发人直上座，略不叙宾主礼。绯衣参揖后，即趋侧席陪坐。赤发

---

① 光绪《罗江县志》卷7。
② 民国《阳山县志》卷17。

人坐定，即拍卓呼曰饭来饭来，莫误我事。绯衣人即呼阶下数十青衣异餐盘而上，珍羞罗陈，大率皆人间未有。其随来人众俱有供给在两廊下。一时鼓乐齐鸣，歌舞毕备。馔毕，又青衣数十争上彻席。绯衣避席，拱立言曰："今日星君下界，虽奉上帝敕旨，亦万民劫数。但职忝东岳，以好生为心。伏乞十分中暂留残喘三分，则庇德非浅。"言讫，又复恭听。赤发者初闻若怒，既见上下俱款洽隆至，有报色。微颔首而起，大步出门外，随者皆拥护。绯衣人仍送出旁候，乘舆一片光明，望之，投己村中而没。林生牵从绯衣侍者密问之："此何人？"答曰："汝学生也。"一惊而醒，则身犹在香案下，东方已白，檐溜渐稀，雨已晴矣。视庙榜，乃东岳也。遂趑步归至家，妻启户出迎。林生见卓上盛喜鸡子一盒，问之，妻答曰，昨晚比邻张嫂诞子所送也。林生异之。后五岁，张翁送其子入塾从读，改名献忠，年余不能记一字。翁游，使牧牛，又无赖，往往从群儿扑戏矣。长渐为狗偷，充本县快手。不数年，为流贼。林生老犹在焉。①

自传

调元字赞堂，号雨村。十八岁补诸生，即随先君浙江秀水任读书，因在籍食俸。大司寇钱香树先生家居金陀坊，时至衙署，先君呼出拜见，以素所作诗文请质。先生惊曰："公子殆非蜀人，乃吾浙人也。可受业吾门，吾当教之。然吾门生多大老，汝遽以吾儿少寇汝诚为师，而呼余为太老师可也。"自是在金陀坊受业。一日见先生，命诸公子拟作召试诗题《春蚕作茧》，先生命同作。调元得一联云"不梭还自织，非弹却成圆"。先生阅之大喜，曰："此名句也，当为诸卷之首。"又复批于卷曰："忆昔十年前，侍上于乾清宫，元宵联句，上思如涌泉，言言珠玉。仆得一联云：'风团谢家絮，霜点洞庭橙'。一时王公大臣俱推仆为五字长城，固不敢当。今见足下圆字一联，与前事堪应证也。他年成进士，入翰林，声名雀起，予企望之。"从此以诗学受知于先生春风中尽丁丑一年。明年戊寅，随先君以艰回蜀，从此不获侍左右，然至今未尝忘也。又受知于

---

① （清）郑澍若辑《虞初续志》卷9。

提学洗马史公，屡试第一，谓诸生曰："吾在蜀三年，今始见一个秀才也。"即日送入锦江书院肄业。中己卯乡试第五名，辛巳，由落卷取中内阁中书，补国子监学录。癸未会试，中第二名进士。殿试第二甲第十一名，改庶吉士。散馆，授吏部主事。考差第一，充广东副主考。回，升考功员外郎。丙申，以议稿涂押，为同司所回，舒为先入所中，填入浮躁。引见，蒙上询及军机，传吏部堂官明白回奏。尚书武进相国程文恭公以画稿涂押对，上曰："司官有不安于心者，向例原准不画押，如何便填大计？"程曰："是。"上问居官何如，奏曰："办事勇往。"遂奉旨，着仍以员外郎用，即日到任。未几，员外尚未补缺，即命提督广东学政。三年任满回京，即授直隶通永道。召见勤政殿，上曰："汝乃朕提拔之人也。非朕乾刚独断，倘在明朝，汝能免权臣之害乎？汝须谨记朕言。"在部数月，上尝从容谓相国程文恭及侍郎袁清恪曰："李调元能与舒、阿争稿，颇有骨气。但性子不好，须令改之。"乃终不自悛，在道任甫二年，又因参永平府为府所伤，遂罢职，遣发伊犁。以母老赎罪，不作出山想。后上问弟鼎元："李调元是汝何人？"盖圣恩犹在念也。然时和方当国，游其门者成群，豫知冰山必败，不肯复谋补官，遂毅然而归。岂知家居十八年，冰山始败，可以报国，而吾亦老矣。以边省之人，而受高庙特达之知如此其重，诚为千古罕有。终不能勉力向上，每一念及，惟有泪涔涔而已。聊书于此，以示后世子孙，世世以报国为念，无令我长抱终天之恨也。①

李鼎元传

李鼎元字墨庄，由廪生中庚寅乡试。戊戌会试，殿试第三甲第一名进士，改庶吉士。散馆，授翰林院检讨，改授内阁中书。己未八月十九日，命李鼎元至琉球国，偕正使太湖赵文楷充册封天使，赐正一品，麟蟒服。庚申过海，辛酉春回朝复命，升宗人府主事。②

---

① 光绪《罗江县志》卷9。
② 光绪《罗江县志》卷9。

李骥元传

李骥元字其德,凫塘,罗江人。生不好弄,天性爱书。甫四五岁,见群童入塾,即跟随不回。父香如寻归,问之,则曰:"我亦欲读。"父曰:"汝能识字乎?"对曰:"先生教彼认书,我从旁听之,十已记其八矣。"试之果然,父奇之,遂留自课。南村有龙神堂,在大沟北,中有文昌宫,每年二月初三日诞会演剧,阖村士女无不聚观,弟独绝迹不出。父怜其体弱,恐劳瘁成疾,诓令出观。不得已随去,隔沟而望,仍挟一书,且看且读。及父至剧场回,视之,则已回塾矣,人皆以为异。时戊寅,余随先君自秀水丁祖妣艰归,先君命余在环翠轩课弟谭元,而香如叔亦令鼎、骥两弟从学举业。惟弟年幼苦读,未弱冠而文已如成人然。是年,值罗江汇童满,拟县覆居首。未几榜发,则见骥一人回。问之,哽咽不言,泪如雨下,乃知首覆无名。因慰之曰:"观汝志气如此,必不久居人下也。"次年,即由县、州、院连取三案首入庠。学宪南汇吴冲之爱其文,深器之。弟初名继,公亲笔改为骥,曰:"汝千里驹也,勉之。"自是岁科屡试第一。丁酉,遂入选拔,中乡试第五名经魁。余时亦提学广东,闻之,喜曰:"此可继先君及余之故步也。"次年戊戌,又闻弟鼎元中进士,以三甲第一名改庶吉士,又喜曰:"此可继余馆选之故步也。"是科弟虽未第,而鼎授馆,得检讨,家声由是日起,人皆荣之。余曰:"未也,须得编修,乃慰我心耳。必得者,其在骥弟乎。"又三年,余由广东学政任满回京,补授直隶通永道,因接二弟在署。甲辰会试,余与鼎住内城,看榜,见四川进士额止二名,弟与巴县张锦与焉。一时榜下,哗然曰:"皆读书种子也,我辈不第,可无恨矣。"殿试二甲,改庶吉士。后三年散馆,竟得编修,于是三翰林之名噪天下。大总裁兵部尚书献县纪晓岚先生谓诸王公曰:"吾今科所取皆读书人,而首推者实雨村之弟骥元也。"吾昔皆二甲,未得编修,今不缺矣。成吾志者,子也。时香如叔亦自山东泰安令弟妇兄何人麟署闻信,回京,相见于通,欢燕竟日。余时亦将归里,腊月初五为余诞辰,弟曾作诗二首祝寿饯行,送至葫芦头,各洒泪而别。丁未,两弟丁叔父艰,始得回里相见。然一自楚北来,一自粤西来,虽丧费稍支,而万里千山,风尘碌碌,已苦不可胜言矣。居半年,惟与父老闲话桑麻,绝口不谈温室树。生平不喜应酬,在京亦不多赴燕会。来川典试，编修温汝适顺德人，为会试同年榜。后道过罗江见访，已行至祠堂，盖欲兼观醒园也。弟既不迎迓，亦不备餐。温怅然而去，弟闻之，若不知也。服阕至京，此后遂与弟不复相见矣。次年，适值乙卯科，各省乡试考差得头等，蒙恩差与太常寺卿施朝干充山东副主考。回京复命，召对称旨，问家世甚悉，天颜大喜。未几，即升左春坊左中允，盖超升也。人皆以为简在帝心，不日将大用，王公及掌院等交相荐举。戊午大考，虽照例仍改编修，每逢站班，常被顾问，尤为成亲王所器赏。是年二月二十三日，奉特旨，派入上书房行走。除夕，蒙上赏赐貂皮等节物。己未年五月初三，忽得咯血之疾。始犹勉强上朝，因误服凉药，遂至不起。盖弟一生读书之心血至此而尽，虽身列清华，而骨体已枯，故临死而犹不自知也。弟工于小楷，每以赵子昂为法。作文简古似韩柳，尤工于诗，立意学苏。数年前，曾以《凫塘稿》托余婿张玉溪寄余求序，其诗亟为少司寇王兰泉先生所赏。序成，寄墨庄为刊行，不知刊成否。弟天性孝友，兄弟和睦，从不问家人生产，故至今同居无间。童氏、张氏生有二子，长子五岁，次二岁，俱于弟卒后一年夭殇，竟无子，其存惟张氏所生一女而已。弟生于乾隆乙亥年七月初二日寅时，卒于嘉庆四年己未九月二十二日寅时，年四十有五。赞：

　　昔王沂公夫妇积德无子，每夜祷天，愿赐一爱读书子。后梦神人送一子，谓曰："今以曾参为汝子。"后生儿，遂名曾。今弟之好读，毋亦天所赐欤？虽非三元宰相，而驰名翰苑，几二十年，叠膺帝眷，可谓深矣。乃年止中寿，没竟无子，亦又何哉。岂天能生之而不能成之欤？抑其禀气之厚薄有以使之然欤？呜呼！天道无知，真无知矣。兄调元撰。①

谢子久传

　　子久者，谢公登朝之长子也。生有至性，聪颖过人。不数龄即失恃，幼从先大夫石亭公游，沉潜味道，一切俗见不扰胸中。继母陈复生四男，常膜视公。公事之翼翼然，色养兼至，无浮偏心。塾中归省时，拜谒先祖毕，即入寝叩见慈亲，侍立肃然，不命之坐不敢坐，不命之退不敢退

---

① 光绪《罗江县志》卷9，又见嘉庆《罗江县志》卷36。

也。继母陈见所生四子将成人，即以数顷田产析而为二，以一析为五，四子得四，公得一，其一仍佃耕种。收获时，田中平分，命佃运至家，堆积厅事间，厂中轩聚壁立，壳早轻浮者皆簌簌溜下，乃以筐篚酌分溜下者，先与公，余乃与四子。登朝公常笑其巧，陈亦不之怪。故曰后瓜分田产屋宇大都若是，子久公悉安之。公最爱诸弟，聚处常序次坐，必昂以礼节。诸弟亦最爱公，侯筵饮酒之余，常戒妯娌姑侄等勿稍非议诟谇，伤伯兄心。乾隆九年冬，公入泮，先大夫书送"矫首云衢"匾额，携予同往拜贺，客悉登筵。时先大夫指子久公告诸客曰："此吾门之闵损也。"诸客皆以此言为荣。次年，即食饩。后先大夫将仕江浙，函丈谈经，常谓门弟子曰："守吾道而不失者，周望也。吾肇锡此名，今真不愧其名矣。汝辈皆宜效之。"明年，先大夫赴任，子久公乃负书箧归，修书斋十余间教子弟。其中远近闻风从游者百余人，斋隘不能容，乃复拓修数十间，日与学侣切劘道义。尝儆学侣曰："学乃淑身淑世之资，非第为科名利禄计也。"故从子久公游者率皆敦品励学，净厥尘氛。即族中卑幼来塾请业，亦必小学先授，正其始基。当是时，子久公家亦富足，来学者祇许赘束脩，不议馆谷之丰厚。但惜屡荐不售，甲辰始贡于乡，年已六旬余。每当黄昏黎明馆课毕，必归家数刻。学徒询诸族人，始知为继太夫人定省也，识者以为难。于戏！继太夫人迩时年近八旬矣，所生四子析居分爨，家富务繁，扰扰婚嫁。而年近八旬之生母养体养志，悉委诸白发之长兄，此亦继太夫人之始念不及者。戊申冬，公选忠州学正，赴任至省垣，忽闻五弟喀血卒，公即归。葬毕，人皆劝之任，公曰："恐坏家政也"。其生平沉潜味道，至性不移类如此。公名周望，字子久，号钓溪。从先大夫游时，吾始束发，受四子书，同学者十余年，故知公最悉。兹因过公家，适公长君文俊汇修家乘，因为梗概其行谊，载诸谱中，以俟观风者得所采择焉。①

记张鹤峰先生

邃于古学，凡天文、医卜、律吕诸书靡不究极精微，而尤以立行为

---

① 同治《续修罗江县志》卷24《艺文》。

先务。年二十应举子试，不第，遂绝意进取，以谋生徒为业。暇则布衫芒屩，徜徉山水间，随意而歌，不事雕琢，故诗多近元贞子、严沧浪一派。①

丁光宇墓铭

赐进士出身、钦点翰林院庶吉士、诰授中宪大夫、分巡直隶通永道、钦命提督广东学政、吏部员外郎、兼翰林院编修、甲午科钦差广东副主考、绵州同学社弟李调元顿首题铭曰：涪城间气，挺生伟人。惟我五兄，出类超群。少同笔砚，老共水滨。年臻大耋，忽闻飞升。谨题墓额，永作贞珉。②

（清）李鼎元《师竹斋集》

次韵赵怀玉《将出都门述怀兼别同志》四首

鲛岛促归期，及归已二载。心随阳雁飞，意逐代马息。逢人问京华，故交几人在。齐年闻汪剑潭赵，头衔并日改。也知行路难，不奈举家馁。高才困矮屋，小就得无悔。名山信他年，岁暮那能待。富贵归唐花，色相皆剪彩。去去勿复言，万事石沉海。

慨怀溯百代，游神观九州。稻粱非不多，鸡鹜亦何稠。元鹤与冥鸿，各自清其流。忍饥耻争食，也觉云路修。朝偕王乔飞，暮逐安期游。百怪通精神，万象入穷搜。竟欲小八埏，岂但凌十洲。茫茫尘网中，举足任所投。君看函谷关，紫气来青牛。不然东海上，幼安且淹留。

淹留复何为，入世如出世。达哉白乐天，风流定谁继。吾闻民似水，智有禹之治。割鸡用牛刀，学道聊小试。贫士欲爱人，莫若隐于吏。先除刀笔心，徐施惠义事。文章与经济，理一而实二。几辈称通才，到官乃滥厕。知己时所难，盛名副不易。珠须罔象求，剑无刻舟记。期月如有成，当寄简元字。

---

① 嘉庆《四川通志》卷20。
② 民国《三台县志》卷9。

穷达固有时，修短莫非命。嗟予紫荆枝，先折及春盛。遗文付君手，死交十年订。语必求字安，意惟择理胜。亦知才可怜，当念友原诤。纵无五年长，兄事敢忘敬。况复文阵豪，驱驾莫齐并。但得登高呼，空谷自相应。漫矜一字师，而吝百朋赠。毁誉任流俗，付之勿视听。

门第似君少，世交有亲疏。文字成一家，廿年困公车。岂不乐泉石，无田且敝庐。何能日饮水，学彼河中鱼。贫女欲谋食，强颜飘轻裾。误落尘埃间，谁复问厥初。薄俗乏情种，罔用写情书。小人度君子，剖腹敢留余。他年如卜邻，记访李愿居。①

佛灯歌

钟鼓寂寂银河残，佛灯将现僧呼观。大被缠腰出殿后，罡风刺骨重裘单。或高在山低在麓，或远在江近在谷。万人列炬上山来，阴火燐燐断还续。疑是元宵锦城烛，又疑星陨如珠联。濯以甘露光逾鲜，太乙杖藜朝普贤。化身散作千金莲，烛龙衔耀照重泉。见大光明有如此，真耶幻耶谁所使。蛮君鬼伯争前驱，应笑生人冻欲死。②

大安山九峰精舍分韵得州字

名山真足镇安州，古刹嵯峨最上头。一径松杉当户拥，九峰烟霭极天浮。茫如行脚随僧定，细有幽泉绕砌流。好是主人能醉客，篮舆欲返又迟留。③

邛上别三弟

岂不怀归去，蓬蒿满石园。思乡惟有泪，别弟亦何言。岵屺山前树，鹡鸰原上村。为期还里日，春暖浪花繁。④

---

① （清）赵怀玉：《亦有生斋集》诗卷19古今体诗。
② （民国）徐世昌辑：《晚晴簃诗汇》卷101。
③ 乾隆《安县志》卷4教征。又见嘉庆《安县志》卷31。
④ 《石园全集》，光绪《增修甘泉县志》卷21。

和谢青荛刺史谢赠函海

两膝以外无一货，天下关山亲踏破。随身携有数卷书，到处人呼穷措大。今年新拜百城侯，万卷压涛涛欲秋。江神妒我舟富有，大浪掀空学大酉。舟如孤鹜穿重云，云作连山山作坟。幸免长庚葬鱼腹，才怜武库有将军。将军何必定王武，家有郫侯旧开府。搜罗百代付雕镌，成就千秋寿今古。安石起自东山东，娜嬛福地筑新宫。风翻万叶牙签白，月照一窗铅椠红。《函海》合教藏此地，有如书贮孔壁中。使君岂徒夸腹笥，穷经深见古人意。醖酿糟粕出事功，能令催科皆抚字。商贾自客农自居，都传合浦有还珠。人归明镜释妍丑，佛言灌顶须醍醐。中秋昨夜潭州城，满城丝管歌且行。月与市人争问静，人随明月问虚盈。信是子游能学道，仙吏坐衙即仙岛。政余知有读书诗，恨不依刘共研讨。①

和雨村大兄见寄闻奉使中山之作

拜恩元旦出丹廷，刚到秋斋雁忽鸣。羡我壮游追汗漫，知君旧恨失蓬瀛。风来喜濑鱼方跃，浪打封舟雀不惊。誓办归装非陆贾，天妃许为护龙旌。星槎高与片帆悬，不远球阳在日边。诏有灵威知飓静，心无恐惧觉神全。琼州旧见文旌耀，钵岭新瞻使节宣。海若倪谙兄弟过，肯令蛟鼍负锋铤。②

戊午初冬彭田桥蕙支落解京师欲归未得孙晓山文骅明府资之偕行喜而送之与凫塘同作

人似一轮月，飞影过蜀栈。壮志酬风云，归途寡忧患。彭郎才大匠不收，养亲无计泪横流。多君肝胆耿秋月，手携孝子归绵州。绵州州府原磊落，君家兄弟鸡群鹤。十金市义人所难，我亦浮家思故山。便烦寄语童山老，五十抽身未为早。③

---

① 沈志：民国《崇庆县志·江原文征》。
② 民国《绵阳县志》卷7。
③ 民国《绵阳县志》卷9。

倦寻芳·题永州司马李虎观梅梁渔隐

软尘滚滚，吹老乡心，欲避无计。好梦江南，漾断一天烟水。常记园村春二月，不堪关塞人千里。借丹青，把狎鸥生计，传来画里。　岂真能，卧游消酒。如此溪山，端合重醉。试与商量，究竟卜邻何地。几个兰舟垂柳外，数椽茅屋长松底。盍归乎，混渔樵，足音先喜。①

金缕曲·阑干

宛转情何极，衬花阴，春藏几许，蝶蜂曾识。曲录玲珑呈幻影，低护青青草色。正睡起，海棠无力。偏共柔肠争九转，便阳乌午影，扶难直。桃源路，一湾隔。　玲珑鹤步还愁入。算惟有，槐边蚁度，柳边莺织。月夜纵横，添断竹羽客，凭虚弄笛。早绊住，花间游屐，酒点茶痕。人去后，更谁怜，粉唾粘尘迹。留浅荫，蘸苔碧。②

翻刻张萱本六书故序

《六书故》三十三卷，宋戴侗撰。考《姓氏谱》，侗字仲达，永嘉人。淳祐中登进士第，由国子监簿守台州。德祐初，由秘书郎迁军器少监，辞疾不起。是编大旨主于以六书明字义，谓字义明则贯通群籍，无不明。凡分九部，尽变《说文》之部分。其论假借之义，谓前人以"令""长"为假借，不知二字皆从本义而生，非由外假。若"韦"本为"韦背"，借为"韦革"之"韦"，"豆"本为"俎豆"，借为"豆麦"之"豆"，凡义无所因，特借其声者然后谓之假借，说最详辨。于群经子史百家之书莫不爰据，约而不遗，通而不凿，诚有益于经训。前明岭南张萱曾刻于浒墅，后板归岭南，流传于世者甚少，购之书肆绝不可得。余在翰林，职司校理，得见宋刻原本。恐其流传日少，六书之故无从求正，因手自抄录，细加雠校，选工重刻，以公同好。时大清乾隆四十九年清和月，西蜀绵州李鼎元墨庄氏书于京邸之师竹斋。③

---

① （清）丁绍仪辑：《国朝词综补》卷17。
② （清）丁绍仪：《国朝词综补》卷17，又见（清）丁绍仪《听秋馆词话》卷12。
③ （清）孙诒让：《温州经籍志》卷7，又见光绪《永嘉县志》卷25，（清）耿文光《万卷精华楼藏书记》卷18。

重校说文篆韵谱序

吾兄《函海》之刻流传已久，向读初刻，校其讹脱，汇为一册。既读其归田后所著及续刻诸书，复二十函，亦颇有前刻之病。因合四十函，重加校正云云。①

寄尘和尚小札跋

尘和尚翰墨妙一时，擘窠大字尤瑰玮。余视学湘南时，曾来请谒，适锁院，未之见也。后李鼎元舍人充琉球封使，携之作中山之游，归而病遂死，舍人即葬之于榕城。因为方外笔墨流传甚少，此亦雪鸿之一爪而已。②

毛西河朱竹垞二先生像小幅

嘉庆九年十月八日，长宁赵希璜、长洲吴云、绵州李鼎元、休宁汪廷昉、金匮杨芳灿、闽县许铉、宁化伊秉绶、开化戴敦元、新城陈用光、遂宁张问陶同拜观于夫容山馆。③

（清）李骥元《李中允诗集》

滴水崖

泉水山涧流，涧下山更险。积势悬崖前，一落污坑坎。砯冲石有声，颒洞山俱撼。幸逢寒沍时，不雨波涛减。掣鹰骇越禽，见兔想秦狯。壑深风势号，霜重枫枝染。水既碧无尘，山犹青未歛。何须桃花源，即此供流览。④

寿阳县宿

群山随我来，寸步不离侧。蜿蜒到县城，颇使游人适。山铺落日黄，

---

① （清）耿文光《万卷精华楼藏书记》卷14。
② （清）石韫玉：《独学庐稿》三稿卷5。
③ （清）方浚颐：《梦园书画录》卷23。
④ （清）王昶辑：《湖海诗传》卷37。

水冒浮烟碧。细流入孤村,千峰围一邑。停辙更流览,尖沙吹络绎。地寒草木枯,秋高鹰隼击。人言苛政猛,前令新罢职。寄语后令来,苍生宜爱惜。①

石门山

石门山有四,险恶惟塘窟。峰高天疑卑,壁峭石欲落。两两建崇墉,蓬蓬荣刺竹。虎啸阴风生,泉飞白日浴。开辟无人径,步崖即颠覆。岂知我亦巧,轻舟破江绿。偕凫上急滩,飞语答空谷。侧耳听鹂鸪,倚舟看枫木。②

甲寅春日送述庵先生南归

气节凌霜柏,声华震地雷。七旬恩眷渥,千里啸歌回。召伯棠犹在,陶公菊又栽。公去秋曾告假南归蓟云华盖卷,吴月斗牛开。尚忆雕龙辩,真怜倚马才。诗刊《湖海集》,酒醉圣贤杯。雨泪滋桃李,时祖帐都门多公门下士风情寄竹梅。故乡亲友说,疏广赋《归来》。③

李四编修骥元示予所著鼋塘诗集点勘既了作此奉柬附答诗

铁夫笔如铁,点石石俱裂。删我几处诗,诗竟同玉洁。平生非李杜,不在弟子列。君登李杜坛,改句果精绝。我诗由我造,美恶本殊辙。生无知己删,百世谁与决。昨者读君诗,浑沦元气结。录写廿余篇,剑光耿难灭。从今勉倡和,君勿谓不屑。④

送王履吉归三台

一百余人齐下泪,羡君归种故园花。⑤

---

① (清)王昶辑:《湖海诗传》卷37。
② (清)王昶辑:《湖海诗传》卷37。
③ (清)王昶辑:《湖海诗传》卷37。
④ (清)王芑孙:《渊雅堂全集·编年诗稿》卷11。
⑤ 光绪《新修潼川府志》卷28。

挽李廷珑

望庐先已泪沾巾，入唤无言更怆神。长我三年生未老，官民十载死犹贫。饱尝燕晋关山苦，虚被君王雨露春。太息秦和空有术，难医蝴蝶梦中人。

太原风雨共谈文，吹奏壎篪夜夜闻。当日麦丹曾赠我，此时宝剑未酬君。惊心宦海无青眼，回首家山有白云。三四雁行中断一，来生可否再联群。①

雨村大兄五十寿

是吾兄也亦吾师，伯氏风流合在兹。报国文章昆与弟，传家衣钵《礼》兼《诗》。运河两载清风播，粤岭三年藻鉴持。有德自应兼有寿，南山频愿祝期颐。②

知止而后有定定而后能静静而后能安安而后能虑虑而后能得

知止善之要，可递验其得矣。盖至善之理从知而入，由定、静、安、虑以至于能得，斯不负其所知欤。今夫善所当止之处，皆知所当得之处也。然使未得而不力求其知，固无望乎有得。使既知而不渐臻乎得，亦何贵乎有知？此穷至善之理者所宜贯彻乎内圣外王之学而历历以自参也。如明、新在止至善，人不当得其所止哉。顾得也者，由既知而收其效者也。知也者，由未得而致其功者也。得非遽得，当于吾知肇其端。知非泛知，还于所止穷其义。扩吾知以求止之绪而一一识其端倪，则用志不纷，中有主而嗜欲自难移其志。精吾知以究止之归而在在参其奥蕴，则岐趋不惑，识既审而隐怪安得淆其趋。凡以云定也，要非知止，何以有此？且夫定者静之机也，声色不留聪明，淫慝不接心术，大人之学所谓静而有常也。夫未定而言静，静于暂必难静于常。既定而言静，静于寂尤能静于感。清明者内无越思，宁谧者外无惮扰。《易》曰艮其止，非能静之谓欤。静者安之渐也，达则行乎富贵，穷则行乎贫贱，大人之学所

---

① 光绪《射洪县志》卷17。
② 民国《绵阳县志》卷7。

谓随遇而安也。夫未静而言安，安于外必难安于内。既静而言安，安于常尤能安于变。识既精而境不能摇，神既靖则物不能夺。《书》曰安汝止，非能安之谓欤。安者虑之基也，化而裁之存乎变，推而行之存乎通，大人之学所为虑善以动也。夫未安而言虑，虑其粗不能虑其精。既安而言虑，虑其小尤能虑其大。业虚中而善应，自攸往而咸宜。《礼》曰发虑宪，非能虑之谓欤。夫知止而有定，有而后可言能矣。有定而能静能安能虑，能则无所不能，而后可言得矣。吾见明德得其所止，而建其有极，归其有极，直与大人之天地位、万物育均为问学之有功。新民得其所止，而会其有极，锡汝保极，直与大人之参天地、赞化育同为神圣之能事。《诗》曰学有缉熙于光明，能得之义也。要非知止以渐增其功，断难得止以全收其效。此大学之次第也夫。《甲辰科会试李骥元硃卷》

吾为之范我驰驱终日不获一为之诡遇一朝而获十

所获异致，良工特覆明其故焉。甚矣，不获一而获十，何前后之不同也。良一则曰范我驰驱，再则曰诡遇，有不得不为简子告欤。尝思驭非其马之正为不恭命，若是乎诡遇之不可也。然天下事之自我为政者，理固宜守其常；而天下事之不自我为政者，势将曲从其变。盖守其常而不得，反出之意外；从其变而所得，实期之意中。此虽前后之不相侔，而要非我之忽为贱工而又忽为良工也。大夫之命良为奚掌乘也，岂非以一朝获十，异乎前此之终日不获？良诚不愧良工哉。顾吾思遂水曲而舞交衢，周礼早垂驭典。外此秋狝冬狩，而环涂七轨，野涂五轨，要当守一驰一驱之常。辔如组而骖如舞，太叔爱赋于田，可知命仆驾车。而进与人谋，退与马谋，何得易载驰载驱之素？若然，良之宜范我驰驱而不宜诡遇也明甚。乃回忆前此良之爲奚乘也，固第知有范耳，谨步趋而不苟，操纵送以自如。是日也，奚得毋发彼小豝，殪此大兕乎？而不谓终日不获一也。既非国君，不可围泽，又非大夫，不可掩群，而所获竟寥寥莫觏如斯矣。及后此良之爲奚乘也，亦姑从夫诡耳，瞻群友以驱车，望郊原而振策。是日也，奚殆虑相须虽殷，相遇仍疏乎。而不谓一朝获十也。非有兽人，献狼献鹿，非有虞人，驱兽驱禽，而所获竟多多益善如此矣。由前而观，馨控宜而野有班马之声，尘鹿伏而险无困兽之走。

非天下之贱工，何以终日不获一也，而抑知获之难皆由吾范我驰驱故。由后而观，执鞭策而马有奔足之逸，载重锱而卢有逐兽之能。非天下之良工，何以一朝获十也，而拗知获之多皆由吾为之诡遇故。夫御以如皋，雉犹可获，不谓驰驱于儦儦俟俟之中，而奚竟技无足展也，想亦忆贾大夫而怀惭也。驾而乘材，鞿犹可绝，乃为诡遇于祁祁嘑嘑之际，而奚始略有所长也，宜其对吾大夫而称誉也。嗟乎！御之为技，贱且劳者也。既业之，亦思进乎道焉。至不幸枉其道以从人，心良苦矣。一之为甚，其可再乎。敬谢大夫，敢告不敏。《甲辰科会试李骥元硃卷》

（清）李鸿裔《苏邻遗诗》

满江红·次韵金眉生廉访造偶园落成

何以家为，老去也一庐始筑，门外见，松毛亭子，便堪医俗。浩荡鸥天栖梦稳，参差燕侣窥帘熟。对云林，二十五峰奇，挥珠玉。　梦钉带，非为福，五鼎食，蛇添足。趁西园樱笋，举杯相属。为月圆迟迎社火，防花睡去歌仙曲。甚春愁鹤发老犹狂，无拘束。①

题宣和殿御制赐郓王楷

宣和道君艺事天纵，世所传花鸟蔬果真赝杂出，余所见无虑数十种。其真者足以雁行黄、赵，而山水则未尝寓目。以董元宰、汪砢玉鉴藏之博，生平所见，亦仅《雪江归棹》一图耳。元宰云，宣和主人写生花鸟，时出殿上捉刀，虽著瘦金书、瓢印玺、天水花押，而其中仍多赝迹，十不一真。唯山水清雄俊丽，超侠画史，蹊径闯右丞堂奥，宋代安得有匹者？信非伪迹所能托，宜其真迹之希有也。凡艺事至于入神之境，自然不可多得，其发之亦甚不易，非一时县解超悟，无由凑泊。道君此卷真可谓神品矣，俊不伤厚，雕不损淳，经营飞动，擘霍华而吐纳烟云，谁得而袭其轨辙哉。郓王楷，徽庙之第三子也，初名焕，字德远。崇宁元年改今名，封高密郡王。以八宝恩，除司空、镇东军节度使，封嘉王，

---

① （清）杜文澜《憩园词话》卷3。

迁太尉。政和六年出阁，拜太傅。八年，令赴殿试，有司考列第一，封郓王，徙剑南西川节度使。南北宋诸帝螽羽诜诜，未有盛于道君者。三十一子中，其相随北狩者旡可稽考，余皆以哀荣相终始。而风流儒雅，不坠前规，则以元子钦宗、九子高宗、第三子郓王楷为最著。楷以深宫居牧，出与白袍鹄立者争衡，居然龙头，为之冠冕，其尤伟节最怒者欤。斯卷之赐，盖以称心之佳作赏奇于出群之爱子也。一门风雅，笙磬同音，铿锵以鸣于翰墨之场，以视开国人豪艺祖韩王之椎朴，诚为不类。以视魏武之有子桓陈思，梁武之有六通昭明，则鼎峙古今，未遑多让也。《图绘宝鉴》称楷工花鸟，善墨竹，犹余事耳。楷之封郓在政末，此画当作于宣和初年，盖道君晚笔也。不数载而有靖康之变，明驼千里，播迁于五国城矣。回首龙门嵩洛间，欲对一丘一壑，作画里溪山，何可再得？则此卷在当日已如太白残月，寥寥天壤矣。光绪五年夏四月，宴集愉庭翁之两橛轩，悟九中丞携此卷相视，曰此吾姻家甘子大京卿家传世守之宝。其高祖太傅庄恪公官冢宰时，预乾清、柏梁两宴，纯庙所赏赐也。咸丰初，粤逆扰奉新，甘氏家毁于兵，独是卷不肯轻弃，携以自随。其旧装锦标玉签，宋刻丝盘龙引首，恐其诲盗，悉皆褫去。卷尾题跋以无外护，亦磨灭于烽镝间矣。幸绢素首尾、蹲池前后印识累累，元人观款，劣有存者，略识流传之绪耳。余以子大旧雨也，遂欣然以重值购归，重付装池，还其旧观。除宣和殿宝、双龙玺、郓王之章及观款诸印外，收藏之家尚存贾平章三印，赵文敏夫妇父子廿二印，王元美八印。盖自南宋以迄元明，由半间堂、松雪斋而归于弇州山人者也。进于天府，当在明季国初时矣。王敬美云："吾兄所藏徽宗山水卷行笔俊拔，仿佛唐人。江陵权相求索甚迫，吾兄坚持不与。"倘即指此卷欤。以江陵之气焰豪夺而不得，吾以冷落人藓苔而得之，非墨缘奇遘乎。且宣和之初，郓邸适迁剑南节度，宸章宠赉，必驿致于青城玉垒间。吾蜀人得之，非丹青自有神契哉。是岁十月廿有六日，题于蘧园左陶右邵之斋，中江李鸿裔苏邻平生真赏。①

---

① （清）庞元济：《虚斋名画录》卷1。

题石曼卿草书卷

曼卿名位虽未大显，而文章翰墨为范希文、欧阳永叔、苏子瞻所称。此数公非苟为推挹者，意其为人当在苏子美、梅圣俞伯仲之间。而《宋史》本传甚略，元明以来藏书家著录之目亦无曼卿专集传于世者。过云楼主人好古博收，竟得其墨迹长卷，可不谓希有乎。张师正《括异志》记庆历间琐闻佚事，石中允与丁观文同时作《夫容城主苏长公赋》，王迥《与仙人周瑶英梦游夫容城》诗亦漫及之，曰"谁其主者石与丁"。虽文人游戏，未必可凭，然非蝉蜕轩冕，曒然不滓，乌能使人欣慕而以神仙拟之。光绪己卯十月，苏邻李鸿裔题。①

题宋黄文节公励志诗真迹卷

宪庙《御选历代禅师语录后集》，此诗乃懒残大士所作，即衡岳煨芋和尚也，思翁竹窗偶失检耳。以宋潜溪之贯穿三藏，尚不免以涪翁草书《清公颂》误题为《楞严经》。徐子仁据蒋叔震帖驳辨而轻诋之，过矣。此卷明季在汪砢玉家，"世事悠悠"至"更复何忧"一段，曾经汪氏勒石，嵌之莲登阁。《读书》《绿阴》《藏镪》诸帖已入内府，刻于《石渠宝笈》。《七佛偈》拓本余所藏者，犹有奉真道人印，或即护偈亭中所揭数本之一。楷书《莲经》不知尚在人间否，今并江上所刊《普门品》不可得觏矣。山谷生平尝自赞其草，言五十以后，于黔蜀道中见怀素《自叙》，豁然开悟。己卯十月，偶与艮庵主人论及，遂出此卷相视。他日终须觅其草书，慰此辋饥耳。李鸿裔题。②

题赵子昂书胆巴帝师碑墨迹卷

唐李北海写碑版最多，后唯赵文敏足以继之。文敏晚年寸大字规模北海，点画顾盼，遂无一笔失度，不止优孟虎贲而已。此书《胆巴碑》骨气遒美，纯用本家自运之笔，王弇州所谓有太和之朗而无其佻者也。

---

① （清）端方：《壬寅销夏录》。
② （清）端方：《壬寅销夏录》。

光绪甲申嘉平小除日,李鸿裔题。①

曾文正公挽联

位冠百僚而劳谦自牧,威加四海而盛德若愚。不震不腾,隐几独居勋业外;年垂大耋而神观弗衰,病至弥留而輓掌靡息。如临如履,易箦犹在战兢中。②

赠守节思璠妻王李氏联

高节冰霜,写以彤管;大钧雨露,润此金□。③

敖通奉公传

公姓敖氏,讳翊臣,字翼武,号庚渠,居邑之北鄙。自曾祖东谷公至父立亭公孝友兹惠,以医药济人,不索直,乡人德之。立亭公生子五,公其季也。幼英颖嗜学,读书一过,覆举不遗一字。年十六,为诸生。廿六举于乡,善文词,工书法。从座主张瀚山先生岳崧游,称为甲第上选。既王太夫人患风痹,公闻信遄归,手治汤药肴羹,时负母就暄,周行庭户外。夜侍谈笑,卧后屏息床侧不忍去。道光乙未大挑二等,以教谕用。连年教授生徒,从游日众。暨署江油,补珙县,从学寒畯,不责修脯。乡试者饬吏备文送之,不索一钱。以振兴文教为己任,珙邑泮宫颓圮久,公帅都人士选地新之。将成,次子册贤举于乡,与邑人黄士元、黄湘先后登甲科,入玉堂。既大府以公造士有方,堪膺民社,荐于朝。故事,新入学者以金贽于广文,代纳于文宗,曰院费。贫士不能具,请缓期。公濒行,皆却之。诸生为榜于明伦堂,以酬清德。咸丰壬子,选授广东潮州府丰顺县知县。癸丑六月之官。时粤贼蜂起,贼首古声扬等鸠众数万,将攻城。山城瘠区,兵食无措,宾朋仆从、胥役商民皆逃。公率局绅吴某、仆人齐升婴城固守,势危甚。幸门生罗茂才星将汤坑子

---

① (清)端方:《壬寅销夏录》。
② (清)薛福成:《庸盦笔记》卷3佚闻。
③ 民国《中江县志》卷10。

弟百余人来援，复募乡兵千人。贼将临城，公优给钱粟，搜讨军实，慷慨誓师，朂以忠义，声泪俱下。又为家书及绝命词二章，誓与城存亡，为文祷于关帝祠。夜大雨，贼晨至，大雾漫天，见城上甲兵旌旗麻列，气益馁，不敢近。公督乡兵急击之，生擒古声扬及黄衣贼渠数名，斩艾无算。连日十三战皆捷，人心乃定。贼平，得百姓通贼文书皆燔之，曰此愚民畏贼耳，置不问。本郡吴太守均守潮有功者也，见公，握手泣曰："吾向以为某令何恃，某牧可恃，而皆不然。不意丰顺之能保也，今始知子矣。"檄援饶平，卒解城围而归。丁巳，奏署石城。石城与广西邻，秋稻将获，西贼辄来，邑人患之。公简炼乡兵，兼程进。武弁某以持重为请，公笑曰："师速乃有功，彼乌合，何能为？"一日行百有二十里，夜半抵贼巢，歼贼渠，俘获无算，自此贼不敢犯石城。时殷学使寿彭宣言于众曰："岭南州县清勤智勇，惟敖某一人耳。"公与殷公无生平之素，顾倾心若此，其感之者深矣。戊午，兼摄吴川，访林殿撰召棠，咨民疾苦，称公为读书好官，时相往还。然他人往，则不见也。嗣调澄海，则治外沙乡之变。再署石城，则治陈金刚、彭治彪、王二十八等之变。署永安，则治距县城三十里窜扰长乐伪康王等之变。公简练丁壮，指授方略，亲督以战，皆捷。每鞫贼，口问贼情，耳听贼供，手作文书，上报大府，下谕居民，精神饮食，阳阳如平时。家人子弟骇愕，不能举箸，公笑曰："贼至死命也，未至何惧为？"大吏连上其功，奉旨以同知尽先补用。时公年七十矣。同治丁卯，解组归，优游井里，为季子孙曾与门人讲经史，校文艺，复帅宗族修族牒，筹祖祠积谷，无倦态。以子孙贵，诰封中议大夫，晋封通奉大夫。庚辰二月二十有八日，寿终于家，年八十有七。配唐夫人，子三，长左贤，附贡生，分缺先选用训导，晋封通奉大夫。次册贤、贡贤、式櫺、式甡、式金、式沧、式度、式鸾。曾孙十人，元孙女三。①

---

① 光绪《荣昌县志》卷20。

儒家道统说的产生和发展*

　　道统，指儒家传道的脉络和系统，它代表着该派理论和实践的正统性和权威性，在儒家学说中具有重要地位。

　　"道统"一词始见于唐代。李翰《尉迟长史草堂记》云："阶上何有？有群书万卷。阶下何有？有空林一瓢。非道统名儒，不登此堂。非素琴香茗，不入兹室。"① 这是今天能够看到的"道统"一词的最早出处。李翰为李华之子，约生于开元（713—741）、天宝（742—756）间，时值盛唐。此记作于大历四年（769），作者已步入中年，而韩愈年方两岁。王柏《跋道统录》说"道统之名不见于古而起于近世"②，也可证其晚出。

　　此后历五代至北宋，"道统"之称亦为罕见。直到南北宋之交，方时有所见③。南宋乾、淳之际，由于朱熹等人的提倡，方成为儒士文人的常用语。元明以后，则专论道统有书有图有文，上至帝王，下至闾阎寒士，几言必称道统矣。

　　"道统"一词虽起源很晚，然道统说的产生却是源远流长。《易》言

---

* 本文原载《道统与中国哲学》，人民出版社2017年版。

① （宋）李昉：《文苑英华》卷827，明刻本，第11页a；（宋）姚铉：《唐文粹》卷74，《四部丛刊》景元翻宋小字本，第4页a。

② （宋）王柏：《鲁斋集》卷11，《续金华丛书》本，第1页a。

③ （宋）李若水：《忠愍集》卷1《上何右丞书》，"整皇纲于既纷，续道统于已绝"，《四库全书》本，第1124册，第18页b；（宋）刘才邵：《檆溪居士集》卷8，"去圣既远，无所折衷，异论肆行而道统益微"，《四库全书》本，第1130册，第19页a；（宋）李刘谦：《淡斋集》卷11《上张和公书》，"承列圣之道统，振千载之绝学"，《四库全书》本，第1133册，第18页a等。

伏羲、神农、黄帝，《书》记唐尧、虞舜、夏禹、商汤，《诗》颂文王、武王、周公，其言道统之滥觞乎。春秋战国以降，尧、舜、禹、汤、文、武已成为各家各派共同尊崇的古代圣王序列。如《战国策·齐策》云："成其道德而扬功名于后世者，尧、舜、禹、汤、周文王是也。"《荀子·性恶篇》云："得贤师而事之，则所闻者尧、舜、禹、汤之道也。"《管子·枢言》云："唯无得之尧、舜、禹、汤、文、武，孝已斯待以成，天下必待以生。"《商子·定分》云："故名分未定，尧、舜、禹、汤且皆如物而逐之。"《墨子·尚贤》云："若昔三代圣王，尧、舜、禹、汤、文、武者是也。"宋玉《钓赋》云："昔尧、舜、禹、汤之钓也，以圣贤为竿。"① 《吕氏春秋·孟夏纪·尊师》云："神农师悉诸，黄帝师大挠，（中略）帝尧师子州父，帝舜师许由，禹师大成贽，汤师小臣，文王武王师吕望，周公旦齐桓公师管夷吾。"《大戴礼记·用兵》云："故今之道尧、舜、禹、汤、文、武者，犹依然至今若存。"史载"周公佐武王定天下，取神农、黄帝、尧、舜、禹、汤之子孙列世封之，以为公侯"②。管仲言古者封泰山、禅梁父者72家，其所记者12家，列伏羲、神农、黄帝、尧、舜、禹、汤等。③ 又"《中候》及诸《纬》多说黄帝、尧、舜、禹、汤、文、武受《图》《书》之事，皆云龙负《图》龟负《书》"④。可见古代褒崇之一斑。

然此时的尊崇，只是从对生民社稷的历史功绩出发，而列出历史上公认的圣君，世代铭记效法，是一种民族崇拜、全民崇拜。而在思想学说上，则是三教九流，百家争鸣，并非亦步亦趋。诸子百家之大者，道家主张效法自然，清静无为；阴阳家重巫术，一以天象预言吉凶祸福；法家崇尚法、术、势，主张君主专制，严刑峻法；名家热衷于坚白同异诡名之辩；墨家主兼爱、非攻、非命、非乐、天志、明鬼，尚功利，重强力；纵横家纵横捭阖，以诡辩见长；杂家兼儒墨、合名法，杂而不一；

---

① （唐）骆宾王：《钓矶应诘文》，（唐）骆宾王著，（清）陈熙晋笺，王群栗标点：《骆宾王集》卷10，浙江古籍出版社2015年版，第537页。
② （宋）魏了翁：《重校鹤山先生大全集》卷109《师友雅言》下，第41页a。
③ （汉）司马迁：《史记·封禅书》，第4册，第1361页。
④ （宋）刘牧：《易数钩隐图》卷下《龙图龟书论》，《通志堂经解》本，第5页a。

儒家道统说的产生和发展

农家囿于耕桑，主张并耕而食，饔飨而治，皆与古先圣王之道枘凿不入。只有儒家"祖述尧舜，宪章文武"，从而成为圣王传统的真正继承者。孔子述作六经，周游列国，广授门徒，进行了全面的理论建设，并首次提出了儒家之道统传承说。《论语·尧曰》云："尧曰：咨，尔舜！天之历数在尔躬。允执其中，四海困穷，天禄永终。舜亦以命禹。"以下又接叙汤、武之事。这段话被认为儒家道统说的雏形，经孔子的论述，尧舜以来的圣王序列，同时也成了儒家学说的传承序列。

更加明确阐述道统传承的是孟子。《孟子·公孙丑下》云："五百年必有王者兴，其间必有名世者。由周而来，七百有余岁矣。以其数则过矣，以其时考之则可矣。夫天未欲平治天下也。如欲平治天下，当今之世，舍我其谁也。"《尽心下》云："由尧、舜至于汤，五百有余岁，若禹、皋陶，则见而知之。若汤，则闻而知之。由汤至于文王，五百有余岁，若伊尹、莱朱，则见而知之。若文王，则闻而知之。由文王至于孔子，五百有余岁，若太公望、散宜生，则见而知之。若孔子，则闻而知之。由孔子而来至于今，百有余岁，去圣人之世若此其未远也，近圣人之居若此其甚也，然而无有乎尔，则亦无有乎尔。"这样，孔、孟就勾勒出了一个先秦儒家传道的脉络和系统，即尧、舜、禹、汤、文、武、孔子，而孟子则以道统传承者自居。

西汉扬雄虽不赞成五百年圣人出的说法，但也言及儒家传承序列。《扬子法言·五百篇》云："尧、舜、禹君臣也，而并。文、武、周公父子也，而处。汤、孔子，数百岁而生。"唐韩愈作《原道》，继承孔孟，仿照佛教诸宗的祖统，正式提出了儒家道统传承序列，即："尧以是传之舜，舜以是传之禹，禹以是传之汤，汤以是传之文、武、周公，文、武、周公传之孔子，孔子传之孟轲。轲之死，不得其传焉。"这就是先秦儒家道统说的定本。虽然各家对序列中个别人物的增减或有不同意见，但其主体构成得到了广泛的认同，韩愈以后千余年间几无复改评。

至南宋，道统之说大行，而明确冠以"道统"二字并加以详细阐发的是朱熹。《中庸章句序》云："盖自上古圣神继天立极，而道统之传有自来矣。其见于经，则'允执厥中'者，尧之所以授舜也。'人心惟危，道心惟微，惟精惟一，允执厥中'者，舜之所以授禹也。（中略）自是以来，圣圣相承，若成汤、文、武之为君，皋陶、伊、傅、周、召之为臣，既皆以此而接夫道统之传，若吾夫子，则虽不得其位，而所以继往圣、开来学，其功反有贤于尧舜者。然当是时，见而知之者，惟颜氏、曾氏之传得其宗。及曾氏之再传，而复得夫子之孙子思，则去圣远而异端起矣。（中略）自是而又再传，以得孟氏为能推明是书，以承先圣之统。及其没，而遂失其传焉。"至此，尧舜至孔孟遂成为儒家公认的传道脉络和系统。

道统说产生以来，经历了漫长的发展过程，其内涵和具体内容也不断变化。首先是先秦道统传承序列的延展和补充：向上推，尧舜之前，或溯及伏羲、神农、黄帝。如宋之孙复、石介、胡宏、张载、元之熊禾、虞集，明之曹端、解缙、蔡清、章潢，清之魏裔介、张伯行等大儒皆主此说。绍定三年（1230），理宗御制《道统十三赞》，即以伏羲为首。① 永乐十五年（1417），明成祖御制《重修孔庙碑文》，列伏羲、神农、黄帝于尧舜前②，其《四书大全序》亦如之。③ 清初，宫内之文华殿东室供奉亦为伏羲、神农、黄帝以下九位，而以周公、孔子配。④ 向下推，孔孟之间，或增列颜子、曾子、子思。如韩愈在论定道统传承主干的同时，又详论孔孟之间传道细节云："孟轲师子思，子思之学盖出曾子。自孔子没，群弟子莫不有书，独孟轲氏之传得其宗。"⑤ 这里没提到颜子，大约是因为其早夭。然颜子为孔门弟子第一人，若论孔门学脉，其当在曾子之前是不言而喻的。此说也为历代儒者所接受。程颐云："颜子没后，终得圣人之道者曾子也。（中略）所传者子思、孟子，皆其学也。"⑥ 又云："孔子没，传孔子之道者曾子而已。曾子传之子思，子思传之孟子。"⑦ 朱

---

① 参见（宋）潜说友《咸淳临安志》卷11，道光十年钱塘汪氏振绮堂刊本，第19页b。
② 参见（明）叶盛《水东日记》卷19，康熙刻本，第3页a。
③ 参见（清）朱彝尊《经义考》卷256，《四库全书》本，第680册，第5页b。
④ 参见（清）孙承泽《春明梦余录》卷9，《四库全书》本，第868册，第3页b。
⑤ （唐）韩愈著，严昌校点：《韩愈集》卷20《送王秀才序》，岳麓书社2000年版，第254页。
⑥ （宋）程颢、程颐著，朱熹编：《二程遗书》卷9，《四库全书》本，第698册，第6页b。
⑦ （宋）程颢、程颐著，朱熹编：《二程遗书》卷25，《四库全书》本，第17页b。

熹《中庸章句序》云:"当是时,见而知之者惟颜氏、曾氏之传得其宗。及曾氏之再传,而复得夫子之孙子思,(中略)自是而又再传,以得孟氏。"《答陈同甫》八云:"夫子之所以传之颜渊、曾参者此也,曾子之所以传之子思、孟轲者亦此也。"《复斋记》云:"此夫子、颜、曾、子思、孟子所相授受而万世学者之准程也。"绍定三年(1230),理宗御制《道统十三赞》,即含颜、曾、思、孟。度宗咸淳三年(1267),以四子配享孔庙。① 至顺元年(1330),加封四子,并立碑。② 康熙二十八年(1689),帝御制颜、曾、思、孟四子赞。③ 元儒熊禾、虞集、刘壎、方回、吴澄、贡师泰,明儒薛瑄、陈献章、蔡清、胡居仁、吕柟、高攀龙、汤斌、宋濂、唐顺之,清儒孙奇逢、张伯行、魏裔介、陆世仪、李光地等也皆取此说。

其次是孟子以后道统的延续和传承。汉以来之大儒,最著者莫过董仲舒、扬雄、王通等数人,但于道统传承均未得到承认,故韩愈断为"轲死,不得其传"。韩愈被称为功不下孟子,以孔孟而后道统之传承者自居,然而同样没有得到普遍承认,故至唐仍无其人。宋代理学勃兴,世称程颢、程颐兄弟"独得孟子以来不传之学于遗经",周敦颐启其绪,张载为羽翼,朱熹集其大成,此一说法逐渐得到公认,故周、程、张、朱得列于孟子以后道统传承序列。至于元儒,有推许衡、吴澄、许谦、刘因者;于明,有推陈献章、薛瑄、曹端、蔡清、王守仁、罗洪先、罗钦顺、胡居仁、顾宪成、高攀龙者,然皆众说纷纭,未经论定。于清儒,则少有轻言承道统者。《儒林宗派》四库提要云:"明以来,谈道统者扬己凌人,互相排轧,卒酿门户之祸,流毒无穷。"《御纂性理精义·凡例》云:"至于标道统则启争端,论人物则杂细碎,(中略)故鬼神、道统、历代人物之目亦且阙如。"良有以也。

---

① 参见(明)丘浚《大学衍义补》卷66,《四库全书》本,第712册,第5页a。
② 参见(清)嵇璜《钦定续通志》卷114,《四库全书》本,第393册,第7页a。
③ 参见(清)于敏中等编纂《钦定日下旧闻考》卷66,北京古籍出版社1981年版标点本,第1113页。

儒家和谐思想及其现实意义[*]

在中国历史上,"和谐"一词产生较晚,但关于和谐的思想或观念却源远流长。这一思想或观念最初主要是用"和"来表示的。

在甲骨文、金文中,"和"是从口禾声的形声字,其形体没有更具体的意义方面的提示。《说文解字》说:"和,相应也,从口,禾声。"全面观察"和"字的整个词义引申系统之后,我们有理由相信,《说文解字》所指出的正是"和"的本义。比许慎更早解释"和"的本义的是《国语·周语下》,它说:"声应相保曰和。"

不论是《说文解字》的"相应",还是《国语》的"声应",其解释都比较简略笼统,没有说明是什么声音的相应。根据"和"字的意符"口",所谓的"声",最初应该是指人的语音或动物的叫声。《诗·郑风·萚兮》云"叔兮伯兮,倡予和女",《论语·述而》云"子与人歌而善,必使反之,而后和之",《战国策·燕策三》云"高渐离击筑,荆轲和而歌",是人的语音的例子。《易·中孚·九二》云"鹤鸣在阴,其子和之",《左传·庄公二十二年》,"凤凰于飞,和鸣锵锵",是动物的叫声的例子。"和"最早就是指"人或动物互相跟着发声",后来扩大到指无生物声音的互相呼应。如《周礼·地官·鼓人》,"以金镯和鼓",指乐音的呼应;《庄子·齐物论》,"前者唱于而随者唱喁,泠风则小和,飘风则大和",指自然界声音的相应,等等。

声音互相呼应,此起彼伏,配合得适当、匀称,就产生了和谐的效

---

[*] 本文原载《儒藏论坛》第7辑,四川大学出版社2014年版。

果,于是"和"由指声音的相应引申而指声音的和谐或使声音和谐。《国语·周语下》说"声应相保曰和",韦昭注云:"保,安也。""相保""安",都是配合妥帖得当,这里清楚地解释了由声音的相应到声音的和谐的引申过程。而声音之和谐,莫过于音乐,故古人言乐,几无不以"和"形容者。《书·舜典》说"声依永,律和声",《诗·宾之初筵》说"乐既和奏",《周礼·春官·典同》说"凡和乐亦如之",《礼记·檀弓上》说"子夏既除丧而见,予之琴,和之而不和",皆是其例。

声音可以彼此配合妥帖得当而达到和谐,天地万物也莫不可彼此配合得当而达到和谐。因此"和"又由特指声音的和谐进一步引申为泛指一般事物的和谐。由于音乐的和谐最为直观而具代表性,引申的基本途径是把指称的事物的和谐比作像音乐一样和谐,即比喻引申。

《左传·襄公十一年》说"八年之中,九合诸侯,如乐之和,无所不谐",《国语·周语下》说"夫政象乐,乐从和",就是对这种引申过程的最好说明。通过这样的引申,"和谐"成为"和"的中心义。围绕这一中心义,辐射出种种引申义,广泛运用于人、事、物、自然、社会等各个领域。

指人——人与人相处融洽、团结,彼此协调,化解矛盾,像音乐一样和谐,叫作"和"。反之,互相抵牾、争斗,就是不和。《书·蔡仲之命》言"以蕃王室,以和兄弟",《孝经》言"然后能保其社稷而和其民人",《孟子·公孙丑下》言"天时不如地利,地利不如人和",《左传·桓公十一年》言"师克在和不在众",《管子·形势》言"上下不和,令乃不行",所谓"和",指人的团结、和睦或使团结和睦。《周礼·地官·鼓人》言"以节声乐,以和军旅","和"指人行为的协调一致或使协调一致。《周礼·地官·调人》所言"和难"之"和",指使人化解矛盾而归于和好。

对单个的人而言,每个人皆自成一系统,从内到外,都有一个诸要素配合得当与否的问题,因此就都有一个"和"与"不和"的问题。大约可分为四类:身和、心和、德和、气和。

《管子·禁藏》云"食饮足以和血气",《国语·周语下》云"不精则气佚,气佚则不和,于是乎有狂悖之言",《墨子·辞过》云"衣服节而肌肤和",《战国策·赵策四》云"老臣今者殊不欲食,乃自强步,日三四里，少益耆食，和于身也"，《乐记》云"耳目聪明，血气和平"，以上是身和的例子。这里的"和"指身体的健康舒适。健康舒适为什么叫作"和"？因为这时人体器官运转正常，配合协调，就像音乐一样和谐，所以叫作"和"。如果身体失调，某种功能出现障碍，那就会像音乐中出现了不和谐音符一样，人就会得病而感到不适了。

《易·兑·初九》云"和兑吉"，《书·舜典》云"八音克谐，无相夺伦，神人以和"，《诗·常棣》云"兄弟既翕，和乐且湛"，《礼记·乐记》云"心中斯须不和不乐，而鄙诈之心入之矣"，孔疏，"心中斯须不能调和，则不能喜乐"，《管子·内业》云"彼心之情，利安以宁。勿烦勿乱，和乃自成"，《庄子·渔父》云"故强哭者虽悲不哀，强怒者虽严不威，强亲者虽笑不和"，以上是心和的例子。平静协调的心境就像音乐一样妥帖、完美，"八音克谐，无相夺伦"，所以叫作"和"。

《书·君陈》云"宽而有制，从容以和"，《左传·文公十八年》云"宣慈惠和"，孔疏云"和者，体度宽简，物无乖争也"，又《昭公二十六年》云"兄爱弟敬，夫和妻柔"，《孟子·万章下》云"柳下惠，圣之和者也"，《庄子·缮性》云"夫德，和也。（中略）德无不容，仁也"，《礼记·乐记》云"感条畅之气，而灭平和之德"，又《中庸》云"故君子和而不流"，以上是德和的例子。这里的"和"，指为人宽厚平易，谦让不争的品德。就人与人之间的关系来讲，相处融洽、团结叫作"和"；就单方面的人来讲，待人宽厚不争，是实现人际之和的前提，因此也叫作"和"。

《管子·内业》云"和于形容，见于肤色"，《战国策·齐策三》云"齐王和其颜色"，《礼记·祭义》云"孝子之有深爱者，必有和气"，以上是气和的例子。气和指外在的言谈举止温和可亲，今天常说的"和蔼""和颜悦色""一团和气"皆是此义。

指事——凡处置得宜，百事妥帖，无所不谐，叫作"和"。这正如音乐中高低得宜，轻重得当，强弱得所一样，所以也是从"和谐"这一中心义引申而来的。"政象乐"，故以"和"指政事为多。如《书·大禹谟》云"正德、利用、厚生惟和"，孔疏云"此三事惟当谐和之"，又《周官》云"庶政惟和"，《周礼·地官·土均》云"以和邦国都鄙之政令刑禁"，贾疏云"畿外邦国、畿内都鄙之政令及五刑五禁与其施舍不役之等,并须调和之,使之得所也",《左传·昭公二十年》云"宽以济猛,猛以济宽,政是以和",《管子·君臣下》云"圆者运,运者通,通则和",《礼记·乐记》云"是故治世之音安以乐,其政和",皆是其例。与之相近,年成好也叫作"和"。如《左传·昭公元年》云"国无道而年谷和熟"。

指物——《诗·宾之初筵》云"酒既和旨",郑笺云"和旨,酒调美也"。《周礼·考工记·轮人》云"三材既具,巧者和之",郑注云:"调其凿内而合之。"《礼记·王制》云"皆有安居和味",又《月令》云"薄滋味,毋致和",孔疏云"滋味和调"。《荀子·议兵》云"弓矢不调则羿不能以中微,六马不和则造父不能以致远"。《墨子·节用中》云"不极五味之调,芬香之和"。《银雀山汉墓竹简·孙膑兵法·兵情》云"弩张柄不正,偏强偏弱而不和"。《战国策·赵策二》云"察五味之和"。以上"和"字或指味道,或指气味,或指舟,或指弓,或指马,其与"和谐"这一中心义的联系是一目了然的。《礼记·礼器》又云"内金,示和也"。郑注云"金从革,性和"。贾疏云"谓诸侯所贡纳金以为庭实,示其柔和也"。凡物柔顺则无所不谐,刚戾则处处相牾,故柔顺也叫"和"。

"和"不仅指称具体事物,还可以用来指称抽象事物。如《易·乾·文言》云"利者义之和也",指万物各得其宜,和谐不乱。《左传·襄公七年》云"恤民为德,正直为正,正曲为直,参和为仁"。杜注云"德、正、直三者备乃为仁"。意即三种品质协调配合。《礼记·儒行》云"歌乐者,仁之和也"。指宽厚敦实是仁的一种性质。

指自然——《管子·七法》云"根天地之气,寒暑之和"。《周礼·春官·保章氏》云"以十有二风察天地之和"。《礼记·祭义》云"日出于东,月生于西,阴阳长短,终始相巡,以致天下之和"。以上言和,取其协调之义。《管子·四时》云"土生皮肌肤,其德和平用均"。《国语·周语上》云"瞽告有协风至",韦昭注云"协,和也,风气和、时候至也"。《素问·五常政大论》云"其候温和"。汉王逸《九思·伤时》云"风习习兮和暖"。以上言和,取其柔顺之义,皆自中心义"和谐"引申而来。

在儒家学说中，蕴含着丰富的和谐思想。试分析一些重要命题。孔子："礼之以和为贵。"见《礼记·儒行》。《论语·学而》作"礼之用和为贵"，应为有子引述孔子的话。孔颖达疏《儒行》云："礼以体别为理，人用之尝患贵贱有隔，尊卑不亲，儒者用之则贵贱有礼而无间隔，故云礼之以和为贵也。"礼制的基本作用是区分高低贵贱，对于维持一定的社会秩序是必要的。但如果过分强调其分别的功能，则必然导致等级森严，人际隔膜，同样不利于社会的长治久安。能在推行礼制的同时保持人与人之间的亲近和睦，才是最为难能可贵的。

孔子："大同说。"《礼记·礼运》："大道之行也，天下为公，选贤与能，讲信修睦。故人不独亲其亲，不独子其子。使老有所终，壮有所用，幼有所长，矜寡孤独废疾者皆有所养。男有分，女有归，货恶其弃于地也，不必藏于己。力恶其不出于身也，不必为己。是故谋闭而不兴，盗窃乱贼而不作，故外户而不闭。是谓大同。"这是孔子的理想国。在这个太平世界里，人们之间不再有戒备、仇恨和争斗，有的只是互相关爱和谦让，各得其所，其乐融融。不难看出，要实现这一理想，"讲信修睦"是其核心。

要做到人际和睦相处，一条重要的原则就是"己所不欲，勿施于人"。（《论语·颜渊》）这一思想就是所谓"恕"，在《论语》的《雍也》篇和《公冶长》篇里又分别表述为"己欲立而立人，己欲达而达人"和"我不欲人之加诸我也，吾亦欲无加诸人"。恕就是设身处地，将心比心，这里讲的是为人处世的哲学。这种哲学为协调人际关系所必需。

孟子，"仁者爱人"（《孟子·离娄下》），"恻隐之心，人皆有之"（《告子上》）。如果说"己所不欲，勿施于人"是从反面阐述了与人为善的处世哲学，那么"仁者爱人"则是从正面对这一哲学作了发挥。孟子从人性论的高度论证了人与人之间能够和睦相处，本来就应该和睦相处，否则就不成其为人。

子思："中和论。"这一理论是相传为子思所作的《中庸》一书所构建的。作为儒家的重要学说，中庸最先是由孔子提出来的。根据孔子的论述，所谓中庸，意即适中、适度、中平、中常，其核心思想是"无过不及"。在孔子那里，中庸不过是一种素朴的处世哲学，要求人们待人处世恰如其分，谦恭敦厚，保持低调，着重裁抑过头或偏激行为。子思继承了孔子的中庸说，并将其改造成为"中和论"。提出并阐发这一主张的是下面这段著名的论述："喜怒哀乐之未发谓之中，发而皆中节谓之和。中也者，天下之大本也；和也者，天下之达道也。致中和，天地位焉，万物育焉。"在这里，子思以"发而皆中节"取代了"无过不及"，以"和"取代了"中庸"。子思认为，宇宙万物包括人本来就是或应该是适中的、恰如其分的，君子于动静寂感之间，不但要致和，而且要致中，从而使自然、社会同归于有序，人物各得其所。

晏子："以水济水。"《左传·昭公二十年》载晏子与齐侯辨"和"与"同"的话说："君臣亦然，君所谓可，而有否焉，臣献其否，以成其可。君所谓否，而有可焉，臣献其可，以去其否。是以政平而不干，民无争心。（中略）声亦如味，一气，二体，三类，四物，五声，六律，七音，八风，九歌，以相成也。清浊大小、短长疾徐、哀乐刚柔、迟速高下出入周疏，以相济也。君子听之，以平其心。（中略）若以水济水，谁能食之？若琴瑟之专一，谁能听之？同之不可也如是。"在这段话里，晏子举出和羹、音乐、君臣关系三个例子，深刻地阐明了"和"与"同"的根本差异。"和"是事物多样性的统一。如果没有差异，就如同以水济水，琴瑟专一，君可臣可一样，事物就不能存在和发展。反之，诸要素不能协调配合，不能"和之""齐之""济其不及""出入周疏""相成""相济"，也不成其为"和"，事物也就不存在了。

《易传》："保合太和。"《易·乾·上九》象辞说："乾道变化，各正性命，保合太和，乃利贞。"所谓"太和"，指阴阳二气融合协调。阴阳二气既为万物之本源，其融合协调岂不是宇宙万物之大和，而非人、事、物或自然之小和？这是一种终极的和谐、最高境界的和谐，这个"和"字，已经具有明显的哲学意味，不限于指人、事、物或自然现象，而进入对生命和世界本源、宇宙生成的探索；不仅仅指称具体的对象，而具有某种比较抽象的、普遍的、一般的性质了。

《大学》："修、齐、治、平。"修身、齐家、治国、平天下历来被看作儒家学说的基本纲领，即所谓"内圣外王"。个人是社会的最小单位，不从个体的道德修养做起，要实现社会的安定是不可能的。家庭是社会的细胞，只有"家和"，才能"万事兴"。治国以德不以力，是儒家的一贯主张。平天下之"平"，主要是指化服四方，以臻太平盛世，即孟子所说的以仁义王，而不是征服、平定。可以看出，儒家的政治理想中，始终包含着对和谐的追求。

《乐记》："乐极和。"从强调宫、商、角、徵、羽五音的和谐，进而认为音乐可以使天地和，上下和，即所谓"乐极和"。

董仲舒："天人合一。"《春秋繁露·深察名号》说："天人之际，合而为一。"《阴阳义》说："天亦有喜怒之气，哀乐之心，与人相副，以类合之，天人一也。"这里强调了天与人不是截然对立的，而是一个有机系统，牵一发而动全局，是互相感应的。只有天和，才有人和。反之，也只有人和，才能达到天和。

张载："仇必和而解。"《正蒙·太和篇》说："有象斯有对，对必反其为。有对斯有仇，仇必和而解。"在这里，张载揭示了事物存在和发展变化的一般规律：一切事物都包含着彼此对立的两个方面，这两个方面的矛盾运动推动了事物的发展。值得注意的是矛盾的解决方式，张载认为是"和"。在今天看来，不论这一思想是否具有片面性，其所包含的丰富内容都是值得深入发掘和有着启迪意义的。

以上分析纯粹是举例的性质，但已足以证明儒学理论中早已蕴含着和谐思想或观念，尽管这些思想或观念有时是不完全自觉的和不清晰的。在众多的论述中，既涉及和谐的内涵，又涉及和谐的外在表现；既论及实现和谐的必要性，又论及达到和谐的途径和方式；既有对具体道德规范和行为准则的宣扬，又有世界观、方法论上的深入探讨。这些无疑是先哲们给我们留下的宝贵精神财富。

在儒家学说中，和谐不仅是一个美学范畴，它早已广泛渗透到社会政治生活的各个领域，成为与人类生存发展攸关的学说，具有普遍的性质。从这个层面上讲，儒家和谐思想在今天仍然具有重要的现实意义。"以德治国"、"公民道德建设"、"八荣八耻"及"构建和谐社会"的提出，都不同程度地体现了对这一思想资源的批判吸取，具有鲜明的中国特色。

进入21世纪，人类面临空前的机遇，同时也面临空前的挑战和深刻的危机。和平与发展是当今世界的共同主题。如何解决矛盾,化解冲突?儒家固有的和谐思想不无启迪借鉴作用。例如,"保合太和"和"天人合一"的思想,对维系生态平衡,保护资源,缓解能源危机是不是具有启发作用呢?"仁者爱人","讲信修睦","和为贵","己所不欲,勿施于人","修齐治平",在公民道德建设中是不是值得提倡呢?中庸是古人社会生活经验的总结,在长期的生产与生活实践中,古人惩创于过与不及尤其是过头行为招致的失利,认识到必须使自己的行为保持恰如其分,才能获得成功。孔子将其概括为"中庸",其核心是无过不及。我们知道,分寸感是人类生存发展所必须具备的能力,不论是对自然界还是对社会而言。从这个意义上讲,孔子的中庸可以说是一种"警世通言"。今天,不论在政治、经济还是其他领域,我们仍不断由于不能恰如其分地处理问题而遭到失败。重温一下先民们"无过不及"的告诫,不是很有意义吗?

再如,由于历史的原因,我们曾经过分强调和夸大矛盾的对立和斗争,仇必仇到底,不是你死,就是我活,要么两败俱伤,同归于尽。今天,我们已经逐渐学会接受和追求双赢、多赢的方式。"一国两制"和越来越灵活多样的和平外交政策,就是成功的典范。"仇必和而解"的思想不仅有助于纠正过去的斗争哲学和偏激行为,而且为重新全面正确认识对立统一规律提供了重要的思想资料。总之,在构建和谐社会的进程中,进一步发掘传统文化尤其是儒家文化中的和谐思想是十分必要的。

从朱熹、陈亮王霸义利之辩看儒学的经世致用思想[*]

不同于道家的清静无为、佛家的万法皆空,儒学从来都是入世的。它旗帜鲜明地宣称,所要研究的是治人治世的方略,自己的存在就是为了经世致用。但在儒学内部,什么是经世致用,怎样经世致用,却存在着种种分歧。发生在大儒朱熹和陈亮之间的著名的"王霸义利之辩",就是这种分歧最典型的代表之一。

宋孝宗淳熙九年(1182)春,陈亮访朱熹于浙东提举任上,其后五年之间,二人书信往来,围绕三代、汉唐优劣,展开了激烈争论,史称"王霸义利之辩"。这场辩论同其后朱熹与陆九渊的太极之辩一样,基本上是无疾而终,没有就任何问题达成一致。以至于十余年后,朱熹在与陈亮的书信中还在重申自己的观点。

朱熹的理论基础是:"人自有生而梏于形体之私,则固不能无人心矣。然而必有得于天地之正,则又不能无道心矣。日用之间,二者并行,迭为胜负,而一身之是非得失、天下之治乱安危莫不系焉。是以欲其择之精而不使人心得以杂乎道心,欲其守之一而不使天理得以流于人欲,则凡其所行无一事之不得其中,而于天下国家无所处而不当。""须是先得吾身好,党类亦好,方能得吾君好,天下国家好。"由此出发,若言做人,"须以儒者之学求之","从事于惩忿窒欲、迁善改过,敛然于规矩准绳不敢走作之中",存天理,灭人欲,方能为治国平天下之田地根本。"如管仲之

---

[*] 本文原载《儒藏论坛》第10辑,四川大学出版社2015年版。

功,伊吕以下谁能及之?但其心乃利欲之心,迹乃利欲之迹,是以圣人虽称其功,而孟子、董子皆秉法义以裁之,不少假借。"若言治世,须循孔孟之道,以仁义王天下。汉唐之君则反是,其用心皆出于人欲之私,"在利欲场中头出头没"。故千五百年之历史,"只是架漏牵补,过了时日",而"尧、舜、三王、周公、孔子所传之道,未尝一日得行于天地之间"。其间称贤君者,由资质之美,能假仁借义,才能智术又高于与其相争者,或偶能有所作为而致小康,但于圣人之道至多只是一时暗合而已。

陈亮的纲领则是"搅金银铜铁镕作一器,要以适用为主",而观人论世须心、迹不分,从效果出发。以做人而言,认为"学者学为成人,而儒者亦一门户中之大者耳","成人之道宜未尽于此"。"学者所以学为人也,而岂必其儒哉。"因为在陈亮看来,"禹无功,何以成六府?乾无利,何以具四德?"空谈仁义无济于事,要做有用之人,"须是自家气力可以斡得动,挟得转"。"天下大物也,不是本领宏大,如何担当开廓得去?"若"担当开廓不去,则亦何有于仁义哉"。而儒者恰恰是"气不足以充其所知,才不足以发其所能,守规矩准绳而不敢有一毫走作",抱残守缺,"只是'这些子殄灭不得'者便以为古今秘宝,因吾眼之偶开,便以为得不传之绝学,三三两两,附耳而语,有同告密,画界而立,一似结坛","正使眼无翳,眼光亦三平二满,元靠不得,亦何力使得天地清明,赫日长在乎?"这样的腐儒,陈亮是不屑于做的。他自述其志说:"研穷义理之精微,辨析古今之同异,原心于杪忽,较礼于分寸,以积累为功,以涵养为正,睟面盎背,则亮于诸儒诚有愧焉。至于堂堂之阵,正正之旗,风雨云雷交发而并至,龙蛇虎豹变见而出没,推倒一世之智勇,开拓万古之心胸,如世俗所谓粗块大脔,饱有余而文不足者,自谓差有一日之长。"像管仲这样的人,虽"尽合有商量处,其见笑于儒家亦多,毕竟总其大体却是个人,当得世界轻重有无",不失为豪杰之士。至于治世,要看是否建立了宏伟的功业,收到了显著的实效。若以汉唐与三代相较,本领未尝不同,充其量只是功夫未至,做得尽与不尽耳。"本领闳阔,工夫至到便做得三代,有本领无工夫只做得汉唐。"因为心、迹不分,本末感应只是一理。观汉唐之君"能以其国与天地并立而人物赖以生息",则知其心与三代圣人未尝相异。"谓之杂霸者,其道固本于王也。"针对

"以位为乐""以天下为己物"的批评,陈亮也进行了辩护。"以位为乐,其情犹可以察者,不得其位,则此心何所从发于仁政哉?以天下为己物,其情犹可察者,不总之于一家,则人心何所底止?自三代圣人,固已不讳其为家天下矣。"

不难看出,两家在社会历史观、人生观乃至方法论上存在着根本分歧,一主"义"与"王",一重"利"与"霸",二者针锋相对,水火不容。朱熹将功利主义视为异端邪说,洪水猛兽,认为"海内学术之弊不过两说,江西顿悟,永康事功"(《名臣言行录外集》卷12)。而陈亮也对空言道德的迂腐之论进行了辛辣的讽刺,称其为"这些子好说话",以为"且与留着装景足矣"。

其实,"王霸义利"之争由来已久,在中国思想史上可谓源远流长。如关于义、利,早在春秋时期,就已出现了种种不同的观点。《易·乾·文言》曰,"利者义之和也","利物足以和义",强调义、利的相互联系。《国语·周语上》也称惠伯谈"言义必及利"。《左传·襄公二十七年》载子木之言曰:"事利而已,苟得志焉,焉用有信?"则直言不讳地以利为上。《左传·昭公十年》载晏子之语云:"利不可强,思义为愈。义,利之本也。"将义放在首位。孔子和孟子是旗帜鲜明的主义派。《论语·里仁》宣称"君子喻于义,小人喻于利",《宪问》篇明确主张"见利思义","义然后取"。《孟子·梁惠王上》说:"何必曰利?亦有仁义而已矣。"又《尽心上》云:"鸡鸣而起,孳孳为善者,舜之徒也。鸡鸣而起,孳孳为利者,跖之徒也。欲知舜与跖之分,无他,利与善之间也。"《墨子·耕柱》云:"义可以利人,故曰天下之良宝也。"则从功利的角度看待义。老子从清静无为的主张出发,认为义和利都是多余的。《老子》第十九章说:"绝仁弃义,民复孝慈。绝巧弃利,盗贼无有。"荀子既重义,同时也兼及利。《荀子·成相》称"重义轻利行显明","泛利兼爱德施均"。《大略》篇:"义与利者,人所两有也。"《荣辱》篇:"先义而后利者荣,先利而后义者辱。"董仲舒对江都王问,提出"正其谊不谋其利,明其道不计其功",成为历代主义派的宗旨。二程也是坚定的主义者。《二程遗书》卷16言:"不独财利之利,凡有利心,便不可。"李觏、王安石、叶适等则重利。《盱江集·原文》曰:"人非利不生,曷

从朱熹、陈亮王霸义利之辩看儒学的经世致用思想

为不可言？焉有仁义而不利者乎。"《王文公文集·答曾立公书》甚至称"理财乃所谓义也"。《习学记言》卷23云："既无功利，则道义乃无用之虚语耳。"

关于王、霸，战国时已有论争。孟子首先倡王黜霸。《孟子·离娄上》言："尧舜之道，不以仁政，不能平治天下。"《告子下》则宣称："五霸者，三王之罪人也。"同义、利双行的观点一致，荀子有兼用王、霸的倾向。《荀子·王制》说，"王者富民，霸者富土"，"王夺之人，霸夺之与，强夺之地"。《天论》篇主张"隆礼尊贤而王，重法爱民而霸"。至汉宣帝，公开宣称"汉家自有制度，本以霸王道杂之，奈何纯任德教，用周政乎"（《汉书·元帝纪》）。宋儒邵雍主皇帝王霸之说，认为历史是倒退的，三皇、五帝、三王、五霸时期分别是"以道化民""以德教民""以功劝民""以力率民"，最终走向"取以利不以义"的堕落深渊，显然是反对霸道的。程颢在《论王霸札子》中说："得天理之正，极人伦之至者，尧舜之道也；用其私心，依仁义之偏者，霸者之事也。"认为王、霸二途实为公私正邪之分。

以上种种不同观点表明，不论是在儒学内部还是各家各派之间，对于做人治世始终存在着原则分歧。而像朱、陈二人这样的正面交锋，对王霸义利全面展开论辩，则属仅见。在朱熹那里，义与王即一切，利与霸没有丝毫的地位。而陈亮也赤裸裸地宣称："岂有持弓矢审固而甘心于空返者乎！"没有半点的含糊，尽管此论正是标准的朱熹所攻击的"贼人讳空手"，"但取其获禽之多，而不羞其诡遇之不出于正"。朱熹可谓主义派的中坚，陈亮堪称重利派的旗帜。朱、陈之辩，将几千年来的王霸义利之争推向了极致。他们各自的主张，也成为了儒学经世致用思想中两条路线的典型代表。

细察二家之说，其基本分歧约有以下数端。理论基础不同。朱熹从理气论、心性论、认识修养论的角度阐释传统儒学发挥"内圣外王"的思想；陈亮则秉承"搅金银铜铁镕作一器，要以适用为主"的实用主义哲学。

社会理想不同。朱熹的理想是建立一个道德浸润、秩序井然，孔子所说的"天下为公"那样的大同社会；陈亮的理想是富国强兵，物得其生，人遂其性。

人生哲学不同。朱熹认为人的价值在于格物修身，变化气质，存天理，灭人欲，超凡入圣；陈亮则认为人首先要有本领，能建功立业，对社会有用。

治国方略不同。朱熹遵循传统儒学"修身齐家治国平天下"的路线，将人的道德完善放在首位；陈亮则蔑视空谈道德的迂腐之论，义也好，利也好，王也好，霸也好，不管金银铜铁，只要适用。

评判标准不同。朱熹以道德评判为至上，是"诛心"；陈亮以社会实效为首选，是"求迹"。

显然，两家讨论的题目虽单一，包含的内容却异常丰富。除了本体论、人生观、社会历史观的差异外，在方法论上还涉及真理与价值、动机与效果、目的和手段、精神与物质等辩证关系。

正是因为存在着这样的重大分歧，我们在考察儒学经世致用思想时，就不能一概而论，而应作具体分析。经世致用固然是儒学的一贯主张，但有主义的，有重利的，还有荀子这样值得重视的兼重王霸义利的。主张不同，路线与方略就不同，效果也不同。

站在今天的立场，无论主义派还是重利派的经世致用思想，都有其历史局限性和片面性。在浩瀚无垠的宇宙中，人类千百年生息繁衍，所做的只是一件事，那就是无理由地、无休止地满足自己的生存需要。人的一切活动都是生存活动，没有生存活动以外的活动。恩格斯把"人们首先必须吃、喝、住、穿，然后才能从事政治、科学、艺术、宗教，等等"①，称为马克思所发现的人类历史的发展规律。从这个意义上讲，从来没有超功利的人类活动。只讲精神境界，排斥物质需求是不可取的。另一方面，人类社会发展到现代文明，人的生存早已不只是物质生存，同时还包括精神生存。人的生命早已不仅仅是指物质躯体的存活；人的死亡在更一般的意义上，也不应仅用心跳停止或脑死亡来加以界定。它还包括甚至更为重要的另一半内容，即精神生命。斯宾诺莎向往"永远享受灵魂的和平"，人类无时不在寻求"精神的家园"。"虽生犹死""了无生趣""痛不欲生"指的就是人的精神受到了摧残，同时也就是他的整

---

① 《马克思恩格斯选集》第 3 卷，人民出版社 1995 年版，第 776 页。

个生命受到了摧残,也就是他的生存价值未能得到完全实现。历史上,为了精神追求而放弃生命的人不胜枚举,同时也不乏精神的乞丐。因此,只讲物质功利,不讲精神追求同样是不可取的。精神与物质,动机与效果,如车之两轮、鸟之两翼,它们不是彼此对立的,而是有机统一的。讲经世致用,绝不能落于一偏。

王霸义利之争既是古老的命题,也是人类面临的一般性命题。包括朱熹和陈亮在内的先民们的不懈探索,在今天仍然给我们以有益的启示。只讲精神,不讲物质,只看动机,不看效果,必然走向"宁要社会主义的草,不要资本主义的苗"的极端,其结果是经济崩溃,社会瓦解。只讲物质,不讲境界,只看效果,不问动机,则将导致金钱至上,物欲横流,信仰缺失,道德沦丧,其结果是率兽食人,人将不人。只讲仁者爱人,不讲必要的社会约束,一个冉·阿让焉能治世?为政不以德,权诈充斥,则民可载舟,亦可覆舟。既以德治国,又不断完善法制;既不断满足社会成员的物质需求,又注重提升社会成员的精神境界;既提倡奉献精神,又承认个人、集体基本的物质利益,显然是我们的不二选择。

经书"献"字新诠[*]

经书中有一个指人的"献"字，最为人所熟知的是《论语·八佾》中的一段话："夏礼吾能言之，杞不足征也；殷礼吾能言之，宋不足征也。文献不足故也，足则吾能言之矣。"何晏《论语集解》引郑玄对"献"字的解释是："献，犹贤也。我不以礼成之者，以此二国之君文章、贤才不足故也。"郑玄的这个解释，在其后的两千多年中几为定论。马端临《文献通考》自序对"献"字的理解和郑玄也是一脉相承的。不仅是《论语》，在对《尚书》《逸周书》中相关"献"字的诠释中，历代学者也无不沿用了郑玄的说法。

在今天看来，"献"字用于指人是颇为费解的。且以"贤"释"献"，于经文的若干用例实在是扞格难通。故"献"虽一字，于经文确诂举足轻重。如果我们不满足于踵袭前人，对经书停留于一知半解，就必须重新进行深入的探讨。"献"字在历史上是否确曾用于指人？其学理依据是什么？这些指人的"献"字其确切含义究竟是什么？怎样发展而来？这些就是我们要回答的问题。

一 "献"字指人的历史考察

（一）"献"字指人的用例

《论语》中"文献"之"献"的用法绝不是孤立的。《书·益稷》：

---

* 本文原载《求索》2014年第7期。

"万邦黎献,共惟帝臣。"《大诰》:"民献有十夫予翼。"《酒诰》,"予惟曰汝劼毖殷献臣","越献臣百宗工"。《洛诰》:"其大惇典殷献民。"《逸周书·商誓解》,"及百官里民献民","天其有命尔百姓献民"。《度邑解》:"国君诸侯乃征厥献民九牧之师见王于殷郊。"《作雒解》:"俘殷献民,迁于九毕。"《谥法解》:"聪明睿哲曰献"。后世用例也颇多,皆沿用古义。如宋韩琦《安阳集》卷40《戒厉风俗浮薄诏》,"朕保有黎献,辑宁区域",等等。

(二)历代学者对"献"的训释

对指人"献"字的解释,现存最早的是前述何晏引郑玄的《论语》解。这一解释后来被朱熹承袭。《论语集注》:"文,典籍也;献,贤也。"《朱子语类》卷25,门人问文献,曰:"只是典籍、贤人。若以献作法度,却要用这'宪'字。"《尔雅·释言》:"献,圣也。"圣、贤先秦常作近义词,如《国语》《战国策》《吕氏春秋》等。《书·益稷》:"万邦黎献,共惟帝臣。"孔传:"献,贤也。万国众贤,共为帝臣。"疏:"《释言》:献,圣也。贤是圣之次,臣德不宜言圣,故为贤也。"《大诰》:"民献有十夫。"孔传:"四国人贤者有十夫。"《酒诰》"献臣",孔传作"善臣"。《洛诰》:"其大惇典殷献民。"孔传:"其大厚行典常于殷贤人。"《逸周书·作雒解》:"俘殷献民。"晋孔晁注:"献民,士大夫也。"《谥法解》:"聪明睿哲曰献。"孔晁注:"有通知之聪也。"《汉书·翟方进传》:"民献仪九万夫。"唐颜师古注引孟康:"民之表仪,谓贤者。"宋苏洵《谥法》卷1注:"献,贤也。"杨简《五诰解》释《酒诰》"献臣"为"贤献之民"。此外尚多。如清经学大师刘宝楠《论语正义》、孙星衍《尚书今古文注疏》、段玉裁《说文解字注》等。近现代著名学者刘师培、杨树达、王力等。可以说历代学者对"献"字可以指人均深信不疑。

(三)关于孔子考礼的有关记载

《礼记·礼运》载孔子曰:"我欲观夏道,是故之杞,而不足征也,吾得《夏时》焉;我欲观殷道,是故之宋,而不足征也,吾得《坤乾》焉"。这段话等于是对《八佾》的补充说明,可知孔子为了彻底弄清夏商二代的礼制而曾经亲自去两朝后裔所居之地杞、宋作实地考察，但收获不大，只带回了三两本遗书。但这段话未记录实地考察的具体内容，对于判断"献"字含义帮助不大。更有参考价值的是《孔子家语·观周》的一段记载：孔子谓南宫敬叔曰："吾闻老聃博古知今，通礼乐之原，明道德之归，则吾师也，今将往矣。"南宫敬叔于是告鲁国君说，"今孔子将适周，观先王之遗制，考礼乐之所极"，于是在鲁君资助下，孔子与南宫适周，"问礼于老聃，访乐于苌弘，历郊社之所，考明堂之则，察庙朝之度。于是喟然曰：'吾乃今知周公之圣与周之所以王也。'"《左传》和《史记·孔子世家》也有类似的记载。这里虽是考周礼而不是夏商礼，但实地考察的目的、方法、内容应该是一致的。这说明孔子考礼一方面是根据文字记载，但实地考察和访问知礼之人也是不可或缺的一个方面。孔子绝不会满足于闭门造车，单从文字记载中得到一知半解。他为了考礼而之杞之宋，绝不仅仅是去访书，而所感叹的不足，也绝不仅仅是文字记载的不足。这也可作为"献"字指人的间接证据。

综上所述，我们认为"献"字在历史上确实曾经用来指人。对《论语》《尚书》《逸周书》这些"献"字的意义，应该循着指人这个方向去探讨。但"献"字指人显然是它的古义，有多古？观察用例可知。《尚书》中出现五例，《逸周书》也出现五例。这两部书篇幅都不大，出现频率算是不低了，因此可以认为"献"字指人是当时的通常用法。《尚书》用例大多为西周末以前，《逸周书》据所言史实，也当在同时。而到了《论语》中，全书仅一例，且除这几种书外，先秦其他典籍均无一例类似用法。《论语》之后，一千多年用例也十分罕见。这种奇怪的现象不得不使我们断定，"献"字指人的用法自春秋时期就逐渐消失了。孔子整理过《尚书》，连《论语》中"献"字的用法也只是书面语中的仿古，并不是当时的实际语言。所以全书只此一例，也无任何解释。至于孔子之后千百年中典籍中偶尔见及，更是明显的仿古了。观察朱熹的解释，可以断定他对"献"字指人这一古义已经很茫然，只是姑从古训。马端临也不能理解"献"何以指人，所以才曲折地以人的言论来解释。其他学者训释也都语焉不详。不过，问题已经不在"献"字有无指人古义，而是它为什么可以用来指人，指的又是什么样的人。

二 "献"字指人的学理依据

"献"字古义可以指人,虽然有先秦用例和历代训释为证,但如果只知其然不知其所以然,对其为什么可以指人的来龙去脉不能作出科学的说明,则会始终使人处于疑信之间,难免独断之嫌。两千年来,历代学者对"献"字指人虽深信不疑,但对其学理依据的探讨,应该说是从清人开始的。从此以后,学术界时断时续地从各个方面进行了探索。大致说来,清人主要从传统小学、经学的角度进行探讨,今人除从语言学、文献学角度探讨外,还多从文化史的角度进行论证。

(一) 从文化史的角度看"献"字指人的可能性或必然性

按照史料学的一般分类,史料主要包括三个方面的内容:文字记载、口头传说和实物。研究历史,这三个方面都是离不开的。其中实物的作用,古今基本一致。但文字记载和口头传说其重要性在文化发展的不同阶段却发生了很大变化。史前文化阶段,没有文字,口耳相传几乎是知识传播的唯一途径,活生生的人就是知识的载体,其记录手段就是记忆。文字发明以后,经过漫长的过程,方形成能详尽记录历史的成熟体系。而书写手段的改进,也同样经历了漫长的过程,先是在龟甲兽骨、金属器皿上刻画,然后是竹简、木牍,再到缣帛,直到东汉纸的发明。在这整个历史过程中,文字资料和口传资料的重要性互为消长,文字记录方式越是发达,口传资料就越是退居于次要地位。因为在超越时空,可靠性、准确性、文学性等方面前者毕竟优于后者。所以颜之推在《颜氏家训·勉学》中就已提出"必须眼学,勿信耳受"的治学主张。印刷术发明以后,口传资料更是日益让位于文字资料,虽然直到今天口传资料仍然是文字资料的重要补充。

西周春秋时期,文字记录方式还很落后,典籍的流传范围还非常狭窄,大量的知识还是要通过口耳相传,因为它们都还没有被书面记载下来,口传资料仍然是不可或缺的史料来源。这是一个文字记载与口传资料并重的时期,可能口传方式更为重要。当时国君向贤达咨询的例子可以说是俯拾皆是,《尚书》中的《洪范》,就是根据武王和箕子的谈话记录整理成文的。古代的采风是人所熟知的历史事实,已经形成比较固定的制度。有的学者提出当时可能还有"访献"的制度。如《诗·皇皇者华》:"我马维驹,六辔如濡。载驰载驱,周爰咨诹。我马维骐,六辔如丝。载驰载驱,周爰咨谋。我马维骆,六辔沃若。载驰载驱,周爰咨度。我马维骃,六辔既均。载驰载驱,周爰咨询。"《左传·襄公四年》:"访问于善为咨,咨亲为询,咨礼为度,咨事为诹,咨难为谋。"视访问的不同情况而有专门的称谓。孔子本人更是极为重视访贤,前面已经谈到。这的确是当时的一种风气。因此,研究者认为,把《论语》中的"文献"单纯解为典籍,就不如训为典籍与贤才显得全面,而且符合历史实际。从当时的历史文化背景出发,很难想象孔子要征夏商之礼,却只停留在残编断简上而不广泛地访问知礼之人。如果只指文字资料,完全可用当时常见的"文"或"文章""文典""文籍""典籍""典册"等词语,为什么一定要用一个当时生僻的"文献"?

20世纪80年代中期以来,从文化史角度去论证"献"字指人的主要有傅振伦的《释文献》、周启付的《什么是文献》、张衍田《文献郑玄训释说》、谢玉杰等《中国历史文献学》、刘苏雅《中文文献编目》、端木黎明《文献的定义与关系》等。其中以张衍田的论述较为深入。但仅有这样的论证是远远不够的,这只是间接的旁证。要真正解决问题,还有赖于对"献"字本身的深入研究。

(二)"献"字的本义及词义引申系统

《说文解字》:"献,宗庙犬名羹献,犬肥者以献。从犬,鬳声。"《礼记·曲礼》:"凡祭宗庙之礼,犬曰羹献。"为什么?段注:"羹之言良也。"郑玄注:"羹献,食人之余也。"孔疏:"犬名羹献者,人将所食羹余以与犬,犬得食之肥,肥可以献祭于鬼神,故曰羹献也。"段注语焉不详,郑注孔疏牵强可笑。《说文解字》这个本义可不可靠呢?一些大型辞书沿用了《说文解字》的解释,如《汉语大字典》《汉语大辞典》等。也有一些著名学者不同意《说文解字》的讲法,这主要是各家对古"献"字字形结构及演变过程分析理解不一所致。诸家众说纷纭,令人眼花缭乱，但从中也并非不能梳理出一个大致脉络。

甲骨文金文中，经释读为"献"字的形体很多，各字之间在局部刻画上往往小有差异，因此各家释读也有所不同。如屈翼鹏、叶玉森、商承祚等学者以为"献"字的本义是一种炊具，后来假借为"进献"的"献"。而更多的学者不同意这种说法，但对字形及本义的分析又有不同。如徐中舒《甲骨文字典》："自甲文观之，从犬、虎从鼎、鬲皆会意为鼎实，非仅谓犬肥者也。"① 李孝定认为："从鼎与从鬲同意，从犬从鼎为会意，以犬为鼎实，羹献之意也。"② 高田忠周以为："形声而会意。盛犬羹于鬳鬲以享宗庙谓之献，因其所用肥犬亦称献。"③ 《王力古汉语字典》以为本义为"以牲畜祭祀"④。

综观甲、金"献"字形体及各家解说，尽管千差万别，但其共同的规律有二。一是将其偏旁分解，得两大类，一为鬲或鼎之形，一为犬或虎之形。鬲、鼎、鬳均为炊具，犬、虎皆为兽。二是器、兽合体会意强烈的提示指向。因此，我们认为原始"献"字的结构性质应当是从器从兽会意。将器、兽放在一起要提示人们什么呢？似乎既不是要告诉人们这是一种器名，也不是要告诉人们这是一种兽名。前者对为何从兽不能作出满意的解释，后者对为何从器不能作出满意的解释。许慎作形声解，且不论"鬳"音如何，古字形甚至根本不从"鬳"，因此难以成立。联系到"献"字后来的所有义项，我们认为王力的解释较为合理。"国之大事，惟祀与戎"，古人动必祭祀，祀必以牺牲恭敬奉上，且必用鼎之类的礼器烹制，这就是献。方言的演变通常滞后于共同语，因此其间往往保留着一些甚至很原始的古音古义。如今山西方言中"献"就保留着上供义，由此构成的双、多音词也多有祭品、祭祀义。如"献的""献爷"。其他方言也有类似情况，如献月（银川）、献饭（云南）、献月亮（四川仁寿）等。这些均可作为"献"字本义的旁证。

---

① 徐中舒主编：《甲骨文字典》，四川辞书出版社1990年版，第1101页。
② 李孝定编述：《甲骨文集释》，台北："中央研究院"历史语言研究所，民国五十九年，第5册，第3101页。
③ ［日］高田忠周：《汉字大系明解》，日本富山房刊，昭和十一年，第409页。
④ 王力：《王力古汉语字典》，中华书局2000年版，第705页。

当然，要作为一种定论，还需要作进一步研究。汉字意符只能大约提示意义范围，经常难免猜测。如上古生祭、熟祭之制，用牲之制，为什么从"虎"而不从更常见的牛、羊、豕等，都需要作深入研究。徐中舒释本义为鼎食，似未闻烹虎之事。《说文解字》释为犬名，则从虎之"献"字无法解释。"羹献"似乎可从高田忠周理解为烹制成羹的形式进献，这里"献"用本义。

"献"是一个多义词。根据词汇学原理，一个多义词的各个义项之间绝不是没有联系的，它们紧密相关，共同构成一个有规律可循的系统。联系的方式是词义引申，又分为辐射式和连锁式两种主要类型。"献"由"以牲畜祭祀"这个本义引申为一般的进献（不用牲畜，不对宗庙）、庆贺（必有进献之物）、呈现（献即拿出）、进入（如"献岁"，比较"开春"）等。

（三）通假说

从"献"的词义引申系统，我们今天已经很难看出和指人有什么关系了。那么为什么"献"字在古代又有指人一义呢？它究竟是怎样产生的呢？围绕这一问题，古今学者提出了种种解释。其中影响最大的是通假说。

《尚书·大诰》"民献有十夫"，伏生《尚书大传》作"民仪有十夫"。王莽仿制的《大诰》作"民献仪九万夫"，见《汉书·翟方进传》。颜师古注引孟康注："民之表仪，谓贤者。"《尚书·益稷》"万邦黎献"，汉《斥彰长田君碑》《泰山都尉孔宙碑》《堂邑令费凤碑》均引作"黎仪"。班固《北征颂》也作"黎仪"。《周礼·春官·司尊彝》"郁齐献酌"，郑玄注引郑司农说："献，读为仪。仪酌，有威仪多也。"根据以上材料，清人段玉裁和王引之各自独立地提出了"献""仪"通假说。他们认为，"仪"是本字，"献"是借字。不是"献"字有贤人之义，而是"仪"可以训贤。如《诗·我将》毛传："仪，善也。"《尔雅·释诂》："仪，善也。"《广雅·释言》："仪，贤也。"段说见《说文解字》注、《古文尚书撰异》，王说见《广雅疏证》。"献""仪"二字古音相近，从声母看，献属晓母，它们都是牙音，发音部位相同，互转为"晓疑旁纽"。从韵母看，"献"属元部，王力拟音 ian，仪属歌部，王力拟音 ia，有共同的韵头、韵腹，互通为"歌元对转"。音理上具备通假条件，又有用例，因此二字可以通假是肯定的。故段、王之说得到很多学者的赞同，如清人孙星衍《尚书今古文注疏》、刘宝楠《论语正义》等。近人刘师培发挥段、王之说，在《文献解》中说："仪、献古通。书之所载谓之文，即古人所谓典章制度也。身之所习谓之仪，即古人所谓动作威仪之则也。孔子言夏、殷文献不足，谓夏、殷简册不备，而夏殷之礼又鲜习行之士也。"按通假说，《论语·八佾》中的"文献"应作"文仪"，"文"指典籍，"仪"指作为表率的贤人。

那么，"仪"字何以有贤义？"仪"是后起字，它的古字是"义"。《说文解字》："义，己之威仪也，从我从羊。"段注认为本义为礼容各得其宜，礼容各得其宜则善矣，故《诗·文王》《我将》毛传皆曰："仪，善也。"其实各得其宜之"宜"与"义"为同源字，它们皆见于甲骨文。《说文解字》对"宜"的训释是"所安也"。"宜"又有后起字"谊"，《说文解字》训为"人所宜也"。而仪字《说文解字》又训为"度也"，段注："法制也。"这几个字在漫长的历史发展中有着复杂的关系，简单说来，义—仪、宜—谊互为古今字，而义—宜为同源字。它们在历史上音义皆近，而在更原始的时期则只是一个词。这几个字都有"适宜"这一共同义项，或为制字之本义，或辗转引申而来，这就是仪字训善训贤的根据。

通假说虽然不失为迄今为止最有力的一说，但它仍有若干不能令人满意之处。

第一，从前面的分析可以看出，释"献"为贤尚需辗转为训。如前面举到的"献"字，要作为"仪"字来理解，而"仪"字又是从仪容适宜引申而为善、好，又从一般的好引申为人的才、德好，方为贤或贤人。这使人感到十分不自然。表示贤的词很多，为什么定要用一个间接的"仪"字表达且一定要假"献"为之？

第二，《尚书》《逸周书》《论语》中既有"献"字，又有"仪"字，使人怀疑这些著作中二字究竟是不是通假关系。最有趣的是含有"黎献""献臣""献民"用法的《益稷》《酒诰》《洛诰》中都有"仪"字。为什么这几处偏偏不用本字而借"献"为之？据我们所知，除"黎仪""民仪"二例外，并无"仪民""仪臣"的说法。这就是说在贤这一义上从不用本字"仪"而皆假"献"为之，这是很令人费解的。

第三，《尚书》中二字即便是通假关系，到底谁假谁，也是一个问题。如郭沫若就认为"黎仪""民仪"之"仪"是借字，朱骏声《说文通训定声》也明确认为"仪"为借字，"献"为本字。

第四，此说举证尚嫌单薄。前面所列材料看似不少，但仔细分析，《司尊彝》一条是《尚书》《论语》以外的用例，且郑玄并不同意"献"为"仪"的假借。他在引郑司农说以后说，"献"应该读为"摩莎之莎"，是齐地方言之音。莎酳是一种滤酒法。这样，与贤义根本无关。此外，王莽《大诰》是抄伏生《尚书》的，而保留"献"字，表明徘徊于今古文之间。至于"黎仪"，只是从《大传》推测应为伏生今文《尚书》之文。汉碑和班固的《北征颂》显然是抄伏生书的。这样，能直接证明二字通假的实际上只有《尚书大传》"民仪有十夫"一条。我们知道，伏生今文《尚书》乃90余岁由其女儿以齐地方言口授晁错，由晁错记录而成，其中许多地方晁错自己也根本不懂，那么，仪字有无口误、笔误？或是假方言为之？今天都难以判断了。要证明《尚书》《论语》中这些"献"字是"仪"的假借字，似应举出更充分的证据。

第五，更重要的是，通假说是要论证"献"为什么有贤义，其前提是这些"献"字应该训贤，这个前提是否能够成立呢？换句话说，这些"献"字前人为什么训其为贤，能不能训为贤？对前面举出的材料稍加梳理，就可以发现，历代训"献"为贤的根源就是《逸周书·谥法》中的"聪明睿哲曰献"。《洪范》云："视曰明，听曰聪，思曰睿（中略）明作晰，聪作谋，睿作圣。"这就是《谥法》"献"字所本。也正是根据这些记载，《尔雅·释言》才反过来训为："献，圣也。"郑玄注《论语》对"文献"之"献"不得其解，只好按《尔雅》训为"犹贤也"。先秦"圣""贤"义近。后来的伪孔传，也是照搬了《尔雅》或郑玄的说法，训"献"为贤。《益稷》"万邦黎献"疏就说："《释言》云，献，圣也。贤是圣之次，臣德不宜言圣，故为贤也。"不用说此后的《逸周书》孔晁注，《汉书》颜注引孟康说及历代训释，均是一脉相承。然皆知其然而不知其所以然，到了清代，才有人出来对"献"之所以训贤加以论证。

然而对训"献"为贤的始作俑者《谥法》的含义稍加分析，就知道这一训释其实只是"献"字的词义引申。《逸周书·皇门》："献言在于王所。"《左传·昭公二十年》载晏子语云："君所谓可，而有否焉，臣献其否，以成其可。君所谓否，而有可焉，臣献其可，以去其否。""献"的中心义是进献，聪明睿哲之人为什么称为"献"？是因为这样的人耳聪目明、思深睿智，可以为君王献言、献计、献策，即所谓献替、献纳之臣。宋代李清臣议欧阳修谥号，认为应该在原来的"文"字上再加上个"献"字。为什么呢？他说："然公平生好谏诤，当加献为文献。"这里我们清楚地看到"献"字训贤的来龙去脉，是特指谥号时有此一义，实际推演过程是"献，聪明睿哲也"——"献，圣也"——"献，贤也"。这一意义的"献"乃词义的引申，总没有必要训为聪明睿哲曰仪吧？在这里，段玉裁等人以假借证之，便遇到了困难。

更重要的是，谥号之外的"献"字到底有无贤义？我们上面举出的十来个用例中，有的解为贤人也通，如"黎献""民献""文献"等，因为上下语言环境缺少特别的限制。但有的解为贤人却绝不可通。如《酒诰》严厉地戒饬殷"献臣"，《商誓解》训词中"献民"为第二人称，又说"天其有命尔百姓献民其有缀艿"，这些地方解为贤人实在是太勉强了。尤其是《作雒解》："俘殷献民，迁于九毕。"据史，周公平管蔡之乱后，强令迁往成周的殷人不但不只是贤人，或孔晁注所说的士大夫，而且主要是参与叛乱的顽民。《尚书序》说："成周既成，迁殷顽民。"《毕命》说："惟周公左右先王，绥定厥家，毖殷顽民，迁于洛邑。"这里的"献民"，显然不能训为贤人。这样，通假说就从根本上发生了动摇。

通假说中还有另一种说法，就是直接认为"献"是贤的假借字。由于很多人不认为二字古音相近，又无书证，所以支持此说的人很少。

（四）近义说

马玉山《文献学对象方法献疑》一文中提出，段玉裁以"仪"释"献"不应该看作通假，因为"献""仪""贤"古音皆不同。《尚书》中"黎献""民献"等之所以有的作"献"，有的作"仪"，二字为近义互用。这里"献"也为法则之意。孔子所说的"文献",就是指礼乐制度的制作和对它的阐述,这是"文献"一词的最早含义。这种说法是缺乏根据的,通假字不必音同,音近即可。释"献"为法则也属臆测,朱熹早已作了否定。

(五) 错字说

郭沫若认为《尚书》中"民献""黎献"之"献"是一个错字,本应作"鬲"。因金文《大盂鼎》有"人鬲千又五十夫",此"人鬲"即同《大诰》中的"民献"。鬲,西周时也为俘虏或奴隶的称谓。他认为今文家是用"仪"字写"鬲"字之音,二字古同属支部,而古文家则误读了"鬲"的象形文而写成了"献"。因为甲骨文金文中"鬲"字形与"甗"极近,而"甗"字与"献"字音通形近。此虽为一说,但尚缺乏力证。那么多"献"字用例,分别见于《尚书》《逸周书》《论语》,难道都是错字?令人有些疑惑。且所谓古文《尚书》最早是什么面貌?已难推测。如系相传的蝌蚪文字,字形又该是怎样?蝌蚪文当属六国古文,公认为最乱最难辨认。

(六) 引申说

持这种说法的有王力《古汉语字典》《汉语大字典》《汉语大词典》等。在"献"字义项下径标贤人一条,将其视为该字的引申义之一。但对于为什么"献"能引申出贤人义,各家无说,显然尚不能作出合理解释。

三 "献"字指人的确切含义及其由来

我们认为,各种说法中,比较合理的还是引申说,但"献"字却不能训贤。

前面举出的"献"字指人的用例中,我们发现有一个规律,即除"黎献""民献""文献"以及"聪明睿哲曰献"四例外,全部都是指的商亡国之后的遗民,以"献民"称谓为主。其中既包括顽民、迷民、仇民，也包括友民；既包括有官者，也包括一般百姓；既包括沦为奴隶者，也包括未沦为奴隶者；既有第三人称用法，也有第二人称用法。因此，"献民"本身是一个中性词，是一个泛称，不含褒贬色彩，不论用在什么场合，唯一共同之处就是亡国之民。我们知道，远古部落时期，把战俘献给部落首领作为奴隶是一种经常性的行为或者说是一种固定的制度。如前面举到过的甲骨卜辞"乙卯卜狄贞，膚羌"。《诗·泮水》"既作泮宫，淮夷攸服，矫矫虎臣，在泮献馘"，"在泮献囚"。《左传·僖公二十八年》："献俘，授馘，饮至，大赏。"《韩诗外传》："越王勾践使廉稽献民于荆王。"这就是"献民"一词的来源。"献民"就是被献之民，就是亡国之民，就是被征服之民。之所以叫作"献"，是因为最初被征服者要被押解到首领面前过目交付，作为战利品进贡给统治者。后来，国家幅员越来越辽阔，人口越来越众多，不可能也没有必要将战败者实际上献给君王，但以"献民"称被征服之民这一古老用法仍然保留到了周代，之后才逐渐停止使用。"献民"之"献"，其实就是进献，是从用牲畜祭祀这一本义引申出来的，它就是"献"字的常用义，完全不必用通假等说曲折通之，更不能把"献民"之"献"以讹传讹地训为"贤"或"贤人"。

这样去理解《尚书》《逸周书》中的用例，文意无不通贯妥帖。其中"献臣"与"献民"义稍有别，臣是对君而言，民是对官而言，因此前者有职而后者无职。但其均属被征服者却是完全一致的。

再来看"黎献""民献""文献""聪明睿哲曰献"这四个用例。其中最后一例，前面已经谈到，其取义为献替、献纳，只限于谥号这一特殊用法，而不通于其他指人的"献"字。"黎献"是什么？禹的原话是："俞哉，帝！光天之下，至于海隅苍生，万邦黎献，共惟帝臣。"即《诗·北山》"溥天之下，莫非王土；率土之滨，莫非王臣"之意。其中"苍生"有不同的训释，黎，众多。我们认为这里的"献"仍为"献民"之意，为了强调众多而加修饰语"黎"，为了四字句句式的整齐或别的原因而省称作"献"。禹颂扬舜一匡天下，各国的老百姓都是被征服的臣民，如《尧典》的"协和万邦"，《舜典》的"蛮夷率服"。传统释为"众贤"，虽也能通，但没有照顾到所有用例，且缺乏学理依据，文意也不如此解来得贴切。

《大诰》中的"民献有十夫"，古今学者多以为即《泰誓》中的"予有乱臣十人，同心同德"，其实这是错误的。《泰誓》中的乱臣十人，据伪孔传和蔡沈传，是指周武王的十个名臣：周公、召公、太公望、毕公、荣公、太颠、闳夭、散宜生、南宫适、邑姜。而《大诰》是在用宝龟占卜东征吉凶时的卜辞，说"今翼日，民献有十夫予翼"，这里有特定的时间限制，"民献十夫"显然指新站出来支持东征的十个人，而不是本朝的十个大臣。我们认为这里的"民献"也是献民，指被征服的某个或某些诸侯国的十个人，很可能还是商朝的十个遗民。这种颠倒词序的用法在先秦是极为常见的。从情理上讲，周朝的大臣包括所谓"乱臣十人"支持东征应该是不成问题的，《大诰》要说服的对象主要是协同出征的各诸侯国，因此举出本朝有十个大臣赞成此举是毫无意义的。只有诸侯国或商人自己有人站在东征一边，才是最重要最有说服力的。因此，才在卜辞中专门提到此事，以显示自己的得道多助，并在下文中反复赞叹："爽邦由哲，亦惟十人迪知上帝命越天棐忱"，这十个人真是英明识时务啊。如此理解才最贴近文意。传统讲为贤人虽也能通，但没有照顾到其他用例，始终无法透彻解释"献"字。

最后说到"文献"之"献"。前面我们曾经断言，这个指人的"献"字是孔子的仿古用法。在实际语言中，可能"献民"一词在春秋末期已经消失，所以先秦那么多典籍，除我们举出的十余处，其他竟无一个用例。汉碑说"安惠黎仪，讨伐奸轻""乃绥二县，黎仪以康""黎仪瘁伤，泣涕涟漪"，把"黎仪"（也就是"黎献"）完全理解为黎民百姓，还有王莽《大诰》的"民献仪"，班固《北征颂》的"黎仪"，这些统统都是错误的。从郑玄牵强地把"献，圣也"这一谥号中的特定含义拉来解释《论语》中的"文献"，其后的伪孔传、孔晁《逸周书》注、孟康《王莽大诰》注到宋元明清，近人今人，竟勉强支撑了两千多年。这表明，自汉代起，确实已经没有人懂得"献民"或"文献"之"献"的古义及其来由了。《论语》中"文献"之"献"显然沿袭了《益稷》中"黎献"之"献"，这在当时的确是一个生僻词。孔子整理《尚书》，对此"献"字的含义应该是懂得的，但一般人就未必懂了。因此，既无人使用也无人解释。"献民"指亡国之民，被征服之民，也就是遗民。他们是前朝礼制的活的见证，因此，考礼不能不访问他们，尤其是像老子、苌弘这样深知礼乐的士大夫。但之所以称这些人为"献"，主要不是因为他们贤，而是因为他们是遗民。孔子这段话的意思是，杞、宋之地关于夏商两朝的文籍既已罕见，而两国后裔也已几乎不存，因此无法言之有据地充分验证两朝之礼。如将"献"字释为贤人，虽也可通，但文意情理远不如那样妥帖。

当代个别学者已经接近"献"字指人这一古义，但始终摆脱不了传统训释的影响。如周秉钧《易解》："献民，贤民，与顽民相对，指服从周化者。"①《汉语大词典》释"献民"为："原指周灭商后，商遗民中之臣服于周者，并泛指前朝遗民。"②尤为接近，可惜一定要强调"臣服于周者"，还是要落脚到"献，贤也"的主旨上，因此没能完全正确地解决"献"字古义的问题。那些不臣服于周的顽民、叛民，因为已亡国，同样是献民。郭沫若在《中国史稿》中说："在周公东征的过程中，大批商朝贵族成了俘虏，周人称他们为献民。"③将献民的范围限制为贵族，似缺少依据。一定要指明是俘虏，则与他的"献"为"鬲"字之误的见解是一致的。献民虽然包括俘虏，但是不止俘虏。

综上所述，"献"字在远古时期确曾用于指称亡国之民，这一用法乃从其本义直接引申而来。《论语》中"文献"一语指文字记载和遗民，乃书面语的仿古用法，其"献"字袭用《尚书》，是"献民"的简称。"献"字的这一古义可能在春秋时期的实际语言中已经消失，汉人已经不能理解了。自从郑玄套用《尔雅》解释《论语》，"献，贤也"成为两千年来训释的主流。围绕这一训释，古今学者从各个方面进行了探索和论证，但由于方向的错误，始终未能对"献"字古义作出圆满解释。

---

① 周秉钧：《尚书易解·洛诰》，岳麓书社1984年版，第219页。
② 罗竹风主编：《汉语大词典》，汉语大词典出版社1990年版，第5册，第138页。
③ 郭沫若：《中国史稿》第二编第三章第一节，人民出版社1979年版。

遗珠璀璨

——《大唐郊祀录》文献价值初探*

  《大唐郊祀录》10卷，卷末1卷，附录1卷，唐王泾撰。作为中国古代礼学史上较早的礼制专书，该书具有重要的文献价值，受到宋代以来学者普遍重视，被各种文献广泛征引，甚至出现了改编仿作之书。然而由于流传不广，稀见晚出，以致未被《四库全书》收录，因而不为学界所熟知。表而出之，实有必要。

  王泾，事迹不详。《新唐书·艺文志》："王泾《大唐郊祀录》十卷，贞元九年上，时为太常礼院修撰。"① 泾进《郊祀录》表署衔为，"朝散郎、前行河南府密县尉、太常礼院修撰"，可知其曾官密县尉。又进表自称"微臣谬参绵蕝，久历岁时，每仰丝纶，辄书故实"②，知其进书时任礼官已久。《旧唐书·礼仪志》载："永贞元年十一月，德宗神主将祔，礼仪使杜黄裳与礼官王泾等请迁高宗神主于西夹室。"又载，"元和元年七月，顺宗神主祧，有司疑于迁毁，太常博士王泾建议曰"云云。③ 唐宪宗元和二年（807）二月，御史大夫李元素、太常卿高郢等上言，"玄宗肃宗降诞日，据太常博士王泾奏"云云。④《旧唐书·李汉传》载李汉奏云："元和六年七月，诏崔郃、段平仲与当时礼官王泾、韦公肃等同议其

---

 * 本文原载《湖湘论坛》2014年第2期。
 ① （宋）欧阳修：《新唐书》卷58，中华书局1975年版点校本，第1492页。
 ② （唐）王泾：《大唐郊祀录》卷1，《指海》第18辑，第1页a。
 ③ （五代）刘昫：《旧唐书》卷25，中华书局1975年版点校本，第955、956页。
 ④ （宋）王溥：《唐会要》卷29《节日》，中华书局1990年版排印本，第545页。

事，理甚精详。今请举而行之。"同书卷160载，"[元和]十四年，太常丞王泾上疏请去太庙朔望上食，诏百官议"①。根据以上零星记载，若假定元和十四年（819）泾年60左右，上推其生年，则当在肃宗、代宗时。其在朝至少历事德、顺、宪三宗，任太常礼院修撰、太常博士、太常丞等礼官长达30余年，是深于礼者也。其永贞元年（805）德宗神主祔庙上议，元和元年（806）顺宗神主祧迁上议，元和二年（807）请停玄宗肃宗降诞日休假，元和十四年（819）请去太庙朔望上食，皆被采纳。所著《大唐郊祀录》而外，尚有《郊祀乐章谱》2卷，与张说同撰，见《玉海》卷160、《通志》卷64。

泾进书表言及该书内容："谨集历代郊庙享祀之要及圣朝因革沿袭之由，伦比其文，各标篇目，裁为《大唐郊祀录》10卷。其中义有异同，皆随文注释。神位升降，并写而为图。祝史陈告之词，工歌大雅之什，亦俱编于此。"其书卷1—3为凡例上、中、下，分录郊祀之陈设、奠献仪、舆服。卷4—7为祀礼，录四季常祀、特祀如昊天上帝、九宫贵神、朝日夕月、先牧、马社、马步等之祀仪。卷8为祭礼，录皇地祇、神州地祇、大社大稷、岳镇海渎等祭仪。卷9—10为享礼，录荐献太清宫、太庙、享先农先蚕等仪。所谓"凡祭祀之礼，天神曰祀，地祇为祭，人鬼曰享"（该书凡例）也。书尾为卷末，为附录。卷末乃后人补录之七太子、历代帝王庙、地方祈报、皇帝加元服及各级官员丧祭之仪，附录为历代著录该书情况及跋尾。

该书体例，先按类分条，每条内容为正文，对正文的说明解释为按语，低一格书写。正文一般极为简略，往往寥寥数语，足明事情即止。如"冬至祀昊天上帝"条，正文先解名义，引郑玄、王肃异说；次列历代制度沿革，自秦至隋；次述本朝因革始末及当今定礼，坛制、陈设、祝文、乐章等。至于按语，则冠以"臣泾案"，置于各条之下，内容包罗万象，尤为详尽，是该书的重点所在，详见后文。

《郊祀录》大约成书于德宗时，贞元九年（793）进呈朝廷。书中称代宗为"皇考"，德宗为"今上"，是其明证。其他如"世纪"作"代

---

① （五代）刘昫：《旧唐书》卷171，第4455页；卷160，第4206页。

纪","显庆"作"明庆","司民"作"司人","白琥"作"白兽","丙地"作"景地","豫和"作"元和",也皆避唐讳。但书中又有德、顺、宪、穆、敬、文、武、宣、懿宗九庙乐词,且间又不避唐讳,如直称"德宗"之类;其宗庙乐章,又有王闽时太常博士张连、太常卿陈致雍补撰者;又按泾进书表及书中行文,原书当富图说,今则有说而无图;又卷末"七太子"以下内容目录不载,又杂以嘉礼、凶礼,全无注释,与全书体例迥异,显系后人增入。观此数端,今留存于世之本显然已非复原貌。

关于后人窜乱原书之时,据清人汪曰桢所考,卷末内容当为唐人所增,因其称唐为"皇朝"。而张连、陈致雍所补乐章,则当在王闽时。①汪氏的证据是书中"知"字多改作"委",认为是避闽王审知讳。然唐时"委"本有"知"义,非避审知讳也。唐昭宗景福元年（892）六月《诛杜让能宣示天下》诏云:"尚虑道途传闻,远近误谬,四海之内,未委事端,故降命书,明示天下。"②魏徵《谏新罗国献美女》云:"臣一昨在内,略闻新罗国重更进女,未委逗留计。"③贾岛《慈恩寺上座院》诗云:"未委衡山色何如,对塔峰曩宵曾宿。"④李德裕《赐背叛回鹘敕书》云:"近数得边将奏报,知卿等本国自有离乱,可汗遇祸,虽未委虚实,良深震悼。"⑤《法苑珠林·敬佛篇第六之三·观佛部之余》云:"贞观二十三年四月内,溟还连出,涂漫怀内,方圆一尺,初未委也。及后太宗升遐,方知兆见。"⑥《开元释教录》卷1:"旧译云胡般泥洹者,窃所未委。"⑦故汪氏所考,未为坚确。况书中本也"知""委"兼用,汪氏解为后人回改,不妥。民国张钧衡据陈致雍仕履及王延钧（更名鏻）称帝

---

① 见该书附录汪曰桢跋。
② （宋）宋敏求编,洪丕谟等点校:《唐大诏令集》卷127,学林出版社1992年版,第630页。
③ （唐）王方庆:《魏郑公谏录》卷2,《四库全书》本,第446册,第177页。
④ （唐）贾岛撰,李嘉言新校:《长江集新校》卷7,上海古籍出版社1983年版,第83页。
⑤ （唐）李德裕:《会昌一品集》卷5,《四库全书》本,第1079册,第137页。
⑥ （唐）释道世:《法苑珠林》卷22,《四库全书》本,第1049册,第311页。
⑦ （唐）释智昇:《开元释教录》,《四库全书》本,第1051册,第8页。

改元，国号大闽，以为"大号初膺，制礼作乐，外示藩属于中朝，内以仪型夫臣下。连与致雍同官治礼，乐章之补，当在此时"①，即闽龙启（933—934）初。然据《十国春秋》致雍传、《直斋书录解题》卷5及《全闽诗话》卷2等，致雍福建莆田人，仕闽景宗，为太常卿。入南唐，为太常博士等官。宋开宝（968—975）中，除秘书监，致仕归闽，陈洪进辟掌书记。陈洪进纳款在太宗初，则致雍太平兴国（976—983）中尚在官。以此上推，龙启初致雍仅20余岁，人微年轻，恐尚无条件补撰宗庙乐章。且张氏称致雍与张连同官，亦属臆断，并无凭据。张连署衔"大闽国太常博士"，而致雍称"臣陈致雍补"，观此即知二人补撰乐章非在一时，张氏所考也未确。书中补撰乐章凡数人，今可知者，李纾则卒于贞元八年（792），于劭则于同年被贬出朝，不久即死于贬所，二人所补乐章皆在贞元九年（793）王泾进书之前，当为原书所有之内容。南唐开国之主徐知诰自称为唐玄宗后裔，改名李昪，改国号唐，以示承唐祚。陈致雍补撰乐章既然自称臣，则其时似当在南唐中。而张连所补则仅知王闽龙启以后作，其事迹已不可考。要之，断该书为宋以前旧物，即不能确指其年代，当亦不远。

　　该书著录最早见于《新唐书·艺文志》，云："王泾《大唐郊祀录》十卷，贞元九年上，时为太常礼院修撰。"其后《崇文总目》《通志》《直斋书录解题》《遂初堂书目》《宋史·艺文志》《文献通考》《续通志》《续通典》《文渊阁书目》《国史经籍志》《经义考》《爱日精庐藏书志》均有著录。然明季以后流传渐稀，以致《四库全书》编纂之时遐搜广索，亦未能收录。阮元续进遗书百余种，此书亦未入目中。嘉庆初，钱塘何梦华得其书，抄赠吴氏拜经楼，该书始稍稍流传。嘉、道间，传抄之本尚有眠琴山馆旧藏抄本，张寿恭藏抄本，爱日精庐传抄何氏本，乌程董铸范蠡舟所见旧抄本2种及李班香抄本，乌程汪曰桢所见董氏本、俞氏本、严氏本、蒋氏本等。以上各本均出自一源，错脱满目，殆不可读，可知此时世间已无善本。其间稍作整理者为董铸范，不过"粗校一

---

① 见民国乌程张氏刊《适园丛书》本该书末附张钧衡跋，第25页b。

过,增改删削不下数百字。其讹谬不可诘者数十处,姑阙疑以待异日"①。最有功者莫过于汪曰桢。汪氏整理始于道光十九年(1839),自秋涉冬,凡百余日而成。盖以董铸范本为底本,参校俞、严、蒋诸本,又校群书原文,改正极多。其校例有四,曰正旧本之讹,著各本之殊,存原本之真,辩校本之谬。诚如汪氏识语所言,虽其间"钩棘难校,无他书可证,姑仍旧文者尚多,颇未满志,然以较世间通行不可句读之本,则此虽校勘疏略,亦可云善本矣"②。钱培让兄弟称其"订讹补脱,条理秩然,千余年就湮之秘帙,焕然一新。即不能悉还旧观,亦可见其概矣"③。

道光二十五年(1845),金山钱氏兄弟秉其父钱熙祚遗志,以汪氏本为基础,取爱日精庐本及《唐六典》,《通典》,新、旧《唐书》,《唐会要》,《乐府诗集》诸书复加校勘,略加是正,刊入《指海》第18集,是为当今传世最善之本。民国年间,乌程张钧衡又刻入《适园丛书》,然只求本从其朔,竟用嘉庆何氏本而不用汪氏整理本,"讹舛特甚",且无颇具价值之附录。虽经雠校,改正者十不一二,实颇粗劣。此本问梓后,又曾作局部修订,《续修四库全书》据以影印。

《指海》本虽总体较优,但余文剩义在在有之,远未称精善。如卷1"祀五龙及州县社稷奠,共享少牢","奠"上脱一"释"字,《适园丛书》本有此字,据《大唐开元礼》卷1"择日"条当补。"昊天上帝、配、五方帝各准冬至","配"下脱"帝"字,《适园丛书》本不脱,《唐六典》卷15此句亦不脱。卷2引《白虎通》"黄者中和之气",按原文"气"当作"色",此失校。"金之属亦曰镈钟",《适园丛书》本"亦"作"一",是,下文有"二曰编钟"句可证,当据改。卷3引郑康成云,"绶者所以实佩玉",《适园丛书》本"实"作"贯",检郑注原文当作"贯"。"藻能遂水上下",《适园丛书》本"遂"作"逐",《旧唐书·杨炯传》亦作"逐",当据改。"蔽膝随裳也",《适园丛书》本"也"作"色",《隋书·礼仪志》亦作"色",当据改。"诸王所服展筒,无山

---

① 见该书附录董铸范跋。铸范号蠡舟。
② 见该书附录汪曰桢跋。
③ 见该书附录钱培让、培杰跋。

述"，《适园丛书》本"展筒"上有"有"字。《后汉书·舆服志》："远游冠制如通天，有展筒横之于前，无山述，诸王所服也。"① 可知当有"有"字。"亲王纁朱绶，四采，亦黄標绀"，《适园丛书》本"亦"作"赤"，《旧唐书·舆服志》正作"赤"，当据改。"一百八十首，度八寸"，《适园丛书》本"度"作"广"，《旧唐书·舆服志》正作"广"，当据改。卷4引《周礼·春官·大祝》"祈福祥，求永贞，一曰顺祝文类是也"，《适园丛书》本"文"作"之"。检引文乃次举"顺祝"以下六祝②，作"之"是。卷8"故我国家奉太祖景皇帝配神，祇是之义也"，汪氏校云"此句疑有脱误"，不妥。当依《适园丛书》本"祇"字作"祖"，则文从字顺。卷9"季夏祭中溜者，中溜土之王中宫故也"，《适园丛书》本下句作"中溜者土神，象土之王中宫故也"。检《白虎通义·五祀》云："六月祭中溜，中溜者，象土在中央也，六月亦土王也。"③ 显然当从《适园丛书》本，此有脱误。卷10"晋太康六年，武杨皇后蚕于西郊"，《适园丛书》本作"武阳皇后"，均误，当依《晋书》作"武悼杨皇后"，此本失校。

又此本最大的贡献不在于校对，而在于校勘。全书正文及注，汪氏遍检群籍，核对原文，用功甚勤，洵为王氏功臣。但百密一疏之处亦尚多有之。如卷1"风师雨师皇唐天宝四年升为中祀"，汪氏据《通典》改"年"为"载"。此非引文，乃作者叙述之语，全书二字互用两通，似不必改。同理，"居缌麻已上者，不得在宗庙之祭"，亦不必据《通典》改为"居缌麻已上丧者，不行宗庙之祭"。又"守宫先布卜筮席于闑西阈外"，汪氏于"闑西"下注云："二字旧误在'阈外'之下，依《通典》《新唐书·礼乐志》乙正。"此何不从其朔，引《仪礼·士冠礼》原文，而远引数百年后之书？下文又引郑注《士冠礼》云，"闑，橛也"，引《尔雅》"橛谓之闑"，郭注"闑者，门旁木也"，以释正文"闑西"之"闑"。殊不知此处为王泾之误。盖泾见郑注《士冠礼》有"古文闑为

---

① （南朝宋）范晔：《后汉书·志第三十·舆服下》，第3666页。
② （汉）郑玄注，（唐）贾公彦疏，赵伯雄整理：《周礼注疏》卷25，《十三经注疏》，北京大学出版社1999年版标点本，第658页。
③ （汉）班固：《白虎通义》卷上，《四库全书》本，第850册，第11页。

槷"之文("槷"或被误作"栔",又写作"楔")。遂将《尔雅》"枨谓之楔"写作"枨谓之闑",并引郭注"闑(楔)者,门旁木也"以足之。其实观《谷梁传》"置旃以为辕门,以葛覆质以为槷",注:"质,椹也。槷,门中臬。"疏:"以葛覆质以为槷,质者中门之木椹,谓恐木椹伤马足,故以葛草覆之以为槷。"① 《礼记·玉藻》"公事自闑西",孔疏:"闑,谓门之中央所竖短木也。"② 可知王泾所引《尔雅》及郭注与"闑"字原意及郑注了不相干,皆因一字之误,而汪氏显系失察。"太卜令受龟,少退俟命",汪氏于"俟"下校云:"旧误受,依《通典》《新志》正。"今检《大唐开元礼》卷1"择日"条也作"受",似不必改。汪氏校例有"存原本之真"一条,注明"凡征引经籍,或与今本不同,既文义可通,未可擅改也",可见未能始终贯彻,有时亦未免自乱其例。又"木片谓之榜。榜者博郎反,从木也。今以文俗从榜,是题榜之字,盖传写误耳"。汪氏径改"以"字作"此",并注明"旧误以"。细嚼原文,作"以"不误,改作"此"反而不通。又"司空行扫除于上下,太常卿、御史又自东陛升,视涤濯",钱氏兄弟于"司空"下注云:"按《通典》云,谒者引司空,赞引引御史入,诣坛东陛升,行扫除于上,此当有脱文。"按,此乃概述之语,似不必吹求。卷2"奠献"条也有"凡帝社以上行事,皆司空先行扫除于坛殿之上"之文。若求备其文,则不只此处脱文而已,当如《大唐开元礼》所云:"谒者引司空、赞引引御史入,诣坛东陛升,行扫除于上,降,行乐悬于下讫出,还本位。初,司空将升,又谒者引太常卿、赞引引御史入,诣坛东陛升,视涤濯讫引降,就省牲位南向立(凡导引者每曲一逡巡,于视濯,执尊者皆举幂告洁)。"③ 不亦赘乎?又卷2列宗庙诸室舞名,首行云"献祖之室用《光大》之舞",以下13室舞名之前或有"用"字,或无之,而汪氏于其中9室皆补"用"字,且注云"旧脱",似有过泥之嫌。卷7"校人掌六马

---

① (汉)郑玄注,(唐)贾公彦疏,赵伯雄整理:《春秋谷梁传注疏》卷17,《十三经注疏》,第285页。
② (汉)郑玄注,(唐)孔颖达疏,龚抗云整理:《礼记正义》卷30,《十三经注疏》,第923页。
③ (唐)萧嵩等:《大唐开元礼》卷5《省牲器》,《四库全书》本,第646册,第81页。

之属","六"当作"王","属"当作"政",见《周礼·夏官·校人》,盖涉下"辨六马之属"句而误,汪氏、钱氏皆失校。卷10引陆淳议"先之以敬爱,遵之以礼让",汪氏仅于"爱"下校云:"旧误让。"钱氏兄弟于"让"下校云:"《唐会要》作'先之以敬让,尊之以礼乐',此似有误。"按,此出《孝经》,原文为"先之以敬让而民不争,导之以礼乐而民和睦"①,可见"让"字不误,而"遵"当为"导"字繁体形近之讹,而"尊"又因"遵"字音同而误。附录载《旧唐书·礼仪志》引永贞元年(805)十一月杜黄裳、王泾议曰"伏以太祖景皇帝受命于天,始封元本,德同周之后稷也",汪氏失校,钱氏兄弟于"元本"下校云:"二字疑误,《唐会要》作'于唐'。"其实《旧唐书·礼仪志》此处上文就有颜真卿议云"太祖景皇帝受命于天,始封于唐,元本皆在不毁之典"②,可知"元本"二字当属下,原文文义不备,不烦远引《唐会要》也。此类尚不在少数,有待将来之拾补。

从内容上看,该书约当于《大唐开元礼》吉礼部分的简本。以二书相较,该书在内容上异于《开元礼》者约有以下数端。

增。如祀九宫贵神,乃天宝初年从术士苏嘉庆所请增设。祀雷神,也是天宝初诏增,其诏令今载《唐大诏令集》卷67。荐献太清宫,开元二十九年(741)新增。德明、兴圣、让皇帝三庙,则开元二十九年(741),始册宁王为让皇帝;天宝三年(744),追尊皋陶为德明皇帝,11代祖凉武昭王为兴圣皇帝,皆于京城立庙。释奠武成王,王原封齐太公,上元元年(760)始追封武成王。以上各礼皆《开元礼》颁行之后新设,自然为其书所不载。其他如升风师雨师为中祀,岳镇海渎之封爵,各礼所奏之乐章,亦《开元礼》所无。此类尚多,足补史志之缺。

删。如凡例删去《开元礼》序例中整卷关于卤簿的内容,凡帝后出行还宫之仪也从略,盖仪仗出行非祭祀所专用,实乃通仪,该书仅列现场礼仪,故略去之。不载肃明皇后、孝敬皇帝庙享礼者,应为当时已祧

---

① (唐)李隆基注,(宋)邢昺疏,邓洪波整理:《孝经注疏》卷3,《十三经注疏》,第20页。

② (五代)刘昫:《旧唐书》卷25,第955页。

迁之故。至于不录拜陵、视学、巡狩、封禅、祈雨、祈晴、诸太子庙享礼、州县社稷释奠及诸神祀、官员庙享等，其理由亦甚明显，此皆为特祀，而该书专载常祀，即定期举行、载在祀典的大、中、小祀，故不录。如封禅，只于卷2"杂例"下注云："泰山祀天，社首祭地，其封禅之仪具《开元礼》中。"巡狩、祭司寒，也仅于"杂例"中顺带提及。

移。如祀马祖、享先牧、祭马社、马步，《开元礼》归军礼，该书列在卷7祀礼，其亦有说。以四季祭四神出《周礼·夏官·校人》，本未专属于兵。郑注马祖云，"天驷也"，先牧云，"始养马者"，马社云，"始乘马者"，马步云："神为灾害马者。"① 该书所载祝文，马祖云"爰以季春，游牝于牧"，先牧云"惟神肇开牧养，厥利无穷"，马社云"惟神肇教人乘，用赖于今"，马步云"惟神为国所重，在于闲牧，神其屏兹凶慝，使无有灾"，亦重在农牧，移归吉礼，孰曰不可？后代如宋之《政和五礼新仪》《明集礼》诸马祭也归入吉礼。

合。如《开元礼》省牲器、奠玉帛、设罍洗、奏乐、奠献仪、燎瘗皆分叙于各礼之下，其内容大同小异，重出百遍，不厌其烦。该书则将其总叙于凡例中，以"视牲器""玉帛""罍洗""奏雅乐""奠献""燎瘗"之目统之，大大省去烦冗。此例也被其后的《太常因革礼》《政和五礼新仪》等采用，前者总例达28卷之多，后者达24卷之多。又如《开元礼》序例上"神位"条详列诸神位次，又于"俎豆"条重出，该书则合叙于"俎馔"条下。《开元礼》"择日"条将卜日、筮日分叙，该书则合叙于"卜择日"。《开元礼》各吉礼既述皇帝亲临之仪，又另卷述该礼之有司摄事仪，叠床架屋，不胜烦冗，该书则一礼一叙，其有司摄事之小异只附带交代。《开元礼》荐献太庙时享、祫享、禘享、荐新皆分卷而叙，该书则合叙于一条。

分。《开元礼》吉礼部分皆总名"吉礼"，下无类目。该书则将诸吉礼分为三类，曰"祀礼"，曰"祭礼"，曰"享礼"，分别对应天神、地祇、人鬼，体现了天、地、人的三才思想。此实属首创，其后《明集礼》

---

① （汉）郑玄注，（唐）贾公彦疏，赵伯雄整理：《周礼注疏》卷33，《十三经注疏》，第862—863页。

即加以仿效，分别以"祭天""祭地""宗庙事"为目。

不难看出，该书在内容上的增减、分合、改易，达到了剔除烦冗、简明清晰的目的，体例上具有一定的开创性，体现了作者的匠心。

然该书之精华，不在于正文而在于注释。从篇幅上看，注释占三分之二以上，这说明该书的宗旨重在礼制探讨，而不是详列当朝礼文，不是供实施之用的典章而是研究礼制的学术专书。注释的内容大约可粗分为四类。

1. 溯源流

此为贯串全书的重点。凡叙一礼，必穷竟其源，爬梳其流，从上古至本朝，历历分明，如指诸掌。如释斋戒之日数云："古者大祭，斋并十日。《礼运》云'七日戒，三日斋，慎之至也'，盖十日矣。秦变古法，改用三日。汉武帝祀太一于甘泉，斋戒百日。至元帝永光四年，改旧制祀律斋法，天地七日，宗庙五日。后汉礼仪，凡斋天地七日。即明今七日之制自汉礼也。"（卷1）释祝版沿革云："古之纪事，百言以上则书于策，不满百言则书于方。策，今之简也。方，五行版也。汉事策有长短，凡策祝之文皆书而执之，以慎谬误也。魏秘书监秦静曰：'魏龙兴以来，郊祀但有祝文，无策文。'晋议用策，郊祭大事，皆藏策于太庙。其祈谷帛常祀，藏诸清闲。皇唐郊庙享祀悉用祝版，惟朝拜陵寝用玉册焉。天宝已后，亲祀郊庙亦多用玉册。贞元二年，亲有事于郊庙，太常博士陆淳上疏，请准周礼，祝版祭讫燔之，诏可其议。至六年亲祀，复改用祝策，祭讫燔瘗，如祝版之仪。"（卷2）释亚、终献制度沿革云："案《礼》云：'君西酌牺象，夫人东酌罍樽。'又云，'后璋瓒亚祼'，此并宗庙之礼也。秦汉以降，后献之礼不行，惟东汉永初六年祭庙，皇太后与皇帝交献代祖室，非恒事也。晋太康三年正月，武帝亲郊，皇太子、皇弟、皇子侍祀。宋旧仪，天子亲奉宗庙，以太尉亚献，光禄卿终献。皇朝定礼，依汉魏故事，以太尉、光禄卿充之。天宝以来，亦多以皇太子为亚献，亲王为终献。或以开元礼文皆临时奏听进止。"（卷2）释圆丘之制沿革云："晋大兴中，贺循上郊坛制度曰：'古之王者扫地而祭。汉武甘泉大峙，因山为坛。建武二年，定郊兆于洛阳郊，圆坛八陛，于宫南七里。'梁南郊为圆坛，在国之南，高二丈七尺，上径十一丈，下径十八丈。陈制坛高二丈二尺五寸，广十丈。后魏咸兴十二年，筑圆丘于南郊。十八年，改委粟山为南郊。二十年，又改圆丘于伊水之阳。北齐制，圆丘在国南郊，丘之下广轮二百七十尺，上广轮四十六尺，高四十五尺。三成，成高十五尺。上中二级四面各一陛，下级方维八陛，周以三壝。成，犹重也。后周司量为坛之制，圆丘三成，成崇一丈二尺，深二丈，径六丈。十有二陛，每等十有二节，在国阳七里之郊。圆壝径三百步，内壝半之。至隋文帝，令辛彦之为圆丘于国之南太阳门外道东二里。其丘四成，各高八尺一寸。一成广二十丈，再成广十五丈，三成广十丈。四成广五丈。皇唐受命，因而不易。"（卷4）释祭五龙坛始末云："古礼无此祠，明皇置之兴庆宫，即今之勤政殿之南是其地。本隆庆坊，玄宗潜龙之日宅于此焉，后渐变为池。坊南人望气者以言之，及玄宗正位，以宅为宫，池水愈大，弥漫数里。至开元十六年置堂，又兼置坛，仲春月则令有司祭之。（中略）其年二月，上亲行事，感紫云郁起，曲如盖，自后每年常祭。至上元元年闰四月十九日权停中祀，因此废祭。至贞元七年春，诏令复祭之也。"（卷7）释皇地祇之名由来云："历代尊神之号亦不同，周曰地祇，汉曰后土。又《周官》，大封则旅上帝，告后土。传曰'君履后土'，意亦义一而名异耳。王肃议曰后地之祇，辛毗、蒋济议曰皇地之祇，晋曰皇皇后地，宋、齐、梁、陈曰后土之神，北齐曰昆仑皇地祇，后周曰地祇，隋曰皇地祇，国朝因之，以为恒典。"（卷8）

2. 释名义

此类也为主要内容之一。大到一礼一物之命名，小至一字一词之音义，皆觥缕析之。如释祀、祭、享之义云："祀者以似象为义，天神悬远，故似象而祭于郊也。《尚书大传》云：'祭者察也，至也，言人事至于神也。'郑康成云：'享，献也。《祭义》云：享者向也，向之然后能享焉。言中心向之，其神乃享也。'三者虽小差别，亦可总为祀而通言也。案《礼运》云：'享帝于郊而风雨节、寒暑时。'又云：'祀社于国，列地利也。'帝，天神也，而言享；社，土神也，而言祀。推此言之，享祀为总名明矣。"（卷1）释龟策卜筮云："《曲礼》云：'龟为卜，策为筮。'《表记》云：'昔三代明王皆事天地之神明，无非卜筮之用，不敢以其私亵事上帝。'孔颖达《正义》云：'卜者覆也，以覆吉凶。筮者决也，以决定疑惑。'《易·系辞》云：'定天下之吉凶，成天下之亹亹者，莫大乎蓍龟。'又云：'蓍之德圆而神，卦之德方而智。神以知来，智以藏往。'刘向曰：'蓍之言者，龟之言久也。龟千岁而灵，蓍百年而神，以其长久，故能辨吉凶。'"（卷1）释榜位之"榜"云："案《五经文字》，木片谓之榜。榜者博郎反，从木也。今以文俗从榜，是题榜之字，盖传写误耳。古礼君亲牵牲，丽于庙中之碑。自秦汉以来，无复亲牵牲之事，故后代但立一榜，如碑之形，是所为仪象也。"（卷1）释簪导云："案《说文》云：'簪，首笄也。'《释名》云：'簪，建也，所以建冠于发。'一曰笄，'笄，系也，所以拘冠，使不坠也。''导，所以导栎鬓发，使入巾帻之里也。'今依周礼，天子以玉笄，而导亦从之也。"（卷3）释蜡云："《礼记》云：'伊耆氏始为蜡。蜡者索也。岁十有二月，合聚万物而索享之也。'又《月令》云：'蜡百神于南郊，为来年祈福于天宗。'崔灵恩云：'蜡者索也，尽也，谓大尽天地四方之神而祭之。'蔡邕曰：'夏曰清祀，殷曰嘉平，周曰蜡，秦曰腊。'孔颖达案：'《左传》云虞不腊矣，是周有腊名也。'"（卷6）释五岳之名云："《三礼义宗》云，岱者代谢之义。春阳用事，除故生新，万物更生，相代谢也。衡者平也，夏时万物长足而齐平也。嵩是高大之称，嵩高居天下之中，象五行之土德总摄四方也。华为文章也，秋物成就，皆有文章也。恒者常也，阴阳一终，周而复始，是天常道也。"（卷8）

3. 辨同异

此亦为重要内容。凡重大礼制，各家有异说，皆尽数罗列，详悉析之，且常断以己意。如辨天、帝之数云："郑玄释天神云：'昊天，天也。昊天上帝是冬至于圆丘所祀天皇大帝也。'王肃以昊天与上帝一也，以昊天上帝即天之神。盖元气广大则称昊天，人之所尊莫过于帝，托之于天，故称上帝。故《书》云：'钦若昊天，历象日月星辰。'又《周官》云：'以禋祀祀昊天上帝，以实柴祀日月星辰。'即委天以苍昊为名，不入星辰之例。以勾陈中星亦名耀魄宝，自是星中之尊，岂是天也。灵威仰等五方之帝唯据纬书所说，悉无可凭。此盖王氏之学也。灵威仰等五方之帝，郑氏之学也。"又云："郑所说天有六者，谓五精之帝为五方之天，东方灵威仰之类是也。又以上帝,都号六天。王学之徒则云是一,议云:'天地各一,是曰两仪。天为无二,又焉有六?'此皆王、郑所说,旨不同也。"(卷4)辨皇地祇以后配之非云:"《开元礼》以高祖神尧大圣大光孝皇帝配座。永泰二年,诏改之。孔子《钩命决》以释《孝经》云,'后稷为天地主',故我国家奉太祖景皇帝配神祇,是之义也。汉文初祭地祇于渭阳,以高帝配。武帝立后土,亦高帝配。此汉氏以太祖兼配天地。至哀、平之间,王莽引周礼享先妣为配,北郊夏至以高后配地,自莽始矣。及光武中元元年十月,使司空鲂告祠高皇帝庙,请改以薄后配地,代高后也。魏以武宣卞皇后配,晋以宣穆皇后配,后又以张后配。先儒袁准、陈舒、徐乾议,皆以天地至尊无配。宋初永初三年,尚书八座议以武敬皇后配地。臣以古来娥、英、姜、姒盛德之妃未有配食于郊之礼,历代失之甚矣。隋氏以太祖皇帝配,皇朝亦如之,可谓得礼之正也。"(卷8)辨禘祫云:"三年一闰,天道小备,五年再闰,天道大备,故禘祫之数因而法焉。《白虎通》云:'禘祫,祫犹禘。'贾逵、刘歆、王肃皆以为禘祫二祭礼同而异名耳。马融则云禘大,祫次之。郑玄云禘大于四时而小于祫,引《春秋》祫于五宫,禘于庄公。《汉仪》以禘大而及毁主,以祫小而不及之。魏用王肃议也。圣朝典制兼而行之,奉献祖宣皇帝居东向之位,自下子孙依昭穆罗列焉,太祖不居乎厥中,非旧典也。"(卷9)辨先蚕坛位置云:"案《周礼》,皇后蚕于北郊。而汉法,皇后蚕于东郊。魏尊《周礼》,蚕于北郊。晋太康六年,武悼杨皇后蚕于西郊,坛高一尺,方二丈,为四出陛,陛广五尺,在采桑坛东南。后齐在京城北,坛高五尺,方二丈,四出陛,在采桑坛东南。隋制于宫北三里为坛,高四尺,周回三十步。又为采桑坛于祀坛南二十步,方三丈,高五尺,四出陛,皇朝因之也。"(卷10)

4. 疏正文

此类或说制度,或补内容,或举书证,或加说明,不一而足,皆用以补充疏释正文。如说紫极之舞制度云:"紫极之舞,天宝七载玄宗之所制也。以舞童三十六人,服四时方色衣履,戴仙童抽环冠。其舞有序有破。诸乐工人皆戴进德冠,服青绫袴褶,白绫大口袴。引舞者执金莲花,以象神仙自天而至,故名之曰紫极之舞也。"(卷2)补充明堂各室尺度云:"堂上为五室,象五行也。三四步,室方也。四三尺,以益广也。木室于东北,火室于东南,金室于西北,其方皆三步,其广益之以三尺。土室于中央,方四步,其广益之以四尺。此五室居堂,南北六丈,东西七丈也。"(卷5)书证宫悬云:"案《周礼》大司乐掌成均之法,以乐舞教国子,《云门》等之舞。起北起西者,凡庙堂之上,罍在阼,牺樽在西。庙堂之下,悬鼓在西,应鼓在东。郑云'礼乐之器尊西'也。《三礼义宗》云:'天子宫悬者,四面悬也,面各设一肆。肆者陈也,一悬钟,一悬磬,合而陈之。一肆之中,钟十六,磬十六,合为三十二。乐所以必陈钟磬者,凡乐之器皆须文以五声,播以八音,然后为乐也。'《吕氏春秋》曰:'尧命夔拊石击石,以象上帝玉磬之音。'皇唐《六典》太乐职,陈宫悬之法,庙庭镈钟十二,编钟十二,编磬十二,凡三十六虡。郊丘及社则面别去编钟、编磬各二虡,凡二十虡。《释名》曰:'横曰簨,在上高峻也。从曰虡,从旁举虡也。'《诗注》云设大版以饰簨为悬,谓之业,又崇牙树羽,并以饰簨也。夏禹造龙簨虡,簨则饰之以鳞属,虡则饰之以嬴属及羽属,钟虡饰以兽,磬虡饰以禽。近代加流苏树羽,编五色花叶及龙凤等。故《西京赋》云'洪钟万钧,猛虡煌煌'是也。设十二镈钟于编悬之间者,案《三礼图》,凡编十二枚同一簨谓之编,特悬者谓之镈。《乐录》云:'金之属一曰镈钟,凡十二,每钟各一簨虡,各应律吕之声,分为六隔,法七十二候。二曰编钟,即小钟也,各应律吕,大小编而悬之也。'"(卷2)说明毳冕章服图案来由云:"案《三礼义宗》云:'凡章服之中,唯有龙、雉、虎、蜼并是禽兽。龙能变化,其体可尊,故不没其名。鳖及虎、蜼嫌是体卑,故隐其正称也。所以龙、雉各自身为章,虎、蜼合为一章。以龙为仁德,雉有文明,仁德文明皆是为阳,刚毅勇智皆是为阴,故龙、雉各一而成章,虎、蜼二物合而为一,放于阴阳之义也。以毳冕祭四望,四望是五岳四渎之神,虎、蜼是山林所生,故服以明有象也。'然周礼之制服止于六冕,所祭之神其类甚多,但使礼通,变皆同用。虎、蜼非水物,三川气通,故俱用毳冕,明有同类之义也。"(卷3)

显然,该书所做的以上工作及提供的丰富资料,对于礼制史的研究具有重要的参考意义。

在中国礼学史上，《三礼》而后，《大唐开元礼》以前，几无专门记述礼仪制度之书。今天能够见到的叔孙通《汉礼器制度》、马第伯《封禅仪记》、刘苍《南北郊冕服议》、胡广《汉制度》、蔡质《朝会仪记》、挚虞《决疑要注》、贺循《宗议》、张敞《东宫旧事》等，皆不过寥寥数语，或只零星记录，或仅残编断简。以至于唐初，"礼司益无凭准，每有大事，辄别制一仪，援古附今，临时专定"①。《大唐开元礼》出，方能"朝廷有大疑，不必聚诸儒之讼，稽是书而可定。国家有盛举，不必绵野外之仪，即是书而可行。世世守之，毋敢失坠"②。该书之面世，具有划时代的意义，实为礼学史上之里程碑。唐贞元（785—804）初，已用于科举取士。其后的《开元后礼》《曲台新礼》《太常因革礼》《政和五礼新仪》《大金集礼》《明集礼》《大清通礼》等，皆不过踵事增华，略有变革而已。《大唐郊祀录》作于《开元礼》之后数十年，而能有所匡正增益，且其面世早于《通典》，故尤可宝贵。大致而言，该书的文献价值主要体现在以下几个方面。

可探礼制之赜。作为研究礼制的学术专书，该书于每一礼制问题，无不旁征博引，极尽探赜索隐之能事，这就为古代礼制和礼制史研究提供了丰富的参考资料。如前述"溯源流"，可助厘清每一制度的来龙去脉；"释名义"，可助辨章礼制名物；"辨同异"，可助遍观各家观点；"疏正文"，可助对礼制透彻详细的了解，等等。

可补史志之缺。诚如汪氏跋语所言，该书"所引诸书及所叙历代制度，多有史册所未详、他书所未载者"，如祀九宫贵神，祀雷神，荐献太清宫，荐享德明、兴圣、让皇帝三庙，释奠武成王，升风师雨师为中祀，岳镇海渎之封爵，各礼所奏之乐章等，皆为礼制史研究所不可不知，具有一定的不可替代性。

可正群籍之讹。如《唐六典》言礼神之币色云，"神州币以黄"，该书卷1则言以玄色。证以《通典》《新唐书》，知《六典》"黄"字误。

---

① （唐）杜佑：《通典》卷41，《万有文库》，浙江古籍出版社1988年版影印本，第233页。

② （宋）周必大：《大唐开元礼序》，《文忠集》卷92，《四库全书》本，第1147册，第932页。

新、旧《唐书》皆言中宗之室酌献奏"太和"之舞，该书卷2、9则言"文和"，证以《大唐开元礼》《通典》，知"太"字误。《新唐书》言玄宗室奏"大运"之舞，该书卷2、9则言"广运"，证以《旧唐书》，知"大"字误。《唐六典》言皇太子之服"白革带"，该书卷3则言"白假带"，证以《隋书》，新、旧《唐书》，《通典》，知"革"字误。《旧唐书》载祀昊天上帝降神曲第1奏首句云"款泰坛"，《乐府诗集》作"挹泰坛"，而该书卷4作"朸泰坛"，于"朸"字下分明注云"工艾反，平也"，证以《汉书·礼乐志》"朸嘉坛，椒兰芳"，则知上二书"款""挹"皆误。第六奏倒四句，《旧唐书》《乐府诗集》作"贞璧就奠"，该书作"贞璧既奠"，知"就"字误。登歌《肃和》首句，《旧唐书》《乐府诗集》作"奠祖配天"，该书作"尊祖配天"，知"奠"字误。祭后土送神乐章首句，《旧唐书》作"告祥式就"，《乐府诗集》作"吉祥式就"，该书卷8作"告祈式就"，知上二书皆误。《旧唐书》《乐府诗集》载玄宗开元七年（719）享太庙迎俎《雍和》乐章第2首倒3句云"肃唱和鸣"，该书卷9所载"唱"作"雍"，知作"唱"误。《通典》载贞元四年（788）李纾奏，请改武成王祝文"敢昭告"为"致祭于"，该书卷10引此奏及所载武成祝文皆作"敬祭于"，知《通典》误，等等。至于该书文字与群籍出入者，更是俯拾皆是，堪称异文渊薮，可备校雠之用。如卷2引《月令》"藏帝籍于神仓"，今本《月令》及各家所引"帝籍"下皆有"之收"二字，而该书所引无之，乃知此用明皇删定之本，与唐石经合。卷3引《汉舆服杂事》云："昔荆卿逐秦王，其后谒者持楯拟客，以备不虞。"检《后汉书》《初学记》《北堂书钞》等群籍皆作"持匕首"，作"持楯"者独此所引，不独提供异文，兼为秦宫廷制度考索重要线索。

可备辑佚之需。该书所引佚书甚多，如《五经通义》《三礼图》《世纪》《乐录》《汉仪》《汉杂事》《江都礼》《孝经援神契》《士爕集》《汉舆服杂事》《晋百官表》《三礼义宗》《太始起居注》《异义古尚书》《皇唐礼令》《祠令》《皇唐令式》《开元文字》，以及由汉至唐诸儒如汲黯、卫宏、韦玄成、高堂隆、季雍、贺循、秦静、董巴、许亨、何佟之、陆玮、晋灼、徐爰、谬忌、蒋济、卫臻、鱼豢、裴秀、何桢、王元规、王瑀、柳冕、陆质、张荐、孔晁、刁协、傅咸、缪袭、韦万石、袁准、柳士宣、孔志约、阎立德、辛毗、庾蔚之、陈舒、郝处俊、徐干、许嘉、陈矫、祝钦明、李元瓘、于颀、严说、贺知章、李淳风、李纾、陆淳、包佶、许敬宗、令狐建等之奏议论说，多为他书所未见，皆可供辑佚之用。如鱼豢除圆方二丘之奏、袁准明堂议《全上古三代秦汉三国六朝文》失收，玄宗天宝十年（751）礼神用玉诏《唐大诏令集》失收，许敬宗、李淳风辨昊天上帝之奏《全唐文》《唐文拾遗》《唐文续拾》均失收等。其中尤以《三礼义宗》最为重要，全书大段节录，达数十处，皆不见于他书，其珍贵可知。其他仅见于该书者尚有夕月降神乐章"月以阴德"1首，九宫贵神乐章全篇，魏明帝立六庙之诏，敬宗庙酌献乐章"大孝显庆"1首等，皆弥足珍贵。马国翰《玉函山房辑佚书》以博洽名世，而该书亦遗憾地被置于视野之外，可见其辑佚价值。除此之外，大量引文虽也见于他书，但该书所引往往为始见或较早之出处。最明显的例子是《通典》。《通典》的文献价值世人皆知，但该书面世早于《通典》，因此凡引用文献互见于二书者，其孰源孰流不言自明。

值得注意的是，该书在引文上有两个突出的特点。一是"意引"，即作者往往不是严格地引用原文，而是断章取义，甚至撮述大意。如卷1引《楚语》"天子诸侯宗庙之事必自射其牛"云云，原文"天子"之下尚有"禘郊之事必自射其牲"九字，引文省去。① 卷2引《聘礼》"出祖释軷，祭酒脯也"，原文实为"出祖释軷，祭酒脯，乃饮酒于其侧"②。引郑注《祭义》云："谓以人道祭之，魄以实耳。"原文实为"相爱用情，谓此以人道祭之也。报气以气，报魄以实，各首其类"③。卷3引《汉仪》："绶者，明有所承受，别尊卑，彰有德也。"《初学记·器物部·绶第四》所引则为："绶者，有所承受也。所以别尊卑、彰有德也。"④ 引

---

① 《国语》卷18《楚语下》，第567页。
② （汉）郑玄注，（唐）贾公彦疏，彭林整理：《仪礼注疏》卷24，《十三经注疏》，第452页。
③ （汉）郑玄注，（唐）孔颖达疏，龚抗云整理：《礼记正义》卷47，《十三经注疏》，第1327页。
④ （唐）徐坚：《初学记》卷26，中华书局1985年标点本，第625页。

《大戴礼》"冕而加旒，以蔽明也"，原文为"冕而前旒，所以蔽明也"①。卷4引郑注《大宗伯》云："此冬至祭天皇大帝于北极也。"原文实则为："此礼天以冬至，谓天皇大帝在北极也"②，等等。

二是"错引"，即以甲书为乙书。如卷1引《礼运》"享帝于郊"云云，实为《礼器》文。引《春官·宗伯》"前期十日帅执事而卜日"，"前期十日"乃杂《天官·大宰》文。引《礼运》"七日戒三日斋"，实为《礼器》《孔子闲居》文。引《左传》"毛以告色"云云，实为《国语·楚语》文。卷2引《大司乐》"诸侯轩悬"及郑注，实乃《小胥》文。引孔颖达释《聘礼》"祖始也"大段文字，实则为郑注文。卷3引《大戴礼》"黗纩黄绵为之"云云，今检乃《隋书·礼仪志》文。引《卫诗·国风》"鬒发如云"，实乃《鄘风·君子偕老》文。卷6引《礼运》"大明生于东"及郑注，实为《礼器》文。引《郊特牲》"祭日于坛""祭月于坎"二处，实皆为《祭义》文。卷9引"象樽饰以象形"，云用王肃义，实则为郑玄义，等等。

之所以出现这种情况，应该是古代学者普遍存在的凭记忆引书而不核查原文的习惯所致。但该书本为进呈天子御览，且内容具有较高的学术水平，而文献工作做得如此粗疏，颇令人费解。

一方面，《郊祀录》中大量存在的"意引"和"错引"，给今天核对原文和判断引文存佚的工作造成了很大困难。另一方面，该书所述历代及本朝制度，也需要逐一考实。故对于该书文献价值的全面梳理和总结，尚待更为深入的研究。本文只不过略举其要，以期引玉而已。若能假以时日，逐条考证，逐句校勘，全面整理，深入研究，必当有更多更新的收获。

由于该书所引诸书及所叙历代制度多有史册所未详、他书所未载者，可订旧史之讹，可补旧志之阙，故为后代学者高度重视，广为征引。

宋仁宗天圣五年（1027），太常礼院引《郊祀录》议居丧官应否预祭

---

① （汉）戴德辑，方向东汇校集解：《大戴礼记汇校集解》卷8《子张问入官第六十五》，中华书局2008年版，第802页。
② （汉）郑玄注，（唐）贾公彦疏，赵伯雄整理：《周礼注疏》，卷18，《十三经注疏》，第478页。

宗庙之事。① 皇祐三年（1051），司马光引《郊祀录》方丘之制奏修皇地祇坛，奉圣旨依议。② 元丰元年（1078），详定礼文所引《郊祀录》请定皇帝亲祠郊庙群臣执笏之制。③ 元丰三年（1080），详定仪注所引《郊祀录》议皇帝亲祠郊庙执圭之仪。④ 元丰四年（1081），详定郊庙奉祀礼文所据《郊祀录》，请改祀先蚕于北郊，并不设燎坛，从之。⑤ 元丰六年（1083），礼部据《郊祀录》，请改造夜明坛，从之。⑥ 元丰中，王安石据《郊祀录》祭地祇之仪，请改熙宁之制，祭皇地祇、神州地祇诸地祇不设燎坛，从之。⑦ 元符元年（1098），礼部及太常寺据《郊祀录》，请礼神之币各从方色，从之。⑧ 金大定十四年（1174），国子监据《郊祀录》所载起请孔子庙大成殿圣像冠12旒，服12章，从之。⑨ 其余群书如《旧五代史》《三礼图集注》《通志》《续通志》《长安志》《职官分纪》《群书考索》《翰苑新书》《册府元龟》《尚书大传》《明集礼》《五礼通考》《读礼通考》《记纂渊海》《渊鉴类函》等引用尚多，不能一一枚举。

　　早在宋代，就有人对该书进行过整理，甚至出现了改编、仿作之书。《玉海》卷102载，宋太宗淳化二年（991），秘书监李至以祭祀祝辞临事撰进，辞义浅近，不合典式，乃集《大唐郊祀录》祝辞109首，增撰81首，编为《正辞录》3卷上之。此为对该书的改编。《臣相魏公谭训》载："祖父常以米宣献澄心堂纸手书较正《大唐郊祀录》十四策赐象先，

---

① 参见（元）托托等《宋史》卷125《志第七十八·礼二十八》，中华书局1985年版点校本，第2924页。
② 参见（宋）司马光《传家集》，卷18，《修筑皇地祇坛状》，《四库全书》本，第1094册，第193页，1987。
③ 参见（宋）李焘《续资治通鉴长编》卷305，中华书局1985年版点校本，第21册，第7419页。
④ 参见（元）托托等《宋史》卷151《志第一百四·舆服三》，第3532页。
⑤ 参见（宋）马端临《文献通考》卷87，中华书局1986年版影印《万有文库》本，第797页。
⑥ 参见（宋）马端临《文献通考》卷79，第726页。
⑦ 参见（宋）王安石撰，秦克、巩军标点《王安石全集》卷31《议皇地示神州地示不合燎燔事札子》，上海古籍出版社1999年版，第271页。
⑧ 参见（宋）李焘《续资治通鉴长编》卷503，第33册，第11971页。
⑨ 参见（金）孔元措《孔氏祖庭广记》卷3《崇奉杂事》，《四部丛刊续编》，上海商务印书馆民国十八年重印本，第19页a。

皆朱书，臣某足为宝玩。"① 此即对该书的整理。《续资治通鉴长编》载："孙奭领太常，以国朝典礼仿唐王泾撰《崇祀录》二十卷，未奏而卒。其子殿中丞瑜表上之，诏送史馆。"② 孙奭自序云："三圣相承，五纪而远，文物增损，诏符襞积。且开元之代既为通礼，而韦公肃续撰《礼阁新仪》，王泾又为《郊祀录》，补备其事。国朝惟有开宝之礼，无它撰述。愿纪信书，亟蒙开可，又诏知制诰李维、直史馆姜屿参相典领，未遑卒业。逮兹闲外，始复讲求，兴建隆之元，据开宝之旧，先列凡例，明常制也。次张题部，俾从类也。篇有引述，原乎大本。注有援证，包乎先代。至于太仆之牢具，司农之蔬脯，光禄之脯果醴醢，少府之器服圭品，奉常之粢稻，太府之薰币，将作燧鉴之给，司天日时之告，祝史册信，撰工乐章，坛墠以等级为差，攒题以位置相准，因事示法，附义生文，比次有伦，捃摭无间，具实录之体，备有司之传，析而第之，为二十卷。周礼尽在，无待太史之观。汉仪可推，当留博士之藏。"③《甬上耆旧诗》载《幽叟屠田叔先生畯》传云："先生号汉陂，自为儿即异，父少司马竹墟公甚爱之。以任子，授刑部检校，稍迁太常典簿，因撰《太常典录》，记国家郊祀大典，时比诸唐王泾《郊祀录》、宋文彦博《大飨明堂记》。"④ 可见自宋至清，都有仿作者。其书对后世的影响可见一斑。

这样一部较早的不多见的具有重要文献价值的礼制专书，流传不广，稀见晚出，为《四库全书》所未收，未得到学界应有的重视，不能不说是一件憾事。笔者认为，该书在古代礼制史研究上应占有一席之地。本文所作的探索，是极其初步的。至于汪氏所感叹的"唐人著述传世日少，安得有力者更为覆校而刊行之，庶不致终归散佚乎"，则将有待。

---

① （宋）苏象先：《臣相魏公谭训》卷3，《四部丛刊三编》，上海书店1985年重印本，第7页b。

② （宋）李焘：《续资治通鉴长编》卷119，第9册，第2795页。

③ （宋）王应麟：《玉海》卷102《宋朝崇祀录》，江苏古籍出版社1987年版影印浙江书局本，第1878页。

④ （清）胡文学：《甬上耆旧诗》卷20，《四库全书》本，第1474册，第390页。

儒学著述提要

《皇极经世书解》14卷,首2卷①

王植(1685—1770),字怀三,一作槐三,号憨思,直隶深泽(今河北深泽县)人。少嗜学,有名乡里,与弟模、械并称"三凤"。康熙六十年(1721)进士,历官广东、山东两省,任和平、平远、海丰、阳江、香山、新会、滋阳、霑化、郯城等县知县,罗定、德庆、钦州等州知州。为官有政声,性刚直敢言,人以强项令视之。以病去官,乾隆三十五年(1770)卒,年85。诰授奉政大夫,道光三十年(1850)祀乡贤祠。事迹入《清儒学案》,《清史列传》有传。

植生平喜读书,学问深厚,尤肆力于性理,笃守程朱。著作宏富,有《濂关三书》《正蒙初义》《皇极经世书解》《四书参注》《道学渊源录》《尝试语》《权衡一书》《读史纫要》《韵学》《韵学忆说》《读书纲要》《偶存草》《崇雅堂集》等,并曾主修和平、罗定、新会、郯城、深泽等志。善画,有《云林秋壑》、花鸟条屏等作传世。

宋邵雍作《皇极经世书》,独树一帜,世称精妙。然其以数言理,艰深玄奥,故研求者少,在宋不过蔡元定、张行成、祝泌,在明不过黄畿、余本、杨体仁,在清不过刘斯组数家而已。植病学者罕有得康节本旨者,积数十年之心得而为此解。其书大要约有两端,一曰整理,二曰阐释。所谓整理者,原书诸家各有分合增删,如邵伯温以为共12卷,卷1—6则

---

① 参见(清)王植撰《皇极经世书解》14卷,首2卷,《四库全书》本。

元会运世，卷7—10则律吕声音，卷11、12为观物篇。赵震分元会运世之6卷为34篇，律吕声音之4卷为16篇。《性理大全》则合内篇12、外篇2，共为64篇。又谓律吕声音16篇，共图3840。明徐必达所刻《邵子全书》细目，复以元经会，分12会为12篇，律吕声音则合有字有声及无字无声、平上去入，各960图。植参合诸家，各有取舍，并元会运世为3卷，律吕声音为1卷，内篇外篇共为10卷，又标蔡元定原纂《皇极经世书》10图及所补录图5、新附图3于卷首，较各本颇为完备。局部文字，则多所厘正。如午会之六世之巳书秦夺宣太后权，黄畿注未录入，此补录之。声音篇之配以卦，黄畿以为出于祝氏钤，此一切芟汰之，等等。所谓阐释者，则体类集注，正文之下先广引诸家之说，再以"愚案"出己意，以相发明辩驳，自以为是正前人穿凿，独契康节心法。虽未能一一皆为定论，然此书文献之备、钻研之深，于《皇极经世》注释整理诸书堪称独步。

是书成于乾隆二十一年（1756），乃植晚年之作，流传不广，收入《四库全书》，为直隶总督采进本。台湾商务印书馆1973年曾据以影印出版。

《太极图说论》14卷[①]

王嗣槐，明末清初人，生卒年未详，字仲昭，号桂山，浙江仁和（今浙江杭州）人，诸生。少慷慨，善谈论，于书无不窥。康熙十八年（1679），举博学鸿儒，以老不与试，授内阁中书舍人以归。性简脱，常与俗忤，日偕友人散发袒裸，嬉笑怒骂，不复知人间事。冯溥延致其邸，与吴农祥、吴任臣、毛奇龄、陈维崧、徐林鸿称为"佳山堂六子"。善为文，早工骈体，晚乃专为大家文，尤善作赋，诗与陆繁弨齐名。所著有《桂山堂偶存》《啸石斋词》等，并行于世。《清史列传》有传。

此书前有自序，言撰作缘起。有凡例，言论辩要旨。《告先圣庙文》一篇，总提一书之大纲。末有《后序》2卷，综论各篇之要义。正文14

---

① 参见（清）王嗣槐撰《太极图说论》14卷，康熙间桂山堂刊本。

卷，分发问、原《易》、有无、终始、原有、生死、鬼神、原道、辨说、辨图、授受、传示、辨仁、辨性、理数、诸儒、明道、理气、明教诸论，下列79目，逐条"辨驳"，各为1篇。每篇之中，有同时名儒学者圈点于篇中，评骘于篇末。据书首《参评姓氏》，参评者有名儒毛奇龄、阎若璩、朱彝尊、姚际恒以下40余人，可谓盛矣。

该书主旨，以为诸儒言性与天道与圣经贤传多参差弗合，卒归二氏虚无之宗旨，而以宋元明诸儒为甚。如圣人言易有太极，未尝言无，不应于太极之上复加无极二字。疑此图授自陈抟，非周濂溪作。朱、陆互相辨析，朱子不得已，止作无形有理以解之，而无极二字总流入二氏之说。又谓其言天道则曰动而生阳，静而生阴，乃老氏道生天地之说。言人道则曰圣人定之以仁义中正而主静，主静二字尤为老氏根本所在。又谓其原始反终，故知生死二语乃老氏言道之根源，而不死无生之枢纽。遂以《易》为本，力为辨之。

全书议论纵横，洋洋洒洒，30余万言，即《告庙文》一篇，竟万余字，亦好辩矣。书中力辟宋元诸儒，直斥其离经叛道，即理学山斗，亦不稍有假借，于研求《太极图说》诸家，实独树一帜，令人耳目一新。虽其说不无偏颇过激之处，然若不持门户之见，亦参考之不可无者也。

该书主要有康熙间桂山堂刊本，《续修四库全书》《四库存目丛书》均据以影印。

《张子正蒙注》9卷[①]

王夫之（1619—1692），字而农，号姜斋，又号夕堂，世称"船山先生"，衡阳（今属湖南）人，著名思想家、学者、文学家。少时饱读儒家经典，注重实际，关心时局，喜从人问四方事，凡江山险要，士马食货，典制沿革，皆极意考究。崇祯十五年（1642）举人，明亡，曾积极组织抗清斗争，失败后投南明政权，任行人司行人。南明亡后，更名隐居，

---

① 参见（清）王夫之撰《张子正蒙注》9卷，《船山遗书》本。

潜心著述。康熙三十一年（1692）病逝，年74。《清史稿》《清史列传》有传。

夫之与黄宗羲、顾炎武并称为明末清初三大思想家。在哲学上，坚决反对程朱理学，批判"理在气先""道在器先"及陆王心学"良知"之说，提出"天下唯器""理不先而气不后"的理论，主张经世致用而归于躬行实践，强调知行统一。在政治上，提出"循天下之公"，"不以一人疑天下，不以天下私一人"，主张选贤使能，"以天下之禄位，公天下之贤者"。谭嗣同、毛泽东等皆深受其思想之熏陶，嗣同甚至称其学术思想"空绝千古"，"五百年来学者，真通天下之故者，船山一人而已"。深于经学，其诗文亦自成家，颇富新意。通词曲，工书法，有墨迹《大云山歌》等传世。

夫之著述宏富，凡百余种，400余卷，体系浩大，内容广博，凡哲学、经学、政治、法律、军事、历史、文学、教育、伦理、文字、天文、历法、数学、地理乃至佛道等，无所不包。主要有《周易外传》《张子正蒙注》《尚书引义》《读四书大全说》《老子衍》《庄子通》《思问录》《读通鉴论》《宋论》《黄书》《噩梦》《楚辞通释》《诗广传》等，《读通鉴论》《宋论》为其代表。

此书首载夫之自序、序论、《宋史》张载本传，正文则逐篇为解。各篇之前有简短解题，概述一篇大旨。其下分条详注，深索博论，注解数倍于原文。名曰作注，而发抒己意者半之，亦有于张子之论持异议者，实为夫之哲学思想之代表。作者以深厚理论修养，推极天人，阐发精深，世人公认诸家注解无出其右者。其于原书字句之误，也予全面校正，甚为有功。唯原书既号称难读，而注者又解以理语，故并注亦稍嫌深奥矣。

夫之著作，生前只刊行1种，早佚。逝世后，其子于湘西草堂曾刊刻十余种，然流传甚少。《四库全书》收录6种，存目2种，禁毁9种。道光二十二年（1842），湘潭王氏守遗经书屋首次刊刻《船山遗书》，计收著作18种。同治四年（1865），曾国藩、曾国荃于南京设局刊《船山遗书》，计收著作56种，是为金陵本。民国刘人熙搜辑散佚，又有补刻本。1930年，谭延闿、胡汉民、于右任等重刊《船山遗书》，分经史子集四部，凡70种。1933年，上海太平洋书店重印《船山遗书》，较金陵本增 12 种。1971 年，台北船山学会重印《船山遗书全集》，凡 22 册。1975 年，中华书局以金陵本为底本，参以别本，重新校勘、标点，出版了新排印本《船山遗书》。1996 年，岳麓书社重新整理的《船山全书》16 册出齐。近年，又再次作了修订。《张子正蒙注》主要为《船山遗书》本，单行本则有 1956 年古籍出版社排印章锡琛校点本等。

《正蒙初义》17 卷[①]

王植（1685—1770），字怀三，一作槐三，号憨思，直隶深泽（今河北深泽县）人，生平事迹已见前。

是书首列《性理大全书》所录程子以下宋元大儒论说，以为序论。又录作者总论全书之"臆说"17 条，冠于卷首。其下各卷，每段正文之下，广引各家之说，以为注释。除程朱之说外，并附录张载《经学理窟》《语录》《性理拾遗》等书相关论说，有"大全""征引""补注""补训""集解""华注""李注""张注""发明""高注""集释"之目，有宋黄瑞节，明徐德夫，清冉觐祖、李光地、张伯行之论，不一而足，然后方以"愚案"参订于后。

《正蒙》一书，自宋以来注释者亦不过数家。如明刘玑《正蒙会稿》，高攀龙、徐必达《正蒙释》；清李光地《正蒙注》，杨方达《正蒙集说》等，虽各有所得，然均难免曲解误释之处。植之此书，征引既博，议论亦公，复能于文字加以辨正，实出各家之右。《四库提要》称其立论持平，颇能破门户之见，又称其辨析不苟，足资考订，洵不诬也。即以公认为权威之王夫之《张子正蒙注》，亦有艰涩难懂之瑕。而此书则大抵浅显易懂，便于初学。植自序录与同年陈蛰英问答云："是书萃诸家成言，颇踵训诂余习，聊备初学之一义耳。方欲芟其芜冗，祛其岐二，以易今稿，君何嗜之笃乎？陈君曰，说书欲莹白如话。此帙详明晓畅，人人如意所欲出。况横渠得自苦思力索之余，方晦涩是惧，何必若郭象注庄，又以聱牙诘屈与横渠较奇耶？"可见其意。

[①] 参见（清）王植撰《正蒙初义》17 卷，《四库全书》本。

该书有乾隆刻本。台湾商务印书馆 1986 年曾据《四库全书》本影印出版。

《近思录集注》14 卷,附说 1 卷[①]

茅星来（1678—1748），字岂宿，号钝叟，又号具茨山人，浙江归安（今浙江省湖州市）人。少为诸生，锐志为学。读书圆义精舍，览《近思录》，有得于"科举夺志"一语，遂弃举业，研究经史，欲以著述自见。游京师，方苞、任兰枝见其稿，誉不绝口。性迂执，复口吃，故无敢荐之。乾隆十三年（1748）卒，年 71。为文才气勃发而有义据，方苞谓其胜于储在文。所著有《钝叟文集》。

《近思录》旧注本，清代盛行者唯叶采《集解》。而星来以其"粗率肤浅，解所不必解，而稍费拟议者则阙又多，彼此错乱，字句讹舛，因取周、张、二程全书及宋元《近思录》刊本，参校同异，凡近刻舛错者，各注本条之下。又荟萃众说，参以己见，为之支分节解"。其书首列主要参考书目，次列《伊洛渊源录》所载周、张、二程事迹，前贤《近思录》总论，均为笺释，谓之附说。各卷先有解题，正文注释则巨细毕列，而于名物训诂考证尤详。星来于该书后序专言其旨云："或疑名物训诂非是书所重，胡考订援据之不惮烦为？曰：此正愚注之所以作也。"此正茅注于诸集注本中独树一帜之处。至于义理阐释，则诚如《四库提要》所言，"其持论光明洞达，无党同伐异、争名求胜之私，可谓能正其心术"。星来研味《近思录》，前后数十年，此编之成，几倾毕生之力，故为学者所重。今人陈荣捷《近思录详注集评》、张京华《近思录集释》、陈水龙《近思录集校集注集评》无不参考采撷之。

此书成于康熙六十年（1721），刊刻不广。商务印书馆 1934 年、台湾艺文印书馆 1959 年皆曾印行。

[①] 参见（清）茅星来撰《近思录集注》14 卷，附说 1 卷，《四库全书》本。

《近思录集注》14卷[①]

江永（1681—1762），字慎修，又字慎斋，安徽婺源（今江西省婺源县）人，清代著名经学家、音韵学家、天文学家、数学家。少聪颖，遍读诗书。21岁考取秀才，其后无心功名，以开馆授徒为业，先后任教于婺源、休宁、歙县等地。34岁，补廪膳生。中年以后，以著书立说为主。乾隆七年（1742），始充贡生，然绝意仕进，终身未入宦途。乾隆二十七年（1762）卒，年81。《清史稿》《清史列传》有传。

永博通古今，长于考据，蔚然宗师。为学以"经世致用"为主旨，讲求"博""精""新"，提倡"善排比""勤考释""重辨微"。生平所著书40余种，凡260余卷。其中《四库全书》采录达16种，166卷。为皖派经学创始人，戴震、程瑶田、金榜等皆其弟子。深于《三礼》，撰《周礼疑义举要》《礼书纲目》。精于音理，有《古韵标准》《音学辨微》《四声切韵表》。其他尚有《仪礼释例》《仪礼释宫谱增注》《深衣考误》《礼记训义释言》《春秋地理考实》《律吕阐微》《律吕新论》《群经补义》《算学》《续》《推步法解》《乡党图考》《四书典林》《四书古人典林》《河洛精蕴》《孔子年谱辑注》《历学补论》《考订朱子世家》《读书随笔》《兰陵萧氏二书》《卜易圆机》《论语琐言》《纪元部表》《慎斋文钞集》等。

是编首列该书《四库提要》、王鼎序、江永序、《近思录书目原序》及《凡例》，卷14末有整理刊刻者应宝时跋，末附江永《考定朱子世家》、王炳《校勘记》。正文随文注释，采摭甚详。已见则以"永按"之目出之。

《近思录》注本，在宋有叶采《近思录集解》、杨伯岩《近思录衍注》，在明有周公恕分类重编本，在清有张伯行、茅星来等集解集注本。叶本虽嫌简略，然以其最早，历来为世所重。周本则"妄加分析，各立细目，移置篇章，或漏落正文，或淆混注语，谬误几不可读"。张本、茅

[①] 参见（清）江永撰《近思录集注》14卷，同治八年江苏书局刊本。

本，各有所长。此编特色则在"以朱注朱"，即"凡朱子《文集》《或问》《语类》中其言有相发明者，悉行采入分注。或朱子说有未备，始取叶采及他家之说以补之，间亦附以己意"。所采他家之说，亦程朱正脉黄勉斋、真西山等为多。所释不重名物，除重要人物初见简注其身份外，皆剖析名理。永虽以考据见长，然是书取舍分疏，非深于义理者亦不能也。《四库提要》称其"引据颇为详洽。盖永邃于经学，究心古义，穿穴于典籍者深，虽以余力为此书，亦具有实征，与讲学之家空谈尊朱者异也"。故江氏书出，有清以来流传为最广，为治《近思录》者不得不读。

该书抄刻繁伙，流传甚广。仅现存各种版本，即有近30种。其中刻本主要有乾隆七年（1742）刻本及其翻刻、重刻本，嘉庆十九年（1814）王鼎校刻本及其重刻本，同治八年（1869）江苏书局刻本及其重刻本等。石印本有民国年间扫叶山房本，排印本有《四部备要》本、商务印书馆《万有文库》本、《国学基本丛书》本、上海大达图书供应社标点评注本等。抄本则有《四库全书》本及其底本，嘉庆间朱珪藏本等。

《性理纂要》8卷①

冉觐祖（1638—1718），字永光，号蝉庵，河南中牟（今属河南）人。生性稳重，少有成人之风。康熙二年（1663）乡试第一，潜心治学，尝主编《中州通志》。康熙三十年（1691）成进士，选翰林院庶吉士，升检讨。辞官还乡，讲学嵩阳、仪封两书院。再入京任原职，轮入侍值。康熙四十三年（1704）辞归，著书教授以终。康熙五十七年（1718）卒，年81，《清史稿》有传。

觐祖深研群经，究心理学，治学严谨，立论平正，深得推崇。朝廷纂修五经，帝亲谕可取河南冉某《四书五经详说》作为参考，时称一代巨儒。所著有《四书玩注详说》《五经详说》《孝经详说》《河图洛书同异考》《阳明疑案》《正蒙补训》及诗文杂著等20余种。

是书成于康熙二十八年（1689），耿介、李来章、张伯行加以考订，

---

① 参见（清）冉觐祖撰《性理纂要》8卷，《四库存目丛书》本。

于康熙三十二年（1693）刊行。前4卷为附训，后4卷为附评。自序称附训者，周子《太极图》《通书》，张子《西铭》《东铭》，程子《定性书》五者之训诂。《太极图》《通书》《西铭》本朱子之注、诸儒之说，《东铭》《定性书》则杂考朱子及诸儒之说而参以己意。附评者，以程子之言为经，朱子之言为传，诸儒为之羽翼，而以己意为之评。"欲使人人知读，亦复人人能读，庶周程张朱之书与孔曾思孟之书并行不废，而正学以之益明也。"

性理之辑，若推其朔，则朱子《近思录》已为滥觞。熊节、熊刚大《性理群书句解》，则为影响颇大之注解本。此书之辑，似少新意。然编者毕生心得尽荟于此，述说简明扼要，亦不失为理学入门参考之书。唯其分附训、附评，则《四库提要》颇有微词："同一先儒之言，何必分疆别界。况评中所引程子之说不一而足，何所见忽尊而训，忽卑而评也。"读者详之。

该书刊刻不广，较早较重要的有康熙刻本，《四库存目丛书》即据以影印。

《濂洛关闽书》19卷①

张伯行（1651—1725），字孝先，号恕斋，又号敬庵，河南仪封（今河南兰考）人，清代理学家、教育家、藏书家。少强学，年13即通读四书五经。康熙二十四年（1685）成进士，归构精舍于南郊，尽发濂、洛、关、闽诸大儒之书，口诵手抄者七年。考授内阁中书，改中书科中书。授山东济宁道，迁江苏按察使。帝南巡至苏州，时命所在举贤能官，伯行不与，帝自举之。擢福建巡抚，调江苏巡抚。入直南书房，历仓场、户部侍郎，官终礼部尚书。雍正三年（1725）卒，年75。赠太子太保，谥清恪。光绪初，从祀文庙。《清史稿》《清史列传》有传。

伯行居官有善政，直言敢谏，以廉介称，深得下民爱戴，亦为天子所赏识。康熙帝赞其为江南第一清官，先后赐"布泽安流""廉惠宣猷"

---

① 参见（清）张伯行辑解《濂洛关闽书》19卷，《正谊堂全书》本。

"礼乐名臣"之榜。为学独尊程朱,摈斥陆王,断言"孔子集群圣之大成,朱子集诸儒之大成","陆王之学不熄,程朱之学不明"。注重教学,培育人才。尝于故里设义学,招纳学子。先后建请见、清源、夏镇、紫阳、鳌峰等书院,从学者以千计。藏书甚富,尝广搜先儒著述,刊为《正谊堂全书》。所编著有《道统录》《濂洛关闽书》《正谊堂集》《近思录集解》《续近思录》《困学录集粹》《居济一得》《小学集解》《学规类编》《濂洛风雅》等,不下百种。

是编成于康熙四十八(1709)年,摘取宋五子论学语,粗存梗概。凡周子1卷、张子1卷、二程子10卷、朱子7卷。每子先为小传,简介其生平及学术著述。各书各篇先揭其大旨,乃以"某子曰"为目,列所摘语,逐条疏解。周子取《太极图说》《通书》,张子取《西铭》《正蒙》《经学理窟》、语录、文集。二程子取《二程粹言》、文集、《遗书》及《近思录》补入,分传道、德立、言学、涵养、五经、读书、善治、作新、行事、正伦、天地、阴阳、圣人、教人、大任、士志、性善、养心、万物、君子20目,每目含若干章。朱子取文集、《语类》等,分健顺、圣贤、气质、学校、君子、德行、吾儒7目,每目亦含若干章。

该书所选均为理学精粹,疏解亦能得其大旨,卫道切矣,用功深矣,于诸理学选注本中,可备参考之一。《四库提要》质疑其剪裁云:"夫《正蒙》间涉汗漫,程、朱语录浩繁,多所刊削,尚为有说,至周子《通书》言言精粹,朱子尚为全注,伯行乃铲除其大半,何耶?"实则见仁见智,可不深究。

该书主要有康熙四十八年(1709)刻本,光绪六年(1880)云南书局刻本,民国三十六年(1947)商务印书馆《国学基本丛书》本、《丛书集成初编》本,后收入《四库存目丛书》。

《正学编》8卷①

潘世恩(1769—1854),初名世辅,小字日麟,字槐堂,一作槐庭,

---

① 参见(清)潘世恩辑,潘曾玮疏解《正学编》8卷,《续修四库全书》本。

号芝轩,晚号思补老人,江苏吴县(今江苏苏州)人。乾隆五十八年(1793)状元,授修撰。嘉庆四年(1799),擢内阁学士。历任礼、兵、户、吏部侍郎,工、户、吏、礼部尚书,超拜体仁阁大学士。充国史馆、武英殿、文颖馆、续办《四库全书》总裁,偕纪昀总理《四库全书》事宜。入军机,兼翰林院掌院学士,晋东阁大学士,与卓秉恬、穆彰阿、宝兴称"满汉四相"。充上书房总师傅,加太子太保。晋武英殿大学士,太傅。鸦片战争爆发,力荐林则徐往广东禁烟。咸丰四年(1854)卒,年85,谥文恭,入祀贤良祠。《清史稿》《清史列传》有传。

世恩为官50余年,历事四朝,身居高位,深得皇帝恩宠,屡赐紫缰、花翎、黄马褂,赐第圆明园。在任尝献策改善漕运、治理河患、处理边疆事务,有裨国计。为人端方谨慎,善始善终。政务之余,勤于著书作文,善书法,人称状元宰相,学术有成。潘氏世为显赫大族,世恩位极尊荣,其故居称"太傅第""状元府"。以英王陈玉成尝住此三日,故又称"英王行馆""英王府"。与弟潘世璜、孙潘祖荫合称"苏州三杰"。著有《读史镜古编》《熙朝宰辅录》《使滇日记》《消暑随笔》《思补斋笔记》《真意斋文集》《思补斋诗集》《思补老人自订年谱》等。

潘曾玮(1818—1886),字宝臣,又字玉淦、季玉,世恩第四子,荫生。道光二十三年(1843)顺天乡试挑取誊录,遂弃举子业,留心经世之学,肆力于诗古文辞。生性散淡,居常与诸老会文谈宴为乐,以行善、读书为要务,善书法,其诗为何绍基所称赏。著有《自镜斋文钞》《咏花词》《玉淦词》,辑有《养闲草堂图记》《横塘泛月图记》等。

是编为世恩中年所辑宋元明诸儒论学语,自周敦颐至李颙,凡43家,319条,而其子曾玮为之疏解。世恩自序称诸儒"宗旨不同,各有得力之处,要其归,不外乎存天理、去人欲而已"。故"取先儒切近之语,手录一编,昕夕省览,以期寡过"。曾玮序其大要云:"其条目则格致诚正、修齐治平,其功夫则存养省察克治,而要其指归,则在乎存天理、去人欲,此之谓正学。"言其疏解义例云:"逐条为之疏解,或随文衍义,或远引旁征,冀有以推阐而发明之。要不悖于六经四书之旨,而采辑先儒诸说,附以己意。又与吴子大澂详加参订,说有未尽,以其语附注之。"则此编亦《近思录》之流亚。考朱子以来,选辑前贤论学要语者亦多矣，名以《正学编》者亦非一二。而此编尚有其特色。一是主题鲜明，选材集中。全书少论本体，专言功夫，而于功夫之中，又会归于"存天理、去人欲"，是为性理之专题资料汇编矣，于泛泛而谈诸书中似亦有可取。二是打破门户，求同存异，唯善是从。无论理学心学，唯取其长。凡有佳论，小家在所不弃。若无妙言，虽大家不录。是此编于问学，似亦不为无益。于了解晚清理学复兴，亦具参考价值。至其元儒只列许衡一人，明儒以金铉、陈龙正、黄淳耀、薛敬之、杨应诏厕于邱、吴、胡、王、罗、邹、吕、顾、高、冯、郝、刘、鹿、黄、李之流，独取吕新吾者为多，及疏解之见仁见智，则读者自择之可也。

该书刊刻不广，主要有道光三年（1823）刊本，同治五年（1866）刊本，上海古籍出版社1995年版影印本等。

《东林粹语》3卷[①]

凌鸣喈，字体元，号泊斋，浙江乌程（今属浙江）人。嘉庆七年（1802）进士，仕至兵部郎中。所著有《论语集解》《疏河心镜》《盘溪归钓图题辞》（辑），皆刻入《凌氏传经堂丛书》，其《疏河心镜》为世所重。事见光绪《乌程县志》、《小岘山人集·续文集》卷二《赠武选司员外邸台凌君墓表》、同治《湖州府志》《两浙著述考》《郑堂读书记》等。

是编选辑宋杨时、明顾宪成、高攀龙三子论学语，各自为卷。每条之下，以"鸣喈按"为目阐发疏释之。杨时卷首条注云："《龟山语录》《三经义辨》《中庸解》《二程粹言》卷帙浩繁，未及博引。止以经朱子删定者如《中庸辑略》等书所引及顾端文、高忠宪二公所采录，择其简要者，以诏来学云。"是此书之辑，乃为便初学。取三子者，以顾、高二人为东林派领袖，而龟山则首讲学于无锡，东林诸子效法其学，恪守程朱，视为东林之滥觞者也。书中所涉甚杂，然重在存养，故多言功夫。大抵谨守东林宗旨，而于阳明心学之流弊时时辟之。注解甚详，广引各

[①]（清）凌鸣喈辑解《东林粹语》3卷，《凌氏传经堂丛书》本。

家之说，力为辨析，是不止于述，且进于作矣。三子著述甚富，是编虽未能如《明儒学案》之亲历爬梳，取精用宏，所辑未必皆为精粹，所释未必一皆妥帖，然分梳条畅，要于性理之学不为无功。

此书刊刻不广，北京出版社1998年曾影印出版，后收入《四库未收书辑刊》《续修四库全书》等。

《夏峰先生语录》2卷[①]

孙奇逢（1584—1675），字钟元，一字启泰，学者称夏峰先生，直隶容城（今属河北）人，明清之际著名思想家、学者。万历举人，与东林党人来往密切，自称顾宪成、高攀龙私淑弟子。天启间，尝与鹿正、张果中等倡义，醵金营救杨涟、左光斗、黄尊素等人，声震儒林，时称"范阳三烈士"。清军入关，以布衣起兵，"约同志，练乡勇"，"守容城得全"。明亡，屡召不仕，讲学著书授徒，执经门下者数百人，汤斌、魏象枢等卒为大儒。康熙十四年（1675）卒，年92。道光八年（1828），从祀文庙。《清史稿》《清史列传》有传。

奇逢之学初宗陆、王，晚慕朱子，周旋于二派之间，求实效，重力行。与黄宗羲、李颙并称明末清初三大儒，北方学者奉为泰斗。钱锺书《谈艺录》云："孙奇逢的为人有3个特点：一是他的讲学宗旨比较突出，主张身体力行；二是他的义侠之迹，在明末乱世，他能够率领几百家据守险要，保全乡里；三是他的门墙广大，教育了很多人才。"世以为知言。

著有《理学宗传》《读易大旨》《书经近指》《四书近指》《畿辅人物考》《中州人物考》《孙征君日谱录存》《游谱》及文集等，后人汇编为《孙夏峰遗书》及《孙夏峰全集》。中华书局编《理学丛书》，收入其文集《夏峰先生集》点校本。2003年，中州古籍出版社出版了点校本《孙奇逢集》，收录著述9种，附年谱、评传、序跋等，凡300余万字，为迄今较为完备的全集本。

---

① 参见（清）孙奇逢撰《夏峰先生语录》2卷，《畿辅丛书》本。

是编所论甚杂，天人性命、经史人物无所不包，而以慎独为宗，以体认天理为要，以日用伦常为实际。如云："余尝谓对妻子非易，对梦寐尤难，人弗之信也。不知对妻子梦寐而无愧者，便是征庶民、建天地、质鬼神实际处，谈何容易！"又云："混沌之初，一气而已。其主宰处为理，其运旋处为气。指为二不可，混为一不可。"学术上则言心言理，合会朱陆。如言心学一派，自孟子、象山、阳明而鹿伯顺，乃一脉相传，不可谓非理学正宗。虽折中调和，有未圆融之处，然落脚实际，不尚空谈，亦有益于学人。

奇逢著述，专言性理者除此书之外，尚有《夏峰答问》。同为语录，而与此书重出者十之七八，乃《畿辅丛书》之《孙夏峰遗书》两收之。今存其一，以见其概。

该书单独收入丛书者不多见，主要编入文集刊行。文集稿本、抄本、刻本颇多，如《孙夏峰文稿》1卷，《夏峰先生集》清抄本，《容城钟元孙先生文集》康熙十七年（1678）刻本，道光十六年（1836）刻《容城三贤文集》本，道光二十五年（1845）钱仪吉重刻本，同治（1862—1874）间刻本及各种辑补、续补本等。其中最重要的是康熙三十八年（1699）孙用祯刻《夏峰先生集》，其卷14即为语录。

《潜室札记》2卷①

刁包（1603—1669），字蒙吉，晚号用六居士，直隶祁州（今河北安国）人，清初经学家、学者。天启举人，后弃科考，专以讲学为事。闻孙奇逢讲良知，心向往之。及其南游过祁，设馆二年，与相质正。与东林诸儒为神交，各以其所得，遥相商讨，至老不倦。李自成攻州城，散家财纠众固守，城得不破。后自成授以官，以死拒之。明亡不仕，奉母隐居数十年。康熙八年（1669）卒，年67，学者私谥文孝先生。《清史稿》《清史列传》有传。

包学宗高攀龙，以谨言行为要，主张言语、取与、出处不苟。生平

---

① 参见（清）刁包撰《潜室札记》2卷，《畿辅丛书》本。

著书，一以明道为主，世谓其醇正过孙奇逢。所著有《易酌》《四书翊注》《斯文正统》《用六集》等，后人合编为《用六居士所著书》。

是编为包论学札记，盖其著述中直论心性者也。其孙承祖刻书序云："《札记》一书，又系先王父于顺积楼侧构潜室，励学二十年，凡有所得，悉撮志之。（略）大抵为读书君子修身心、谋理道之一助。"全书无类例，随手漫录，本体功夫，有感即发。而其学术立场，不外尊朱抑王，盖一主东林而有过之者。全书首条云："孔子天地也，朱子日月也，二程子嗣天地而开日月之先者也。"末条云："自有生民以来，未有孔子也。自有孔子以来，未有《四书》也。自有《四书》以来，未有《集注》也。（略）吾惟终身服膺焉而已矣。"可见其尊朱之至。至其言"孔孟之道至程朱而明，程朱之道至文成而晦"，则见其抑王之极，即诋心学者亦罕有如此质言者也。《四库全书》列为存目，提要称其"语殊虚渺，尤不免堕入姚江门径"，恐非公论。

该书有清雍正间刻本、道光二十三年（1843）刻本、光绪刻大开本等，《丛书集成初编》《续修四库全书》《四库存目丛书》皆予收录。

《考正晚年定论》2 卷[①]

孙承泽（1592—1676），字耳北，一作耳伯，号北海，又号退谷，一号退谷逸叟、退谷老人、退翁、退道人，山东益都人，世隶顺天府上林苑（今河北大兴），明末清初经史学家、书画鉴藏家。崇祯四年（1631）进士，官至刑科给事中。李自成入京，任为四川防御使。顺治元年（1644）起用，历任吏科给事中、太常寺卿、大理寺卿、兵部侍郎、吏部右侍郎、都察院左都御史等职，加太子太保，然并未得重用。顺治十年（1653）辞归，专事著述收藏。康熙十五年（1676）卒，年85。以前后易事三主，世薄其为人，《清史列传》至列为贰臣。

承泽博学多识，注心经典，于史实掌故考证尤为详明，颇有可观。酷好书画富收藏，精于鉴别。著述繁富，《四库全书总目提要》即著录其

---

① 参见（清）孙承泽撰《考正晚年定论》2 卷，《四库存目丛书补编》本。

撰述23种，400余卷。王崇简《行状》所记尚有12种，见于其他著录者尚多，总计不下40余种。其中较重要的有《孔易传义》《尚书集解》《诗经朱翼》《仪礼经传合解》《春秋程传补》《五经翼》《四朝人物略》《元朝典故编年考》《畿辅人物志》《春明梦余录》《天府广记》《庚子消夏记》《溯洄集》《研山斋集》等。

是书《四库全书》列为存目，《提要》述其内容体例云："以王守仁所作《朱子晚年定论》不言晚年始于何年，但取偶然谦抑之词，或随问而答之语，及早年与人之笔录之，特欲借朱子之言以攻朱子，不足为据。乃取朱子《年谱》《行状》《文集》《语类》等书，详为考正。以宋孝宗淳熙甲午为始，朱子是时年四十有五，其后乃始与陆九渊兄弟相会。以次逐年编辑，实无一言合于陆氏，亦无一字涉于自悔。因逐条辨驳，辑为是编。"评其优劣云："考《晚年定论》初出之时，罗洪先致书守仁，所辨何叔京、黄直卿二书，已极为明晰。是书特申而明之，大旨固不出罗书之外。至谓守仁立身居家，并无实学，惟事智术笼罩，乃吾道之莽、懿。又取明世宗时请夺守仁封爵会勘疏，及不准恤典之诏以为口实，则摭拾他事以快报复之私，尤门户之见矣。"考承泽为学虽一宗程朱，拒斥陆王，然理学实非所长。是编之作，或可视为余力为之。鉴于阳明《晚年定论》影响之巨，而罗念庵之论，特一书信，故此编或可备参考。承泽之诋阳明固为过激，然云其"以快报复之私"，亦非笃论，无乃以人废言耶？

《陆桴亭思辨录辑要》35卷[①]

陆世仪（1611—1672），字道威，号桴亭，又号刚斋，苏州太仓（今属江苏）人，明末清初著名思想家、学者。明季为诸生，尝从刘宗周讲学，好结社，广交游。明亡归隐，屡荐不出，悉心著述。历主东林、毗陵、太仓诸书院，执经门下者凡数百人。学识渊博，践履纯粹，时人将其与陈瑚、江士韶、盛敬并尊为"四先生"，又誉为"江南大儒"，与陆

[①] 参见（清）陆世仪撰《陆桴亭思辨录辑要》35卷，《四库全书》本。

陇其并称"二陆"。康熙十一年（1672）卒，年62。谥文潜，改谥尊道。同治十一年（1872），从祀文庙。《清史稿》《清史列传》有传。

世仪之学恪守程朱，亦不薄陆王，以居敬穷理为主，而归于实用，不尚虚谈。早年曾习剑术，后又拜"江南第一名师"石敬严习梨花枪，研习兵法，作《八阵发明》图说。目睹娄江水患，又钻研水利，作《淘河议》《决排说》《建闸议》。举凡天文地理、学校礼乐、井田封建、战阵刑罚、荐举科目无不精研，以期经世致用。其鲜明的实学特色及对西方科技的开放态度，于明清之际影响甚巨。

生平著述60余种，逾200卷。主要有《四书讲义辑存》《论学酬答》《家祭礼》《性善图说》《复社纪略》及文集等。

是书乃杂记师友问答及平生闻见、治学心得，张伯行删其烦冗，取其精要，分类编次成书。其类目分小学、大学、立志、居敬、格致（3卷）、诚正（2卷）、修齐（4卷）、治平（11卷）、天道（3卷）、人道（3卷）、诸儒（3卷）、异学、经子、史籍（2卷），凡14门。门下又分小类，如治平下又分井田、学校、礼、乐等。皆随手札录，有同语录笔记。其要旨"主于敦守礼法，不虚谈诚敬之旨。主于施行实政，不空为心性之功"，故"其言皆深切著明，足砭虚怵之病。虽其中如修齐类中必欲行区田，治平类中必欲行井田封建，不免有迂阔之失，而大端切于日用，不失为有裨之言"。顾炎武读后，大为折服，云"知当吾世而有真儒也"。张伯行序称"所思辨者不外于六经四子、周程张朱之旨，而补苴张惶，不遗余力，时可以佐佑六经四子、周程张朱之旨之所未及"，马负图序称"其天人性命之际，不过诸儒所已言。至于纯粹透彻，使智愚皆畅然各得者，非诸儒之所能言也。其井田封建等制，初非大儒所不能言。至于画一变通，使古今皆可确见施行者，即大儒鲜有能言之者"，于其述而不作、平正笃实之风，可谓中肯之评。至《四库提要》所言编者主于贪多，往往榛楛勿剪；亦有前后重出，失于刊除者，乃其微瑕也。

该书刊刻较广，有康熙元年（1662）刊本，康熙四十八年（1709）正谊堂刊本，道光中嘉兴刊本，同治间江苏书局刊本，宣统三年（1911）《陆桴亭先生遗书》本等。各本中足本而外，又有节本，凡22卷，止于"治平"，"天道"以下六门不录。如康熙元年（1662）刊本、《正谊堂丛书》本皆为节本。《丛书集成初编》据后者排印，也为节本。

《杨园先生备忘》4 卷、《录遗》1 卷[①]

张履祥（1611—1674），字考夫，号念芝，学者称杨园先生，浙江桐乡（今浙江桐乡市）人，明末清初著名思想家、教育家、农学家。15 岁应童子试，成秀才。崇祯十五年（1642），乡试未中，遂弃科举。曾受教于黄道周，又师从刘宗周，深得其学。明亡，与徐敬可、何商隐等人投吕留良，致力于反清复明。既易代，隐居终身，论学执教 30 余年，与吕留良等刻印程朱遗书、语类及先儒遗著数十种行世。教学之余，躬为农事，剪桑弄田，不啻老农。康熙十三年（1674）卒，年 64，《清史稿》有传。

履祥服膺理学，恪守程朱，阐扬践履，号为醇儒。时人将其与陆陇其并提，称闽学正传。乾隆十六年（1751），浙江学使雷铉为立"理学真儒"之碑。嘉庆十六年（1811），主祀于青镇分水书院。道光五年（1825），入祀乡贤祠。同治三年（1864），浙江巡抚左宗棠亲题"大儒杨园张子之墓"碑。同治十年（1871），从祀孔庙。

一生交游甚广，门人私淑，遍于四方，是为杨园学派。以研究履祥生平著述为主的"杨园学社"，民国时期尚活动频繁。今故里有杨园先生纪念馆。所著有《读易笔记》《读史》《经正录》《愿学记》《问目》《答目》《淑艾录》《训门人语》《训子语》《近古录》《言行见闻录》《近鉴》、诗文及农学名著《补农书》等，后人辑为《杨园先生全集》54 卷，入《四库全书》存目。中华书局 2002 年曾出版陈祖武整理点校本。

履祥著述以随处体认心得为主，罕有奥博经解及长篇大论，是编为其中较有代表性者。其书又名《初学备忘》《张杨园初学备忘》《备忘录》，乃作者平日治学用功之心得，论经论史，论政论人，无所不包，随得即录，略无类例，亦宋明儒语录之流也。《录遗》1 卷，补 4 卷之遗，亦无他意。是书大抵发明儒家天人性命为多，义正词严，立论甚正，有

---

① 参见（清）张履祥撰《杨园先生备忘》4 卷、《录遗》1 卷，《杨园先生全集》本。

益学者。而又由浅入深，语言平实，便于初学。然《四库提要》称其"皆训导后进之言，意在兼启童蒙，故词多浅近"，将其归入蒙学一类，则似未妥。如论朱子《论》《孟》集注之异，论韩子、蔡子《尚书》注之优劣，已涉精微，非深于性理者难与言也。

该书影响较大，流传较广。康熙年间，即有刊刻，主要收入丛书，有《学海类编》本、《有诸己斋格言丛书》本及先后所编几种全集《杨园先生全集》《杨园先生集》《重订杨园先生全集》本、《丛书集成初编》本等。

《下学编》14 卷①

祝洤，字人斋，初名游龙，字贻孙，海宁（今浙江海宁市）人。乾隆元年（1736）举人，居乡里，是非侃侃，识与不识皆惮之。私淑张履祥，为梓其遗书，有《淑艾录》等行世，所著有《日新书屋稿》《井辨居文集》。事见民国《海宁州志稿·人物志·文苑》《晚晴簃诗汇》，《清史稿》有传。

《四库全书》列为存目，《提要》云："洤以蔡氏所纂《朱子近思续录》及近代《朱子近思续录》《朱子文语纂》《朱子节要》诸书皆为未善，乃掇取文集、语类，分 14 门编次之，门为 1 卷，凡 692 条。其去取颇有苦心，然多窜易其原文。虽所改之处皆注其下曰原作某句，然先儒之书，意有所契，简择取之可也。意所不合，附论是非，破除门户，无所曲阿亦可也。学未必能出其上，而遽改古书，其意虽善，其事则不可训矣。"是书编类全仿《朱子语类》，而称"下学"，则重在入门，所谓"去取颇有苦心"也，亦以此而自别于诸书。"蔡氏所纂《朱子近思续录》"，宋蔡模编。"近代《朱子近思续录》"，清张伯行编。《朱子文语纂编》，清严鸿逵编。《朱子节要》，明高攀龙编。数书辑者皆为名儒，而洤皆以为未善，其自视亦不低矣。存而备览，孰曰不宜？至"遽改古书"云云，既已注明原作某句，则不过直出己见，实未改也，可不深究。虽

---

① 参见（清）祝洤编《下学编》14 卷，《四库存目丛书》本。

然，后学固当更为谦恭，礼敬前贤，则自不待言也。

该书刊刻不广，主要有乾隆间刻本。

《逸语》10 卷①

曹庭栋（1699—1785），字楷人，号六圃，又号兹山居士，浙江嘉善（今浙江嘉善县）人。乾隆六年（1741）举人，嗜学，工诗文，擅书画，通琴，又以善养生名。中年后绝意仕进，专事著述，不下楼者30年，所坐木榻穿而复补。著述甚富，有《易准》、《孝经通释》、《老老恒言》、《逸语》、《琴学》内外篇、《画兰题句》、《魏塘纪胜》、《续纪》、《隶通》、《产鹤亭诗集》、《宋百家诗存》等。其《老老恒言》在养生学上影响颇大。乾隆五十年（1785）卒，年87，《清史列传》有传。

是书采摭隋唐以前群籍所载而不见于诸经之孔子及门人言论，分门别类，详为之注。凡分20篇，卷各2篇，为学必、美言、问孝、行己、多货、君子、居而、成人、移风、以礼、贤君、王者、忠臣、为吏、易者、昔者、若有、阳虎、州里、志在。书首《例说》言其辑录之旨，称诸经而外，周秦以下诸子百家之书所记述孔子之言尚多，历代亦多有裒集，但往往杂采成编，不加审择，难免互相沿袭，疑信参半，故"殚心潜体，削诬正误，以传其信"。又言其体例大抵专于记言，略于记事，略仿《论语》之例。至于篇目分合，则"自修己及乎治人，与夫所以为穷理格物之助者，悉具梗概"。注释则一依朱子《论语集注》之例，训诂、义理兼及。

宋元以来，纂集经外孔子言行之书渐出，如庭栋所列戴良《论语外书》，杨简《先圣大训》，薛据《孔子集语》，孔传《阙里祖庭记》《东家杂记》，马廷鸾《洙泗遗编》，蔡复赏《孔圣全书》，徐元征《孔庭纂要》，钟韶《论语逸编》等。庭栋是编出于诸书之后，甚有考证廓清之功。其采择之广，亦有超出诸书之外者。如所辑《黔娄子》，仅见于此书，而为马国翰《玉函山房辑佚书》所录。其所辑各章之末皆一一注明

---

① 参见（清）曹庭栋撰《逸语》10 卷，乾隆十二年刻本。

出处，颇见严谨。是皆可取也。然世远年淹，欲去疑传信，谈何容易！故《四库提要》讥其"虽称削诬正误，亦未见一一必出于孔子"。而庭栋固已承认"去圣已遥，微言莫质，亦信夫理有可信而已"。读者参而考之，于疑信之间谨择可也。

该书刊刻不广，主要收入《四库全书存目丛书》。

《静怡斋约言录》2 卷[①]

魏裔介（1616—1686），字石生，号贞庵，又号昆林，直隶柏乡（今河北省柏乡县）人，清初学者。顺治三年（1646）进士，选庶吉士，历任工、吏科给事中、兵科都给事中、太常寺少卿、左副都御史、左都御史，加太子太保。进吏部尚书，拜保和殿大学士，预修世祖实录，充总裁官。以老病乞休，实录成，进太子太傅。康熙二十五年（1686）卒，年71。雍正间祀贤良祠，乾隆元年（1736）追谥文毅。《清史稿》《清史列传》有传。

裔介立朝颇著风节，入阁时年仅40，须发皆黑，人称乌头宰相。居言路最久，疏至百余上，敷陈剀切，多关国家大体。家居16年，躬课稼穑，循行阡陌，人不知其为故相也。为学守程朱正统，主张体用兼该，格致诚正与修齐治平并重。其学与魏象枢齐名，时称"二魏"。诗文淳雅，对风水亦有研究。著述甚富，尤好编辑先儒论著，主要有《希贤录》《圣学知统录》《圣学知统翼录》《周程张朱正脉》《论性书》《琼琚佩语》《致知格物解》《易经大全纂要》《孝经注义》《四书大全纂要》《四书朱子全义》《四书精义汇解》及文集等。

是编乃顺治十一年（1654）冬裔介在告时追忆旧闻，所录治学心得，凡210余条，分内、外篇，各为1卷。内篇多论修养功夫，外篇则兼及处事治世。盖本孟子详说反约之旨，以为为学不在贪多务得，汩于言语辞章，而在切身实体，以得书不尽之言、言不尽之意也。考裔介专言性理者，尚有《论性书》《琼琚佩语》《致知格物解》等，然皆为编辑前贤论

[①] 参见（清）魏裔介撰《静怡斋约言录》2 卷，《四库全书存目丛书》本。

著。唯此编乃自述其研覃所得，故是书之出，"海内言理者咸推之"，可知有益于学者矣。

有康熙年间龙江书院刻本，《四库全书》列为存目。《续修四库全书》《四库存目丛书》皆予收录。

《庸言》不分卷，又名《寒松堂庸言》①

魏象枢（1617—1687），字环极，一字环溪，号庸斋，晚称寒松老人，清山西蔚州（今河北蔚县）人。少从孙奇逢游，得其学。顺治三年（1646）进士，历任刑、工、吏等科给事中，顺天府尹，大理寺卿，户部侍郎，都察院左都御史，刑部尚书等职。立朝有直声，奏百余疏，举廉劾贪，与凡国家之纲常典礼、政事积弊、民生疾苦，无不周悉，与魏裔介并称"二魏"。三藩之乱，与有平定之功。于其致仕，康熙帝特赐"寒松堂"匾额以宠之。至乾隆时，尚令群臣"言官奏事当如魏象枢奏疏"。所著《寒松堂集》，嘉庆帝颇为赏识，称"居谏垣者，当以为法"。康熙二十六年（1687）卒，年71，赐祭葬，谥敏果。《清史稿》有传。

明于性理，其学主于诚、忠，主张以"循理、安命、守法"处世。功夫上不赞成朱熹之即物穷理，以为古今天下之物理穷不胜穷。亦反对王学闭户澄心以尽其理，以为此乃离物求知，与禅学无异。认为格物之物即天下国家身心意，致知功夫即在其中。所著有《儒宗录》《知言录》《嘉言录》《庸斋闲话》《寒松堂诗文集》等，身后由其子汇为《寒松堂全集》12卷，行于世。工书法，尤善行书，有作品传世。

是编为象枢论学语录，意到即录，所包甚广，而以修身养性功夫为主。虽发明无多，遑论建树，然着己近里，不尚空言，注重日用实行，于学者亦不无裨益。故吴震方专于全集之中表而出之，以为可与熊赐履《迩语》相为表里，可见其理学授受本原；杨复吉跋称其生平淑身淑世之概胥不出此编，所谓不徒托诸空言而实见诸行事者。《易》曰"庸言之信，庸行之谨"，《中庸》曰"庸德之信，庸言之谨"，是为此编名书之

---

① 参见（清）魏象枢撰《庸言》不分卷，又名《寒松堂庸言》，《丛书集成续编》本。

意所在也。

有单行本、全集本,皆多次刊刻,流传甚广。单行本如《说铃续集》本、《昭代丛书》本、光绪刻本、《续修四库全书》本等。全集本收入《寒松堂全集》卷12,有康熙四十七年(1708)刻本、嘉庆十六年(1811)刻本、《畿辅丛书》本、《四库存目丛书》本等。中华书局1991年、山西人民出版社1992年则分别出版了整理本,是为全集最新版本。

《荆园语录》上下卷[①]

申涵光(1619—1677),字孚孟,一字和孟,号凫盟、凫明、聪山,直隶永年(今河北省邯郸市永年区)人,一作河北广平人。崇祯六年(1633)补邑庠生,不屑为举子业,日与诸同志论文立社,载酒豪游为乐。乱起,议城守,出家资400金、钱20万犒士。甲申(1644)后奉母避乱,渡江而南。归里,事亲课弟,日以诗文为事,足迹不涉城市。入清,中恩贡生,绝意仁进,累荐不就。顺、康间数谒孙奇逢,执弟子礼。自是究心理学,杜门著述,不复为诗。康熙十六年(1677)卒,年59。《清史稿》有传。

涵光自闻天人性命之旨,博约涵泳,日造于精微。其学以尊朱为主,复和会于陆,崇尚格致实际功夫,注重实用。孙奇逢恨相见之晚,序其《荆园小语》云:"语不从自己心性中经涉历练,而徒为高远深微之论以耸人听闻,此最学人之所当痛戒也。凫盟益矣。凫盟自言真理学从五伦作起,大文章自六经分来,噫!此小语云乎哉!"与魏裔介、魏象枢、王士禛、顾炎武等皆相交甚好。

少时即以诗名河朔间,与殷岳、张盖合称畿南三才子,又号为广平三君。又与同乡张盖、郭挺,鸡泽殷岳,曲周刘逢元,邯郸赵湛合称广平六才子,与遵化周体观、莱阳宋琬、长垣郜焕元、邓州彭而述、益都赵进美、阳武赵宾有江北七才子之称。其诗以杜甫为宗,兼采众家之长。论者称其"吞吐众流,纳之炉冶。一以少陵为宗,而出入于高、岑、王、

---

① 参见(清)申涵光撰《荆园语录》上下卷,《啸园丛书》本。

孟诸家"。作为领袖，涵光实开河朔诗派之先。

解琴理，善书画。书法颜鲁公，尤工汉隶。间作山水木石，落落有雅致。所著有《聪山诗选》《聪山文集》《荆园小语》《荆园进语》《说杜》《性习图》《义利说》等，多传于世。其主要著作于康熙中汇刊为《聪山集》。

是编为《荆园小语》《荆园进语》二书之合刊，统名《荆园语录》，乃涵光家居训弟及平日待人接物、研穷义理心得之总汇。自序云："暇中为道身所阅历或耳目有触，书置座间，久之不觉累累。虽老生常谈，粗亦有裨世故，量情酌理，务为得中，惟恭惟嘿，庶几寡过，予与两弟交勉之。若夫微而心性，大而伦纪，昔贤所已详者，不敢复赘。"葛元煦跋云："《小语》教于髫龄，《进语》教于壮岁，语有次序，功有浅深。"冀如锡序云："《进语》者，进于《小语》也。"可知其旨矣。此编影响甚大，尤以《小语》贴近人生日常，为世人称道。论者赞其充满智者对人生的细心体会，所点拨之处皆为易被忽略而又不容忽视的细节，文辞细腻，发人深思，是人生处世哲学与方法的经典汇集。

《小语》《进语》先后成书，各自单行，刊刻甚广。除康熙以来多种单刻本而外，还被《聪山集》《借月山房汇钞》《泽古斋重钞》《昭代丛书》《式古居汇钞》《花近楼丛书》《畿辅丛书》《有诸己斋格言丛书》《留余草堂丛书》《周氏师古堂所编书》《丛书集成初编》等多种丛书收录。光绪年间，方合刻入《啸园丛书》。

《圣学真语》2卷[①]

毛先舒（1620—1688），原名骙，字驰黄，后改名先舒，字稚黄，仁和（今浙江杭州）人。自幼聪慧过人，史称6岁能辨四声，8岁能咏诗，10岁能作文。18岁作《白榆堂诗》，声名鹊起。为诸生，明亡不仕，讲学著述以终。康熙二十七年（1688）卒，年69，《清史稿》有传。

先舒以诗文名，师事陈子龙，才华深得其赏识。诗学守唐人门户，

---

① 参见（清）毛先舒撰《圣学真语》2卷，《四库全书存目丛书》本。

扬七子而抑竟陵，于明代诗家多所抨击。诗作音调浏亮，节律规整，有建安七子余风。作词喜用"瘦"字，人称"毛三瘦"。精戏曲，洪升少时尝前往受业。又以古学倡，对音韵训诂学研究较深。为"西泠十子"之首，又与毛奇龄、毛际可齐名，时称"浙中三毛，文中三豪"。尝从刘宗周讲性命之学，与学者辩难数十万言。其《螺峰说录》云："格物欲者完性命，完性命者了生死。尽伦常者完性命，完性命者了生死。"又云："初谓六经古圣人治世之书也，而今乃觉其都是了生死之真诠妙谛也，圣人真是了生死之人也。"《格物问答》云："余《溴书》《匡林》论格物义，大略罕杂二氏语。今兹综贯，乃多及之。盖大道元有折衷，而群理都自无碍。"公然以三教本一，二氏为儒之根本，且称此论既确，决定无疑。观此，则先舒之论性理可知矣。

著述宏富，有《思古堂集》《溴书》《东苑文钞》《东苑诗钞》《小匡文钞》《蕊云集》《晚唱》《鸾情集选》《声韵丛说》《韵问》《韵白》《古韵通略》《南曲正韵》《南曲入声客问》《南唐拾遗记》《常礼杂记》《家人子语》《丧礼杂说》《稚黄子》《谚说》《诗辨坻》《语小》《匡林》《格物问答》《螺峰说录》等，主要著述汇为《思古堂全集》。

是编为先舒论学杂语，四书五经、天道鬼神、心性功夫无不涉猎，有衍为专论者，有类语录者，也有与人论学之书，乃约《匡林》《格物问答》之指归而成之者。大抵以了生死、格物欲为宗旨，调停三教，抑朱尊王。考先舒性理之学虽为文名所掩，然精思独到，于当时别树一帜，亦有可观。其论性理，先后有《溴书》《匡林》《语小》《格物问答》《螺峰说录》之作，可谓富矣。故林云铭序此编，称其为一代儒宗。千蹊万径，皆可适国，则是编之存，以见异论之一隅，或亦治儒学者广思之一助。《四库提要》称"其学虽出刘宗周，然宗周传良知之说而主于慎独，故持论笃实。先舒传良知之说乃流于幻眚支离，无语非禅，而又自以为非禅。所谓姚江末流，愈失愈远，弥巧而弥离其宗者也"。无乃过于偏激耶？

是书为康熙刊《思古堂全集》14种之一，《四库全书存目丛书》据以影印。

《潜庵先生志学会约》不分卷[①]

汤斌（1627—1687），字孔伯，别号荆岘，晚号潜庵，河南睢州（今河南睢县）人，清初理学家、政治家。顺治九年（1652）进士，选庶吉士，授翰林院国史院检讨。顺治十二年（1655），出为陕西潼关道，调江西岭北道参政。丁父忧，赋闲几20年。康熙十七年（1678），中博学鸿词科，授翰林院侍讲，与修《明史》，总裁官，迁詹事府左春坊左庶子。康熙二十三年（1684），升任内阁学士，兼礼部侍郎，兼《大清会典》副总裁官。出为江苏巡抚。康熙二十五年（1686），加礼部尚书衔，管詹事府事，辅导太子读书，再充《明史》总裁。改工部尚书，遭劾，康熙二十六年（1687）卒，年61。雍正十年（1732）得昭雪，入祀贤良祠。乾隆元年（1736），追谥"文正"。道光三年（1823），从祀文庙。《清史稿》有传。

斌由明入清，历仕两朝，曾陪顺治帝读书，为康熙帝讲课，辅导太子，为官中外，奔走不遗余力，又以曲笔修《明史》，故其气节世人颇多非议。然居官廉洁，生活俭朴，任江宁巡抚时鱼肉荤腥概不入衙署，每日只买豆腐三块作菜肴，时人有"豆腐汤"之美称。所到之处体恤民隐，兴利除害，多有实政。在朝不畏权贵，耿直敢言，针砭时弊，抨击朋党，康熙帝尝宠为"理学名臣"，是其为人亦有可取。

自幼力学，15岁即已读毕《左传》《战国策》《公羊》《史记》《汉书》等，文章清雅，在哲学、史学、文学等方面皆有成就。曾拜孙奇逢为师，与顾炎武、黄宗羲等研讨理学。为学不薄程朱，更尊阳明，笃信"知行合一""经世治用"之说。工书画，有作品传世。所著有《乾坤两卦解》《春秋增注》《潜庵先生拟明史稿》《洛学编》《乾清门奏对记》《潜庵先生疏稿》《困学录》《常语笔存》《汤文正公家书》《孙夏峰先生年谱》《潜庵语录》《汤子遗书》《续编》十余种，汇为《汤文正公遗书》《汤文正公全集》。

---

① 参见（清）汤斌撰《潜庵先生志学会约》不分卷，《丛书集成续编》本。

是编为斌所立志学会之会约，首言立约之旨，次列会期、饮馔、会讲内容、程式、与会者要求等规定数则，末摘同郡先哲吕新吾、时贤孙夏峰论学语以殿之。斌自言"大约本之冯少墟先生旧约而稍稍增损，附以己见"。该约虽寥寥数条，篇幅无多，然一本孔门之旨，承宋明以来濂、洛、关、闽、金溪、河东、姚江、冯少墟、尤西川、邹东廓、吕泾野、吕新吾、孙夏峰之学脉，意正语切，殷殷向善之情溢于言表，可窥作者之志。故杨复吉特表而出之，以为此编"足征公立身行己之大概"云。

该书刊刻不甚广，主要刻入《汤文正公遗书》《昭代丛书》《赵氏藏书》等。

《观感录》不分卷[①]

李颙（1627—1705），又名容，字中孚，号二曲，又号土室病夫，陕西盩厔（今陕西周至县）人，清初理学家。幼家贫，借书苦读，经史诸子以及释道之书无不涉猎。食不果腹，面色如菜，人称"李菜"。年30，始尽弃杂涉之学，潜心于宋明理学。康熙初出游，常州知府骆钟麟迎请讲学，士绅名儒争相来听，所讲汇为《匡时要务》。又讲学于武进、无锡、江阴、靖江、宜兴等地，所讲录为《两庠汇语》《锡山语要》《靖江语要》。康熙十一年（1672）返乡，次年主讲于关中书院，又先后讲学于雁塔、富平等地。以明遗民自居，终身不仕，屡召不起。康熙十八年（1679），举博学鸿儒，卧床称疾，坚拒不赴。令吏连床抬至省，乃绝食，以死拒之，得免。于是肆力于讲学著书，问学者四面而至。康熙四十四年（1705）卒，年79。《清史稿》有传。

颙造诣深厚，称海内大儒，与眉县李柏、富平李因笃并称"关中三李"，又与孙奇逢、黄宗羲并称三大儒。为学兼采朱、陆，认为"朱之教人循循有序"，"中正平实，极便初学"；"陆之教人一洗支离锢蔽之陋，在儒者中最为儆切"。重视实学，提倡"明体适用"。与顾炎武反复辩论

---

① 参见（清）李颙撰《观感录》不分卷，《丛书集成续编》本。

"体用"问题，提出"明道存心以为体，经世宰物以为用"的见解，将"格物致知"的"物"扩充到"礼乐兵刑、赋役农屯"，以至于"泰西水法"等实用学问。以"明学术、正人心"为第一要务，认为"天下之大根本莫过于人心，天下之大肯綮莫过于提醒天下之人心。然欲醒人心，惟在明学术。此在今日，为匡时第一要务"。且力主讲学自由，与清廷钳制思想政策相对立。心性论上赞同"非气无以见性"的观点，云："言性而舍气质，则所谓性者何附，所谓性善者何从而见？"功夫上拈出"悔过自新"之说，认为人性本善，因物欲蒙蔽而入于恶。六经四书皆言悔过自新之理，若自天子至于庶民皆能悔过自新，则修身、齐家、治国、平天下无难。

理学而外，于史籍考证、文字训诂等亦皆有所长。所著有《十三经纠缪》《二十一史纠缪》《司牧宝鉴》《四书反身录》《垩室录感》《二曲集》等，康熙、雍正年间均有刻本，后汇为《李二曲先生全集》。

是编专录王艮、朱恕、李珠、韩贞、林呐、夏廷美、陈真晟、王元章、周蕙、朱蕴奇十人言行，而附以评论，其人皆"儒先之砥砺学行而奋起于侧微之中者"。《自序》云："昔人有迹本凡鄙卑贱，而能自奋自立，超然于高明广大之域，上之为圣为贤，次亦获称善士。如心斋先生本一盐丁也，贩盐山东，登孔庙而毅然思齐，绍前启后，师范百世。小泉先生本一戍卒也，守墩兰州，闻论学而慷慨笃信，任道担当，风韵四讫。他若朱光信以樵竖而证性命，韩乐吾以陶工而觉斯人，农夫夏云峰之表正乡间，网匠朱子奇之介洁不苟，之数子者，初曷尝以类自拘哉。彼其时身都卿相，势位赫烜而生无所闻、死无可述者，以视数子，其贵贱何如耶？谨次其履历之概，为以类自拘者镜。窃意观则必感，感则必奋，奋则又何前修之不可企及？有为者亦若是，特在乎勉之而已矣。"

自古以来，为帝王将相、名宦循吏作传者有之，为儒林文苑、隐逸游侠作传者有之，为龟策艺术、义士列女作传者有之，独无专传卑贱之人者。是编独集田夫樵子、牧人织工、戍卒盐丁皂吏、卖油佣、鬻帽商等位卑人微者事迹为一编，是其鲜明特色。一方面，反映了作者强烈的市民平等思想；另一方面，作者意在发挥孔门人人皆可为圣贤的学说，重在铺就"悔过自新"之路,言在形迹,志在功夫,读者无以纯传记读之可也。

此编主要收入《二曲集》,又刻入《昭代丛书》。《诸子集成续编》收入,四川人民出版社 1998 年版。

《大学辨业》4 卷①

李塨(1659—1733),字刚主,号恕谷,直隶蠡县(今属河北)人,清初思想家,颜李学派主要代表人物。4 岁即由其父口授《孝经》、古诗、《内则》、《少仪》,祖父弯制小弓,引其习射。8 岁入小学,学幼仪,读经书。康熙十六年(1677),考取县学生员第一。康熙十八年(1679)从学颜元,凡古今成败、经济大端,日夜研究,且习兵法。康熙二十九年(1690)乡试中秀才,自此不务举业,游历四方,广交名士。先后学琴于张函白、冯颖明,学射于赵锡之、汪若纪、郭金城,问兵法于王余佑,学书于彭通,学数于刘见田,学韬钤于张文升,学乐与训诂考据于毛奇龄。时贤万季野、阎百诗、胡胐明、方灵皋辈均有往还。尝应邀为浙江桐乡、河南郾城、陕西富平、山东济南幕僚。平居自立课程,日习礼、乐、律、数、射、书有差,兼习医卖药,开馆授徒。60 岁选为通州学政,旋即因病告归,杜门著述。晚年家富,人称力农所致。雍正十一年(1733)卒,年 75,《清史列传》有传。

李塨是颜元学说最得力的继承者、传播者和发展者,以反对宋明理学空谈性命,讲求经世致用,改良封建制度为宗旨,以张大颜学为己任,是颜李学派主要代表人物。在哲学思想及政治、经济、教育等主张方面,李塨与颜元大体相同,持理气一元论,注重实用,主张功利主义的人才观。但又不固守师说,在若干问题上与颜元表现出明显的差异。如在知行观上,尤重知的作用;教育方面,提出了颜元未及探讨的学制与选士制度;接物待人较颜元平和,不像颜元对读书绝对排斥,遍注群经,转入考据,使颜李学派的学说更为精致等。正如钱穆所言:"颜元之学得李

---

① 参见(清)李塨撰《大学辨业》4 卷,《颜李丛书》本。

塨而大，亦至李塨而变。"

所著有《小学稽业》《圣经学规纂》《论学》《周易传注》《诗经传注》《春秋传注》《论语传注》《大学传注》《中庸传注》《传注问》《经说》《学礼录》《学乐录》《学射录》《拟太平策》《田赋考辨》《宗庙考辨》《禘祫考辨》《郊社考辨》《瘳忘编》《阅史郄视》《评乙古文》《平书订》《畿辅通志》《颜习斋先生年谱》《恕谷文集》等，后人汇集主要著作为《李恕谷遗书》。

是编不取诸儒之论，独出心裁，发挥《大学》之义，大旨与《大学传注》相同。首总论《大学》，次辨后儒所论小学、大学，次论小学，次辨后儒改易《大学》原本，次《大学》原文及全篇解，次"大学之道"至"致知格物"解，次辨后儒格物解，次"其本乱"至"此谓知之至也"解，次申论格物，次"所谓诚其意者"至末解，次申解全篇。大意以为诸儒之所以各执一词，纷争不已，乃因未明《大学》之旨。而"《大学》一书，乃言学中之道在善、明、亲，而非言学习实事，如古人学礼学乐之类也。不言者，以当时学中成法俱在，故如今指路者曰跛跛周道，在往北京，而其涂中之束装驱乘则行路人自力之，不必指也"。又以格物之物为《周礼》之三物，格物致知为学文，诚意以至于天下平为约礼。格物一传，可不必补。其未尽之意，则于《圣经学规纂》《论学》二书再申发之。塨之说于众儒聚讼纷纭之中，不失为一家之言。故凡例以是编之说为创论，称遍质当时名流，"皆欣然以为圣门旧章一旦重明"。《四库全书》则列为存目，云"其说较他家为巧，故当时学者多称之"。

主要刻入《颜李丛书》和《畿辅丛书》，《续修四库全书》《四库存目丛书》《丛书集成新编》《丛书集成三编》均予收录。

《王学质疑》5卷，附录1卷[①]

张烈（1622—1685），字武承，号孜堂，顺天大兴（今北京市大兴

[①] 参见（清）张烈撰《王学质疑》5卷，附录1卷，《正谊堂全书》本。

区）人。少聪颖，读书目数行下。性至孝，事继母委曲承顺，人无间言。及长，潜心理学。康熙九年（1670）成进士，授内阁中书。康熙十八年（1679），举博学鸿儒，试列一等，改翰林院编修，预修《明史》，分纂孝宗、武宗两朝。又预修典训及《四书讲义》诸书，恪勤其职，编辑精当。充会试同考官，官终左春坊左赞善。康熙二十四年（1685）卒，年64，祀乡贤祠，门人私谥为"志道先生"，《清史列传》有传。

居官以清白自励，不屑世俗荣利。为学初自阳明而入，数年而自悔，遂独尊程朱而辟王氏，公然树帜，鸣鼓攻之。生平著述，皆有关人心世道之文，尤邃于经学。著有《读易日钞》6卷，收入《四库全书》。《孜堂文集》2卷，《四库全书》列为存目。

是书通篇攻王学之非，"按《传习录》中条举大要而详绎之，用存所疑"。凡5卷，卷1目为"心即理也"，卷2为"致知格物"，卷3为"知行合一"，卷4为杂论，卷5为总论。附录为《朱陆异同论》《史法质疑》及《读史质疑》5篇。大要以为"王氏之学绍述象山而远宗告子，直指其抵牾舛错之处，其若何附会牵合而卒相矛盾，率天下为佛老，日趋于沦胥而不救者，一一穷其源而披其根"。所论皆王学关节纲领，旗帜鲜明，一无所贷，于攻王阵营，可谓急先锋矣。故张伯行、陆陇其两大儒视王学为异学伪学者，于此书极为欣赏，称其"抉择精微，有前人所不及道者"，"言良知之害至明至悉，含糊未决者一旦如拨云雾见白日，未有言之深切著明如斯者也"。而四库馆臣则大不以为然，以为其虽当王学极滥之日，补偏救弊，不为无功，然总不出门户之见，乃"百计以求胜"，"未免锻炼周内"，"尤属凿空诬蔑"，"持之过急，转不足以服其心"，"于门户之私尚有未能克制者"。然烈之书究属一家之言，颇具特色，录而存之，读者自择可也。

现存较早的有清抄本，钤"复斋""贺瑞麟"印，内有圈点批改，人疑为作者手稿。后收入《西京清麓丛书》，《丛书集成初编》《丛书集成新编》及《四库存目丛书》皆予收录。

《问学录》4卷①

陆陇其（1630—1692），初名龙其，字稼书，学者称当湖先生，浙江平湖（今浙江平湖市）人，清初理学家。少年家贫，以坐馆人家为生计，勤奋攻读。康熙九年（1670）成进士，康熙十四年（1675），授江南嘉定知县，有善政。康熙十七年（1678），举博学鸿儒，未及试，丁父忧归。康熙二十二年（1683），授直隶灵寿知县，在任七年，政如嘉定，民有去思。授四川道监察御史，寻命巡视北城。试俸满，假归。尝讲学于东洞庭山，后于东泖顾书堵建尔安书院，专事讲学著述，四方学者群聚门下。康熙三十一年（1692）卒，年63。雍正二年（1724），从祀孔庙。乾隆元年（1736），特谥清献，加赠内阁学士兼礼部侍郎。《清史稿》《清史列传》有传。

陇其为官尽心职事，体察民瘼。持身谨饬，以廉洁称。嘉定去官日，唯图书数卷及其妻织机一具，民敬爱之，为立生祠。当路交荐之，魏象枢至称其为"天下第一清廉"。不畏权贵，政有异同，仗义执言，黜落谴责而不悔。其为学独宗程朱，一以昌明学术、端正人心为己任，为清初理学中坚。谓王阳明以禅而讬于儒，高攀龙、顾宪成辟守仁而倡静坐，本原之地与守仁无以异，诋斥之甚力。虽于宋儒笃守有余而发明不足，然论者谓自薛瑄、胡居仁后，唯陇其得程朱学正宗，将其与陆世仪并称"二陆"，又有"醇儒第一""传道重镇""本朝理学儒臣第一""千秋理学正宗"之誉。然对其背明事清，世抑或有微词焉。章太炎《诸子略说》云："汤斌、杨名时、陆陇其辈，江郑堂《宋学渊源记》所不收，其意良是。何者？炎黄之胄，服官异族，大节已亏，尚得以理称哉？"

著有《古义尚书考》《礼经会元注》《读礼志疑》《读书志疑》《四书讲义困勉录》《困勉续录》《三鱼堂四书讲义》《松阳讲义》《战国策去毒》《三鱼堂日记》《莅政摘要》《读朱随笔》《呻吟语质疑》《王学质

---

① 参见（清）陆陇其撰《问学录》4卷，《正谊堂全书》本。

疑》《读书志疑》《学术辨》《松阳钞存》《三鱼堂剩言》《治嘉格言》《三鱼堂文集》《外集》《一隅集》，编纂《三鱼堂书目》，主修《灵寿县志》，辑刊《四书大全》等。后人将其著作汇编为《陆子全书》。

是编为杂论杂考，大抵以日常功夫为主，言行皆录，不分今古，体类随笔，皆陇其平居治学下功之心得。大旨不出尊朱抑王，于近代之说调停于朱、陆之间及虽攻良知而未畅者驳之尤力。张伯行亦尊朱抑王者，对其书倍加赞赏，称其"学术醇正，原本深厚，于近世诸贤所论辩晰尤精"。《四库提要》则以为有失于偏颇之处，如指高攀龙临终遗表夹杂释氏，有抑扬稍过者。又谓继王守仁而行其道者为徐阶，使守仁得君，其功业亦不过如阶，未足以服守仁之心。又推尊朱子，乃谓《论语》圣言简略，不若《小学》《近思录》《朱子行状》尤能使人兴起善意，似过于主持，稍失和平之气。读者自辨之可也。

是书卷1尝以《学术辨》为名单行。陇其官灵寿时，又尝摘此书要语入之《松阳抄存》中。《四库全书》列为存目，单行而外，又有光绪《陆子全书》本。《丛书集成初编》则据《正谊堂全书》本排印，《四库全书存目丛书》《丛书集成新编》收录。

《闲道录》3卷[①]

熊赐履（1635—1709），字敬修，一字青岳，号素九、愚斋，学者称孝昌先生，湖北孝感（今湖北省孝感市）人，清初理学家。顺治十五年（1658）进士，选庶吉士，授检讨。迁国子监司业，进弘文院侍读。康熙六年（1667），诏求直言，上万言疏，声动朝野，权臣恶之。迁秘书院侍读学士，屡上书言时政无所避，帝嘉其直。擢国史院学士，为翰林院掌院学士，经筵讲官。迁内阁学士，寻超授武英殿大学士，兼刑部尚书，坐误夺官归。康熙二十七年（1688），起礼部尚书，未几以母忧去。服阕，起故官，仍直经筵，调吏部。康熙三十八年（1699），授东阁大学士兼吏部尚书，预修《圣训》《实录》《平定朔漠方略》《明史》，并充总裁

---

① 参见（清）熊赐履撰《闲道录》3卷，清刻本。

官。康熙四十二年（1703），解机务，仍食俸，留京备顾问。康熙四十五年（1706），归江宁，给传，遣官护送。康熙四十八年（1709）卒，年75，赠太子太保，谥文端。雍正间，祀贤良祠。乾隆元年（1736），追谥文毅。《清史稿》《清史列传》有传。

赐履为官清廉，家无积蓄，"寒素自持，与儒生等"。不畏权贵，敢言时事，有直声。为学专宗程朱，摈斥陆王。曾建议非六经、《语》、《孟》之书不读，非濂、洛、关、闽之学不讲。提出"学统"说，以孔子、颜子、曾子、子思、孟子、周敦颐、二程、张载、朱熹等人为正统，以闵子以下至明罗钦顺等23人为翼统，以冉伯牛以下至明高攀龙等178人为附统，以荀子以下至明王守仁等7人为杂统，以老、庄、杨、墨、告子及佛道二氏之流为异统。功夫上则以默识笃行为要。创立孝感学派，其学渊源于东林。徐世昌《清儒学案》以为"圣祖之崇宋学，自孝感发之也"。而梁启超则将其与张玉书、张伯行等人斥为"非之无举，刺之无刺"之"乡愿"。

所著有《学统》《学辨》《学规》《学余》《迩语》《下学堂札记》《经义斋集》《澡修堂集》等，编撰有《下学堂书目》。

是编为札记语录体，成于康熙六年（1667），为赐履第一部重要理学著作，有较大影响。康熙帝称其"正大精醇，诚斯文的派"，"崇正辟邪极透彻，有功圣道不浅"，亲笔题签曰"熊学士闲道录"。其大旨以明善为宗，以主敬为要，力辟王守仁良知之学，以捍卫朱子之说，故名"闲道"。四库馆臣以其词气之间抑扬太过，殊少和平之意，犹东林之余习而不取，列为存目。今察其论诚有太过者。姑不论《四库提要》所举"以朱子为兼孔子、颜子、曾子、孟子之长"，"一个分为万个，万个又分万个；万个合一个，一个又合一个"，"无方无方之方，无体无体之体，无外无外之外，无内无内之内，无终无终之终，无始无始之始"，"自寂自感，自感自寂，恒寂恒感，恒感恒寂"，"无断无续，无出无入"之类，其开卷即云，"理全气亦全，气偏理亦偏"，亦显与程朱不合矣。而"凡有气莫非天，言其无在非阳也。凡有形莫非地，言其无在非阴也"之类，也颇费周折。此类尚多，读者辨之。

此书刊刻不广，现存较早的有康熙刻本。《四库存目丛书》据清华大学图书馆藏清刻本影印。

《存学编》4 卷[①]

颜元（1635—1704），字易直，更字浑然，号习斋，博野（今河北省安国市东北）人，清初著名思想家、教育家。自幼家庭多故，生活动荡，贫无立锥，躬自耕田灌园，劳苦淬砺。先后从学于吴持明、贾珍，吴能骑射剑戟，精战守机宜，通医术，长术数，贾则以"实"为生活哲学。14岁学寇氏丹法，15岁学过仙，19岁入乡校，厌八股，习《史鉴》。22岁学医，23学兵法。24岁开学授徒，行医治病。始读陆、王语录，治性理。继而得《性理大全》，幡然改志，进退起居奉周、程、张、朱为矩矱。年30余，方觉程朱亦多与孔孟不合，遂尽弃陆、王、程、朱之学，著《存性编》《存学编》，提出其性学教育主张。李塨登门问学，与之创立颜李学派。晚年南游中州，宣扬其思想。年62，应邀主教漳南书院，立文事、武备、经史、艺能等科，从游者数十人。康熙四十三年（1704）卒，年70。《清史稿》《清史列传》有传。

元终身不仕，黯然自修，不喜读书著书，足迹罕出里门，交游绝少，唯以教学实行为事。猛烈抨击理学之心性论、功夫论及教育主张，拒绝空谈，崇尚实践，力图创造一个由"文"向"实"转变之新世界。针对董仲舒，提出"正其谊以谋其利，明其道而计其功"的义利统一观。肯定欲望，否定禁欲，在周孔六府三事、三物四教的外表下探求近代"实学"，充分反映了追求个性功利的资本主义萌芽以及市民阶层向民主途径的摸索。在当时万马齐喑的思想界、教育界，元之主张无异于一石激浪，大放异彩，对于社会进步作出了巨大贡献。识者赞其"开二千年不能开之口，下二千年不敢下之笔"，"其气魄之深沉，识解之毅决，盖有非南方学者如梨洲、船山、亭林诸人所及者"。

所著有《四书正误》《礼文手钞》《存治编》《朱子语类评》《存性编》《习斋语要》《存人编》《习斋纪余》《异录》，门人钟凌编有《颜习

---

① 参见（清）颜元撰《存学编》4卷，《颜李丛书》本。

斋言行录》，李塨、王源编有《颜习斋先生年谱》。影响最大的《存治》《存性》《存学》《存人》4种汇为《四存编》，清代流传较广，有多种刻本。今人整理者则有中华书局1957年标点本、上海古籍出版社2000年《天地人丛书》本。其著述汇编则有《畿辅丛书》之《颜习斋遗书》和《颜李丛书》两种，今人合编有《颜元集》，中华书局1987年《理学丛书》本。

是编为《四存编》之二，以辨明学术为主。卷1为《由道》《总论诸儒讲学》《明亲》《上孙征君先生书》《上太仓陆桴亭书》及《学辩》2篇，卷2、3、4均为《性理评》，凡98条。大旨谓异端之学空谈心性，而圣贤之学则事事征诸实用。自儒者失其本原，亦以心性为宗，一切视为末务，其学遂近于异端，而异端亦得而杂之，程、朱、陆、王是也。于是弃孔门教学成法，沉湎于静坐与读书，流入于空疏而一事无成。乃对宋明诸儒功夫论、教育治学方法痛加驳斥，而主张回归周孔六府三事、三物四教之实学，落脚于"习"与"行"。该编与《存性编》相表里，无异于讨伐理学之号角与纲领，于明清之际学术思想史具有里程碑式意义。《四库全书》则甚不看重，将其列为存目，批评其"中多有激之谈，攻驳先儒，未免已甚。又如所称打诨、猜拳诸语，词气亦叫嚣粗鄙，于大雅有乖。至谓性命非可言传云云，其视性命亦几类于禅家之恍惚，持论尤为有疵。殆惩羹吹齑而不知其矫枉之过正欤"。然不激不足以起沉闷，似不必过于吹求也。

该书流行甚广，主要有《四存编》各种版本，单刻则有康熙刻本、光绪刻本等。大型丛书《丛书集成初编》《丛书集成三编》《丛书集成新编》《四库存目丛书》《续修四库全书》等皆予收录。

《存性编》2卷①

颜元（1635—1704），字易直，更字浑然，号习斋，博野（今河北省安国市东北）人，清初著名思想家、教育家，生平事迹已见前。

---

① 参见（清）颜元撰《存性编》2卷，《畿辅丛书》本。

是编为《四存编》之一，卷上之目为"驳气质性恶""明明德""棉桃喻性""借水喻性""性理评"。卷下为性图。首列朱子性图，次列己之七图及图解，即"浑天地间二气四德化生万物之图""二气四德顺逆交通错综薰烝变易感触聚散卷舒以化生万物之图""万物化生于二气四德中边直屈方圆冲僻齐锐离合远近违遇大小厚薄清浊强弱高下长短疾迟全缺之图""单绘一隅即元亨以见意之图""孟子性情才皆善之图""孟子性情才皆善为不善非才之罪图""因引蔽习染一端错误之图"，末为图跋。大旨谓孟子言性善，即孔子言性相近、习相远，语异而意同。宋儒误解相近之义，以善为天命之性，相近为气质之性，遂使为恶者诿于气质，不知理即气之理，气即理之气。清浊厚薄，纯驳偏全，万有不齐，总归一善，其恶者引蔽习染耳。又谓性之相近如真金，轻重多寡虽不同，其为金俱相若也。唯其有差等，故不曰同；唯其同一善，故曰近。举天下不一之姿，以性相近一言包括，是即性善，是即人皆可以为尧舜。举世人引蔽习染无穷之罪恶，以习相远一言包之，是即非才之罪，是即非天之降才尔殊。

该书可视为习斋哲学的根本谈，为元思想成熟之标志。与《存学编》互为表里，无异于讨伐理学之号角与纲领，于明清之际学术思想史具有里程碑式意义。然世人对其褒贬不一。《四库提要》虽肯定其"于孔、孟之旨会通一理，且以杜委过气质之弊，正未可谓之立异也"，然仅将其列为存目，且以为"下卷分列7图以明气质非恶之所以然，则推求于孔、孟所未言，使天地生人全成板法，是则可以不必耳"。即高足李塨跋语，赞其"功不在禹下"之余，亦认为诸性图"入太极五行诸说，则于后儒误论当时尚有未尽洒者"。虽经李塨指出，元亦答应更改，但亦仅"更者十七，而未及卒业"。是其论性虽称精深，性图尚待分疏也。

该书流行甚广，主要有《四存编》各种版本，单刻则有康熙本、光绪本等。大型丛书《丛书集成初编》《丛书集成三编》《丛书集成新编》《四库存目丛书》《续修四库全书》等皆予收录。

《御纂性理精义》12 卷[①]

李光地（1641—1718），字晋卿，号厚庵，别号榕村，学者称安溪先生，福建安溪（今福建省安溪县）人，清初理学名臣。幼颖异，力学慕古，尝从顾炎武受音韵之学。康熙九年（1670）成进士，选庶吉士，授编修。省亲归，献策平定三藩，命优叙，擢侍读学士。行至福州，以父丧归。乡里乱起，募乡勇，亲与军事。乱平，再予优叙，迁翰林学士。寻授内阁学士，举内大臣知兵可重任者，帝用其言，卒平台湾。授翰林院掌院学士，直经筵，兼充日讲起居注官，教习庶吉士。擢兵部侍郎，与典会试，勘视河工。督顺天学政，丁内忧，命在京守制。服阕，仍督顺天学政，寻授工部侍郎。康熙三十七年（1698），出为直隶巡抚。献策弭水患，以绩擢吏部尚书，仍管巡抚事。康熙四十四年（1705），拜文渊阁大学士。时帝好理学，《御纂朱子全书》及《周易折中》、《性理精义》诸书皆命光地校理，日召入便殿研求探讨。乞假归，帝赐诗宠行。康熙五十六年（1717）还朝，累疏乞罢，未许。翌年卒，年77，谥文贞。雍正初追赠太子太傅，祀贤良祠。《清史稿》《清史列传》有传。

光地勤于职事，政绩卓著。行止详慎，委蛇进退，务为韬默，献纳罕见于章疏。而又能不避权贵，以扶植善类为己任，时政得失利弊、民间疾苦知无不言，遂以忠勤渊博受知康熙。帝尝谕阁臣曰："李光地谨慎清勤，始终一节，学问渊博。朕知之最真，知朕亦无过光地者。"并尝先后授予"夙志澄清""夹辅高风""谟明弼谐"御匾，表彰其功。雍正帝亦称其为"一代之完人"。然于陈梦雷蒙冤诸事，世亦颇多微词焉。

深于性理，18 岁即有《性理解》之作，19 岁有《四书解》。为学以濂洛关闽为门径，以六经四子为依归。《四库提要》称其"源于朱子，而能心知其意，得所变通，故不拘墟于门户之见。其诂经兼取汉唐之说，其讲学亦酌采陆王之义，而于其是非得失，毫厘千里之介，则辨之甚明，往往一语而决疑似"。

---

① 参见（清）李光地编《御纂性理精义》12 卷，《四部备要》本。

所著有《周易通论》《周易观象》《周易观象大指》《尚书解义》《洪范说》《诗所》《周官笔记》《古乐经传》《春秋毁余》《大学古本说》《中庸章段》《中庸余论》《中庸四记》《读论语札记》《读孟子杂记》《孝经全注》《榕村字画辨讹》《榕村韵书》《泰山脉络记》《榕村通书篇》《正蒙注》《邵子观物篇注》《尊朱要旨》《榕村语录》《初夏录》《握奇经注》《历象本要》《历象合要》《阴符经注》《参同契注》《离骚经注》《九歌注》《榕村全集》《续集》《别集》《榕村制义》《四书解义》，奉敕编纂有《周易折中》《音韵阐微》《月令辑要》《图说》《朱子全书》《星历考原》等，辑有《易义前选》《礼记纂编》《朱子礼纂》《朱子语类四纂》《注》《二程遗书纂》《外书纂》《榕村讲授》《韩子粹言》等。

是编又名《御纂性理精义大全》，主要以明胡广《性理大全书》为基础，而加以删削别裁，可以说是其书之节录重编本。故其收录内容大致不出《大全》之范围，而所做工作主要有二，一是精选，二是编排。据书首序及凡例，是编病于《大全》之庞杂，而作了大量的删削，如蔡沈《洪范数》、鬼神、道统、历代人物及书末所附诗赋之类，皆一概削去，其余内容亦"精汰严收，十分取一"焉。又病《大全》门目"繁碎而失纲要"，故重新分类，"以程朱论道论学之涂辙次第为准"。前6卷以性理经典著述为目，凡列《太极图说》《通书》《西铭》《正蒙》《皇极经世》《易学启蒙》《家礼》《律吕新书》。前三书备载全文及朱子注，余则择要录之。后6卷以治学内容为目，循"下学上达""内圣外王"之序。凡分"学""性命""理气""治道"四类。该书纯宗程朱，用功深笃，去取精审，门目颇见匠心，遂成为有清一代国家官方权威读本，影响深远。故《四库提要》称其"卷帙虽减于前，而义蕴之宏深，别裁之精密，以较原书，司空图所谓如矿出金也"。然《性理大全书》编于其前，有发轫之功，当时列在学官，亦颇有影响。《提要》乃谓"广等以斗筲下才，滥膺编录"，其书"杂钞宋儒之语，凑泊成编"，"尤庞杂割裂，徒以多为贵，无复体裁"，亦未免贬之太过矣。

单刻主要有康熙五十六年（1717）武英殿刻本，光绪元年（1875）刘氏传经堂刻本等。台湾中华书局1965年曾印行。收入《四库全书》，其他丛书收录者尚有《摛藻堂四库全书荟要》《西京清麓丛书续编》等。除汉文外,还曾译为满文刊行。

《朱子晚年全论》8 卷[①]

李绂(1675—1750),字巨来,号穆堂,江西临川(今江西省抚州市)人,清初理学家、学者。少孤贫力学,读书过目成诵。康熙四十八年(1709)成进士,改庶吉士。散馆授编修,累迁侍讲学士。康熙五十九年(1720),擢内阁学士,寻迁左副都御史。以会试副考失职夺官,发永定河工效力。雍正元年(1723)复官,署吏部侍郎,寻授兵部。出为广西巡抚,尽心职事,帝嘉其留心武备,秉公执正,办理得宜。旋授直隶总督,召为工部侍郎,以事夺官下狱。高宗即位,赐侍郎衔,管户部三库,寻授户部侍郎。乾隆元年(1736),降授詹事,以母忧归。乾隆六年(1741),补光禄寺卿,迁内阁学士。乾隆八年(1743),以病致仕。乾隆十五年(1750)卒,年76,《清史稿》《清史列传》有传。

绂为官勤政爱民,刚直敢言,不避权贵。以弹劾势要凡三入狱,日读书饱食熟睡,同狱称为"铁汉"。两赴刑场问斩,以刀置颈,略无惧色。为人廉洁,至获罪,刑部抄家,一室别无长物,乃其妻首饰皆为铜制。雍正帝嘉其勤,尝亲书"奉国馨心"四字以褒之。乡人拥戴,名抚州繁华街道为"穆堂路"。重教育,尝捐资创"青云书院",又任兴鲁书院山长,亲主教席,一时学者云集。博闻多览,以富书名,家藏至5万卷。

为学一宗陆王,梁启超誉其为"陆王派之最后一人","结江右王学之局者"。钱穆则称其为"有清一代陆王学者第一重镇"。全祖望、厉鹗、钱陈群、顾栋高等著名学者皆为其所识拔。长于史学,持论公允,尝为王安石辩诬。主修多部地方志,对方志之性质、体例、章法、功用、文辞等有独到见解。才思敏捷,善诗文,有名当时。识者称其"古文直达肝膈,无所缘饰","诗有才气,凌厉无前,尤工次韵,挥斥如意"。王士

[①] 参见(清)李绂撰《朱子晚年全论》8卷,雍正十三年无怒斋刻本。

祯赞其有"万夫之禀",全祖望谓其"尽得江西诸先正之裘冶"。

著有《陆子学谱》《评点陆象山先生全集》《阳明学录》《春秋一是》《穆堂类稿》《续稿》《别稿》,主修《八旗通志》《广西通志》《畿辅通志》《汀州府志》《临川县志》《西江志补》《抚州续志》等。

是编专证朱子晚年思想与陆子之同。卷1—7录朱子正集论学书信,卷8录正集中之序、记、跋、祭文、墓表及续集、别集所载之书信,凡357条。逐条先节取论学语原文,后附己之考证论辩。其考证主要为确定该条撰作年月,论辩则一一比照陆子之论,证其本同。凡论学同处,俱于文旁加圈;其关系年岁早晚者,则加点。所取皆止于朱子亲撰之文集,门人记录之语录一概不录。时限则自51—71岁所作之文,以绂定此时段为朱子晚年也。绂自释名书之意云:"曰晚,则论之定可知。曰全,则无所取舍以迁就他人之意。"

明王守仁尝作《朱子晚年定论》,其意与绂同。然绂嫌于阳明之书"考订年月俱未详细,致滋异议",故有此作。其门人王士俊序更云"阳明之裒集多疏,先生之考校独密。阳明之裒集多漏,先生之荟蕞独完"。诚然,是书取材丰赡,论辩细密,于治理学甚有功。然其大旨不过以朱证陆,或言朱子晚年之论与陆子本无以异,或言朱子攻陆乃属误传,不则朱子之责难本失实也。虽赞朱子"全体大用无不兼该",与陆子本无不同,然其自序云:"陆子之学自始至终确守孔子义利之辨与孟子求放心之旨,而朱子早徘徊于佛老,中钻研于章句,晚始求之一心,故早年中年犹有异同,而晚乃符节相合。"其间自有轩轾。而其门人跋此书,至明言朱子乃自明而诚,可比曾子;陆子乃自诚而明,堪比颜子,门户之隔彰彰矣。故四库馆臣虽称其说甚辨,亦显指其为门户之见,云"儒者各明一义,理亦如斯,何必引而同之,使各失故步乎?"乃平论。朱陆固未尝无同,然其异人所共知也。其弃语录不取,亦未免失之于偏。

该书主要有雍正十三年(1735)无怒斋刻本、光绪十九年(1893)传经堂铅印本、民国排印本等。中华书局2000年出版了段景莲点校本,收入《理学丛书》。《四库存目丛书》则据雍正本影印。

《理学备考正编》2卷,《副编》1卷[①]

范鄗鼎（1626—1705）字汉铭，号彪西，学者称娄山先生，山西洪洞（今山西省洪洞县）人。性孝友，闭户读书，阐明绛州辛全之学。初以五经应试，嗜《左传》、《国语》、秦汉之文，既而究心濂洛关闽诸书。康熙六年（1667）成进士，康熙十七年（1678），荐博学鸿儒，以母老辞。教学于乡，河、汾间人士多从之受经，立希贤书院，置田赡学者。康熙四十二年（1703），帝西巡，进所辑理学书籍，帝赐以"山林云鹤"四字。康熙四十四年（1705）卒，年80。门人私谥文介先生，从祀乡贤。《清史稿》《清史列传》有传。

鄗鼎终身不仕，著书讲学，广交傅山、冉觐祖、魏象枢、熊赐履、高世泰、张夏、陆陇其、陈廷敬、窦克勤、王士祯、李生光、党成、曹续祖等天下士，与应撝谦、李颙以理学著于南北，学者誉其为"山右儒宗"。创立娄山学派，范翼、阎擢、陈大美、吕母音、石去根等皆其弟子。学术上主张"理学即是经济，经济即是文章。外经济而言文章，则文章无用；外理学而言经济，则经济无本"。不事著作，不主一家之言，唯汇辑古今嘉言善行以教学者。著有《理学备考》《广理学备考》《国朝理学备考》《五经堂文集》《五经堂野歌》《晋西二集》《三晋诗选》《语录》，又以其父芸茂有《垂棘编》，作《续垂棘编》19卷，并行于世。

鄗鼎终身致力于明清理学资料汇编，先后成《明儒理学备考》《广明儒理学备考》《国朝理学备考》。前两种曾多次增订刊刻，末一种仅能成编。其中，《明儒理学备考》专录传记，主要辑录或摘编辛全《理学名臣录》、孙奇逢《理学宗传》、熊赐履《学统》、张夏《洛闽源流录》、黄宗羲《明儒学案》而成，鄗鼎所续补不过6卷。《广明儒理学备考》专辑诸家语录诗文，以与前书相配合。《国朝理学备考》则合诸儒言、行为一，凡所著录诸人，首列生平简历，并附按语，次为传主语录、文集、诗词

[①] 参见（清）范鄗鼎编，李元春节录增辑《理学备考正编》2卷,《副编》1卷,《丛书集成续编》影印《青照堂丛书》本。

及诸儒评论。凡收清儒26家,已定稿者仅数家,余则尚待订补。三书编纂宗旨为不拘门户,兼收并蓄。其资料来源,则多取前人成书,故总体上并无甚新奇。《四库提要》列为存目,且批评其"体例之参差"。然所录有少见于诸家者,如元之安熙、董朴、韩性、周仁荣,明之范祖干、叶仪、谢应芳、陈谟、刘观、陈选、段坚、罗伦、何瑭、杨爵、陈琛、郑晓、唐伯元、黄淳耀、范宏嗣,清之王建常、孙景烈等,或为其亮点,一可备诸家之缺,一可窥其别裁之异。其书尝邀康熙之鉴别,徐世昌《清儒学案》亦云:"《理学备考》一书,亦夏峰《宗传》之亚也。"似亦不可全废。

是编乃道光中李元春节录增辑本,其例为"凡从祀者已备载《学宫辑略》,此不复登。又续以本朝人,虽征君亦与焉。其余亦间有增减,即仿《学宫辑略》及《关学编》例,但载其传,不载语录文章",所录恰为少见于诸家者,可避重复。而以正、副分编,亦有其深意焉。故存此一斑,以窥三书之豹。

主要有《青照堂丛书》本,《丛书集成续编》予以收录。

《续近思录》14卷[①]

张伯行(1651—1725),字孝先,号恕斋,又号敬庵,河南仪封(今河南兰考)人,清代理学家、教育家、藏书家,生平事迹已见前。

是编一依朱子《近思录》体例,亦分14门,卷各1门,广为选辑朱子论学语,分门编类,又逐条为之注释。其门目取自宋叶采注本,为道体、论学、致知、存养、克治、家道、出处、治体、治法、政事、教学、戒警、辨别异端、总论圣贤。自朱、吕二大儒辑《近思录》,治儒学者无不奉为圭臬,号为六经之阶梯。其后历代续编、补编、扩编、仿作等不下数十种,古朝鲜、日本类似之作亦甚众,如宋秉璇《近思续录》、姜必孝《近思后录》、李汉膺《续近思录》等。论者认为此类著作"弥补了《近思录》无朱子思想资料的缺憾,构筑起宋元明清理学史基本框架",

---

[①] 参见(清)张伯行辑解《续近思录》14卷,《正谊堂全书续刻》本。

具有重要价值。且如伯行自序所举，名以"近思"或不名以"近思"者，有宋蔡模《近思续录》、熊禾《文公要语》、明邱浚《朱子学的》、高攀龙《朱子节要》、清江都朱氏《朱子近思录》、汪佑《五子近思录》等。其他未列出者尚多，如明郭孺《续近思录》、钱士升《五子近思录》、清刘源渌《近思续录》、郑光羲《续近思录》前后集等。故伯行此辑，并非前无古人，后无来者。《四库全书》列为存目，评价不高，以为"自宋以来，如《近思续录》《文公要语》《朱子学的》《朱子节要》《朱子近思录》之类，指不胜屈，几于人著一编。核其所载，实无大同异也"。然伯行服膺朱子，为清初理学干城，是编之辑，亦有其特色。一曰专辑朱子，不杂他家。二曰逐条详注，非止编类。三曰基础深厚，自出心裁。其自序云："余往岁辑《濂洛关闽书集解》，其于朱子文集语类诸书略勤撷拾，不无散见于诸先正各集中者。兹录雅不爱其重出，故于诸先正集中或删或补，未能强同。要其关于身心、切于行习，备乎全体大用，条分类别，精实而详明，当亦无殊旨也。"可见其意矣。故录而存之，抑或开卷有益。近年国务院古籍整理出版规划小组也将其列入"2011—2020年国家古籍整理出版规划"，足见其重要。

是书流行较广，影响甚大。除四库馆臣所据河南巡抚采进本及正谊堂刻本而外，《丛书集成初编》据以排印，又收入《国学基本丛书》。上海古籍出版社1994年《诸子百家丛书》将其收录。四川人民出版社有1998年《诸子集成全编》本。台湾世界书局则有2009年杨家骆整理本。近年大型丛书《丛书集成新编》《四库存目丛书》均予收载。

《广近思录》14卷①

张伯行（1651—1725），字孝先，号恕斋，又号敬庵，河南仪封（今河南兰考）人，清代理学家、教育家、藏书家，生平事迹已见前。

是编选辑宋张栻、吕祖谦、黄干、元许衡、明薛瑄、胡居仁、罗钦顺七大儒论学语，仍仿朱子《近思录》例，分为14门，卷各1门，门目

---

① 参见（清）张伯行辑《广近思录》14卷，《正谊堂全书》本。

一依《续近思录》之旧,唯无注解。伯行自序称所辑七家言皆"粹然无疵,近里著己,朱子所谓关于大体、动于日用者",可见其自信。然自朱、吕辑《近思录》以来,历朝学者续编、扩编、仿作者不计其数,《四库提要》称"指不胜屈,几于人著一编",极言其多也。至于何人入选,何语入录,更是仁智交见,人各一词。如清人郑光羲所辑《续近思录》前后集 28 卷,即采薛瑄、胡居仁、陈献章、高攀龙及王守仁、顾宪成、钱一本、吴桂森、华贞元、郑仪曾六人之说,大不同于诸家。而明顾正谊至有同名书《广近思录》在于其前。故功力不深,慧眼不具,难以自立于"近思"之林。顾伯行虽列程朱门户,乃为醇儒,早有《濂洛关闽书》之编,诸儒之书亲到地头爬梳一过,其于《近思录》既诠释之而又续之,既续之而又广之,用功不可谓不深,用心不可谓不勤,非草草抄袭掇拾者比。故存此一编,或亦学者推广近思之一助。

该书除四库馆臣所据副都御史黄登贤家藏本及正谊堂刻本而外,多与伯行《续近思录》配行。《丛书集成初编》据以排印,又收入《国学基本丛书》,中华书局 1985 年有影印本。上海古籍出版社 1994 年《诸子百家丛书》将其收录。四川人民出版社有 1998 年《诸子集成全编》本。台湾世界书局则有 2009 年杨家骆整理本。大型丛书《丛书集成新编》《四库存目丛书》均予收载。近年国务院古籍整理出版规划小组将其列入"2011—2020 年国家古籍整理出版规划"。

《程功录》4 卷①

杨名时(1661—1737),字宾实,号凝斋,江南江阴(今江苏省江阴市)人。少时即好性命之学,勤思研习不辍。康熙三十年(1691)成进士,改庶吉士。从李光地受经学,光地深器之。散馆,授检讨。康熙四十一年(1702),督顺天学政,寻迁侍读。以武生冲突仪仗牵连获罪,任满,命河工效力。连遭父母丧,以忧归。康熙五十三年(1714),起直南书房。未上,特命充陕西考官,授直隶巡道。时沿明制,直隶不设两司,

---

① 参见(清)杨名时撰《程功录》4 卷,乾隆五十九年水心草堂刻《杨氏全书》本。

以巡道任按察使事。政剧吏奸，力尽职事，革宿弊殆尽。迁贵州布政使，擢云南巡抚，迭疏请调剂盐井，改行社仓，推行摊丁入地，革弊除私。擢兵部尚书，改授云贵总督，仍管巡抚事。转吏部尚书，仍以总督管巡抚。以事遭劾，留云南待命。高宗即位，以其诚朴端方，召诣京师，赐礼部尚书衔，兼领国子监祭酒，兼直上书房、南书房，侍皇太子课读，疏奏政之当行当止无所隐。乾隆二年（1737）卒，年77。赠太子太傅，赐祭葬，谥文定，入贤良祠。《清史稿》《清史列传》有传。

　　名时持身廉洁，勤勉尽职，耿直敢言，有名当时。雍正帝尝亲书"清操夙著"匾额以褒之。然亦常抵牾扞格，与时不偶，世于其人有争议焉。章太炎《诸子略说》即云："汤斌、杨名时、陆陇其辈江郑堂《宋学渊源记》所不收，其意良是。何者？炎黄之胄，服官异族，大节已亏，尚得以理称哉？"

　　为学服膺李光地，创立凝斋学派，从弟名宁承其家学，弟子则有夏宗澜、王文震、靖道谟等，交游有方苞、黄叔琳、冉觐祖、朱轼、徐用锡、秦蕙田、蔡德晋、庄亨阳、官献瑶、徐恪等。其学以程、朱为宗，以诚敬为本，注重躬行实践，不专文词。以格物为格身心之物，格物是明善择善功夫，非博物之谓，而穷理之理即指性，穷理即尽性之始。唐鉴《清学案小识》评曰："先生从李文贞问学，而圈然为己，则其自得者也，不尽出于师授。平时省察缜密，推勘精严，札记、讲义诸篇，往往能补师之所未及。读其书，想见践履之笃实、操持之坚苦，以视夫讲学家之笼统陵驾、居之不疑者，相去远矣。"

　　著有《易义札记》《诗经札记》《四书札记》《大学讲义》《中庸讲义》《经书言学指要》《自滇入都程纪》《杨氏文集》《别集》，乾隆末年汇为《杨氏全书》。手录校订《徐霞客游记》12卷并序，号称精善。

　　是编为名时讲学札记，体例仿薛瑄《读书录》。卷1为"学"，专言功夫。卷2为"理气"，专论本体。卷3为"经书"，乃治诸经心得。卷4以"家塾训课"为目，盖训生徒之语。其间多言诗文作法，乃为场屋之用，与全书不谐矣。

　　是书虽为常谈，无甚新奇，然亦出于苦读勤思之余，于先儒有不尽步趋者。如言"太极即性"，乃出于湖湘学派胡宏、张栻之论，不尽合于程朱。他如《四库提要》所言"第四卷中剖析铅汞之说，尤于儒理无关，其亦邹䜣注《参同契》意耶？"亦颇有驳杂之处。馆臣又云"以大旨醇实，故仍列之儒家焉"，若有不足者。读者善观，勿事吹求可也。

该书刊刻不广，主要有四库馆臣所据两江总督采进本，题为5卷，《清史稿》著录同。此外罕见单行。近年《四库存目丛书》亦据《杨氏全书》本影印。

《信阳子卓录》8卷，补遗2卷[①]

张鹏翮（1649—1725），字运青，号宽宇、信阳子，遂宁蓬溪（今四川省遂宁市蓬溪县）人，清初治河名臣。康熙九年（1670）进士，选庶吉士。散馆，改刑部主事，累迁礼部郎中。康熙十九年（1680），授江南苏州知府，丁母忧。起山东兖州知府，举卓异，擢河东盐运使，内迁通政司参议，转兵部督捕副理事官，擢大理寺少卿。康熙二十七年（1688），为勘定中俄边界副使，促使《中俄尼布楚条约》之签订。还授浙江巡抚，以言事不当夺官。寻授兵部侍郎，督江南学政，革除弊端，秉公主考，所举多贫寒有识之士。帝许其廉正，谓"从前清官只宋文运一人，近日张鹏翮堪与匹"。再迁左都御史、刑部尚书，授两江总督。奉诏按事陕西，帝称其一介不取，天下廉吏无出其右。寻授河道总督，疏陈规画，以其建言词简意明，治事精详，得治河秘要，深得信任，诸事允行。以劳加太子太保，寻以河工不当削衔，夺官留任。稍迁刑部尚书，调户部，更调吏部。丁父忧，以原官回籍守制。服阕还朝，仍命往勘河道。世宗即位，加太子太傅。雍正元年（1723）拜相，授文华殿大学士。雍正三年（1725）卒，年77。加少保，例外加祭赐葬，谥文端，帝亲撰碑文。《清史稿》《清史列传》有传。

鹏翮为官重视农桑，振兴教育，访民疾苦，昭雪冤案，铁面无私，权贵皆惮之。尤深于治河，博考舆图，广征前典，精详勘察，提出"开

[①] 参见（清）张鹏翮撰《信阳子卓录》8卷，补遗2卷，康熙刻本。

海口，塞六坝"，"借黄以济运，借淮以刷黄"，"筑堤束水，借水攻沙"之主张，麾数十万民工，历时8年，黄淮大治，漕运通达，朝廷倚重。其《治河书》荟萃心得，论者以为其科学水准"居当时世界水利工程最先进之行列"。历官50余年，精覃职事，清操自矢，百姓有去思，时称清官贤相。于其卒，雍正帝赞其"志行修洁，风度端凝，流芬竹帛，卓然一代之完人"。工诗善文，论诗主性情，开性灵派之先声。

所著有《治河记》《江防述略》《治下河论》《奏议》《奉使俄罗斯记》《忠武志》《如意堂诗文》《张文端公全集》等。

是编成于康熙四十年（1701）前后，乃鹏翮大半生研治性理之心得。"前言往行旁搜精择，取其切近身心、裨益政治、可为法则者，附以管见，略为论次，随笔札记"而成，义例准诸朱子《近思录》而小有变通。其目有七，曰道体、致知、存省、修己、治人、闲道、博物。卷各1目，唯治人分上下，为两卷。《论语·子罕》载，颜渊喟然叹曰："仰之弥高，钻之弥坚，瞻之在前，忽焉在后。夫子循循然善诱人，博我以文，约我以礼，欲罢不能。既竭吾才，如有所立卓尔。虽欲从之，末由也已。"书名即取此意。盖鹏翮治性理一以颜子不远复、无祗悔，博文约礼为纲领，修己治人，皆不出此，自序所言甚明。正编而外，又嘱门人吴筠拾补，为《补遗》2卷。其目一仍正编，唯小改"修己"为"修身"，"治人"为"经世"。

鹏翮毕生以经世致用为归宿，他学皆为河工所掩。虽不以性理名，然是编乃一生辛苦覃思而得，非泛然抄撮可比。篇幅虽小，所取甚博，"二帝三王外，亦有取于汉、唐、宋、明。禹、皋、伊、周外，亦有取于子房、孔明、邺侯、稚圭、希文。周、程、张、朱外，亦有取于子云、文中子、鲁斋、阳明"，无门户之见，于诸家以"醇"为尚，千篇一律之中，亦有可观。然博则博矣，杂自亦不免，故四库馆臣有所不取，列于存目。至李昭治跋称其"堪与朱子《语类》、东莱《博议》、文成《传习录》并垂千古"，则显系过誉，不可为训。

该书刊刻不广，主要有康熙刻本，或题为康熙五十五年（1716）刊。《续修四库全书》《四库存目丛书》皆据以影印。

《读书日记》6卷,补编2卷[①]

刘源渌（1618—1700），字崑右，号直斋，山东安丘（今山东省安丘市）人，清初理学家。年14而孤，事母孝，事兄悌，有名乡里。为诸生高等，屡试不遇。明末大乱，辍学家居，专事耕读。年40，遂弃科举，曰："圣贤之学岂科举之谓邪？"取宋明诸儒之书，手抄口诵，尤笃信朱子功夫论，曰："修身大法，《小学》备焉。义理精微，《近思录》详之。"日五更起，拜谒朱子祠，然后与弟子讲论，常至深夜。高足张在辛、陈舜锡、马恒谦、刘仁瑞而外，本县张贞，昌乐阎循观、周士宏，潍县姜国霖、刘以贵、韩梦周，德州孙子篮、梁鸿翥，胶州法坤宏等皆从其问学，世尊为醇儒。康熙三十九年（1700）卒，年83，祀学宫。《清史稿》《清史列传》有传。

源渌生长海峤，不获从北方大贤问学，又乏师友之益，茕茕孤影，闭门苦读，泛滥释老而后归于儒。为学自朱子以入，以克去己私为主，本以敬义夹持，尤反复推究于义理气质之性。其论云："学者居敬穷理，皆法先王而已。'小心翼翼，昭示上帝'，居敬之功也。'不识不知，顺帝之则'，穷理之功也"。穷研独得，服膺而践行之，遂成一代大儒。虽未得一命，不以事功见，其发明前修，霑溉后学，亦难能矣。

所著有《周易解》《四书补注》《小学补注》《或问补注》《诗》《书》经传选、大小《戴记》选、《仪礼经传通解评》《春秋左传编》《近思续录》等。《近思续录》《读书日记》入国史馆。

是编乃源渌43—81岁读书札记之言，大体仿朱子《语类》、胡敬斋《居业录》之体。前5卷为《记疑》，末1卷为《冷语》。《冷语》者，以读前贤书，一字一句"直如冷水浇背，渐然自警，不啻大寐之忽醒"也。每条皆注明月日，全书则按时序编排，各标签明起讫。卷首附录有关资料甚详，计有陆师序，李焘序，李滢序，马长淑《刘直斋先生传》，张在辛《直斋刘先生别传》，孙自务、刘行秉、刘汝飞、马恒、马长淑、秦勷

[①] 参见（清）刘源渌撰《读书日记》6卷，补编2卷，雍正刻本。

跋、陈舜锡《刘直斋先生墓志铭》及参订姓氏。《补编》2卷亦目为《记疑》，《冷语》五则附卷2之后。考是编成书始末，先由马恒谦编次顺治十五年（1658）至康熙十四年（1675）至十八年（1679）源渌札记之语为6卷，名曰《初学记疑》。续将康熙十五年（1676）至康熙三十六年（1697）之语与前集合编，凡24卷，题为《记疑》。另有马恒谦所编《冷语》5卷（一本作3卷），与《记疑》并附《近思续录》以行。康熙末，陆师为之删定《记疑》《冷语》二书，学使陈沂震更名《读书日记》，是为今本。《补编》则孙自务、李滩所辑。

该书大旨本朱子之说而衍之，"于阴阳义利、古今治乱、形神理气之联属，儒者佛老之源流，横说竖说，洞筋抉髓，小疵大醇，皆于朱子有所发明"。世人有与陆稼书相提并论者。然源渌尝自叙其学云始去外物而见身，继去身而见心，又去心而见理，此语不知见许于程朱乎否也。又如《四库提要》所择出之诋刘安世为邪人之类，亦诚有太过之处，读者详之。

是书刊刻甚少，有四库馆臣所据山东巡抚采进本，或即雍正刻本。《四库存目丛书》据以影印。

《健余札记》4卷[①]

尹会一（1691—1748），字元孚，号健余，直隶博野（今河北省博野县）人，清代学者。雍正二年（1724）进士，分工部学习，授主事，迁员外郎。出为襄阳知府，署荆州，调江南扬州知府，迁两淮盐运使，皆有善政。高宗即位，就加佥都御史衔，擢两淮盐政。调署河南巡抚，尽力职事，帝嘉其忠厚谨慎，召授左副都御史。疏请终养，帝赐诗褒之。丁内艰，服阕，召授工部侍郎，督江苏学政。严学制，厚文风，校文详慎，士林悦服。转吏部侍郎，仍留任。乾隆十三年（1748），力疾按试，至松江卒，年58。诏入名宦祠，《清史稿》《清史列传》有传。

会一历官中外20余年，政声播在人口，世称立品端廉，持心忠正。

---

① 参见（清）尹会一撰《健余札记》4卷，《畿辅丛书》本。

为学慕颜、李，然言义理仍宗程朱。平生尚实行而薄空言，重身心而轻文字。教人自《小学》入，课士则兼顾经史，以期致用。

所著有《健余先生读书笔记》《健余先生抚豫条教》《尹少宰奏议》《吕语集粹》《君鉴录》《臣鉴录》《女鉴录》《士鉴录》《健余先生文集》《健余先生尺牍》等，又尝修订朱子《近思录》，后人汇其所作为《尹健余先生全集》。

是编为会一40以后治学札记，凡分为4卷，其目曰为学、敷教、考古、阅历，大致录名贤言行、经史辨驳、时政利弊及出处心得。其自序云："余自四十以还，笃信正学，而精力就衰，难于强记，有志未逮，终日在悔吝中。大惧荒落无成，因将耳目所经，凡切于身心，可以反求而得者俱书于册，时时检点，用以自省自克，匪敢附于先儒读书诸录也。"其阐扬性理，切近实际，用功深，精思苦，于当时理学诸家亦可备一格。王步青序此书，至比之于薛文清《读书录》、胡敬斋《居业录》、罗整庵《困知记》、陆平湖《蒙存》，其见重于士林若此。

刊刻甚稀，主要有《尹健余先生全集》本，光绪间刊于《畿辅丛书》。《丛书集成初编》《丛书集成新编》皆予收录。

《理学逢源》12卷①

汪绂（1692—1759），初名烜，字灿人，号双池，又号敬堂、重生，安徽婺源（今江西省婺源县）人，清代著名学者。少禀母教，8岁，四书五经悉成诵。家贫，之江西景德镇，画碗为佣。后漂泊至闽中，为童子师。乾隆初为诸生，弃科举，博览群籍，力学著述。晚年论学于休宁蓝渡学馆，从学者甚众。乾隆二十四年（1759）卒，年68。祀学宫，道光间崇祀乡贤。《清史稿》《清史列传》有传。

绂为学主先博后约，自六经下逮乐律天文、舆地兵法、术数医药、弹琴弯弓、篆刻绘事无不究畅，而一以宋五子之学为归。研穷六经，皆有著述，大要谓《易》理全在象数上乘载而来；《书》之历象、《禹贡》

---

① 参见（清）汪绂辑解《理学逢源》12卷，《续修四库全书》本。

《洪范》皆须着力考究，是即经济；《诗》只依字句吟咏，意味自出；看《周礼》须得周公之心，乃于宏大处见治体之大，于琐屑处见法度之详；《春秋》则非理明义精，殆未可学。又治性理，谓"格物"之"格"训"至"，"格物"乃穷至物理。性与天道直是不可得闻，陆、王因早闻性天而未尝了悟，又果于自信，故贻害后人。周子言"一"，言"无欲"，程子言"主一"，言"无适"，一言天，一言事，二者微有不同。虽无大发明，然皆苦心独得之言。创立双池学派，博通礼乐，不废考据，信守朱子家法。同县余元遴传其学，私淑弟子若洪腾蛟，再传弟子若余龙光等，皆有名于时。一时大儒朱筠、江永、唐鉴对绂深加赞赏，称其"信乎以人任己而颉颃古人，功夫体勘精密，贯彻内外，由不欺以至诚明"，"志高识远，脱然缰锁之外，殚心不朽之业，藏诸名山"。夏炘至谓"昭代真能为朱子之学者，大儒三人焉，一为桐乡杨园张先生，一为平湖陆清献公，其一则婺源双池汪先生也。其著述之继往开来，品谊之升堂入室，与张、陆两先生盖鼎立焉，或无逊也"。

著述甚富，有《周易诠义》《易经如话》《尚书诠义》《诗经诠义》《四书诠义》《春秋集传》《礼记章句》《或问》《参读礼志疑》《乐经律吕通解》《乐经或问》《孝经章句》《或问》《诗韵析》《六礼或问》《大风集》《山海经存》《策略》《读近思录》《读读书录》《读困知记》《读问学录》《戊笈谈兵》《物诠》《医林纂要探源》《立雪斋琴谱》《儒先晤语》《读阴符经》《读参同契》《药性》《六壬数论》《九宫阳宅》《诗集》《文集》等，凡200余卷。道光至光绪年，先后汇为《浙刻双池遗书十二种》及《汪双池先生丛书》。《四库提要》称其《参读礼志疑》多得经意，可与陆陇其书并存。

是编内、外篇各6卷，"内篇以明体，外篇以达用"。内篇含"圣学类"3卷，"言理之本然与其所以用功之当然"。"物则类"3卷，"则日用常行，为用功之所依据"。外篇含"王道类"4卷，"言君人所以治天下之大法"。"道统类"2卷，"则著唐虞三代治统之传而后世所以失之之故"。各类之下又有细目焉，"每条之中，皆首以己意立言以发明之"，复杂引经传群籍及历代诸儒之言以实之。诸儒以周、程、张、朱之说为主，次及程朱门人、邵雍及张栻、吕祖谦，次元明诸儒，次董、韩、荀、扬、文中子，余不滥及。书首冠以沈维钚序、绂自序、《徽州府志·儒林传》绂传、余元遴撰《汪先生行状》、朱筠撰《汪先生墓表》、例言及性理诸图。

是书影响颇大。昔朱子尝称四子书六经之阶梯，《近思录》四子之阶梯，故沈维钚序称其当与《西山读书记》共为《近思录》之阶梯。绂自序亦谓"自天人性命之微以及夫日用伦常之著，自方寸隐微之地以达之经纶一世之猷，庶几井井有条，通贯融彻，所以反求身心以探夫天性之本源者，亦可不待外求而得，终身焉足矣"，足见其自信。考是书仿朱子《小学》《近思录》体例，与诸家所辑性理语录类书体裁不同，确有特色，可备一体。且用功深，去取精，诚有功学者。然自天人性命以至于经世致用，"可不待外求而得，终身焉足矣"，天地间有是书乎？可知其自负之过也。

较早较好的通行单刻本为道光十八年（1838）俞氏敬业堂刻本，余皆附《汪双池先生丛书》以行。《丛书集成三编》《续修四库全书》予以收录。

《读书偶记》3 卷[①]

雷铉（1696—1760），字贯一，号翠庭，福建宁化（今福建省宁化县）人。少为诸生，究心性理，从蔡世远问学，荐授国子监学正。雍正十一年（1733）成进士，改庶吉士，命直上书房。散馆，特授编修。乾隆四年（1739），迁谕德，以忧归。乾隆九年（1744）召还，仍直上书房，三迁通政使。出督浙江学政，寻调江苏。擢左副都御史，复督学浙江。丁母忧，未终丧卒，乾隆二十五年（1760）也，年64。《清史稿》有传。

铉为政平实，有善誉。论学宗程朱，以居敬以立其本、穷理以致其知、反躬以践其实为要，得李光地、蔡世远一脉之传。为文法方苞，简约得体。

---

① 参见（清）雷铉撰《读书偶记》3 卷，《四库全书》本。

所著有《经笥堂文集》《自耻录》《闻见偶录》《励志杂录》《校士偶存》《翠庭诗集》等。

是编体类语录笔记，随笔札记，初无类目。其内容多记先贤前言往行，群籍精要，思读心得，学术论辩，无所不包。其中论《易》者最富，几及篇幅之半，多本李光地之说。论《礼》则多出于方苞。宋明以来，诸儒性理札记类多矣，如稍后于铉之赵绍祖《读书偶记》，同名之作亦在不少。而铉书优在无门户之见，故得入选《四库全书》。提要赞其以朱子为宗，然能不争竞门户，于陆子静、王阳明、陈白沙亦不没其长，"持论特平，较诸讲学之家颇为笃实，无客气"。"惟《太极》一图，经先儒阐发，已无剩义，而绘图作说，累牍不休，殊为枝蔓"，则实不作可也。

刊刻甚少，《四库》而外罕有流传。

《论学小记》3 卷①

程瑶田（1725—1814），小名千儿，字易田，又字易畴、伯易，号让堂，徽州歙县（今安徽省黄山市歙县）人，清代著名经学家、学者，徽派朴学大师。少补诸生，为郑虎文所重。与戴震同学于江永，读书好深沉之思。九应乡试，乾隆三十五年（1770）始中举人，选授太仓州学正。乾隆五十三年（1788）大挑，得吏部，为嘉定县儒学教谕，有能声。告归，授徒灵山方氏。嘉庆元年（1796）举孝廉方正，赐六品顶戴。晚既失明，尚口授所作使其孙写定。1814 年卒，年 90。《清史稿》《清史列传》有传。

瑶田平生以学术见长，仅一再出为教职，能以身率教，廉洁自持。钱大昕、王鸣盛、阮元等当世大儒皆深推重之，一时名流段玉裁、王念孙、汪中、翁方纲、金榜、浚廷堪、纪昀、朱筠、任大椿、桂馥、陈寿祺、刘大櫆、丁杰等皆与之交。学识渊博，所治训诂、象数、名物、制度、天文、历算、地理、水利、兵器、声律、文字、音韵、金石皆能穷究精通，而尤擅长名物考据。《禹贡三江考》订郦道元《水经注》之误，

---

① 参见（清）程瑶田撰《论学小记》3 卷，《安徽丛书》本。

《仪礼丧服文足征记》规正郑玄注《礼》，《周髀用矩法》《数度小记》抉深钩隐，辨析"转语"独造精微，皆播在人口，戴东原自谓尚逊其精密。

治学洞烛幽微，一丝不苟，敢于挑战权威。方法上重考证而不废义理，汉宋兼通。提倡以实物整理史料，开传统史料学与博物考古相结合之先河。长于旁搜曲证，多方详考，得其真解，不为经传注疏所束缚。名物考订善绘图列表，以便稽寻。至于诗文余事，亦无不精。刘大櫆称其"五言得力渊明，最为高妙；七言从古乐府求；律诗取径宋人；绝句逼真江西宗派，尤近涪翁"。史震林赞其诗"清高绝俗，云林树、米家山，可比仙"。书法、篆刻亦臻上乘，所绘墨兰饶有逸趣。

所著有《禹贡三江考》《考工创物小记》《磬折古义》《沟洫疆里小记》《水地小记》《仪礼经注疑直》《仪礼丧服文足征记》《释宫小记》《宗法小记》《周礼札记》《声律小记》《乐器三事能言》及《续编》《琴音记》及《续编》《解字小记》《九谷考》《释草小记》《释虫小记》《果赢转语记》《论学外篇》《纪砚》《数度小记》《九势碎事》《书势》《莲饮集》《濠上吟稿》《让堂诗集》《读书求解》《让堂亦政录》《修辞余钞》等，辑有《嘉定赠别诗文》。其主要著述汇为《通艺录》，凡25种，55卷。2008年，黄山书社出版《程瑶田全集》，入《安徽古籍丛书》，凡110万字，为程氏著作之集大成。

瑶田虽以考据名，然于义理亦思深见精。是编为其治性理之代表作，卷上分志学、博文、慎独、立礼、进德、主让、以厚、贵和、大器、游艺、诚意义述诸篇，卷中为述性、述诚、述情、述命、述公、述敬、述己、述义利，卷下为述名、述术、述真、述俭、述心、述梦、述玄妙、述静、论学约指。不同于诸家语录札记之书，每则篇幅稍长，几独自成文。其门人洪骴述其语云："人生有三大分，既生之后，未死之前，一分也。未生之前，一分也。既死之后，一分也。其一分实而有者也，其二分虚而无者也。圣圣相传之学在实而有之一分，有君臣父子夫妇昆弟朋友之五达道，以知仁勇行之。故学之始在于格物，实有其物而格之也。学至于诚，精微极矣，而必不能舍物而言之。故曰诚者物之终始，不诚无物。诚之为言实也，实有其物之谓诚也。故曰圣圣相传之学在实有之一分也。至于虚无之二分，圣人非不知也，既虚无矣，乌从而致力于其间哉。于是二氏起而致力之，而各立一门户。今之辟之者，恶其与吾儒相背而驰也。而不知吾儒人也，二氏亦人也。人生有此三大分，不得谓二氏无此三大分也。彼惟舍去实有之一分，而专务于虚无之二分，所以大异于吾儒之学也。吾儒之学仁为己任，死而后已。既死不得不已，未生非所敢知。据其实有，不事虚无，吾所论学，论此学也。"其重实学而不主一家，往往独出心裁类此。姑不论其"醇"与"不醇"，胜于人云亦云、拾人牙慧者远矣。

该书嘉庆中刊于《通艺录》，民国十九年（1930）有上海书店影印本。《通艺录》后收入《安徽丛书》，于是又有《安徽丛书》本。大型丛书《续修四库全书》《丛书集成续编》皆予收录。

《原善》3 卷[①]

戴震（1724—1777），字东原，又字慎修，号杲溪，安徽休宁（今安徽省黄山市休宁县）人，清代著名思想家、语言学家、自然科学家。少从塾师受学，读书好深湛之思。年十六七，研精注疏，实事求是，不主一家。尝随父客于江西，又课学童于福建。从江永游，独得其礼经、推步、钟律、音声、文字之全，永深骇叹之。补诸生，以避仇入都，识纪昀、钱大昕于京城。昀刻其《考工记图注》，秦蕙田纂《五礼通考》，又任其事焉，名重一时。自京南下，识惠栋于扬州。乾隆二十七年（1762）举于乡，以荐充四库馆纂修。乾隆四十年（1775），特命赴殿试，赐同进士出身，改翰林院庶吉士。自是以文学受知，出入著作之庭，馆中有奇文疑义，辄就咨访。震勤修职事，晨夕披检，无间寒暑。经进图籍，论次精审。所校《大戴礼记》《水经注》尤称精核。又于《永乐大典》内得《九章》《五曹算经》7种及宋张淳《仪礼识误》，皆前贤所未见，正讹补脱以进，得旨刊行。乾隆四十二年（1777）卒于官，年55。后十余年，高宗问震所在，知其已死，惋惜久之。《清史稿》《清史列传》有传。

[①] 参见（清）戴震撰《原善》3卷，《安徽丛书》本。

震为学精诚解辨，聪慧早成。22 岁成《筹算》，24 岁成《考工记图注》，30—33 岁成《勾股割圜记》《周髀北极璇玑四游解》，此前尚有《六书论》《尔雅文字考》《屈原赋注》《诗补传》等。又好接学界名流，相与损益而成其学。与郑牧、汪肇龙、方矩、程瑶田、金榜、惠栋、沈彤为忘年友，南北巨擘如纪昀、朱筠、钱大昕、王鸣盛、卢文弨、王昶皆折节与交。其学之精诣者大约有三，曰小学，曰测算，曰典章制度，各有著述。小学则以体用分六书，发明转注之义；立韵类正、旁转之例，创古音 9 类 25 部及阴、阳、入对转之说，皆古人所未发。测算则极论黄极于《周髀》固已言之，不始于西人。典章制度则有《周官》《仪礼》《春秋》诸经之考。其余历史、地理、水利、方志之学无不精通。其小学王念孙、段玉裁传之，测算之学孔广森传之，典章制度之学则任大椿传之，皆其弟子也。

然震之学本由声音文字以求训诂，由训诂以寻义理，故其最高成就不在于文字考据，而在于义理。哲学上主气一元论，批驳宋儒"理在事先"之说。主有血气感官而后有心知，批判宋儒"理具于心"之论。主理欲统一观，抨击宋儒"存天理、灭人欲"为以理杀人。于伦理学、逻辑学、美学皆造于精深，遂成一代巨儒，于晚清以来学术思潮影响至深。章太炎首推重震，称"铨次诸儒学术，所原不过惠、戴二宗"。梁启超称其为"前清学者第一人"，以为"苟无戴震，则清学能否卓然自树立，盖未可知也"。胡适称其为中国近代科学界之先驱者，"大胆假设，小心求证"之典范。而章学诚、方东树、钱锺书等于震亦时有批评焉。

所著有《尚书义考》《毛郑诗考正》《诗经补注》《仪礼考正》《考工记图》《春秋即位改元考》《大学补注》《中庸补注》《孟子字义疏证》《经考》《经考附录》《声韵考》《声类表》《方言疏证》《续方言》《六书论》《尔雅文字考》《水地记》《直隶河渠书》《汾州府志》《汾阳县志》《绪言》《原象》《续天文略》《句股割圜记》《策算》《迎日推策记》《历问》《古历考》《气穴记》《藏府算经论》《葬法赘言》《屈原赋注》《通释》《戴东原集》等。乾隆中，汇为《戴氏遗书》，收入《微波榭丛书》。民国时又汇为《戴东原先生全集》，入《安徽丛书》第六辑。1980 年，上海古籍出版社出版整理本《戴震集》，收录除个别专门考据之作而外之戴氏著述，是迄今为止最全之版本。

是编为震中年得意之作，成于乾隆三十一年（1766）。每卷先列己之论述，各数百字，次引经传之言分疏之。卷首引言曰："余始为《原善》之书三章，惧学者蔽以异趣也，复援据经言，疏通证明之，而以三章者分为建首，次成上、中、下卷，比类合义，灿然端委毕著矣。"其书系于早期所作《原善》《读〈易·系辞〉论性》《读〈孟子〉论性》基础上修改扩充而成，着重论述善之本义及与天道、人道、人性之关系，实则全面阐述其形上学思想，内容丰富，为戴氏最重要著作之一。该书观点后于《孟子字义疏证》中得以全面充分发挥，从而与之成为震义理学之代表作，影响深远。

该书刊刻甚广。最初收入《微波榭丛书·戴氏遗书》中，后收入经韵楼本《戴东原集》及《粤雅堂丛书》。道光中则有《昭代丛书》本，民国则有《国粹丛书》《戴氏三种》及《安徽丛书·戴东原先生全集》本。1956年，有古籍出版社《原善·孟子字义疏证》合刊标点本。1961年，有中华书局与《孟子字义疏证》合刊本。1980年，收入上海古籍出版社《戴震集》中。大型丛书《续修四库全书》《丛书集成续编》亦予收录。

《大意尊闻》3 卷[①]

方东树（1772—1851），字植之，别号副墨子，学者称仪卫先生，桐城（今安徽省桐城市）人，清中叶思想家、文学家。曾祖泽，为姚鼐师。东树幼承家范，聪颖好学。11岁仿范云作《慎火树》诗，乡里前辈莫不叹异。为诸生，师从姚鼐，为姚门四杰之一。连应乡试不利，遂弃之，举孝廉方正皆不就。年40余，不欲以诗文名，研穷义理，而最服膺朱子。好为深湛浩博之思，经史义理、诗文小学、浮屠老子、百家之说无不探赜索隐，几废寝食，学业大进。阮元辟学海堂，名流辐

[①] 参见（清）方东树撰《大意尊闻》3卷，《四库未收书辑刊》影印同治五年刊本。

辕,东树亦客其间。方乾、嘉之时,汉学炽盛,鼐独守宋儒之说。至东树,斥汉学益力,发愤著《汉学商兑》一书,辟其违谬。又著《书林扬觯》,戒学者勿轻事著述,一时声名鹊起。客游四方,先后主讲于韶阳书院、庐阳书院、泖湖书院、松滋书院。道光间,尝为邓廷桢幕僚,赞其抚恤灾民、严禁鸦片。晚年应祁门县令唐鲁明之邀,主祁门东山书院讲席。咸丰元年(1851)五月染疾卒,年80。《清史稿》《清史列传》有传。

东树为人重交谊,乐于振穷济贫,与人交刚正有直声。穷老不遇,以授徒为生,淡如也。始好文事,专精治之,有独到之识。中岁为义理学,晚耽禅悦,凡三变,皆有论撰。博极群书,理造精深。毛生甫称其"学则淹博,理则明粹,百余年来一人而已"。姚莹谓其"言义理粹密,有过元明诸儒者"。梁启超亦赞其"文辞斐然,论锋敏锐"。从弟宗诚传其学,苏惇元、戴钧衡皆其弟子。

所著尚有《跋南雷文定》《未能录》《进修谱》《山天衣闻》《向果微言》《述旨》《老子章义》《阴符经解》《解招魂》《陶诗附考》《考槃文集》《牛字集》《王余集》《仪卫轩集》《昭昧詹言》等,并传于世。

方宗诚序是书云:"是书先生之家训,所言自小学以至于大学之事,格致省察、克制存养以至于成德之功,居身接物、齐家训俗教学以至于治平之业,无不有以探其原而穷其弊。"则是编乃东树治学要语,随得随录,其体则语录笔记类也。卷首列宗诚所作行状,书末附东树《辨志一首赠甘生》《冷斋说》、宗诚所记东树言行及祭东树文。考东树功在挽偏治汉学而陷于支离之颓风,存此一编,可略窥其胸臆也。

该书刊刻不广,主要有同治五年(1866)刻本,《四库未收书辑刊》据以影印。

《子问》2卷,《又问》1卷[①]

刘沅(1767—1855),字止唐,一字讷如,号清阳居士,学者称槐轩

---

① 参见(清)刘沅撰《子问》2卷,《又问》1卷,《槐轩全书》本。

先生，四川双流（今四川省成都市双流区）人，清代著名学者。幼聪颖，随父兄读书，过目不忘。年20余，即能讲学著书。乾隆五十年（1785），入双流县学为庠生。乾隆五十三年（1788）拔贡，翌年选拔明经，辞归。乾隆五十七年（1792）中式举人，三与会试皆不利，乃绝意仕途，居家治学养母。嘉庆十八年（1813），移居成都南门纯化街，建宅曰"槐轩"，居40余年，著书讲学。道光五年（1825），授正二品资政大夫。次年，选授湖北天门县知县。不愿外任，改国子监典薄，乞假归。早年羸弱多病，加以家事坎坷，几不保。遇野云老人于途，授以存神养气之法，潜心性命双修之道，遂老当益壮，于60以后连得八子，世称传奇。咸丰五年（1855）卒，年88，清国史馆有传。

沅终身不仕，以著书讲学为事，门人弟子遍于川西南，世称"槐轩学派"。创火居道派法言坛，布道养身。医术造于精深，郑钦安尝从其问学。晚年热衷公益活动，筹办慈善事业，多次带头捐资修复青羊宫、二仙庵、武侯祠及城南关帝庙等。

幼承家学，早通先天性理。复师静一道人、野云老人，潜心道家修身养性之法，遂融儒释道为一体，而以儒为宗，拈出"天理良心"，以孔子"克己复礼"、《中庸》"致中和"、孟子"仁政"为基本，概述先后天之学。功夫上以"为学、学人、学道、事天、学圣人"为系列，以达"成己成人"之目的。以儒家元典为阐述经义之理论基础，破除宋儒空疏学风，注释诸经，旁征博引，考辨学术，揭示人生，自成一家，极富特色。创立槐轩学派，融教育、慈善、学术、医理为一体，以刘咸炘、刘咸荥、刘咸焌、颜楷、钟瑞廷、刘芬等著名学者为干城，受学之徒数以千计，世称其为"川西夫子"。复研精道释，形成民间宗教派别刘门教。其医学"火神派"尝轰动京城，奠定中医伤寒南派代表之基础。除阐发儒家思想外，对双流历史、文物古迹之考证、修订、保护亦有卓越贡献。

沅在世时，已名满蜀中。光绪三十一年（1905），光绪帝允四川总督之请，将其入国史儒林传。清末民初，张之洞、吴佩孚、刘湘、刘文辉、鲜英、冯玉祥等皆对沅及其著作倍加推崇。其《古本大学质言》尝多次于日本出版，研究沅之学者遍及国内外。萧天石谓沅"既直探洙泗心传，复深得玄门秘钥，融道于儒，援儒说道；复会通禅佛，并涉密乘，博学多方，虽较庞杂，然以其能障百川而东之，汇万流于一海，故最后仍归本于儒，不失孔门矩矱。其内养及修持方法，则又纯用道家金丹宗手眼，而略带少分藏密色彩"，称其为"川中近三百年来特立独行、博通三家之大儒"。南怀瑾亦称其为"嘉道时期四川的一位博学鸿儒"。

现存著作逾 200 卷，主要有《周易恒解》《尚书恒解》《诗经恒解》《周官恒解》《仪礼恒解》《礼记恒解》《春秋恒解》《大学古本质言》《大学恒解》《中庸恒解》《论语恒解》《孟子恒解》《孝经直解》《史存》《明良志略》《恒言》《剩言》《家言》《杂问》《槐轩约言》《俗言》《下学梯航》《正讹》《寻常语》《蒙训》《槐轩杂著》《止唐韵语存》《拾余四种》《埍篪集》等。此外编著尚有《法言会纂》《经忏集成》《性命微言》《感应篇注释》《三圣经句解》《省抄古文》《医理大概约说》《槐轩杂著外编》《遗训存略》《槐轩诗集》《法言会纂》《经忏集成》《感应篇注释》《道善约编》《三圣经句解》《医理大概约说》《性命微言》等。其重要著作大都收入光绪间所编《槐轩全书》。

《子问》为沅课其子崧云、椅文、栋文、櫄文、棍文、桂文、枫文、果文等问答之语，《又问》则其续也。卷端自识云："愚既注四子六经恒解，又为《杂著》《拾余四种》及他议论，凡圣贤之遗，有关人心风俗之事，皆为辨正，亦略备矣。第文繁，苦难尽阅。儿辈幼小每随时质问，以俗言晓之。积久又复成帙，不忍捐弃，颜曰《子问》，存之家塾，以便来者观焉。"可见其意矣。第其间篇幅稍长而成文者，则直为著述，设问为之，不尽耳提面命。其例稍拟朱子诸书《或问》，提其学精要之处辩论阐发之，实乃沅学之要义。以其刊于下世前三五年，且经沅过目，故可视为晚年定本，不啻为其最重要代表作之一，与《槐轩约言》有异曲同工之妙。其书看似散珠，实则自成体系，纲领灿然。欲了解研究沅性理之学者，不可不读也。

该书流行较广，较早的有咸丰二年（1852）序刊本，通行则为《槐轩全书》本。《槐轩全书》主要有光绪、民国所刊各 2 种。2006 年，巴蜀书社出版《巴蜀文献集成》，其第一集收入《槐轩全书》增补本，为迄今为止较为完整的版本。20世纪80年代，该书列入国家古籍整理规划领导小组整理项目。

《正讹》8卷[①]

刘沅（1767—1855），字止唐，一字讷如，号清阳居士，学者称槐轩先生，四川双流（今四川省成都市双流区）人，清代著名学者，生平事迹见上。

是编为沅晚年驳论代表之作，其卷末题识为咸丰四年（1854），距其下世仅一年。沅以为"世人恪守先儒，反不遵孔孟之说，将道说得太远，将学圣人说得太难，人不知圣人从何学起，以为必如先儒，始可学道"；而"在先儒，著书立说，未尝非觉世牖民之美意，然未得圣师，徒以天资之美、学识之优研精覃思，规摹圣人，以一节遂谓全体，执私见以妄测圣人，而实践未能，所言皆谬，欲彰圣人，反失圣人之真，欲觉斯民，反为斯民之累"，故取"先儒之说士林所共遵者，摘其疵累"，"违众而发明之"。卷1发凡，辨析名义，交代缘起。卷2以下，分别驳论韩愈、周敦颐、张载、邵雍、程颢、程颐、朱熹七儒之说，人各1卷，摘其要语，逐条辩驳之。其说以回归圣学为旗帜，以融合三教为指归，观点鲜明，立论独特，极富个性。论者将其批判唐宋诸儒列为学术三大特色之一，足见此书可备为一家之言。然是编专拣理学诸大儒而抨击之，又专拣诸大儒之经典代表作而"辨驳"之，韩子则《原道》《论佛骨表》，周子则《太极图说》《通书》，张子则《西铭》《东铭》《正蒙》，邵子则《皇极经世》，大程子则改定《大学》《定性书》《识仁说》，小程子则改正《大学》、《颜子所好何学论》、语录，朱子则改《大学》、补格物传及误解经文、《四书集注》、《通鉴纲目》，几无一不讹，无乃亦过于好辩乎？读者详之。

主要通行本有《槐轩全书》本。

[①] 参见（清）刘沅撰《正讹》8卷，《槐轩全书》本。

《述朱质疑》16 卷[①]

夏炘（1789—1871），字弢甫，一字欣伯，当涂（今安徽当涂县）人，銮长子。道光五年（1825）中举，任武英殿校录，教谕吴江。道光二十三年（1843），授婺源县教谕，诱进诸生，倡办团练。擢颍州府教授，保升内阁中书，四品卿衔。同治十年（1871）卒，年82。左宗棠奏请国史馆立传，帝称其"学有经术，通知时事"，入婺源名宦祠、当涂乡贤祠。

炘以饱学名，汉宋明清历朝名儒之书无所不读。尤推崇朱熹，以"景紫堂"名其书斋，以志景仰。深于《诗》《礼》，有《朱子诗集传校勘记》《诗章句考》《诗乐存亡谱》《读诗札记》《学礼管释》《三纲制服尊尊述义》《檀弓辨诬》等著述传世。其他尚有《学制统述》《六书转注说》《古韵表集说》《汉唐诸儒与闻录》《讦谟成竹》《息游咏歌》《贾长沙政事疏考补》《陶主敬年谱》《养疴三编》《儒林亦政编》《祁门县志》《贵池县志》《文集》等。曾国藩深赞其学术，称其为东南古经学巨匠。左宗棠下令汇刊其著述17种为《景紫堂全书》，并亲自题写书名。其《附律易解》《述朱质疑》《檀弓辨诬》三书进呈朝廷，帝嘉以"年届耄耋，笃学不倦"，命武英殿将《易解》刊印颁发，余二书留中备览。

是书以卫道自诩，旨在廓清异说，披沙见金。卷1—5述朱子学术演变异同，多为考。卷6、7述朱子著述，多为跋。卷8、9述朱子论敌讲友，多为说。卷10与时人辩论，多为书。卷11、12述朱子内任，卷13、14述朱子外任，多为记、跋。卷15、16述朱子杂事，则文兼各体。所谓述者，每题之下，杂引朱子《文集》《语类》原文及王懋竑《年谱》，再加考论辨析。其书考据、义理兼具，亦王白田《朱子年谱》、童能灵《朱子为学次第考》之流亚。书中颇能探赜索隐，发前人所未发，于治朱子学者不为无功。然亦时有求之过深之处。如辩朱子少时"亦尝留心二氏，然藉以深窥其宗旨，而并非溺志于虚无"，则并朱子亦未尝讳言之事曲为

[①] 参见（清）夏炘撰《述朱质疑》16卷，《景紫堂全书》本。

之解，显与事实不合。又考朱子出入释老自 15—25 岁，凡 11 年，驳朱子《答薛士龙书》自言"驰心空妙之域者二十余年"之误，亦未免过泥。书末诸跋评论此书，称朱子集诸儒之大成，此编集朱子之大成，自来发明朱子之学，未有博大精深如是之盛，"天不生考亭，仲尼如长夜。天不生吾师，将考亭亦如长夜"，陆清献、王白田而后，一人而已，则显为门人拔高之言，可以不论。

此书版本主要为咸丰二年（1852）景紫山房刊《景紫堂全书》本，《丛书集成三编》《续修四库全书》皆据此影印。

《汉唐诸儒与闻录》6 卷①

夏炘（1789—1871），字弢甫，一字欣伯，当涂（今安徽省当涂县）人，銮长子，生平事迹见上。

是编仿《伊洛渊源录》之例，摘录毛亨、董仲舒、郑玄、诸葛亮、王通、韩愈六人言行，人各 1 卷。大致先列行履事迹，再节录其代表著述，内容以论性理为主。评论则博引程朱以下诸大儒之言，再以"炘按"之目列己见于后。按语所涉甚广，既有考证，亦及义理。如辨大毛公名亨名苌，《诗传》性善之说，郑玄解经得失，诸葛亮之志亦有不能行于先主者之类。唯于董、王、韩三子不置一词，盖以程朱已有论定。

炘之意以为，虽"孟子以后道统失传，至宋濂洛关闽诸大儒出，始有以续邹鲁之传焉，然莫谓宋以前遂无其人也"。所录六君子，即与闻斯道之传，实乃识其大之贤人。其编此书，乃为"以见斯道绝续之交，必有守先待后之人绵绵延延，以引于勿替，而道之塞天地而亘古今者，卒未尝一日亡也"。可见拈出之人，盖以补孟子以来道统之缺，其身任亦不轻矣。然董、王、韩三子地位程朱固有定论，而毛、郑、诸葛，则纯出炘之己见。不知三人果足以担当此任，而程朱可作，将首肯乎否也。炘以程朱卫道士自居，而非一一恪守程朱往往类此。虽然，此编于道统论

---

① 参见（清）夏炘撰《汉唐诸儒与闻录》6 卷，《景紫堂全书》本。

独出新说，见仁见智，存之以备一家之言可也。

该书为《养疴三编》之一种，刻入《景紫堂全书》，《丛书集成三编》据此影印。

《姚江学辨》2 卷[①]

罗泽南（1808—1856），字仲岳，号罗山，学者称罗山先生，湘乡（今湖南省湘乡市）人，清代学者，军事家。少为诸生，好性理书，讲学乡里，从游甚众。道光九年（1829），从学陈权于双峰书院。后以长沙府第一名中秀才，入湘乡县学。咸丰元年（1851），举孝廉方正。太平军入湖南，在籍倡办团练御之，以劳叙训导。曾国藩奉命督乡兵，檄剿平桂东，擢知县。以军功迁同知直隶州，又擢知府，赐花翎，自是湘军名始播。转战赣、鄂、湘三省，多以捷闻。先后以道员记名，授浙江宁绍台道，赐号普铿额巴图鲁，加按察使、布政使衔。咸丰六年（1856）三月援武汉，亲督战城下，飞炮中左额，血流被面，犹危坐营外，指画战状。翌日卒于军，年49。诏入祀昭忠祠，谥忠节。《清史稿》《清史列传》有传。

泽南长于军事，善援经书论兵。尝谓用兵之道《大学》首章"知止"数语尽之，《左传》"再衰""三竭"之言则其注脚也。为湘军创始人之一，世称"湘军之母"。弟子从军多成名将，最著者李续宾、李续宜、王珍、刘腾鸿、蒋益澧等。其为为己之学者，则有钟近衡。皆湘乡人，后并附祀泽南专祠。《清史稿》评其才曰："曾国藩立湘军，则罗泽南实左右之。朴诚勇敢之风，皆二人所提倡也。泽南筹援鄂一书，为大局成败所关。此大将风规，不第为楚材之弁冕已。"可见其褒奖之至。论者以其为咸、同中兴名将之首。罗氏虽享年不永，然于学术颇有建树。其学一宗程、朱而斥陆王，讲求体用兼备，对理学基本思想之阐发既全面系统且深入浅出，又不乏创新之处。究心水利、边防、河患等书，于天文、舆地、律历、兵法、盐漕诸务无不探其原委。复工诗古文，见于各家选

[①] 参见（清）罗泽南撰《姚江学辨》2 卷，《续修四库全书》影印咸丰九年刊本。

本者颇多。

所著有《周易附说》《读孟子札记》《罗山记》《游龙山记》《游天井峰记》《游石门记》《游南岳记》《西铭讲义》《人极衍义》《小学韵语》《方舆要览》《罗忠节公遗集》等。

是编成于道光二十四年（1844），乃泽南从学理上对朱、王之辨进行系统全面论述之作，涉及大量理学基本范畴，如本体与功夫、心与性、性与气、性之本质、良知说、致良知、知行合一、格物致知，以及儒学与佛老之关系等。上卷主要论心性，依据程朱性理论批判阳明心即理之说。下卷主要论功夫，以朱子格物致知说否定阳明之致良知、知行合一说。作者入室操戈，抓住阳明之逻辑漏洞以及儒家经典诠释之误，击其要害，从学理上作了淋漓尽致的批判。虽不能无门户之见，然颇能切中王学流弊，令人信服。比之清初程朱派理学家之论，更为全面而深刻，于晚清辟王学诸作之中最具代表性，对程朱理学之复兴起着不可忽视之推动作用。故钱穆以为："罗山之辨王申朱，皆确然有见，非拘拘于门户之为见也。"贺瑞麟称："《姚江学辨》一编，真足为吾道干城。"方宗诚亦称其"辨之极其明矣，学者分别师法之可也"。

主要有咸丰九年（1859）刻《罗忠节公遗集》本，后又刻入《西京清麓丛书续编》。《续修四库全书》据以影印。

《理学字义通释》1卷[①]

刘师培（1884—1919），字申叔，号左盦，江苏仪征（今江苏省仪征市）人，著名学者。幼聪颖，8岁即通《周易》变卦，12岁读四书五经终篇，且善诗文，有《水仙花赋》《凤仙花诗一百首》之作。年19，中南京府试13名经魁。1904年，经蔡元培介绍加入光复会，与蔡氏合办《俄事警闻》，后改《警钟日报》，为主笔，鼓吹"拒俄运动"。同时呼吁创办新式学堂，鼓励出洋留学。落第后，于扬州创办师范学会，协助

---

① 参见（民国）刘师培撰《理学字义通释》1卷，《刘申叔先生遗书》本。

乡人出洋留学社，支持学生运动。作《黄帝纪年论》，提出以黄帝纪年取代封建帝王纪年。受王无生影响，至上海与章太炎、蔡元培、谢无量、陈独秀等结识，接受革命思想，赞成光复，改名光汉。加入中国教育学会、光复会、同盟会、国学保存会等进步组织，参与万福华行刺王之春行动，成为一名激进革命党人。与妻何震皆参加革命活动，人比之普鲁东与索菲亚。两年后至芜湖，与陈独秀宣传革命，发展党人，培养专门从事暗杀的人才。次年应章太炎等邀请，东渡日本，结识孙中山、黄兴、陶成章等革命党人，参加同盟会东京本部工作，参与民起亚洲和亲会。是年，受日本无政府主义思潮影响，发起成立"女子复权会""社会主义讲习会"，创办《天义报》和《衡报》，宣传无政府主义和社会主义理论。同时，成立"农民疾苦调查会"，征集民谣民谚，反映农民疾苦，组织翻译《共产党宣言》和克鲁泡特金著作，于同盟会之外另立旗帜。1907年，被端方收买，作《上端方书》，献"弭乱之策十条"，背叛革命。组织齐民社，举办世界语讲习所，并与章太炎决裂。次年年底，举家回国。两年后公开入幕，为端方考订金石，兼任两江师范学堂教习。又拜徐绍桢为师，研究天文历法。端方调任直隶总督，随任直隶督辕文案、学部谘议官等职。1911年，随端方南下四川，镇压保路运动，于资州被捕。辛亥革命胜利后，由孙中山保释。后任成都国学院副院长，兼四川国学学校课，与谢无量、廖平、吴虞等共同发起成立四川国学会。1913年，投靠阎锡山，任高等顾问。又由阎推荐于袁世凯，任参政、上大夫。1915年，与杨度、严复等发起成立筹安会，作《君政复古论》《联邦驳议》，为袁世凯称帝鼓吹。洪宪帝制失败后，流落天津。1917年，蔡元培聘为北京大学教授。1919年，与黄侃、朱希祖、马叙伦、梁漱溟等成立"国故月刊社"，成为国粹派。是年十一月，因患肺结核病逝于北京，年仅36。

师培政治上早年激进，1907年以后背叛革命，成为袁世凯帮凶，晚节不保。然于学术则天才夙著，虽享年不永，而建树斐然。在继承家学的同时，善将近代西方社会科学研究方法及成果吸收到中国传统文化研究中来，开拓新境界，成果累累。大要主张以字音推求字义，用古语明今言，用今言通古语，通过古文字之结构探究中国"人群进化"之轨迹，提倡文字改革及使用白话文。于经学、小学及汉魏诗文皆有精深研究，尤擅骈文。其运用进化论思想研究古代社会生活，具有开创意义。其研究《左传》《周礼》之系列成果，均有较高学术水准。

在日本时，即与章太炎齐名，以太炎字枚叔，师培字申叔，时有"二叔"之称。其所编《中国中古文学史》，受到鲁迅高度评价。

师培著作等身，主要有《尚书源流考》《毛诗札记》《毛诗词例举要》详、略二本，《周礼古注集疏》《西汉周官师说考》《礼经旧说》及《补遗》《春秋古经笺》《读左札记》《春秋左氏传时月日古例考》《春秋左氏传答问》《春秋左氏传古例诠微》《春秋左氏传传例解略》《春秋左氏传传注例略》《春秋左氏传例略》《春秋繁露斠补》《佚文辑补》《尔雅虫名今释》《白虎通义斠补》《阙文补订》《佚文考》《白虎通义定本》《白虎通义源流考》《白虎通德论补释》《群经大义相通论》《经学教科书》《小学发微补》《周书略说》《王会篇补释》《中国历史教科书》《中国地理教科书》《中国民族志》《敦煌新出唐写本提要》《晏子春秋斠补定本》《晏子春秋斠补》《佚文辑补》《黄之采本校记》《晏子春秋补释》《荀子斠补》《佚文辑补》《荀子补释》《荀子词例举要》《老子斠补》《庄子斠补》《管子斠补》《韩非子斠补》《墨子拾补》《穆天子传补释》《贾子新书斠补》《佚文辑补》《群书治要引贾子新书校文》《扬子法言斠补》《佚文》《法言补释》《中国民约精义》《古历管窥》《琴操补释》《国学发微》《周末学术史序》《两汉学术发微论》《汉宋学术异同论》《南北学派不同论》《古政原论》《古政原始论》《攘书》《伦理教科书》《古书疑义举例补》《读书随笔》《读书续笔》《读道藏记》《楚辞考异》《左盦集》《左盦外集》《左盦诗录》《左盦词录》《左盦题跋》《中国中古文学史讲义》《论文杂记》《文说》《中国文学教科书》等。其主要著作由南桂馨、钱玄同等搜集整理，凡74种，汇为《刘申叔先生遗书》。

是编为理学范畴专论，取性理主要范畴而考释之，凡分10组，曰理，曰性、情、志、意、欲，曰仁、惠、恕，曰命，曰心、思、德，曰义,曰恭、敬,曰才,曰道,曰静。师培以为,通经乃为明道,而明道必自字义训诂始。宋儒之所以立说多谬,乃由不明训诂之故。若"字义既明,则一切性理之名词皆可别其同异,以证前儒立说之是非"。戴震《孟子字义疏证》,焦循《论语通释》,阮元《性命古训》《论语孟子论》《仁论》,即皆循因字义以通经达道之途,故能多所创获。乃"远师许、郑之绪言,近撷阮、焦之遗说",探流溯源,考古证今,条分缕析而为此编。虽曰宗汉学而辟宋儒,实则汉宋兼通,训诂义理互融,颇有西方语言分析哲学之风,乃理学史上不可多得特色鲜明之作。欲治性理者,不能不一寓目焉。

最初连载于《国粹学报》续第七期至第九期,后收入《刘申叔先生遗书》。《刘申叔先生遗书》最早为民国二十五年(1936)排印本。其后台北京华书局1970年、台北华世出版社1975年、江苏古籍出版社1997年皆予影印。1997年,中共中央党校出版社稍加增补,出版了《刘师培全集》,为迄今为止最完整的版本。1998年,北京大学出版社出版《北京大学百年国学文粹》;2006年,上海古籍出版社出版《刘师培史学论著选集》;2010年,四川大学出版社出版《刘师培儒学论集》;2011年,中国人民大学出版社出版《清儒得失论——刘师培论学杂稿》,均将其收录。

《艾轩先生文集》10 卷[①]

林光朝(1114—1178),字谦之,号艾轩,兴化军莆田(今福建省莆田市)人。少力学有声,尝师事林霆、施廷先。绍兴(1131—1162)初,再试礼部不第,闻吴中陆景端尝从二程高足尹焞学,因往从之游。自是专心性理之学,通六经,贯百氏,言动必以礼。由吴返莆,开门教授,先后讲学于东井、红泉、蒲弄、龙山、松隐数十年,四方来学者不下数百人。然不尚著述,唯口授学者,使之心通理解,付诸践履。隆兴元年(1163)进士及第,调袁州司户参军。未上,以论幸臣忤

---

① 参见(宋)林光朝撰《艾轩先生文集》10 卷,明正德十六年郑岳刻本。

孝宗，改知永福县。大臣论荐不已，召试馆职，为秘书省正字，兼国史编修、实录检讨官。历著作佐郎，兼司勋司封郎官。迁著作郎，礼部郎官。乾道八年（1172），进国子司业，兼太子侍读。以忤权臣，出为广西提点刑狱，移广东。亲率郡兵平乱，孝宗喜，加直宝谟阁，召拜国子祭酒，兼太子左谕德。淳熙四年（1177），讲《中庸》称旨，除中书舍人兼侍讲。以缴奏佞臣除目，改权工部侍郎。不拜，出知婺州。引疾，提举江州太平兴国宫。淳熙五年（1178）五月卒，年65，谥文节。著有《艾轩集》30卷、奏札20卷、《易解》《论语解》《诗书语录》《中庸解》《庄子解》等。事见周必大《林光朝神道碑》（《文忠集》卷63）、《宋史》卷433本传。

光朝与吴松年、陈俊卿、周必大、赵汝愚、杨万里、胡铨、龚茂良、傅自得、李焘、郑樵、吴獬、方翥等善，朱熹尝兄事之。早年得濂洛真传，人称"南夫子"，称其学派为"红泉学派"。南宋以伊洛之学倡导东南者，实自光朝始。周必大称其"博学笃志，手不释卷，出入起居，必中规矩。事亲孝，御下仁，行已恭，执事敬，勇于义，审于思，善并美具，为当世所宗"。其为文"文辞古雅，不事雕镂，如清庙朱弦，可一倡三叹也"，"作诰有古风"（周必大语）；"其文森严奥美，精深简古，上参经训，下视骚词"（陈宓语）；"学问既深，下笔简严，高处逼《檀弓》《谷梁》，平处犹与韩并驱"（刘克庄语）。其为诗"以约敌繁，密胜疏，精掩粗"（刘克庄语），"诗亦莆之祖，用字命意无及者"（林俊语），"歌行亦效长吉，皆奇俊可喜"（谢肇淛语）。

《艾轩先生文集》又名《艾轩集》，其卷数诸家著录不同，或为10卷，或为20卷，或为30卷。考《内阁藏书目录》卷3著录云："《三先生文集》十五册，不全。一为林光朝谦之著，曰《艾轩集》凡二十三卷。今阙第三、第四、第二十一、二十三卷。"则其初或当为30卷，后逐渐散佚。《四库提要》述此集编刻流传云："既没后，其族孙同叔哀其遗文为十卷，陈宓序之。后其甥方之泰搜求遗逸，辑为二十卷，刻于鄱阳，刘克庄序之。至明代，宋刊已佚，仅存抄本。正德十六年（1521），光朝乡人郑岳择其尤者九卷，附以遗事一卷，题曰《艾轩文选》，是为今本。"此正文9卷、附录1卷乃光朝文集仅存之本。除正德本外，尚有清初抄本、文渊阁《四库全书》本、清味无味斋抄本、清蓝格抄本、清抄本、抄本。近年又有林祖泉校注之《艾轩先生文集》出版。

是集前有正德十六年（1521）族孙林俊《艾轩文选序》、陈宓、刘克庄《艾轩先生文集旧序》、林希逸淳祐十年（1250）《鄱阳刊艾轩集序》。卷1为诗类，卷2为奏状札子，卷3、4为策问，卷5为记类，卷6为启、书简，卷7为祭文、祝文，卷8为行状，卷9为墓志铭，卷10为附录，载遗事、周必大神道碑、陈俊卿、刘克庄祠堂记、牟子才、马天骥谥议、覆谥议、朱熹答书、陈俊卿、赵汝愚及诸人祭文，末为郑岳《艾轩文选后序》。《全宋文》于文集外辑得佚文26篇，《全宋诗》辑得佚诗9首，林祖泉辑得佚文28篇，是为光朝存世著述之大貌。

光朝有气节，集中缴谢廓然一奏固已赢得万口钦叹，他尚有缴奏沈瀛知梧州及登对诸札，皆不避忌讳，直言无隐。其《策问》2卷及诸书简，如与黄仲秉、查元章、赵子直、宋去华、陈体仁论《诗》，与泉州李倅论《论语》，则见其学问。集中少见长篇，即行状碑铭，多不过两千余字，少则数百字，正陈宓所谓"他人数百言不能道者，先生直数语，雍容有余"，实当得"简严""简古"之评。则是集虽残落之余，尚可窥其人其文之一斑也。

诗玉尺2卷[①]

林昌彝（1803—1876），字惠常，又字芗溪，号砗砢，晚号茶叟、五虎山人，福建侯官（今福州市）人，清代学者、诗人、诗评家。幼颖悟，4岁读《三字经》，11岁抄六经，县府学试均列前茅。弱冠，师从大儒陈寿祺，饱览其8万卷藏书，又从林一桂问学。道光十九年（1839）举人，八上会试不中，遂游遍四方，大江南北、黄河上下、燕赵之地无不往，广结魏源、朱琦、张际亮、何绍基、陈澧等耆宿硕儒。鸦片战事起，与林则徐意气相投，坚主抗英，进《平夷十六策》及《破逆法》4卷，绘《射鹰驱狼图》，名所居之楼为"射鹰楼"，盖目英人列强为饥鹰饿狼也。

---

① 参见（清）林昌彝撰《诗玉尺》2卷，同治八年广州海天琴舫刻本。

咸丰三年（1853），进呈《三礼通释》200 余卷，赐官，先后教谕建宁、邵武。同治五年（1866），任政和训导，又尝掌教廉州海门书院。后辞职还乡，闭门著述，授徒自给。光绪二年（1876）卒，年 74。著有《三礼通释》230 卷，《三礼图》50 卷，《左传杜注勘讹》1 卷，《三传异同考》1 卷，《温经日记》6 卷，《说文注辨段》1 卷，《孔志》4 卷（补编），《一镫课读图题册（吴桂）》2 卷（辑），《六经伤寒辨证》4 卷（补），《海天琴思录》8 卷，《海天琴思续录》8 卷，《砚耕绪录》16 卷，《衣讔山房诗集》8 卷，《诗外集》1 卷，《赋钞》1 卷，《小石渠阁文集》6 卷，《射鹰楼诗话》24 卷，皆存。又尝著《说文二徐校本》《燕翼日钞》《敦旧集》《讔人存知录》《鸿雪联吟》《师友存知诗录》30 卷（编）、《平贼论》2 卷、《军务备采》16 条，与纂《邵武县志》等。其诗文今有王镇远、林虞生校点之《林昌彝诗文集》。

昌彝赤心爱国，对内愤世嫉俗，关切时务，留意风化。深于经学，兼通天文、地理、植物、医学、数学、工艺，诸子百家。其诗切近现实，沉雄苍劲，有如金石之音。论诗注重命意寄托，主张本于性情，温柔敦厚，而必源本经史，对其后"同光体"有所影响。所著《射鹰楼诗话》有名当时，历来为论诗家所重。

《诗玉尺》上下卷，清同治元年（1862）成书，同治八年（1869）方刻于广州之海天琴舫。版本仅此 1 种，《中国古籍总目》载藏于国家图书馆、北京大学图书馆，而《东北地区古籍线装书联合目录》《山西省图书馆线装书目录》《香港所藏古籍目录》等均有著录。此书乃作者关于《诗经》的专题论述，上卷为"《诗》大小序""《诗》大小《雅》""《诗》古文今文"三题，下卷为"《郑笺》《毛诗》改字多本六经""《郑笺》《毛诗》改字多本三家《诗》""程大昌徒诗不足据""戴埴《泮宫》五疑不足据""何楷《诗世本》不足据"五题。其卷首弁语云："《毛诗》无序，则西汉人说《诗》者无可授受矣。《小雅》篇次一乱，则幽王时诗变成厉王时诗矣。齐鲁韩毛四家师承不辨，将以古文为今文，以今文为古文矣。《郑笺》《毛诗》改字视为立异好奇，则不识古人之学矣。凡此皆读《诗》者之憾也。三隅知反，可以言《诗》。"可见其纲领与基本观点。

是编所论，多为《诗经》研究之重要问题，其中《诗》序、《诗》今古文、《诗》之传授等聚讼千年，或讫无定论。昌彝笃信《诗》序，遍诋王质、朱熹、王柏、戴震诸家废序之说，而不过申言朱彝尊之观点，无所发明。其言大小《雅》之次，亦一以《诗》序为据，而援引刘始兴《诗益》之说，别无深论。至其据序言《诗》之授受源流，实于众家纷纭不可确考之论中取其一说，远难言了结公案。其个别考论，亦多有值得商榷或失误之处，如旁征博引证《笺》改《绿衣》篇"绿"为"褖"，改《硕人》篇"说"为"襫"之是，恰彰郑氏泥礼之失。是其义理、考据皆不可谓无瑕矣。然作者毕竟从经术中来，"学有根柢"，非泛泛浅薄者流可比，故《诗》古今文考及下卷"程大昌徒诗不足据""戴埴《泮宫》五疑不足据""何楷《诗世本》不足据"诸篇举证扎实，剖析细密，立论坚牢，多出新意，皆治《诗》者所宜参考，固不应以瑕掩瑜也。

《科场条贯》①

陆深（1477—1544），初名荣，字子渊，号俨山，南直隶松江府（今上海）人，明代文学家、书法家。弘治十八年（1505）进士，授编修。改南京主事，历国子司业、祭酒、延平府同知、山西、浙江提学副使，四川左布政使。嘉靖中，改太常卿，兼侍读学士，进詹事府詹事，辞归。嘉靖二十三年（1545）卒，年68。赠礼部右侍郎，谥文裕。《明史》有传。

深以文学名，《四库提要》称其文"大抵根柢学问，切近时理，非徒斗靡夸多。当正嘉之间，七子之派盛行，而独以和平典雅为宗，毅然不失其故步，抑亦可谓有守者矣"。精书法，小楷精谨，有《黄庭经》遗意。后法李邕、赵孟頫，遒劲有力，如铁画银钩。其作品今藏故宫博物院。又留心史地掌故，著述颇丰。主要有《南巡日录》《史通会要》《春风堂随笔》《俨山集》等。其故宅、祖茔在上海市内，陆家嘴因而得名。

是书仅寥寥数页，然"纪洪武至嘉靖间科举条式，于前后损益之制，

---

① 参见（明）陆深撰《科场条贯》，嘉靖二十四年陆楫刻《俨山外集》本。

胪列颇详"。今存明代科举制度之书较少，故录以备考。

除刻入《俨山外集》外，有《纪录汇编》本，《丛书集成初编》据以影印。《四库全书》列为存目，《四库存目丛书》《续修四库全书》皆予收录。

《钦定科场条例》60 卷①

杜受田（1788—1852），字芝农，山东滨州（今山东省滨州市）人，清朝大臣。道光三年（1823）进士，选庶吉士，授编修，为山西学政。道光十五年（1835），直上书房，授太子读书。道光十八年（1838），升左都御史、工部尚书，充上书房总师傅、实录馆总裁。咸丰即位，加太子太傅，兼吏部尚书，调刑部尚书、礼部尚书、协办大学士。咸丰二年（1852）赴灾区赈灾，途中染病，卒，年 65。追赠太师、大学士，谥文正。《清史稿》《清史列传》有传。

受田自幼力学，居家以孝闻。饱读诗书，工于书画，有作品传世。历任要职，身为帝师，为官清正勤谨，深得咸丰帝信任。曾建议起用林则徐、周天爵。

是书乃咸丰初年所定科举考试的专门法规，详尽罗列了试期、科举程式、考官及执事官、试题、格式、避讳、阅卷、录取名额、回避制度、关防、禁令、考场设施、供应、放榜、赐宴、刊刻范文、题名录、复试、复核、举人任用、殿试、朝考、翻译等内容。每门之下，先列现行规定，次列历朝具体事例，再以小字附录与现行规定不同的旧时事例及未被批准采用的驳案，编次井然，眉目清晰。凡涉科场之事，条分缕析，巨细必录。尤其是关于作弊的防范措施，围追堵截，不遗余力，最甚至有被斩立决者，其细密严厉实为世所罕见。该书对研究科举制度史具有重要价值，对今天的教育考试制度建设也有一定的参考意义。

科举法规的制定始于唐代，至清代达到登峰造极的地步。其科场条例由礼部负责制定，历朝增补，一般每 10 年修纂 1 次，而主体内容大同

---

① 参见（清）杜受田等修：《钦定科场条例》60 卷，咸丰二年刻本。

小异。该书乃杜受田以原任协办大学士、管理礼部事务的身份主持完成，是迄今流传下来的较完整的一种。其后如光绪年间的《钦定科场条例》，收入沈云龙《近代中国史料丛刊》三编，则有较多缺页。然该书刊刻甚少，历年浸久，有不少模糊漫漶处，也有少量刻写错误，需校勘改正。

《京师大学堂章程》①

张百熙（1847—1907），字埜秋，一作冶秋，号潜斋，湖南长沙（今湖南长沙市）人，清末大臣，著名教育家。同治十三年（1874）进士，改翰林院庶吉士。光绪二年（1876）散馆，授编修。历任山东学政、国子监祭酒、广东学政，入为内阁学士兼礼部侍郎，都察院左都御史，顺天府尹。改工部、吏部尚书，任京师大学堂管学大臣。调户部、邮传部尚书。光绪三十三年（1907）卒，年61，谥文达。所著主要有《张百熙奏议》《退思轩诗集》《补遗》等。《清史稿》《清史列传》有传。

百熙为官30余年，历任要职，政治上积极主张变法自强，直言进谏，多所建树。甲午战争爆发，严劾李鸿章"阳为战备，阴实主和"。戊戌变法后，曾举荐康有为，被革职。然其最为卓越的贡献是对近代教育的改革，他是名副其实的近代教育改革的先驱者和奠基人之一。

光绪二十七年（1901）一月，清廷发布"变法"上谕，开始实行"新政"。而"兴学育才"即其中的一项重要内容。次年一月十日，百熙被任命为管学大臣，负责制定大学堂章程。八月，百熙吸取西方先进办学经验，结合本国实际情况，亲自主持拟定了一套学堂章程上奏，经清廷批准颁布执行，即《钦定学堂章程》，史称"壬寅学制"。该学制包括《钦定蒙学堂章程》《钦定小学堂章程》《钦定中学堂章程》《钦定高等学堂章程》《钦定京师大学堂章程》《考选入学章程》6个文件，是我国第一个以政府名义制定的完整学制。其中详细规定了各级各类学堂的目标、性质、年限、入学条件、课程设置及相互衔接关系，内容完备。光绪二十九年（1903），"癸卯学制"颁布后废止。

---

① 参见（清）张百熙拟定《京师大学堂章程》，光绪二十八年四川学务处刻本。

在"壬寅学制"中,京师大学堂(即今北京大学前身)是史上第一所具有现代意义的大学堂,也是当时全国唯一的大学堂,百熙亲自兼任第一任校长。同时,百熙还设立了仕学馆、师范馆、医学馆、译学馆、实业馆、报馆、书局等。今天的北京师范大学、北京医科大学即由师范馆、医学馆与京师大学堂中的医学科演化而来。我国官派留学生,亦从此开始。因此,百熙对大学有开创性的贡献,被称为"大学之父"。

是编即"壬寅学制"中6个档之一,凡8章,84节,对大学制度作了全面详尽的规定,在我国大学教育乃至教育史上具有里程碑式意义。该本为张之洞辑录,四川学务处印行,字迹清晰,刊刻精良,洵为善本。

后　记

儒学是中国传统文化的主流，也是地方文化的主流。儒学是蜀学最深厚、最浓重的主体和底色。研究蜀学，不可能不涉及儒学；而研究儒学，也往往离不开蜀学。从这个意义上讲，蜀学是地方化了的儒学，儒学是融汇和升华了的蜀学。二者具有千丝万缕的联系，是水乳交融而不是彼此割裂的。

本书是作者近十年蜀学与儒学研究部分成果的选编，把它们集中起来，希望能给有兴趣的读者提供方便。书中《蜀人别集提要》《蜀人别集辑佚》《儒学著述提要》是作者参与舒大刚教授主持的大型项目《巴蜀全书》和《儒藏》的成果，《文追古雅　学承汉风——从〈鹤山集〉异文看魏了翁的学术特色》一文是作者执笔，与尹波研究员合作完成的，特此说明。中国社会科学出版社郝玉明责任编辑为本书的出版付出了辛勤劳动，谨致谢忱！

郭　齐

2023 年 12 月